Quality Management

品质管理

整合性思维 | An Integrative Approach

现代工商管理经典教材

李友铮 ‖ 著

经济管理出版社
ECONOMY & MANAGEMENT PUBLISHING HOUSE

北京市版权局著作权合同登记：图字：01-2014-0542

图书在版编目（CIP）数据

品质管理——整合性思维/李友铮著. —北京：经济管理出版社，2014.3
ISBN 978-7-5096-2938-3

Ⅰ. ①品… Ⅱ. ①李… Ⅲ. ①质量管理 Ⅳ. ①F273.2

中国版本图书馆 CIP 数据核字（2014）第 017128 号

组稿编辑：陈　力
责任编辑：杨国强
责任印制：黄章平
责任校对：超　凡　王纪慧

出版发行：经济管理出版社
　　　　　（北京市海淀区北蜂窝 8 号中雅大厦 A 座 11 层　100038）
网　　址：www. E-mp. com. cn
电　　话：（010）51915602
印　　刷：三河市延风印装厂
经　　销：新华书店
开　　本：787mm×1092mm/16
印　　张：32.5
字　　数：500 千字
版　　次：2015 年 6 月第 1 版　　2015 年 6 月第 1 次印刷
书　　号：ISBN 978-7-5096-2938-3
定　　价：89.00 元

前　言
走过系统化后迈向精实化的品质管理

过去多年，中国台湾企业致力于创新与品质的提升，在历经大量外移、金融海啸、日本"3·11"大地震与激烈的生存竞争后，已培养出强韧的实力，积极迎向刚来到的21世纪。在此期间，现代品质管理所强调的"从了解顾客需求开始，继之以策略品质规划、资源管理、设计开发、采购发包、生产制造、测量分析与售后服务等一系列的活动，来促动全面品质的提升"以及"重视顾客导向、全员参与、发展供货商伙伴关系、持续改善与以预防取代矫正等作为"等观念，都已为管理者们所耳熟能详。品质管理在走过这段系统化与全面化的道路之后，作者认为应是精实化。

本书第三版的重点放在"走过系统化后迈向精实化的品质管理"上，以反映未来企业品质管理的新趋势，并尝试满足中国台湾企业迈入下一品质管理时代的需求。第三版内容除延续第二版强调品质管理的整合性思维外，对于其他与品质有交集的议题也多有着墨。因此，本版各章节内容均经重新规划安排，课题比重也已重新调整；各章章前都以"品管现场实录"开场，文中穿插历届中国台湾品质奖、经济部优良品质奖案例以及知名企业之品质运作典范等真实案例，并辅以实例照片及"品质园地"专栏，且各章章末均附"个案研究"；目的是使理论与实践相互印证，增强读者在阅读本书时的吸收与操作能力。此外，本书所有的图表与范例均以Excel为工具制作，方便读者能依例改变参数后观察图表与范例的变化，并与书中的图表相互比对，以帮助读者对本书理论部分的进一步了解。

本书共计十五章，其章节安排大致依ISO9001：2008品质管理系统的顺序编排。第一章"品质概论"与第二章"全面品质管理与品质管理系统"，为对品质管理的全面性介绍；第三章"策略品质规划"与第四章"顾客导向"，为品质管理的源头活动；第五章"资源管理"与第六章"设计品质"为线外品质管理；第七章"测量与监控"、第八章"管制图概论"、第九章"计量值管制图"、第十章"计数值管制图"、第十一章"制程与测量系统能力分析"、第十二章"其他统计制程管制方法"、第十三章"允收抽样概论"与第十四章"抽样计划"，属于线上品质管理；第十五章"品质改善"为品质管理的最重要精神。

各章摘要

本书第一章为品质概论。我们针对品质管理的几个最基本概念加以解说，这些概念包含何谓品质、品质管制/品质保证/品质管理之不同、产品品质/服务品质之比较、现代的品质企业文化/传统企业文化之差异、品质发展的历程以及品质大师们的管理理念等，本章最后对品质管理的未来趋势作了说明。

第二章为全面品质管理与品质管理系统。本章首先定义全面品质管理，接下来介绍并比较全面品质管理的四个代表奖项，它们是日本戴明奖、美国国家品质奖、欧洲品质奖与中国台湾品质奖，最后我们以相当的篇幅介绍国际品质管理系统 ISO9000。

第三章为策略品质规划。本章依据策略规划程序依序阐述，说明何谓企业愿景、使命与目标，介绍企业内外部环境分析的方法、SWOT 分析与五力分析，阐述成本领导、差异化与集中化策略的优缺点，以及何谓以品质为基础的策略、价值链、累积模型、沙丘模型、SBU 策略、功能策略、品质政策，最后则介绍策略执行的评核工具、关键绩效指针与平衡计分卡。

第四章为顾客导向。本章从行销学的角度切入此一主题，介绍顾客的分类与价值，说明何谓目标市场、市场区隔、产品定位与顾客分析。再从品质管理的角度接续谈论何谓重要度与满意度分析，介绍狩野二维品质模型与五项品质要素，最后说明缺口分析与 SERVQUAL 量表。

第五章为资源管理。品质管理中的资源包含人力资源、基础设施与工作环境等。人力资源管理的部分，本书着重对人员教育训练、知识管理与学习型组织等议题的介绍；基础设施则将重点放在预防保养上；至于工作环境，本书以 5S 为说明重点。

第六章为设计品质。优良的设计品质，是确保生产制造与售后服务品质的根本，而确保设计品质是有方法的。本章介绍确保设计品质的几个最重要方法，它们包含品质机能展开、产品可靠度、故障模式与效应分析以及田口方法等。

第七章为测量与监控。组织的测量与监控活动分为四种：顾客满意调查、内部品质稽核、过程测量与监控以及产品检验与测试。由于测量与监控常使用仪器设备，故本章将仪器的校正与检验也纳入介绍。另外，顾客满意近年来常采用的中国台湾顾客满意指针模式也在本章一并介绍。

第八章为管制图概论。要提高品质就应降低变异，统计品质管制是降低产品变异最常使用的方法之一，而管制图又为其核心。本章从品质变异开始谈起，继之介绍统计品质管制、管制图、型Ⅰ误差与型Ⅱ误差、三倍标准差管制图、合理样本组、解析用/管制用管制图，管制图该如何建立以及如何判读等相关议题。

第九章为计量值管制图。计量值管制图由于能提供比计数值管制图更多的品质资讯且所需样本数较少，故广受使用者所喜好。本章介绍三种最常被采用的计量值管制图，它们包括平均数与全距管制图、平均数与标准差管制图以及个别值与移动全距管制图等。

第十章为计数值管制图。本章介绍四种最常被采用的计数值管制图，它们包括不合格率管制图、不合格数管制图、不合格点数管制图与单位不合格点数管制图。

第十一章为制程与测量系统能力分析。制程能力与测量系统能力都涉及准确度与精密度的分析，故本章将此两课题一并介绍。对于制程能力分析，本章介绍直方图与制程能力指针两种分析方法。对于测量系统能力分析，本章介绍再现性与再生性分析两种方法。

第十二章为其他统计制程管制方法。修华特管制图以外的其他管制图，近些年来受到了实务界的极大重视，本章对其中的累积和管制图、指数加权移动平均数管制图、工程制程管制图、群组管制图、批量管制图、多变量管制图与短期制程管制图等加以介绍。

第十三章为允收抽样概论。允收抽样是导入品管活动之初的必经路途，允收抽样的基本概念包含何谓允收抽样、拒收批的处理方式、单次抽样计划/双次抽样计划/多次抽样计划的意义、操作特性曲线、允收品质水准、拒收品质水准、平均出厂品质、平均出厂品质界限、平均样本数、平均总检验数以及抽样计划设计的原理等。

第十四章为抽样计划。抽样计划种类繁多，本章从众多的抽样计划中挑选出应用最为广泛的计数值抽样计划 MIL-STD-105E、计量值抽样计划 MIL-STD-414 以及计数值与计量值皆可运用的 MIL-STD-1916 作介绍。

第十五章为品质改善。在本章，将本书前 14 章中尚未提及的其他各种品质改善方法加以介绍，它们包括品质管理七个工具、品质管理七个新工具、品管圈活动、提案制度、标杆学习、企业流程再造、六标准差活动以及精实六标准差等。

本版更新内容

（1）各章文字与计算修正。本版大幅度改善了前版在用字精准度以及计算正确性上的若干问题。

（2）修订"品质园地"。本书"品质园地"的设计，是为了冲淡长篇文字叙述的枯燥，并借由这些实际案例，让读者能及时了解所学在实践上的应用。本版针对该专栏做了部分修订，以使此一目的更易达成。

（3）修订"个案研究"。本版采用了若干较新的个案，并增加了个案的深度。业界近年来经常采用的品管软件——MINITAB，也以简单的介绍形式放在个案研究中。

（4）第一章　品质概论。重新调查整理目前较重要的品质管理相关网站，重写品质管理的历史回顾，调整第二版第一节、第二节的内容。

（5）第二章　全面品质管理与品质管理系统。精简第二版对全面品质管理烦琐的叙述，重新制作并解释 ISO9001 的验证架构，整理归纳近年新发展出来的管理系统国际标准。

（6）第三章　策略品质规划。精简愿景、使命与目标的叙述，重写内外部环境分析，将第二版的第五节至第八节改写为两节，新增关键绩效指针的介绍。

（7）第四章　顾客导向。将第二版部分未翻译的英文称呼全数翻译，重写缺口分析。

（8）第五章　资源管理。精简知识管理与学习型组织的内容，增加基础设施中预防保养的介绍，移除采购发包的内容，将供货商管理的介绍移到第七章。

（9）第六章　设计品质。修改部分图形。

（10）第七章　测量与监控。精简中国台湾顾客满意指针模式的介绍，改写内部品质稽核，将规格界限的介绍移到第十一章，将供货商管理从第二版第五章移到本章。

（11）第八章　管制图概论。修改部分图形。

（12）第九章　计量值管制图。补充若干公式的说明。

（13）第十章　计数值管制图。修改部分表格。

（14）第十一章　制程与测量系统能力分析。重写第一节制程与测量系统能力的基本概念，重写第三节制程能力指针，精简测量系统再现性与再生性的介绍。

（15）第十二章　其他统计制程管制方法。重写累积和管制图。

（16）第十三章　允收抽样概论。修正第二版文字。

（17）第十四章　抽样计划。改写 MIL-STD-414 的内容。

（18）第十五章　品质改善。新增品质管理七个新工具，精简企业流程再造的内容，新增精实六标准差的介绍。

适用对象

本书适合大学各管理系（所）作为品质管理或全面品质管理一学期 3 学分课程的教科书使用，学生在使用本书前最好学习过《基本的统计学》与《管理学》。讲授进度原则上为每周 1 章，讲授深度则可视各系（所）的各自特色与学生的学习状况做适当调整。

本书也可作为从事品质管理实务工作者自学之用，使用者可从各实务案例开始阅读，然后再阅读相应部分的内容，两相对照，一定能有所启发。

期望所有看过本书的人，都能对您的品质之路有所帮助。若您对本书有任何的批评或指教，可通过出版社或发信件至作者任教的学校，或发 E-mail 至 drlee168@gmail.com，作者一定会虚心接受。

本人才疏学浅，不足之处在所难免，期望各界前辈不吝指教，则当感激不尽。

李友铮

2011 年 5 月 1 日

目 录

第一章　品质概论

学习重点　在学习本章后，你将能够：

1. 说明品质对现代企业为何如此重要。

2. 定义品质。

3. 了解品质管制、品质保证与品质管理的意义。

4. 明了产品品质与服务品质的不同。

5. 明了品质从何而来。

6. 说明何谓小 q 与大 Q。

7. 说明现代的品质企业文化与传统企业文化有何不同。

8. 知道品质发展的历程。

9. 了解品质大师们的管理理念。

10. 明了品质管理的未来趋势。

　　尊爵企业过去数年因产品品质不佳导致产品出货后却经常被退货，顾客抱怨连连，赔偿案件层出不穷，公司营业额快速下滑。张总经理已无法再忍耐下去，他决定找顾问公司进场辅导。顾问公司经过连续三天的品质诊断后，王顾问在总结会议上报告诊断心得："贵公司在传统品管的做法上相当落实，例如进料、制程中与出货检验都按部就班。但贵公司现在应了解，检验活动只能防堵不合格产品进入下一程，它对于品质改善的帮助不大。品质管理部门的工作重点，未来应从负责检验产品转变成负责塑造优质的品质文化、参与设计开发的品质保证活动、推动制程管制以及强化与供货商的伙伴关系等。贵公司的同人过去普遍存在着品质的成败应由品质管理部门负责的观念，都认为品质做不好是因为品质管理部门未善尽把关的责任。我要告诉大家，品质不佳，在座的每一位都该负责。"

品质是现代企业经营管理最重要的课题之一，它对企业的生产力、竞争力与策略的制定都具有相当大的影响。因此所有管理者都视提升品质为其最主要的工作之一，而这也是我们修习品质管理的原因之一。

第一节　品质导言

一、品质的定义

品质的定义："产品或是服务，符合或超越顾客期望的能力。"

有关品质（Quality）的定义非常多，但最精简与浅显的定义应该是"产品或是服务，符合或超越顾客期望的能力"。

在此定义中，品质是一种比较性的概念。同样的产品或是服务水准，常会因为时间与地点的差异，而影响到顾客的期望，因而导致不同的品质评价。符合顾客期望是追求品质的最起码要求，但超越顾客期望，让顾客在接受产品或是服务时，因远超过他的想象而发出惊讶赞叹声，才是优良品质的表现。

除了以上定义外，许多品质专家与团体也从其他各种不同的观点来定义或描述品质，其中较著名的有：

（1）品质应针对现在与未来消费者的需要（Quality should be aimed at the needs of the consumer, present and future）。——戴明

（2）品质就是适用性（Fitness for purpose or use）。——朱兰

（3）品质是行销、工程、制造与维护保养的整体组合，通过品质将使得产品与服务符合顾客期望（The total composite product and service characteristics of marketing, engineering, manufacturing and maintenance through which the product and service in use will meet the expectation by the customer）。——费根堡

（4）品质就是符合需求（Conformance to requirements）。——克罗斯比

（5）品质是一种满足叙述与隐含需要的整体特性能力（The totality of characteristics of an entity that bear on its ability to satisfy stated and implied needs）。——ISO9001：2008

二、品质意识兴起的原因

为什么品质对现今的企业如此重要？那是因为现今的企业正面临着消费形态的改变、消费主义抬头、全球竞争、技术进步与政府立法的环境。说明如下：

1. 消费形态的改变

在过去物资匮乏的年代，商品供不应求，产品只要生产得出来就卖得出去，因此企业努力的重心都放在如何以最短时间将最多的产品生产出来，以获取最大利润。但随着国民所得不断提升，消费者不再以商品价格的高低作为选择商品的唯一依据，价格、品质、便利性与耐久性等，都是消费者选购商品时的考量因素。再加上此时生产者众多，商品种类繁多，产品要能脱颖而出获得消费者的青睐愈来愈不容易，因此唯有不断改善品质以迎合消费者的品位，企业才能永续生存。

2. 消费者主义抬头

在过去消费者保护观念不足的时代，因品质不良而导致消费者的损失或伤害，生产者并不需要承担太多的责任。然而当消费者主义抬头后，任何因品质不良而导致的消费者损失或伤害，生产者都需承担相当大的赔偿责任，即使侥幸不需赔偿，也可能因商誉受损而失去市场，严重时甚至会使企业倒闭。因此，企业为求生存，必须保护消费者权益，而保护消费者权益中最重要的课题就是品质。

3. 全球竞争

过去，保护主义盛行、交通运输成本过高、产品运送不便、信息封闭以及管理技巧与工具不足等，都使得企业间的竞争局限在一定的区域范围内。但当这些问题都逐步获得改善与解决后，全球性的竞争展开，跨国籍企业兴起，企业面临的竞争对手可能是远在千里以外的公司，也可能只是一个网站上的虚拟企业。此时企业若无法将其品质提升至国际水准，就无法与全球的厂商竞争，而极易在市场上被淘汰。

4. 技术进步

在知识与技术成长缓慢的时代，产品生命周期较长，企业不一定会因品质的不良而有立即的损失，因为组织会有足够的时间去修正缺失，弥补先前所犯的错误。但在知识经济时代，技术进步一日

品质意识兴起的原因：消费形态的改变、消费者主义抬头、全球竞争、技术进步与政府立法。

千里，新产品上市速度越来越快，产品生命周期越来越短，产品上市后能为企业带来利润的时间也就极短，企业根本没有时间在产品上市后，再慢慢进行品质的改善，一旦品质不良，企业即会立刻失去市场。

5. 政府立法

过去民众对政府的期望较低，比较不会有要求政府立法规范企业的行为。然而随着教育的普及，人民知识水准的提高，对政府的期望与要求也与日俱增。各国政府开始对消费者保护公平交易、智能财产、污染防治、职业安全与卫生及商品检验与防疫等相关议题加以立法，严格规范企业应遵守的游戏规则。而诸多法令中，许多又都与品质有关。因此，纵使企业无视消费者的需求，但政府管制却使企业不得不重视品质。

第二节　品质管制、品质保证与品质管理

一般所谓的品管，指的可能是品质管制、品质保证或是品质管理，这三者之间其实是有所不同的。在此我们对品质管制、品质保证与品质管理三个名词加以说明如下：

1. 品质管制

所谓的管制代表一种侦察、比较和矫正的程序，其过程包括：建立标准、比较结果与标准、偏差的修正三个步骤。因此品质管制（Quality Control，QC）一般指的是决定产品的规格以及制程管制的标准，检验测试产品是否符合规格要求，侦测制程是否符合管制标准，并检讨产品或是制程资料，以作为产品规格或制程管制标准修改的参考等。

2. 品质保证

品质保证（Quality Assurance，QA）则是为确保组织对顾客所做的各种承诺得以实现的相关活动，这些承诺包括合约、广告、产品说明、政府与相关组织的要求、该行业不成文的惯例等，所以品质保证活动一般指的是设计审查、产品可靠度预测与确认、产品故障模式与效应分析等。从品质管制与品质保证的解释中可看出，品质管制多为线上（On Line）活动，故一般称为品管部门，其对应部门

品质管制指的是决定产品的规格以及制程管制的标准，检验测试产品是否符合规格要求，侦测制程是否符合管制标准，并检讨产品或是制程资料，以作为产品规格或制程管制标准修改的参考等。

品质保证是为确保组织对顾客所做的各种承诺得以实现的相关活动，这些承诺包括合约、广告、产品说明、政府与相关组织的要求、该行业不成文的惯例等。

大多为制造部门；品质保证则多指线外（Off Line）活动，故一般称为品保部门，其对应部门大多为研发部门。

3. 品质管理

> 品质管理可以解释为在整体管理功能中，所有涉及品质层面中有关规划、组织、用人、领导与管制的活动。

管理的工作包括规划、组织、用人、领导与管制，因此，品质管理（Quality Management，QM）可以解释为在整体管理功能中，所有涉及品质层面中有关规划、组织、用人、领导与管制的活动。

所以，品质管理除包含品质管制与品质保证的活动外，它还包含所有与品质相关的其他课题，例如品质政策的拟定、品质目标的设定、品质系统的规划设计、领导风格与品质文化的塑造、品质技能的训练、品质改善的推行与品质稽核等。

由于品质是近年来企业最关心的课题之一，故相关的书籍、杂志与网站也非常多。为协助读者在品质学习的路上更为顺利，我们将国内外与品质相关的网站条列整理，如表 1-1 所示。

表 1-1　品质相关网站

http://project3.moeaidb.gov.tw/nqa/
http://service.taftw.org.tw/
http://www.cpc.org.tw/
http://w1.csd.org.tw/
http://www.csq.org.tw/
http://www.moeaidb.gov.tw/
http://www.moeasmea.gov.tw/
http://www.bsmi.gov.tw/
http://www.cnca.gov.cn/
http://www.caq.org.cn/
http://www.iso.org/
http://www.ansi.org/
http://asq.org/
http://www.theacsi.org/
http://www.anforq.org/
http://www.nist.gov/baldrige/
http://www.eoq.org/
http://www.efqm.org/
http://www.dgq.de/
http://www.juse.or.jp/

第三节　产品品质与服务品质

产品品质与服务品质是两个近似但不同的概念，要区分两者的不同，应先了解产品与服务的性质有何差异。

一、产品与服务的性质

产品与服务的性质有可触知与不可触知性、可分离与不可分离性、需求稳定与不稳定性、本体不易消逝与易消逝性以及过程不重时间与注重时间性五点不同。说明如下：

1. 可触知与不可触知性

产品本质上为有形的实体，故具可触知性；服务本质上为无形的过程，故具不可触知性。

2. 可分离与不可分离性

产品的生产、出货、安装与接收可逐步完成，故具可分离性；但服务的提供与接收经常是同步进行的，故具不可分离性。

3. 需求稳定与不稳定性

产品的需求常较为稳定；但服务需求受淡旺季、假日与每日时段的影响极大，较不稳定。

4. 本体不易消逝与易消逝性

产品本体不易消逝；但服务无法库存、不能久置，故极易消逝。

5. 过程不重时间与注重时间性产品可借库存调节生产时间；但服务需求一旦出现，常需立即完成。

虽然近些年来服务自动化快速蓬勃发展，像自动提款机、网络银行、贩卖机与自动洗车等，但是提供服务与生产产品相比，仍然需要较多的人力。此外，服务所面对的大部分是人而非物品，因此服务需求的多样性一般而言也较高。

二、产品品质构面与服务品质构面

不同的顾客对产品品质或服务品质的评价方式是不同的，以高级汽车为例，有人认为舒适最重要，因此他会购买 BENZ；有人认为操控性最重要，因此他会购买 BMW；有人偏好安全性，因此他会购

> 产品与服务的性质有可触知与不可触知性、可分离与不可分离性、需求稳定与不稳定性、本体不易消逝与易消逝性以及过程不重时间与注重时间性五点不同。

买 VOLVO；也有人强调省油，他会选择 LEXUS。这些对品质评价的不同角度，我们称为品质构面（Quality Dimensions）。由于产品与服务的性质有所差异，因此品质构面又可分为产品品质构面与服务品质构面。

常有人将产品与制造业、服务与服务业画上等号，因此会以产品品质构面作为评价制造业的标准，以服务品质构面作为评价服务业的标准，这种做法其实并不符合现代企业的运作特性。事实上，目前大部分的服务业会同时提供实质的产品，制造业也一定会提供服务，制造业与服务业有时已很难清楚划分。若真要划分制造业与服务业，较恰当的方式是看该企业创造附加价值的主要来源是否制造商品或提供服务。因此，产品品质构面并非仅适用于制造业，服务品质构面也并非仅适用于服务业。对许多同时提供产品与服务的企业而言，产品品质构面与服务品质构面皆应列入考量，才不会顾此失彼。

（一）产品品质构面

葛尔文（Garvin）对产品品质构面的研究，是目前较为完整且最常为学者专家所引用的论点，他认为产品品质构面包含绩效、特色、可靠度、符合性、耐久性、服务性、美感与认知品质八项。

产品品质构面包含绩效、特色、可靠度、符合性、耐久性、服务性、美感与认知品质八项。

1. 绩效

绩效（Performance）是指产品希望达成的目标特性。例如 MP3 的音质。

2. 特色

特色（Feature）是指用来增加产品绩效的其他附属特性。例如手机具备超大内存空间。

3. 可靠度

可靠度（Reliability）是指产品长时间使用后，其所呈现出来的绩效是否仍具一致性。例如计算机屏幕使用多年后，色差劣化的程度。

4. 符合性

符合性（Conformance）是指产品对目标、规格、合约或其他各种宣称的符合度。例如手机通话范围是否符合广告宣称。

5. 耐久性

耐久性（Durability）是指产品的使用寿命。例如轮胎在行走多少距离后会达到其安全界线而需更换。

6. 服务性

服务性（Serviceability）是指获得产品相关服务的难易度。例如产品故障时是否能尽快修复、售后服务人员的服务态度以及保固期限与收费等。

7. 美感

美感（Aesthetics）是指产品给予顾客的感觉。例如汽车皮质座椅会比塑料座椅给顾客更好的感觉等。

8. 认知品质

认知品质（Perceived Quality）是指使用过产品后，顾客对该产品的主观评价。

品质园地

"中国台湾精品奖"为中国台湾产品品质树立标杆

20 世纪 90 年代以前，虽然中国台湾的商品在全球已有一定的地位，但为了要在国际间建立中国台湾优良产品的统一形象，以及摆脱"中国台湾商品等于廉价品"的传统印象，中国台湾地方当局在 1992 年委托贸协、中国台湾生产力中心及中国台湾自创品牌协会，依照品质系统、产品设计、研发创新、品牌认知和市场地位等项目，进行"中国台湾精品标志"及"中国台湾产品形象奖"的评选。1993 年，举行"中国台湾产品形象周"的获选产品展示，并在展示前夕，针对入选台湾精品的商品，举行最终的形象奖决选，作为中国台湾产品之象征。

为了加强自有品牌与自主设计能力，并整合进行台湾优良商品的国际形象宣传，2005 年，中国台湾地方当局通过"中国台湾品牌台湾发展计划"，资助中国台湾厂商并购国际品牌或自创品牌，以提升中国台湾进军世界百大品牌的机会。2006 年，中国台湾地方当局委办的贸协，将长期办理的"中国台湾精品标志"及"中国台湾产品形象奖"的评选，直接整并成为"中国台湾精品选拔"，重新拟定选拔与推广规章，除了"中国台湾精品奖"的产品初选与评选五大标准仍维持不变外，决选改为针对初选获奖之产品，进行"中国台湾精品金质奖"及"中国台湾精品银质奖"的评选，并延伸至今。截至 2010 年，中国台湾精品获奖者已 5425 件，外贸协会每年都将这些产品在海外各地的"中国台湾精品馆"展示，彰显中国台湾优质的产品形象，深得国际人士对中国台湾精品的信赖与肯定。

资料来源：http://zh.wikipedia.org/wiki/%E5%8F%B0%E7%81%A3%E7%B2%BE%E5%93%81%E7%8D%8E。

（二）服务品质构面

由于服务并不像产品有实体，因此对服务品质的客观评价较难，经常是主观评价的结果。派拉苏拉曼（Parasuraman）、瑞沙摩（Zeithamel）与巴利（Berry）认为，服务品质构面包含有形性、可靠性、响应性、保证性与关怀性五项。

1. 有形性

有形性（Tangible）指的是服务所需的设施、设备与人员等看得见的实体。例如 KTV 的包厢是否清洁以及歌本内容是否定期更新。

2. 可靠性

可靠性（Reliability）与产品可靠度不同但意义近似，它指的是服务提供者所承诺事项的达成性。例如理财顾问宣称其操作股票的投资报酬率是否真能达成等。

3. 响应性

响应性（Responsiveness）是指提供服务的意愿强度。例如水电工是否乐于到远距离处解决家庭马桶故障的问题等。

4. 保证性

保证性（Assurance）是指服务提供者是否令顾客觉得值得信赖。例如外科手术医师是否散发出一种令患者与其家属信任的自信心等。

5. 关怀性

关怀性（Empathy）是指服务提供者是否能站在顾客的立场考虑服务的内容。例如餐厅服务生是否能考量到顾客的人数多寡，而给予避免浪费食物的点餐建议。

第四节　现代的品质观

随着消费者与企业对品质意识的强化与不断演变，现代的品质观也与过去不同，在此我们从三个不同的角度来阐释现代的品质观。

一、品质从何而来

对于优良的产品与服务品质从何而来的问题，在品质观上历经了以下五个阶段：

（1）品质是检验出来的。

（2）品质是制造出来的。

（3）品质是设计出来的。

（4）品质是管理出来的。

（5）品质是习惯出来的。

品质观历经了五个阶段：
（1）品质是检验出来的。
（2）品质是制造出来的。
（3）品质是设计出来的。
（4）品质是管理出来的。
（5）品质是习惯出来的。

早期的管理者认为依靠品质检验就能确保产品品质，此时的观念认为品质是检验出来的。后来发觉在制造过程中注重品质，可以免除大量的事后检验，并且消除不良产品产生的浪费，此时的观念认为品质是制造出来的。之后又发觉，在设计阶段就注重品质，能将检验与浪费降至更低，此时的观念认为品质是设计出来的。而随着管理理论与实务的发展，管理者发现，依赖检验、制造与设计来确保品质其实都还不够，唯有良好的管理才可能拥有优良的品质，此时的观念认为品质是管理出来的。

近年来，管理者已普遍认为品质除应顾及检验、制造、设计与管理外，更应建立尊重品质的企业文化，使得品质深入人心以及日常生活之中，才能全面提升产品与服务的品质。

二、小 q 与大 Q

传统的观念认为品质指的就是产品的品质，学者将这种观念称为小 q。现代的品质观则认为品质意味着组织内每项活动及最终产品的顾客满意程度，此处的顾客可以是内部顾客或外部顾客，这种观念被称为大 Q 的观念。有关小 q 与大 Q 观念的比较，如表 1–2 所示。

表 1–2　小 q 与大 Q 观念比较

类　别	小 q 观念	大 Q 观念
产品方面	以产品为主	涵盖所有的产品与服务
制程方面	与产品有直接关系的制程	所有作业过程均包含在内
职能方面	仅将与制造产品有直接相关的部门纳入	将企业的所有部门均纳入
设施方面	以工厂为主	涵盖组织内的所有设备设施
顾客方面	以外部顾客为主要对象	包含内部与外部顾客
品质成本	只管不合格品所产生的成本	包含为消除不合格品所付出的所有成本

三、品质企业文化

既然品质是由习惯产生，那么塑造优良的品质企业文化就极为重要。现代的品质企业文化与传统企业文化的不同如表 1–3 所示。

表 1-3 现代的品质企业文化与传统企业文化的差异比较

层　面	传统企业文化	现代的品质企业文化
整体使命	投资报酬最大化	符合或超越顾客期望
目标	着重于企业短期目标	长期目标与短期目标的平衡
管理	通常不公开	公开且鼓励员工共同投入
管理人的角色	发布命令；强力指挥	扮演教导角色；驱除改善的障碍；加强员工信心
顾客需求	非最优先；可能不清楚	最优先；应该认清并了解
品质责任	品管部门	全公司的所有人员
人力资源	不太注重	持续性教育训练
面对问题的态度	责备；处罚	认清和协助解决问题
问题解决方法	非系统性；个别式；着重事后矫正	系统性；团队性；着重事前预防
改善	不定时改善	持续改善
供应商	敌对的关系	伙伴的关系
工作	狭隘；专业性；大多依赖员工个别的努力	宽广；一般性；大多依赖团队的努力
焦点	产品导向	过程导向

第五节 品质管理的历史回顾

　　品质的观念自古以来就已经存在，早期的工匠为顾客打造各种器具，需要靠自己维持品质水准，才能建立口碑并维系顾客关系。那时候虽没有品质管理这个名词，但是由于工匠的生意是否兴隆完全依赖口碑或商誉，对于某些涉及王室的工作，工匠若因故未能达到一定的品质，更可能招致处斩的严厉惩罚，所以品质的概念是被高度重视的。而当时维持品质的方式，则是由工匠以其经验对产品进行全数检验（Total Inspection）。

　　1764 年，瓦特（Watt）发明蒸汽机揭开了工业革命的序曲，人类开始以机械取代人力与兽力。1776 年，亚当·斯密（Adam Smith）所著的《国富论》出版，该书强调效率来自分工，唯有经由分工原则设计出的组织，才能让人员成为其领域中的专家，并创造出效率。

　　1790 年，怀特尼（Whitney）为美军设计毛瑟枪，有鉴于当时军方任何一支步枪故障，均需由工匠为其特别打造补充零件，使得后勤补给异常困难，因而他创造了可互换零件的概念，此为产品标准化（Standardization）概念的开始。机械生产、分工原则，再加上产品标准化，使得工厂开始制定相关的品质检验标准，但此时系统化的管理却仍然匮乏。

20 世纪 10 年代，工程师暨发明家泰勒（Taylor）开启了科学管理的领域，他以观察、测量、分析来改进工作方法，并配合绩效奖励诱因，以促使产出最大化。吉尔伯斯（Gilbreth）提出了动作经济原则，强调动作的省时与省力化。甘特（Gantt）发展了广泛应用在排程上的工具——甘特图。亨利·福特（Henry Ford）采用移动式装配线，大量生产单一标准化的车种。工业革命的成果加上科学管理的发展，促使企业竞相大量生产，专业化的品质管制部门因之出现。

20 年代，费雪（Fisher）发表了一系列应用在农业上的实验设计（Experimental Design）的论文，开启了日后实验设计在各种不同领域的大量运用之门。

30 年代，随着工厂规模愈来愈大，全数检验成了生产的瓶颈。道奇（Dodge）与洛敏（Romig）发展出了允收抽样（Acceptance Sampling），提出对产品实施抽样检验（Sampling Inspection）以取代全数检验的理论基础。

修华特（Shewhart）发展出了管制图（Control Charts），运用对生产过程中的产品进行抽样，以提早发觉异常并进行制程改善。无论是允收抽样还是管制图都有赖抽样检验，虽然抽样检验有助于大量生产，但是抽样检验也意味着允许少数不合格品出货的危险，修华特为此解释抽样对检验成本的巨额节省，与少量不合格品出货造成的损失相比，对管理者而言仍是值得的。

40 年代第二次世界大战期间，各国面临国家生存的危机，都在思考如何以有限的资源创造最大的效益。但当时美国军方为确保军品的品质，却仍然采取全数检验，因而造成了军事物资生产与供应上的延误。修华特当时受聘对军方的供货商实施制程管制的训练，以及对军方的检验员实施允收抽样的训练，解决了当时困扰军方多时的难题。

50 年代，美国大量的军品制造商转型成为民生用品制造商，承续着第二次世界大战时美军在品质管制上的成功经验，这些厂商连带地将统计品质管制（Statistical Quality Control）的方法运用到民生消费品的生产上。美国军方成立项目小组开始研究产品可靠度的议题，并颁布抽样计划标准 MIL-STD-105 与 MIL-STD-414。

戴明（Deming）与朱兰（Juran）赴日讲学，教导日本企业改善品质，协助日本第二次世界大战后复兴。日本科技联盟设立戴明奖，日本品质开始快速提升。

60 年代，费根堡（Feigenbaum）出版了《全面品质管制》（Total Quality Control）一书以阐扬他的品质观。美国军方因面临着苏联的军备竞赛，对品质的追求不遗余力。由克罗斯比（Crosby）主导的飞弹品质计划推出了零缺点（Zero Defect）的概念。美国军方与太空总署要求军品供货商必须使用故障模式与效应分析（Failure Mode and Effect Analysis）改善产品的可靠度。日本丰田汽车开始尝试一连串消除浪费的活动，日后被称为刚好及时（Just in Time）活动。

70 年代，石川馨（Ishikawa）在日本大力推动以品管圈（Quality Control Circle）为工具的全公司品质管制（Company Wide Quality Control）活动。田口玄一（Taguchi）大量运用品质工程（Quality Engineering）于日本的产品与制程设计开发上。赤尾洋二（Yoji Akao）与水野滋（Shigeru Miguno）提出品质机能展开（Quality Function Deployment），作为将顾客需求转换为设计需求的工具。

80 年代，日本企业在品质上的成功，成为全球学者专家学习的对象。

狩野纪昭（Kano）提出二维品质（Two-Dimensional Quality）的理论，改变了世人传统一维的品质观。

由于企业组织愈来愈庞大，管理愈来愈复杂，哈默（Hammer）提出了企业流程再造（Business Process Reengineering），强调流程再造与流程管理的重要性，对企业作业品质的提升功不可没。

摩托罗拉电子开始导入六标准差（Six Sigma）活动。此时，先进国家的服务业无论在产值上或雇用人数上几乎都已超越制造业，因此服务品质的议题开始受到重视。

为了发展足以与日式品质管理相抗衡的新品质概念，美国专家学者在 20 世纪 80 年代全力推动全面品质管理（Total Quality Management）。全面品质管理继承了日本品质管理的优良内涵与全球品质大师的理念，在各国政府的大力推动下成效卓著。1987 年，美国国会通过了美国国家品质奖的设立，美国军方颁布了军品供货商应遵循的全面品质管理规范 DoD 5000。1987 年，国际标准组织（International Qrganization for Sandardization）也颁布了 ISO9000 系列标准，虽然 ISO9000 初期是以欧洲的制造业为推动主力，但是很快就蔓延到全世界及服务业。

90 年代，知识膨胀的速度一日千里，知识经济时代俨然成形，国际大型会计师事务所与顾问公司联手倡导知识管理（Knowledge Management），彼得·圣吉（Peter Senge）提出学习型组织（Learning Qrganization）、派拉苏拉曼（Parasuraman）、瑞沙摩（Zeithamcl）与巴利（Berry）针对服务品质提出缺口分析（Gap Analysis）模型与SERVQUAL 量表。此时，欧洲品质奖也设立了，它与日本戴明奖及美国国家品质奖并称全面品质管理三大奖项。

奇异电子总裁杰克威尔许倾全力在公司内推动六标准差活动。诺顿（Norton）与柯普朗（Kaplan）提出评估企业绩效的新方法——平衡计分卡（Balanced Score Card）。欧美专家将刚好及时与新的管理概念整合后，推出精实生产（Lean Production）概念。美国国防部颁布新的抽样计划标准 MIL-STD-1916。

弗内尔（Fornell）提出解释顾客满意度之前因与后果的国家顾客满意指针（National Customer Satisfaction Index）模式，全球 20 多个国家政府迅即采用。

进入 21 世纪，产品生命周期愈来愈短，如何整合科技、品质与速度的创新作为，已成为管理者最关心的课题。ISO9000、美国国家品质奖、日本戴明奖与欧洲品质奖亦陆续修订，策略品质规划、企业利害关系人、企业治理、创新作为、知识管理、顾客关系管理与企业社会责任等皆被纳入评审标准之中，品质已被更广泛的定义与解释。为求同时获得提高品质与降低成本的效益，学者专家将精实生产与六标准差整合，推出了精实六标准差（Lean Six Sigma）活动。综合上述，品质管理的历史回顾如表 1-4 所示。

表 1-4　品质管理的历史回顾

时间	倡议者	品质课题
工业革命以前	工匠	自行全数检验
十八九世纪	工业革命先驱群	工厂开始制定品质检验标准
20 世纪 10 年代	科学管理学者专家群	专业化的品质管制部门出现
20 世纪 20 年代	费雪	实验设计
20 世纪 30 年代	道奇与洛敏	允收抽样
	修华特	管制图
20 世纪 40 年代	美国军方	品质管制方法大量应用于军品工业

续表

时间	倡议者	品质课题
20世纪50年代	美国军方	品质管制方法大量推广至民生工业可靠度
		MIL-STD-105
		MIL-STD-414
	戴明、朱兰	教导日本企业改善品质
	日本科技联盟	戴明奖
20世纪60年代	费根堡	全面品质管制
	克罗斯比	零缺点
	美国军方	故障模式与效应分析
	丰田汽车	刚好及时
20世纪70年代	石川馨	品管圈、全公司品质管制
	田口玄一	品质工程
	赤尾洋二与水野滋	品质机能展开
20世纪80年代	日本企业	品质与刚好及时的学习
	狩野纪昭	二维品质模型
	哈默	企业流程再造
	摩托罗拉	六标准差
	学者专家群	服务品质
	美国学者	全面品质管理
	美国政府	美国国家品质奖
	美国军方	DoD5000
	国际标准组织	ISO9000
20世纪90年代	会计师事务所与顾问公司	知识管理
	彼得·圣吉	学习型组织
	派拉苏拉曼、瑞沙摩与巴利	缺口分析与SERVQUAL量表
	欧洲品质管理基金会	欧洲品质奖
	杰克威尔许	重启六标准差
	诺顿与柯普朗	平衡计分卡
	欧美专家	精实生产
	美国国防部	MIL-STD-1916
	弗内尔	国家顾客满意指针模式
21世纪	学者专家	将策略品质规划、企业利害关系人、企业治理、创新作为、知识管理、顾客关系管理与企业社会责任纳入品质范畴
		精实六标准差

第六节 品质大师的管理理念

现代品质管理的观念深受戴明、朱兰、克罗斯比、费根堡、石川馨以及田口玄一等几位学者专家的影响，因此世人尊称他们为品质大师。

现代品质管理的观念深受戴明、朱兰、克罗斯比、费根堡、石川馨以及田口玄一等几位学者专家的影响，因此世人尊称他们为品质大师。

一、戴明

戴明（Deming）原是美国纽约大学知名的统计学教授，他在1927年与当时正在研究统计品质管制的修华特相遇，并与其发展出亦师亦友的关系。戴明在50年代前往日本，协助日本企业改善品质与生产力，他发现日本当时虽然贫穷但却乐于向他学习品质管理，因此激发了戴明强烈的教学意愿，并为当时的日本企业设计了一套完整的统计品质管制课程。安排戴明课程的日本科学技术联盟（Japanese Union of Scientists and Engineers，JUSE）为感激戴明对日本的贡献，就成立了戴明奖。戴明在日本积极地倡导他的理念，并获得广大的回响，对日本影响极大，因此享有日本"品质之父"的美誉。

> 戴明对品质的贡献主要有三点：戴明十四点管理原则、品质变异的特殊与一般原因以及PDCA循环。

戴明虽在日本工作奉献长达30年，并广受尊崇，但当时在美国却鲜为人知，直到20世纪80年代美国电视台播出"日本能，我们为什么不能"的节目，世人开始关注日本企业成功的因素，戴明才开始扬名于世。

戴明对品质的贡献主要有三点：戴明十四点管理原则、品质变异的特殊与一般原因以及PDCA循环。对此简述如下。

> 能贯彻戴明十四点管理原则的企业，戴明称为戴明公司。

（一）戴明十四点管理原则

戴明十四点管理原则（Deming's 14 Principles）经过戴明多年的反复论述与修正，其前后内容稍有差异，内容如表1-5所示。戴明认为这十四点管理原则是组织欲达成品质目标所必需遵循的。组织没有效率或品质不佳是因为系统与管理，而非员工所造成的。能贯彻戴明十四点管理原则的企业，戴明称为戴明公司。

表1-5　戴明十四点管理原则

管理原则	说　明
1. 改善要有目标	企业组织必须有长期的品质目标，并借以提高产品与服务的品质
2. 采用新观念	企业组织应采用新的经营哲学与理念，并通过沟通、管理与制度运作，建立所有员工对品质的共识
3. 停止靠检验达成品质	最终检验无法提升品质，改善品质应从最根本做起
4. 废除最低价竞标制度	应慎选供货商，购买高品质的材料及零组件，而非以价格作为选商基础
5. 持续改善	持续不断地改善生产与服务系统
6. 建立职训制度	不断地对员工实施教育训练，促使其做对的事情
7. 建立领导体系	管理者应建立领导风格，致力于消除妨碍生产效率的各种有形与无形的因素
8. 扫除恐惧	管理者应协助员工面对问题，排除恐惧。不应该让员工单独面对问题

续表

管理原则	说　明
9. 破除部门间的藩篱	管理者应建立部门间的沟通管道，扫除部门间的障碍，为改善品质而努力
10. 避免过多的口号	管理者应对改善品质身体力行，而不是一直向员工喊口号、训诫或定目标
11. 废除数字及目标，代之领导	要以优秀的领导达成工作要求，而不是以数字或目标
12. 鼓励员工	赞扬员工的工作绩效，使他们以工作为荣
13. 教育训练	拟定教育训练与自我改进计划
14. 致力转型	企业组织内的每一个人都应参与品质活动，并促成其工作态度的转变

(二) 品质变异的特殊与一般原因

变异的来源分为特殊原因与一般原因。

所谓变异，指的是实际值偏离目标值，欲提高品质就应降低变异。变异的来源有两个：①特殊原因 (Special Cause)，它起因于一些可避免但未避免的原因，例如操作错误等，它对品质的影响较大，可通过良好的管理加以矫正；②一般原因 (Common Cause)，它起因于自然界中的随机性，对品质的影响较小。由于变异是一种量化指标，因此管理者应具备统计学的知识并运用管制图，以分辨特殊原因与一般原因，并做出降低品质变异的决策。

戴明认为渊博知识体系应包含系统的评价、变异的理论、知识的理论基础与善用心理学知识四部分。

结合戴明十四点管理原则与品质变异的概念，戴明又强调渊博知识 (Profound Knowledge) 系统的重要，他认为知识来自理论，没有以理论为基础的知识，将使得组织学习困难重重。然而只有理论，组织学习的推动也未必就会成功，因此戴明认为，渊博知识体系应包含系统的评价、变异的理论、知识的理论基础与善用心理学知识四部分。

1. 系统的评价

管理者应建立系统评价机制，以促进员工求知的动机，并依评价结果给予员工适当的激励。

2. 变异的理论

管理者应让员工明了变异对品质造成的影响及学习如何降低变异。

3. 知识的理论基础

管理者应建立员工深厚的处理品质问题的能力。

4. 善用心理学知识

管理者应以心理学的知识润滑系统的推动，以减少改善阻力。

(三) PDCA 循环

PDCA 循环 (PDCA Cycle) 因戴明的特别强调，故又被称为戴明循环，PDCA 代表计划、执行、查核与行动，其含义如下：

PDCA 代表计划、执行、查核与行动。

1. 计划（Plan）

依照市场需求设计合乎消费者需要的产品，并决定作业程序、原料、设备、仪器及检验方法等。

2. 执行（Do）

依据预定计划生产合乎标准的产品，并给予员工适当的品质教育训练。

3. 查核（Check）

调查各项作业是否依规定执行；检验产品是否达到预定的标准。

4. 行动（Act）

依照查核结果发觉异常，必要时迅速追查原因，将异常去除，并防止不合格再次出现。

PDCA 循环最早应用于品质管理，但经不断的推广，现已被视为是任何管理均可遵守的原则，这都应感谢戴明的推广。企业长时间推动 PDCA 循环的巨轮，将会具有超出想象的助益，故一般常以如图 1-1 所示的方式来表现 PDCA 这样的贡献。

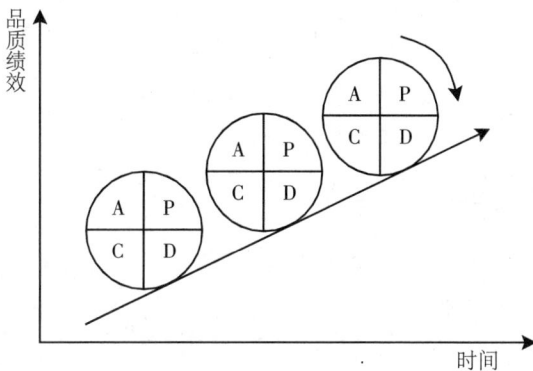

图 1-1　PDCA 循环

近年来，许多其他类似的原则也在 PDCA 的基础下被发展出来，例如 PDSA 与 SDCA 循环就是其中之一。PDSA 与 PDCA 的不同之处在于以研究（Study）取代查核，以表现管理者追寻品质时更积极的做法与态度，如汽车零件业国际品质管理系统 ISOTS16949 与精实六标准差目前皆采 PDSA 循环。至于 SDCA 则是丰田汽车采用的模式，其与 PDCA 不同处在于第一个 S 代表的是标准（Standard）的意思。

二、朱兰

朱兰（Juran）与戴明都是出名的美国学者，但他比戴明晚 4 年赴日本，他也被视为是日本品质成功的主要力量。朱兰的许多概念与戴明近似，但最大的差异在于朱兰认为提升品质其实很简单，而不一定需要像戴明所强调的必须拥有统计学的基础，因为那反而会把问题过度复杂化。1951 年朱兰的名著《品质管制手册》（The Quality Control Handbook）出版，该书详述了他对品质的观点，并建立了他在品质界的地位。朱兰对品质的贡献主要有三点：品质的意义、品质三部曲（Quality Trilogy）与品质改善十大步骤。

> 朱兰对品质的贡献主要有三点：品质的意义、品质三部曲与品质改善十大步骤。

（一）品质的意义

品质起源于知道顾客想要什么。为了解并满足顾客的需求，需要行销、设计、生产及服务人员的依序投入，但同时也应兼顾协同合作，朱兰以如图 1-2 所示的品质螺旋（Quality Spiral）说明了他的这种观点。

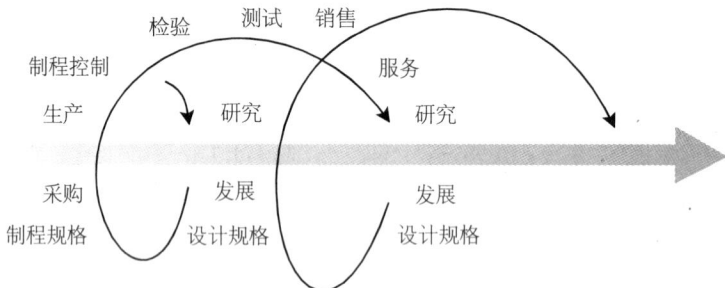

图 1-2 品质螺旋

> 朱兰认为品质就是适用性。品质成本包含预防成本、鉴定成本、内部失败成本与外部失败成本四种。

朱兰认为，品质就是适用性，管理者应确切地掌握顾客的需求，提供顾客适用的产品，而非无止境地投入大量成本于品质上。因此，朱兰也是最早提倡品质成本（Quality Cost）概念的学者之一，所谓的品质成本，包含预防成本、鉴定成本、内部失败成本与外部失败成本四种。

1. 预防成本

预防成本（Preventive Cost）包括品质计划的成本及所有预防缺失发生的成本，例如人员训练的成本。

2. 鉴定成本

鉴定成本（Appraisal Cost）是为维持既定的品质水准而必须鉴

定产品的品质所发生的一切成本，例如检验及试验成本。

3. 内部失败成本

内部失败成本（Internal Failure Cost）是因不合格品的产生而造成对企业直接影响的成本，例如报废、返工及损毁等费用。

4. 外部失败成本

外部失败成本（External Failure Cost）是指不合格品到达顾客手中后所产生的成本，例如顾客申诉及产品在保证使用年限内的免费服务等费用。

以上四种品质成本间的关系如图 1-3 所示。朱兰认为以当时企业的品质水准来判断，失败成本占总品质成本的 50%~80%，这表示当时的企业在品质成本上仍具有相当大的改善空间，它们可借助提高预防与鉴定成本来降低失败成本或总品质成本，并同时提高品质水准。

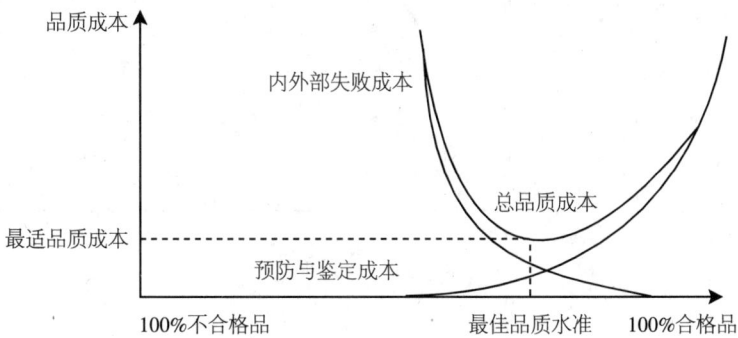

图 1-3　朱兰品质成本曲线

朱兰早年对品质成本的看法反映出他并不认为追求零缺点是实际且必要的，然而随着生产与检测科技的进步，预防成本与鉴定成本并不随着产品合格率的上升而需大幅增加，但是内部失败成本与外部失败成本却会因不合格率的上升而快速增加。因此，朱兰在 20 世纪 90 年代改变了其早年的想法，他认为新时代的品质成本架构已不同于以往，追求零缺点不仅能提高品质而且对降低成本具有帮助，品质成本间的关系应改变成如图 1-4 所示。

（二）品质三部曲

朱兰认为，约 80% 的品质不良是管理上可控制的，因此管理者有责任管制不良。他以品质三部曲来说明强化品质管理的方法，此三部曲为品质规划、品质管制与品质改善。品质三部曲对于他所强调的品质成本的影响如图 1-5 所示。

朱兰认为约 80% 的品质不良是管理上可控制的，因此管理者有责任管制不良。

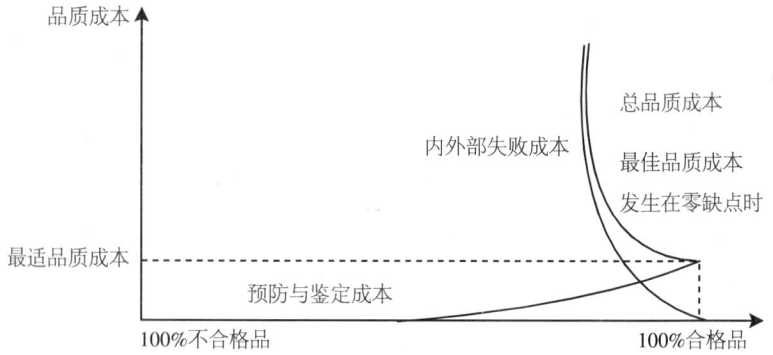

图 1-4 新时代下的品质成本曲线

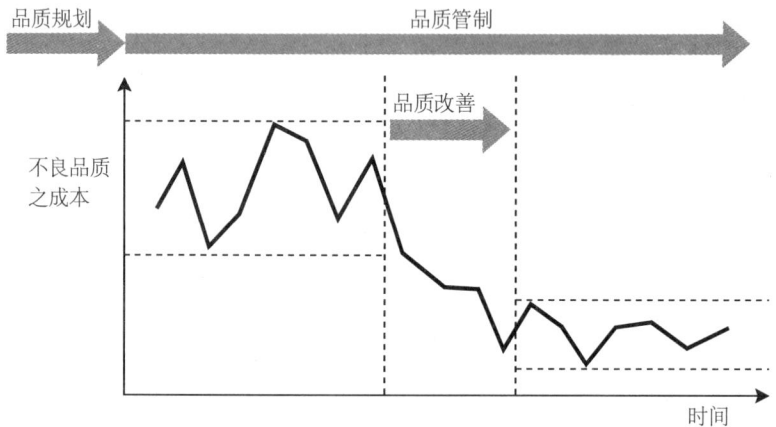

图 1-5 品质三部曲

品质三部曲为品质规划、品质管制与品质改善。

1. 品质规划

品质规划是指了解顾客的需求并发展产品特色以响应顾客的需求，然后以最低成本建立品质目标（即最适品质）。

2. 品质管制

品质管制是指制定规格并采用能符合此规格的生产或测量方法，以及了解何时需要采取异常矫正措施。

3. 品质改善

品质改善是指持续不断地寻找做事情的最佳方法，并对目前的品质绩效加以管制。

（三）品质改善十大步骤

朱兰认为，在品质三部曲中最重要的就是品质改善，因此又提出了品质改善十大步骤（Juran's Quality Improvement 10 Steps）供企业参考，如表 1-6 所示。

表 1-6　品质改善十大步骤

①建立改善需要的意识与机会
②设定改善目标
③将人员组织起来，致力于目标的达成
④提供遍及组织机构的训练
⑤实施品质改善方案，以解决品质问题
⑥报告品质改善方案的进度
⑦确认品质改善的成果
⑧沟通结果
⑨持续对品质评分
⑩将品质改善纳入制度，以维持品质改善的动能

三、费根堡

费根堡（Feigenbaum）早年在奇异电器公司工作，之后到大学任教，他于 1961 年出版《全面品质管制》（Total Quality Control）一书，详述了他的品质理念。

费根堡的全面品质管制概念，与戴明和朱兰的想法极为相近，其概念如下：

（1）企业应发展一套以顾客导向为基础的品质策略架构，才能兼顾较佳的品质和较低的成本。

（2）品质不应仅是技术的集合，而是全面性的整合。

（3）对影响品质的所有因素以及在生产及服务过程中的每一重要阶段，都应实施品质管制。

（4）品质首重源流管理。

（5）品质管制方案的核心思想在事前预防，而非事后矫正。

以上的概念可以统称为全面品质管制。全面品质管制所包括的范围，不仅限于一般传统品质管制的活动，更应遍及全公司任何其他与品质有关的功能活动。TQC 按工作的性质可以分为新产品设计管制、进料管制、产品管制与特殊制程研究四类。

TQC 按工作的性质可以分为新产品设计管制、进料管制、产品管制与特殊制程研究四类。

1. 新产品设计管制

在新产品设计阶段，企业应订定新产品所需要的成本标准、性能标准及可靠度，在正式生产前应消除或探求可能发生品质问题的根源。

2. 进料管制

企业在进料检验时，应考量以最经济的品质水准接收及储存符合品质规格要求的原物料。

3. 产品管制

产品从生产开始起一直到服务结束止，任何可能不符规格的产品都应在不合格品产生前，加以矫正或预防。

4. 特殊制程研究

所谓的特殊制程（Special Process），指的是产品在加工后，无法利用检测方法获知其是否为良品的制程，由于品质检验对于这种制程无法发挥管制的功效，故管理者应针对特殊制程进行各种调查与试验工作，以有效控制产品品质。

费根堡也对品质成本做了进一步的阐述，他认为品质成本是衡量及寻求最佳品质管制活动的方法。归纳分析品质成本的分配状况，可以衡量全面品质管制活动是否得宜。企业应借增加少量的预防成本支出来减少失败成本，使节省下来的品质成本变成公司的利润。

四、克罗斯比

克罗斯比（Crosby）早期长时间任职于企业，之后专职于顾问工作。克罗斯比的管理理念集中于其 1979 年出版的《品质免费》（Quality is Free）与 1984 年出版的《不流泪的品管》（Quality Without Tears）中。在《品质免费》一书中，克罗斯比提出一个响亮的口号"第一次就做对"（Do It Right The First Time）。他认为品质只要事先规划设计好，就可以在执行时轻松地达到所要求的标准。接着他又在《不流泪的品管》中，提出五个企业常见的品质问题（品质不一致、修补的坏习惯、容许错误存在、不知品质不合需求的代价及不肯正视问题的根源）来说明如果在一开始就做好，企业将能避免许多日后的困扰并降低成本。

克罗斯比认为品质应符合下列四大定理：

（1）品质就是合乎需求。

（2）品质是来自预防，而不是检验。

（3）工作的唯一标准就是"零缺点"（Zero Defect）。

（4）应以"产品不符合标准的代价"来衡量品质。

为了追求零缺点，克罗斯比认为改善与预防最为重要，而要建立这样的观念应先了解提高预防成本是可以降低总品质成本的。克罗斯比将预防成本与鉴定成本合称为符合成本（Conformance Cost）。

他并不认同朱兰的论点：要提高品质必须增加符合成本，他认为提高预防成本可以降低鉴定成本，有时甚至可以降低符合成本，此一概念他以图1–6来作解释。

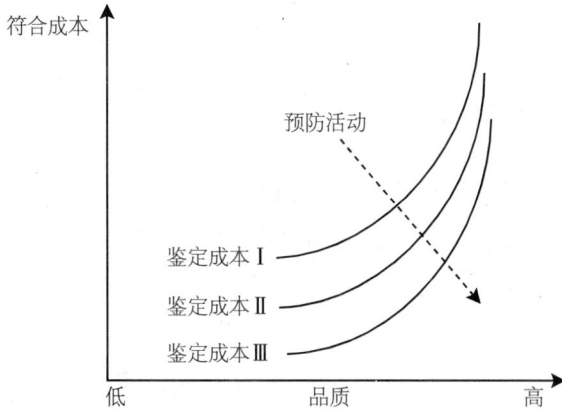

图1–6　符合成本曲线

克罗斯比另外还提出了品质十四项步骤（Crosby's 14 Steps）作为组织推行零缺点运动的依据，如表1–7所示。

表1–7　品质十四项步骤

1. 管理阶层对品质的承诺
2. 运用团队行动，达成品质目标
3. 设定清晰明确的标准
4. 审慎而客观地掌握品质成本
5. 灌输员工对品质的警觉心，使之成为企业文化的一部分
6. 找出问题，并从根本解决它
7. 以审慎的态度来设计"零缺点"活动
8. 设计一套品质教育系统来教育员工
9. 庄重地举行"零缺点"日（ZD日），让主管与员工在这一天分享彼此的承诺与决心
10. 经由团队讨论，设定一个短期又不琐碎的目标，逐步达成最后的总目标——零缺点
11. 消除造成错误的原因，要求每个员工说出自己在工作上遭遇的问题，并加以解决
12. 选出品质改善标杆，给予具象征性意义的奖励
13. 设立品质委员会，结合各品管专家于一堂，互相切磋改善品质
14. 通过观察、参与、学习与从头再来，以获取更卓越的成就

五、石川馨

石川馨（Ishikawa）深受戴明及朱兰的影响，所以他的理念跟这两位前辈极为相近，例如全员参与及教育训练等。石川馨的主要贡献有全公司品质管制（Company Wide Quality Control，CWQC）与

石川馨的主要贡献有全公司品质管制与品管圈、顾客的新观念以及特性要因图等。

品管圈（Quality Control Circle，QCC）、顾客的新观念以及特性要因图等，在此分别说明。

（一）全公司品质管制与品管圈

全公司品质管制所追求的品质不仅是产品品质与服务品质，更应是一种良好的工作品质。石川馨对全公司品质管制的看法与解释包括下列三个层次：

1. 全部门参与的品质管制

全部门参与的品质管制是指组织中的所有部门都要学习、参与及实施品质管制，教育训练课程也要因部门的不同而有所差异，因此石川馨说"品质管制，始于教育，也终于教育"。

2. 全员参与的品质管制

全员参与的品质管制是指企业上自董事长下至作业员，都必须要参与并负起推行品质管制的责任。

3. 全公司的品质管制

全公司的品质管制包含全部门参与的品质管制与全员参与的品质管制。

CWQC 的执行工具为品管圈，本书的第十五章中将再对品管圈作介绍。

（二）顾客的新观念

石川馨定义外部顾客为购买产品的人；内部顾客为线上的下一个人员、接到你工作结果的人或任何一个信赖你的人。因此，顾客不再只是付钱购买产品的人，更包含了工作同人。

（三）特性要因图

特性要因图是石川馨发明的一种分析与解决问题的技巧。特性要因图因简单易学故能大量普及，是强化企业品质改善能力的优良工具，此在本书第十五章中将作更进一步的介绍。

六、田口玄一

田口玄一（Taguchi）成名于美国，他定义品质为"产品出厂后对社会造成的损失"。传统的观念认为，产品在超出规格上下限成为不合格品时，才会造成企业的损失（见图1-7）。但田口玄一认为，只要产品偏离目标值即会造成损失（见图1-8），而衡量此一损失大小的函数就是损失函数（Loss Function）。一般而言，损

（旁注）石川馨定义外部顾客为购买产品的人；内部顾客为线上的下一个人员、接到你工作结果的人或任何一个信赖你的人。

（旁注）田口玄一认为，只要产品偏离目标值即会造成损失，而衡量此一损失大小的函数就是损失函数。

失函数可视为品质特性与目标值之差的二次函数，如公式（1-1）所示。

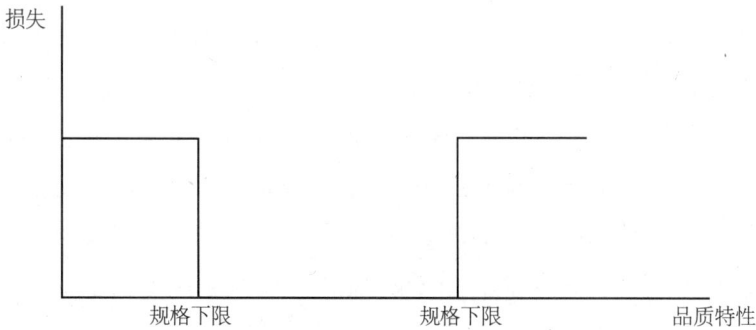

图 1-7 传统损失概念

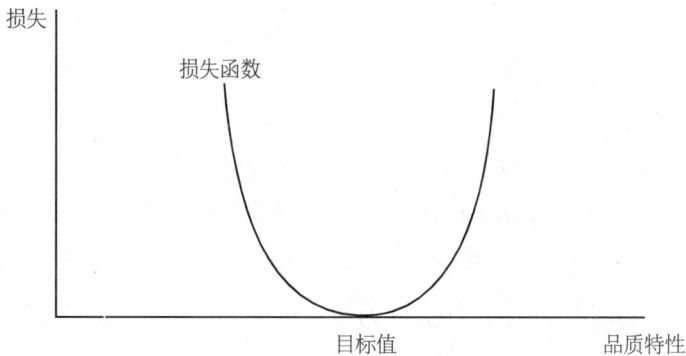

图 1-8 田口损失函数

$$L=k(y-m)^2 \qquad (1-1)$$

式中，L 表示损失；k 表示常数；y 表示品质特性值；m 表示品质特性目标值。

要降低损失，首重线外品管（Off-Line Quality Control）。线外品管与线上品管（On-Line Quality Control）是两个相对的概念，线外品管着重在产品设计与制程设计，而线上品管则以检验与测试为主。线外品管包含系统设计、参数设计与允差设计。

（一）系统设计

所谓系统设计（System Design），是指设计工程师依其经验和工程原则，建立产品之原型以符合功能要求。在此阶段，产品使用的原料和零件、制造程序、工具和限制等都要加以分析，以获得可行的设计。

线外品管包含系统设计、参数设计与允差设计。

所谓系统设计是指设计工程师依其经验和工程原则，建立产品之原型以符合功能要求。

（二）参数设计

所谓参数设计（Parameter Design），是指为求得产品或是制程参数的最佳组合，以使产品对于各种噪音不敏感（Insensitive）并具稳健性（Robustness）的系统性方法。产品或服务愈稳健，就愈不可能因为使用环境或条件的改变而失效，也将使得顾客满意度提高。

稳健性不同于最佳化（Optimization），最佳化的设计不考虑未来产品使用环境对产品是否会造成干扰，它追求的是在固定使用条件下产品的最佳表现；而稳健性设计（Robust Design）则认为要将使用条件固定往往成本极大，故设计产品使之对环境变化不敏感，有时反而更为重要。从另一个角度来看，科学较重视最佳化的问题，然而工程则应以稳健性为优先。例如，稳健性高的打印机较不会受到纸张的厚薄、大小与开封时间的长短而影响做纸机构的运作。又例如，稳健性高的计算机较能忍受较高的温度与强烈的电磁波干扰而不致当机。

以参数设计的观念来规划实验，不需要学习高深复杂的统计学理论或仰赖统计专家的协助，只需要学得如何查表，工程人员就能够自行设计实验。由于参数设计比实验计划法更为简易且具成效，因此广受企业的欢迎，并被视为提高产品品质、强化产品稳健性的有力工具。

（三）允差设计

允差设计（Tolerance Design）是决定参数或因子的允许变动范围。当参数设计所获得的成效不如预期或某些因子对品质有较大的影响时，我们应缩小这些因子的允差，以较严格的控制来降低品质变异；至于对品质变异较无影响的因子，我们可以放宽其变动范围，使制造较为容易并降低生产成本。

第七节 品质管理的未来趋势

20世纪90年代以后，企业竞争环境丕变、管理理论推陈出新、资讯技术蓬勃发展以及社会价值快速变化，这些都会对未来品质管理的发展造成巨大的影响。归纳近年所见，我们认为，品质管理的未来趋势应是考量企业治理的课题、强调利害关系人与社会责任、

所谓参数设计是指为求得产品或是制程参数的最佳组合，以使产品对于各种噪音不敏感并具稳健性的系统性方法。

允差设计是决定参数或因子的允许变动范围。

建立持续创新的文化、纳入企业策略的思考角度、与其他管理系统的相互整合、大量运用信息技术、与供货商发展伙伴关系等。

1. 考量企业治理的课题

所谓的企业治理（Corporate Governance），指的是经理人应坚守其道德操守，以为股东创造最大的效益。过去几年，经理人掏空公司、高额奖励自己或亲信，以及为追求个人权力而盲目扩张等损及股东权益的行为屡见不鲜，建立企业治理的机制已成为所有投资者最关心的课题之一。虽然品质管理过去对企业治理并不特别强调，然而由于企业治理的不当，也有可能造成顾客权益的受损，故对于强调顾客满意度的现代品质管理而言，考量企业治理乃为必然。

2. 强调利害关系人与社会责任

利害关系人（Stakeholder）包含所有与企业发生互动的个人与组织。由于品质的定义已愈为广泛，不良品质造成的影响也已不仅限于顾客，而是包含顾客、供货商、员工、社会大众与股东等所有利害关系人，故在品质管理中有关利害关系人的讨论已愈来愈多。从企业社会责任（Corporate Social Responsibility，CSR）的角度来看，现代企业应担负三种责任：经济（Economics）、环境（Environment）与社会（Society），简称为 SEE。企业要担负社会责任，其前提之一是品质。

3. 建立持续创新的文化

由于持续改善、易被模仿且成效较慢，故创新已备受重视。创新不应只是一时的活动，建立鼓励创新的机制与文化，使创新持续不断，是未来品质管理的重点之一。

4. 纳入企业策略的思考角度

策略管理系统性、结构性、全面性与重点性的逻辑思维，有助于品质管理系统更快速的发展与成功，故目前有关品质管理的理论与实务已逐渐从策略的角度来作思考。

5. 与其他管理系统的相互整合

品质管理系统与环境管理系统/职业安全卫生管理系统，在国际标准组织的努力下已具有相互整合的架构，企业以此为基础，再发展与财务管理、行销管理、生产管理、人力资源管理、研发管理与采购管理整合的系统，也是未来的趋势之一。

品质管理的未来趋势应是考量企业治理的课题、强调利害关系人与社会责任、建立持续创新的文化、纳入企业策略的思考角度、与其他管理系统的相互整合、大量运用信息技术、与供货商发展伙伴关系等。

企业治理指的是经理人应坚守其道德操守，以为股东创造最大的效益。

6. 大量运用信息技术

信息技术（Information Technology，IT）的蓬勃发展对现代管理形成了极大的冲击，知识管理、顾客关系管理、供应链管理与企业资源规划等议题，已是从事品质管理者不得不学习的课题。

7. 与供货商发展伙伴关系

组织与供货商间的关系除了交易外，垂直整合、策略联盟、相互持股、信息共享与技术移转等，都是当今企业为建立其与供货商间的伙伴关系常运用的手段。组织与供货商间建立伙伴关系的努力对提升组织品质具有莫大的帮助，也是未来品质管理发展的趋势之一。

第八节 结论

品质概念的发展与时代背景的演变及管理理论的进化息息相关，例如品质成本的最佳化，学者专家在 20 世纪 60 年代与 90 年代就有不同的看法，对于抽样检验或全数检验的价值，在不同的时代于不同的行业中也有不同的解读。在我们修习品质管理课程时，对于品质管理的各种技巧与方法固然需深入了解，但更重要的是应清楚地知道这些技巧与方法的适用性与限制，以免因错误引用品质管理的概念而造成对企业的伤害。

个案研究

宏达电子董事长王雪红成为中国台湾新首富

宏达国际电子股份有限公司（High Tech Computer Corporation，HTC Corporation），常简称为 HTC 或宏达电，是一家位于中国台湾桃园的科技公司，成立于 1997 年，由董事长王雪红、董事暨宏达基金会董事长卓火土、总经理兼执行长周永明所创立，为威盛电子投资的公司，是全球最大的智能型手机代工厂商，全球最大的 Windows Mobile 智能型手机生产厂商，微软 Windows Mobile 是其最紧密的合作伙伴之一，垄断了 Windows Mobile 手机 80% 左右的市场占有率。HTC 旗下拥有 Qtek 通路品牌，并拥有多普达的股权，提供技术和手机给多普达。2008 年 6 月，公司正式英文名称自 High Tech Computer Corporation 更名为 HTC Corporation。宏达电公司口号为"Smart Mobility"，常出现于公司商标上。另外，为强调创新精神，另一句口号"HTC Innovation"也常出现于其产品以及广告上。2009 年 10 月，宏达电提出新品牌定位 Quietly Brilliant，并推出全球性的广告系列 YOU campaign。2010 年 7 月 27 日，宏达电正式以 HTC 品牌进军中国大陆，而在中国保留长达 5 年之久的 dopod（多普达）品牌，亦随之前的 Qtek 一样逐渐淡出市场，多普达通信业务也将全面与宏达电合并。

宏达电成立之初并没有很成功的产品，知名度不高，后来研发出的 iPAQ 产品才真正奠定了其在 PDA 市场的领先地位，并逐步成为世界最大的 PDA 代工厂商（最大客户是 HP、Dell）。2002 年，微软公布其 Pocket PC Phone Edition 操作系统，宏达电随即研发出全球第一款搭载其系统的 PDA Phone，但 HP、Dell 等大厂并没有买单，却被欧洲多数电讯运营商看中，与宏达电签下了大量订单，在欧洲推出后亦取得不错的销量，逐步提高了宏达电的业界知名度。

宏达电的智能型手机通常拥有多个客制化版本，根据运营商的需求做些许变化，例如有无网络摄影机、有无 WiFi、计算机内存大小等。通常宏达电的新产品会先在欧美地区上市，待市场成熟后才会在台湾、香港和大陆推出。目前在中国，宏达电主要以多普达作为子品牌销售。

近年来，由于受到新兴厂商崛起的压力，宏达电开始转型，摒弃之前的 Qtek 创立自主品牌 HTC，并陆续推出了 Touch 系列手机，外观时尚超前，打破了 Windows Mobile 智能手机的呆板，并在其中采用 Touch FLO 触控技术，被认为是苹果 iPhone 的强劲对手。宏达电亦利用其在智能型手机方面的优势，推出了性能强大的类似 UMPC 产品 HTC Shift，在其中装配了 Windows Mobile 6 和 Windows Vista 双系统，以进军 UMPC 市场。

宏达电为多家运营商提供贴牌产品，如中国电信、中国台湾中华电信、中国移动、AT&T、Orange、T-Mobile、O2、Verizon、Bell、Sprint、Vodafone、Swisscom、SoftBank 等。宏达电亦代工生产以下品牌的 Windows Mobile 智能型手机，如 HP、Dell、Fujitsu-Siemens、Palm、Sony Ericsson 等。2007 年以后的产品几乎都搭载了自主研发的操控软件，如 HTC Sense、Touch FLO，使用起来比传统 Windows Mobile 更加方便和智能化。

除发展 Windows Mobile 平台产品外，2007 年宏达电亦加入由 34 家公司创立的开放手机联盟（Open Handset Alliance），推出采用 Google Android 系统的智能型手机。

HTC 是全球行动装置业界中成长最快速的企业之一，并在过去几年深得消费者的肯定。美国《商业周刊》（Business Week）更评选 HTC 为 2007 年亚洲地区科技公司表现最佳的第二名，并在 2006 年将该公司列为全球排名第三的科技公司。

HTC 的使命是要借由提供附加价值的设计、世界级的制造以及物流与服务能力，使其在行动信息和通信装置等方面站稳领导与创新的地位。

HTC 致力于提升智能型手机技术的成长和功能。自成立以来，该公司已经发展出强大的研发能力，开创了许多全新的设计和产品的创新，并为全球电信产业的业者和经销商推出符合目前技术所及的 PDA 和智能型手机。以台湾为根基，HTC 在占公司总人数 25% 的强大研发团队身上投入巨资，同时也投资了世界级的高产量制造设备。

HTC 的经营策略：

（1）聚焦 Smart Phone 市场，微软作业平台与 Android 平台的领导者。

（2）通过推出创新产品与注重使用者界面以建立品牌价值。

（3）快速反映市场变化及多元化产品提供消费者选择。

2011 年，HTC 预估出货量为 1300 万台，毛利率 25% 以上，税后净利 300 亿元以上，以股本 57.1 亿元计算，EPS 超过 50 元，股价更是屡创新高，成为台湾股王，董事长王雪红也因此超越郭台铭，成为台湾新首富。

HTC 的卓越成就并非一蹴而就，它在品质上的努力有目共睹，这是它能有今日成功的关键因素之一：

（1）1999 年 10 月，ISO9001 验证通过。

（2）2000 年 11 月，ISO14001 验证通过。

（3）2002 年 4 月，TL9000 验证通过。

（4）2002 年 5 月，推行品管圈活动。

（5）2002 年 6 月，导入产线 SPC 即时监控系统。

（6）2002 年 7 月，导入 FMEA 与制程能力分析。

（7）2002 年 10 月，导入 QFD、DOE、Gage R&R。

（8）2003 年 3 月，导入 8D 流程改善。

（9）2003 年 4 月，导入六标准差。

（10）2003 年 8 月，导入 TRIZ。

（11）2003 年 9 月，获得"中国台湾品质学会品质团体奖"。

（12）2004 年 7 月，OHSAS18001 验证通过。

（13）2005 年 1 月，推动品格教育。

（14）2006 年 6 月，推动全球服务品质与品质保证。

（15）2007 年 4 月，成立设计品质中心，确保研发品质。

（16）2008 年 6 月，ISO/TS16949 验证通过。

（17）2008 年，导入 TQM 卓越经营模式。

问题讨论

请问宏达电为何将品格教育视为品质活动中的一部分？

资料来源：①维基百科，宏达电子，http://zh.wikipedia.org/wiki/%E5%AE%8F%E9%81%94%E5%9C%8B%E9%9A%9B%E9%9B%BB%E5%AD%90。②本刊记者. 宏达国际电子B厂品质策略之实践 [J]. 品质月刊，2009 (2).

习题

1. 请说明品质为何重要。

2. 请定义何谓品质。

3. 请区分品质管制、品质保证与品质管理。

4. 试说明产品与服务之不同。

5. 产品品质构面包含哪些内容？

6. 服务品质构面包含哪些内容？

7. 品质从何而来及其历经的五个阶段。

8. 试解说小 q 与大 Q 之不同。

9. 试说明现代品质企业文化与传统企业文化之间的不同点。

10. 现代品质管理大师常指哪些人？

11. 何为戴明十四点原则？

12. 何为品质变异的特殊原因与一般原因？

13. 何为渊博知识体系？

14. 何为 PDCA 循环？

15. 何为品质成本？

16. 朱兰对品质成本的看法前后有何差异？

17. 何为品质三部曲？

18. 何为 TQC？

19. 克罗斯比认为品质应符合哪四大定理？

20. 克罗斯比对品质成本的看法与朱兰有何不同？

21. CWQC 的执行工具为何？

22. 何为外部顾客与内部顾客？

23. 何为品质损失函数？

24. 品质管理未来的发展趋势为何？

第二章 全面品质管理与品质管理系统

学习重点 在学习本章后，你将能够：

1. 定义全面品质管理。

2. 指出全面品质管理中最具代表性的品质管理系统为何。

3. 明了戴明奖的由来与评审标准。

4. 明了美国国家品质奖的由来与评审标准。

5. 明了欧洲品质奖的由来与评审标准。

6. 明了中国台湾品质奖的由来与评审标准。

7. 说明日本戴明奖、美国国家品质奖、欧洲品质奖与中国台湾品质奖所强调的重点有何差异。

8. 说明 ISO9000 。

9. 了解并避免错误使用 ISO9000 的一些用语。

10. 了解现今世界上还有哪些著名的国际验证系统。

品管现场实录

　　尊爵企业早在 10 年前即获得 ISO9000 验证通过。然经过了这么多年，尊爵企业的品质却是每况愈下。员工私底下都称 ISO9000 为"碍手 9000"，许多部门的主管最近几年甚至常有废除 ISO9000 的提案；若非许多国外客户经常询问尊爵企业是否拥有 ISO9000 证书，尊爵企业可能早就将 ISO9000 的证书退回给验证机构了。企管顾问王先生对尊爵企业弥漫着这样的气氛相当不以为然，他认为当初尊爵企业是为了 ISO 而 ISO，在心态不对的情形下，使得 ISO9000 只成为一堆书面作业的代名词，或许 ISO 刚开始时，员工会因为好奇而乐于配合，但在取得证书后，新奇感已失去，不正确的心态却遗留下来了。王顾问认为，另一次正确且彻底的品质改善活动应立即展开。

现代品质管理中，最重要的课题之一就是全面品质管理。全面品质管理的观念起源于第一章所介绍品质大师的管理理念，其内容则以日本戴明奖、美国国家品质奖、欧洲品质奖、中国台湾品质奖与 ISO9000 为代表。本章以介绍全面品质管理的内容为主，期望读者在研习品质之初，即能对品质管理系统的架构有所了解。

第一节　全面品质管理简介

全面品质管理（Total Quality Management，TQM）是以日本科学技术联盟所下的定义为代表：全面品质管理是一套系统性的活动，它由全组织以有效果与效率的方式共同达成公司目标，且在适当的时间以适当的价格，提供能够满足顾客某一品质水准的产品与服务（TQM is a set of systematic activities carried out by the entire organization to effectively and efficiently achieve company objectives so as to provide products and services with a level of quality that satisfies customers, at the appropriate time and price）。

日本科学技术联盟对以上定义作了更进一步的解释。

一、全面品质管理是一套系统性的活动

"系统性的活动"代表组织借由管理阶层的强力领导，建立清楚的中长期愿景、使命、策略规划与品质政策，并由此往下层层展开，以达成公司目标。

二、全面品质管理追求的公司目标应包含利害关系人的利益

"公司目标"是指经由长期一致持续地满足顾客以获取适当的利益，此利益应考量到所有利害关系人。

三、全面品质管理是以顾客满意为焦点

品质不只代表产品品质，它更涉及顾客满意度，所以品质代表适用性、可靠性与安全性。此处所指的顾客应包含内部与外部顾客，内部顾客代表下一道流程的公司同事，外部顾客代表买主、使用者、

全面品质管理是一套系统性的活动，它由全组织以有效果与效率的方式共同达成公司目标，且在适当的时间以适当的价格，提供能够满足顾客某一品质水准的产品与服务。

消费者与受益人。

四、全面品质管理重视社会责任与公司治理

组织应鼓励道德行为，参与社会公益，以善尽社会责任并注重公司治理。

五、全面品质管理活动应全员参与

所有阶层与所有部门的任何人都应参与全面品质管理活动，并以最少的资源快速有效地达成企业目标。

六、全面品质管理涉及供应链中的所有流程与活动

这些活动包含调查、研究、规划、开发、设计、产品准备、采购、制造、安装、检验、接单、销售与行销、维护保养、售后服务、使用后处理与回收、供货商管理与顾客关系管理等。

七、全面品质管理是以品质为核心，但需整合其他管理系统

全面品质管理虽强调全员参与，但需以品质保证系统为核心，并整合其他像是成本、交期、环境与安全等的跨功能管理系统来完成。

八、全面品质管理重视人力资源发展

人是组织中最重要的资产，通过激励、学习与分享，人力资源才能有最大的发挥。

九、全面品质管理强调持续改善与创新

应不断地推动 PDCA 循环，并将创新融入公司文化。

十、全面品质管理强调以事实作为决策的基础

企业决策应以事实为基础，方能免于无知与猜测造成的错误与危机。

十一、全面品质管理需运用适当的工具与技术

公司应使用适当的统计技术与工具以发展其核心技术，并持续改善其流程与作业。

十二、全面品质管理应善加运用科学与信息技术

企业处于现今知识经济的时代，应利用适当的科学与信息技术重建其管理系统。

组织所建立的系统性品质活动一般称为品质管理系统（Quality Management System，QMS）。目前全球最著名的品质管理系统首推日本戴明奖（Deming Prize）、美国国家品质奖（Malcolm Baldrige National Quality Award，MBNQA）、欧洲品质奖（European Quality Award，EQA）与ISO9000，对于中国台湾企业则应再加入中国台湾品质奖（Chinese National Quality Award，CNQA）。以下各节，我们就针对这些品质管理系统分别加以介绍，对于品质管理系统的实施方式与内容，则从本书第三章起陆续介绍。

第二节　戴明奖

日本产品的品质向来为全球消费者所高度赞赏，而日本品质管理的特色也一直受到全球认同。在这里，戴明与朱兰奉献了他们的岁月，石川馨与田口玄一创造了他们的学说。日本今日的经济成就，若说是由于品质的成功，大概很少会有人反对。

一、戴明奖简介

戴明在1950年到日本后，日复一日地演说教学，初期的主题为"品质管制八日课"，而后则加开"高阶管理品质管制一日课"，这些课程的讲义编辑成册后广为流传。1951年，戴明将部分的版税捐赠给日本科学技术联盟，该组织以该笔经费设立戴明奖，并于1952年颁发第一个戴明奖，为目前全球知名品质奖项中设立最早者。之后，戴明的《抽样的一些理论》日文版发行，戴明再度将其版税捐献给戴明奖，从此戴明奖更受日本企业重视。时至今日，戴明

组织所建立的系统性品质活动一般称为品质管理系统。目前全球最著名的品质管理系统首推日本戴明奖、美国国家品质奖、欧洲品质奖与ISO9000，对于中国台湾企业则应再加入中国台湾品质奖。

奖一直都是由日本科学技术联盟为主办单位，戴明奖委员会为执行单位。

戴明奖可分为个人奖、实施奖与事业部奖三类。

经过一连串的修正后，目前的戴明奖可分为个人奖、实施奖与事业部奖三类。个人奖是颁发给对全面品质管理或全面品质管理所使用的统计方法在研究方面有杰出表现者，或对全面品质管理的推行普及有杰出贡献者。实施奖是颁发给经由实施全面品质管理后获得显著绩效改善的组织或部门。事业部奖是颁发给经由实施品质管制/管理后获得显著绩效改善的作业事业单位（Operations Business Units）。戴明奖过去较常被批评为过度重视统计方法，事实上早期的戴明奖的确颇为注重统计品质管制，然而今日的戴明奖已经大幅度地修正，除了个人奖因保留对戴明的尊重而仍着重统计方法外，其余的奖项都已明显地是以全面品质管理的观点为出发。在此需特别强调的一点是，日本过去全面品质管制与全公司品质管制的习惯性称呼，在目前的戴明奖中已完全被全面品质管理所取代，日本科学技术联盟认为这是与国际上的习惯性用语趋于一致的必要性改变。

二、戴明奖评审标准

基于本书读者的实际需求，本书只拟对戴明奖中的实施奖加以介绍。

实施奖为年度奖，其名额并无限制，无论是政府或民间、大组织或小组织、国内组织或国外组织，皆可申请。戴明奖的评审过程分为书面评审与现场评审两阶段，申请者需先依规定缴交一份制式的报告以接受书面评审，书面评审通过才能进入现场评审，现场评审若再通过，该企业将获得一面刻有戴明博士人像的金牌及奖状，即戴明奖。获得戴明奖的企业在获奖后三年内都应缴交全面品质管理的实施报告，并接受依据该报告所实施的现场审查。

戴明奖的现场评审分为三项：基本类别、独特活动以及最高管理者的角色。

（一）基本类别

戴明奖的基本类别评审共有六个项目，即管理政策与其展开、新产品开发与/或工作流程创新、维持与改善、管理系统、信息分析与信息科技的运用以及人力资源发展等，这六个项目的关系如图2-1所示，评分重点与配分如表2-1所示。

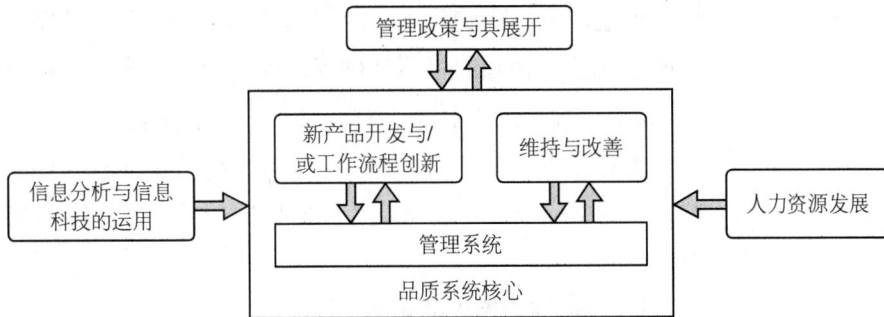

图 2-1 戴明奖基本类别的评分项目关系

表 2-1 戴明奖基本类别的评分重点与配分

评估项目	分数
1. 管理政策与其展开	20
①在反映企业经营理念与企业环境清晰的管理政策下，已建立具有挑战性、品质导向与顾客导向的企业目标与策略	(10)
②管理政策已在组织内一致性地展开	(10)
2. 新产品开发与/或工作流程创新	20
①主动开发新产品（包含服务）或创新工作流程	(10)
②新产品需满足顾客需求。工作流程创新需对企业管理的效率具有重大贡献	(10)
3. 维持与改善	20
①日常管理 经由标准化与教育训练，日常工作已极少遭遇问题，且各部门的主要作业皆已稳定	(10)
②持续改善 品质与其他方面皆经持续规划与改善。抱怨与缺失持续下降至某一极低的水准。顾客满意度已改善	(10)
4. 管理系统	10
品质、数量、交期、成本、安全与环境等管理系统都已建立，并有效运作	
5. 信息分析与信息科技的运用	15
从市场与组织内部收集品质资讯，并有效地加以运用。结合统计方法与资讯科技，将所收集到的信息有效运用在新产品开发与作业品质的维持与改善上	
6. 人力资源发展	15
在有规划的情形下，教育并发展公司的人力资源，以维持并改善产品与作业品质	

当所有评审针对某企业基本类别各自评分后，取这些评分的中位数，若该分数大于或等于 70 分，则该企业视为通过基本类别的评审。

（二）独特活动

所谓的独特活动，是指代表公司发展的核心品质活动，它具有独特的概念或创意而能协助公司创造绩效，是公司品质成功的关键。戴明奖的申请者至少必须提出一项独特活动，以展示其不同于其他公司的成功特色。独特活动可以是最高管理者卓越的策略与领导、创造顾客极高的价值、组织绩效明显的改善、环境与安全的优异成绩或建立稳固的管理基础等，此一项目完全由申请者自行决定其最足以自豪的成功因素为何，戴明奖不予设限。

所有评审针对企业的独特活动各自给予 1~5 分的评分后，取这些评分的中位数，若该分数大于或等于 3.5 分，则该企业视为通过独特活动的评审。

（三）最高管理者的角色

最高管理者的角色评分方式是对最高管理者进行口试，它主要是希望了解最高管理者对品质的了解与热诚、目前的政策以及审查品质活动的进行状况。口试内容一般包含以下五个重点：

（1）对 TQM 的了解与热诚。

（2）对领导、愿景、策略、政策与环境变化的深入了解程度。

（3）企业如何发展其核心竞争力。

（4）企业如何发展其人力资源。

（5）企业如何善尽其社会责任。

所有评审各自针对最高管理者的角色给予 0~100 分的评分，取这些评分的中位数，若该分数大于或等于 70 分，则该企业视为通过最高管理者的角色的评审。

戴明奖的申请者若同时通过以上三项评审，现场评审才算通过。通过现场评审后，戴明奖委员会将再做最后一次的审查确认。除了戴明奖之外，日本官方自 1970 年起也设立了日本品质奖（Japan Quality Medal），首届得主为丰田汽车。日本品质奖的历史与知名度都不及戴明奖，且依规定，得过戴明奖的组织在得奖三年后才能申请日本品质奖。

第三节　美国国家品质奖

美国是现代品质管理的发源地，在这里孕育出修华特、戴明、朱兰、费根堡与克罗斯比等品质大师，除了曾经一度受到日本与欧洲品质的挑战外，美国品质一直执世界牛耳，而美国也一直以其在全面品质管理的成就而自豪。

一、美国国家品质奖简介

美国国家品质奖在台湾地区常被翻译成马康巴立治奖，它主要是向企业推广绩效卓越（Performance Excellence）模式，以提升企业的经济绩效与国家竞争力为着眼点。

美国国家品质奖的设立可追溯至 1983 年由美国生产力与品质中心（American Productivity and Quality Center，APQC）所赞助的计算机网络会议。在该会议中，与会者共同在网络上讨论美国生产力的问题，结果从 175 位企业经理人、企业界领袖与学术界人士的意见中鉴别出共同的要求为"要有国家品质与生产力的奖项作为提高国家竞争力的工具"。大会最后综合所有的意见，提出设置类似戴明奖的美国国家品质奖之建议。1987 年 8 月 20 日，马康巴立治国家品质奖改进法案 100~107 号公共法案，由当时美国总统里根正式签署设立，并于 1988 年颁发第一个美国国家品质奖。该奖之所以以马康巴立治为名，主要是为了纪念对美国品质极具贡献的美国企业家兼前经济部部长 Malcolm Baldridge。美国国家品质奖的主办单位为美国国家标准技术局（National Institute for Standards and Technology，NIST），执行单位为美国国家标准技术局与美国品质学会。

美国国家品质奖分为三类：第一类为大型制造业，第二类为大型服务业，第三类为中小型企业，每一类的得奖名额最多两名。除了颁奖名额不同于戴明奖，另一项与戴明奖不同的是这些奖项仅颁发给在美国本土设立的公司。美国国家品质奖自设立以来，每年得奖者皆由美国总统亲自颁奖。

> 美国国家品质奖分为三类：第一类为大型制造业，第二类为大型服务业，第三类为中小型企业，每一类的得奖名额最多两名。

二、美国国家品质奖的核心价值与观念

美国国家品质奖宣示其核心价值与观念共有十一项，其重点如下：

1. 愿景领导

（1）高阶领导者必须创立一种以顾客为焦点的、清晰可见的价值。

（2）高阶领导者须具备道德行为，并亲身参与规划、沟通、教导、带领未来的领导者以及检讨组织绩效与员工认知。

2. 顾客导向

（1）品质与绩效是由顾客判断的。

（2）价值与满意度受到许多因素的影响，例如顾客采购过程、拥有的感觉与接受服务的经验等。

（3）顾客导向不只代表降低不良或错误、符合规格或降低抱怨。

（4）顾客导向不只代表产品或服务特色符合顾客需求，它同时应与竞争对手在产品与服务上有所差异。

（5）顾客导向是一种策略观念，它指引企业朝向提高顾客忠诚度与市场占有率，它需要对顾客与市场的改变维持敏感、了解科技与对手的发展，并对顾客与对手的改变做出快速且弹性的反应。

3. 组织与员工学习

（1）学习必须是每天工作的一部分。

（2）学习必须在个人、工作单位与组织各阶层实施。

（3）学习应以解决问题的根源为主。

（4）学习应着重于分享知识。

（5）学习后应有明显的改变且让工作做得更好。

4. 增加员工与合伙人的价值

组织的成功决定于员工与合伙人的知识、技能、创造力与动机。

5. 机动敏捷

（1）机动敏捷代表快速反应与弹性。

（2）降低周期时间已是企业越来越重要的关键成功因素。

6. 专注未来

专注未来，需对影响企业与市场的短期与长期因素有所了解。

7. 有助于创新的管理

（1）创新不仅是针对产品，且应针对企业与所有流程。

（2）创新应成为企业文化的一部分并整合进入日常工作。

8. 依据事实管理

（1）应依据企业的需求与策略进行绩效的测量与分析。

（2）应建立适当的绩效指针。

9. 社会责任

领导者应强调公共责任、道德行为与优良公民的观念。

10. 专注成果与创造价值

专注在关键成果上，以创造并平衡利害关系人与合伙人的利益。

11. 系统观点

美国国家品质奖评审标准提供这样的观点。

三、美国国家品质奖评审标准

美国国家品质奖评审标准可分为七大类，这七大类间的关联与架构如图 2-4 所示。在此图中，组织轮廓包含企业所处的环境、内外关系以及企业策略面临的挑战，它是组织绩效管理的指导，因此列于图的上方，形成一个弧形的限制。领导、策略规划以及顾客与市场焦点三个项目为以领导为重心的一组，它强调专注于策略与顾客的领导，领导者应依此方式为组织设定并寻找未来机会。人力资源焦点、流程管理以及企业成果三个项目为以企业成果为重心的另一组，代表组织中的员工与关键流程将产出企业成果。此外，所有的活动最后也将形成企业成果，但这些活动具有先后关系。在图 2-4 中间横向的箭头，连接了以领导为重心的一组与以企业成果为重心的一组间互动的关系，这种关系是企业成功的关键。在图 2-2 中间直向的箭头，表示所有过程与项目都应测量分析，并且实施知识管理，以确保组织能以事实为基础进行绩效与竞争力的改善。测量、分析与知识管理是绩效管理的根本，因此置于图 2-2 的下方。在图 2-2 最外围的四条弧形箭头，代表绩效管理的回馈系统。

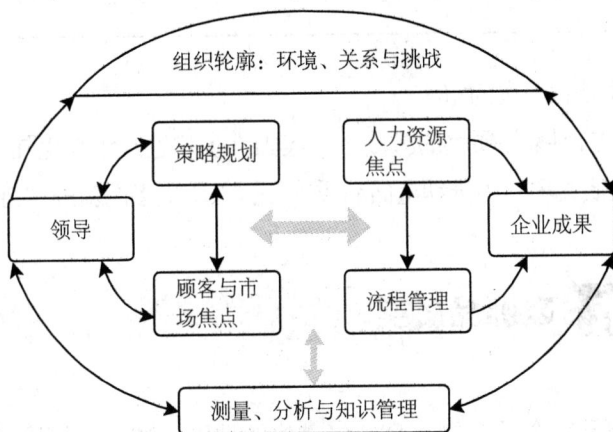

图 2-2　美国国家品质奖的评审架构

美国国家品质奖的评审与戴明奖相同，也分为书面评审与现场评审两阶段，企业需先缴交不超过 75 页的文件接受书面评审。现场评审则以表 2-2 的评审标准为依据给分。通过现场评审后，执行单

表 2-2　美国国家品质奖的评分重点与配分

分类	项目	分数
1. 领导		120
	a. 组织的领导	70
	b. 社会责任	50
2. 策略规划		85
	a. 策略发展	40
	b. 策略展开	45
3. 顾客与市场焦点		85
	a. 顾客与市场知识	40
	b. 顾客满意与关系	45
4. 测量、分析与知识管理		90
	a. 组织绩效的量测与分析	45
	b. 资讯与知识管理	45
5. 人力资源焦点		85
	a. 工作系统	35
	b. 员工学习与激励	25
	c. 员工福利与满意度	25
6. 流程管理		85
	a. 价值创造过程	50
	b. 支援过程	35
7. 企业成果		450
	a. 顾客焦点的成果	75
	b. 产品与服务成果	75
	c. 财务与市场成果	75
	d. 人力资源成果	75
	e. 组织效益成果	75
	f. 公司治理与社会责任成果	75
总分		1000

位会再做最后一次的审查。

在美国国家品质奖的激励下，美国许多州近几年来也陆续设立了州级的品质奖项，为推动全面品质管理注入了更多的新鲜"血液"。

第四节　欧洲品质奖

欧洲是一个具有悠久且良好文化的地区，凭借着深厚的文化基础，欧洲的品质管理展现出其独特的一面。在欧洲的许多国家，技术人员常将产品或服务视为一种艺术，并以此自豪，对专业人士也有着高度的尊重，这种自豪与尊重有时甚至凌驾于顾客的要求之上。例如在精致的法式餐厅，顾客若不明了用餐礼仪，服务生就会认为伟大的艺术不被受到重视，而显现不耐，但若顾客娴熟地点出主厨的拿手菜时，顾客就会受到特别尊荣的待遇。

一、欧洲品质奖简介

受到戴明奖与美国国家品质奖的影响，欧洲品质界在备感压力下，于 1988 年，由 14 个大型跨国的欧洲公司组成了欧洲品质管理基金会（European Foundation for Quality Management，EFQM），开始规划属于欧洲的全面品质管理奖项，以免欧洲企业的品质管理落于美国与日本之后。1991 年，欧洲品质管理基金会颁布了欧洲卓越企业模式（The European Model for Business Excellence），目前已改称为 EFQM 卓越模式（EFQM Excellence Model），作为企业自我评鉴以及颁发欧洲品质奖的基础。1992 年，第一座欧洲品质奖颁发。2004 年，欧洲品质管理基金会会员数已超过 800 个。欧洲品质奖的主办单位为欧洲品质管理基金会，执行单位为欧洲品质组织（European Organization for Quality，EOQ）。

日本戴明奖的颁发没有名额限制，美国国家品质奖则是颁发给绩效最优良的组织，欧洲品质奖则兼采此两种奖项的优点，将奖项分为 EQP 与 EQA 两种。EQP 颁发给能持续改善其过程管理且有卓越表现的组织，名额不限；EQA 则颁发给年度评审最为卓越的组织，对象可为大企业、中小企业、政府机构、社团与非营利单位等在欧洲设立的组织，每一类最多一名，目前为欧洲最高的品质象征。

二、欧洲品质奖的卓越基本模式

欧洲品质奖将全面品质管理归纳为八项卓越基本模式，它们分别是结果导向、顾客焦点、领导与目的一致性、过程与事实管理、全员参与和发展、持续学习/改善/创新、发展伙伴关系与公共责任。其相互之间的关系如图 2-3 所示。

由于欧洲品质奖相当鼓励企业以自我评鉴的方式进行改善，因此欧洲品质管理基金会将八项卓越基本模式的实践过程区分为三个阶段：开始阶段、进行中阶段与成熟阶段。管理者可依企业的实际状况，评估该企业在各个管理原则中的表现，了解其目前是处于哪一个阶段，以便拟定改善方向。有关八项卓越基本模式三个不同阶段的区分方法，如表 2-3 所示。由表 2-3 的观察可看出，欧洲品质

日本戴明奖的颁发没有名额限制，美国国家品质奖则是颁发给绩效最优良的组织，欧洲品质奖则兼采此两种奖项的优点，将奖项分为 EQP 与 EQA 两种。EQP 颁发给能持续改善其过程管理且有卓越表现的组织，名额不限；EQA 则颁发给年度评审最为卓越的组织。

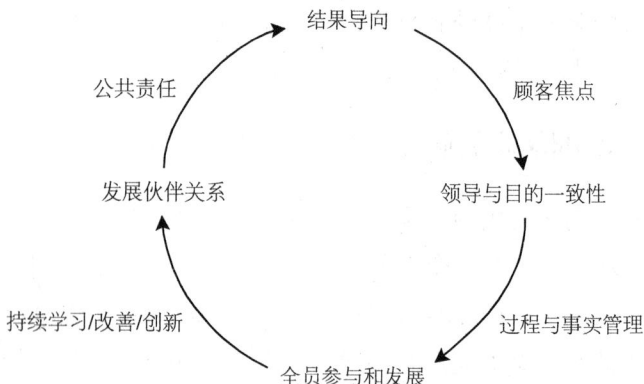

图 2-3　欧洲品质奖八项卓越基本模式

表 2-3　八项卓越基本模式的三个阶段

管理原则	开始阶段	进行中阶段	成熟阶段
结果导向	所有利害关系人皆已辨识清楚	已经以结构化的方法了解利害关系人的需求	已建立透明的机制去平衡利害关系人之间的期望
顾客焦点	已评鉴顾客满意度	组织的目标已经与顾客期望与需求相连接 顾客忠诚度已经再度被研究	了解并衡量顾客满意度、需求与忠诚度，并采取必要行动
领导与目的一致性	已有企业愿景与使命	政策、人员与流程已经适度调整 领导模式已经存在	分享的价值观与道德观已经存在于组织中的所有阶层
过程与事实管理	影响最终结果的流程已定义清楚	比较性的资料与资讯已经用来设定具有挑战性的目标	制程能力充分了解并已经用来改善绩效
全员参与和发展	人员能接受解决问题的权责	人员对组织目标具有创意	人员被赋权并公开分享知识与经验
持续学习/改善/创新	改善的机会已经辨识并进行改善	每一个人都能接受持续改善的观念	创新与改善已经成功地普及化并能进行整合
发展伙伴关系	选择与管理供应商的制度已经建立	供应商的改善与成就已经确认，且外部关键伙伴已经辨识	组织与关键伙伴间有相互依存关系，计划与政策是由伙伴在知识分享下共同发展出来的
公共责任	已经充分了解并符合法令规章	主动参与社会事务	衡量社会对企业的期望并已经采取行动

奖对其成立目的"协助组织以自我评鉴方式改善品质追求卓越"的用心，昭然若显。

三、欧洲品质奖评审标准

申请欧洲品质奖的组织需先缴交不超过 75 页的申请文件以进行书面评审，中小企业则以 35 页为上限，申请文件的主要内容为组织依据 EFQM 卓越模式进行自我评鉴的结果。当书面评审通过后，会由评审员进行现场评审，现场评审主要是确认申请文件的正确性，并厘清原申请文件不清楚的地方。现场评审结束后，执行单位自所有申请者中挑选得奖组织。

EFQM 卓越模式是将八项卓越基本模式的内容转化成可评审及执行的九项评分项目：领导、政策与策略、人员、伙伴关系与资源、流程、顾客结果、人员成果、社会成果、关键绩效成果。这九个项目的关系如图 2-4 所示，其中前五大项属于能做到的部分，后四大项属于成果部分，两大部分各占 50% 的配分，在此我们将各项目的评分标准与重点列入表 2-4。

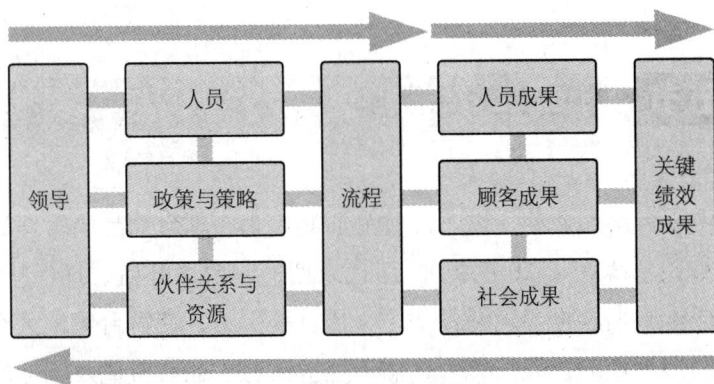

图 2-4　EFQM 卓越模式

表 2-4　欧洲品质奖的评分重点与配分

评分项目	评分重点	分数
1. 领导	a. 领导者发展其使命、愿景与价值，并使其成为卓越文化的核心 b. 领导者亲身参与以确保组织管理系统的发展、实施与持续改善 c. 领导者参与顾客、伙伴与社会代表的工作 d. 领导者激励、支持并认同组织人员	10
2. 政策与策略	a. 政策与策略的拟定是架构于利害关系人的需求与期望 b. 政策与策略的拟定来自绩效衡量、研究、学习与创造相关活动的信息 c. 政策与策略被发展、审查与更新 d. 政策与策略通过关键流程予以展开 e. 政策与策略被沟通与实施	8
3. 人员	a. 针对人力资源加以规划、管理与改善 b. 人员知识与技能经辨识、发展与维持 c. 人员参与与赋权 d. 人员与组织间具有沟通管道 e. 人员奖赏、认同与关怀	9
4. 伙伴关系与资源	a. 外部伙伴已加以管理 b. 财务管理 c. 建筑物、设备与原物料已经管理 d. 信息与知识已经管理	9
5. 流程	a. 流程已经系统化管理 b. 流程改善，必要时以创新来完全满足并增加利害关系人的价值 c. 依据顾客需要与期望发展产品与服务 d. 生产、交货与提供服务 e. 管理并强化顾客关系	14
6. 顾客成果	a. 顾客认知的衡量 b. 绩效指标	20

续表

评分项目	评分重点	分数
7. 人员成果	a. 人员认知衡量 b. 绩效指标	9
8. 社会成果	a. 社会认知衡量 b. 绩效指标	6
9. 关键绩效成果	a. 关键绩效产出 b. 关键绩效指标	15

第五节 中国台湾品质奖

中国台湾品质奖（以下简称品质奖）为中国台湾品质管理的最高荣誉，它缘起于 20 世纪 80 年代末期，因台币升值、环保抗争、劳动成本骤增及世界贸易保护主义盛行等因素，使得台湾地区经济发展面临严峻的挑战。此外，由于经济情势、社会价值及国际环境的改变，当时中国台湾地区产业的发展也已面临转型的压力。为使中国台湾地区产品继续拥有国际竞争力，提高品质及附加价值就成为当时刻不容缓的重要议题。

1990 年，品质奖仿美国国家品质奖的设计，经中国台湾地区当局核准正式成立，并于当年颁发第一座奖项。品质奖的主办单位为中国台湾地区品质奖评审委员会，执行单位为"财团法人中卫发展中心"。

品质奖设立的主要目的，奖励推行全面品质管理有杰出成效者，以激发社会追求高品质与高品级的风气，并树立品质管理的典范，让企业能够学习观摩，引导迈向高品质的境界，以提升企业整体品质水准，建立企业和国家的优良形象。

品质奖共有四种奖别，其颁发对象如表 2-5 所示。

表 2-5 品质奖奖别与颁发对象

奖别	颁发对象
企业奖	推行全面品质管理具有卓越绩效的企业
中小企业奖	推行全面品质管理具有卓越绩效的中小企业
机关团体奖	推行全面品质管理具有卓越绩效的机关团体
个人奖	对全面品质管理的研究、推广或实践有卓越贡献的个人

本书在此仅将品质奖中的企业奖、中小企业奖与机关团体奖的评审程序与评审标准条列，如表 2-6 与表 2-7 所示，需特别说明的

是此三种奖项除颁发对象不同外，其余规定皆相同。

表 2-6　品质奖评审程序

评审程序	评审方式	成绩及入围条件
初审	书面评审	通过资格审查并提交申请书者
复审	现场评审	750 分以上且各奖前 6 名者
决审	由委员进行讨论	①800 分以上且名次为各奖前 3 名者 ②在税务、环保、劳资关系与消费者抱怨等方面无重大缺失者
经决审审核通过后，报请中国台湾当局核定		

表 2-7　品质奖评审标准

评审项目	权重	评审项目	权重
1. 领导与经营理念 　a. 经营理念与价值观 　b. 组织使命与愿景 　c. 高阶经营层的领导能力 　d. 全面品质文化的塑造 　e. 社会责任	160	5. 人力资源与知识管理 　a. 人力资源规划 　b. 人力资源开发 　c. 人力资源运用 　d. 员工关系管理 　e. 知识管理	130
2. 策略管理 　a. 整体策略规划 　b. 经营模式 　c. 策略执行与改进	90	6. 资讯策略、应用与管理 　a. 信息策略规划 　b. 网络应用 　c. 信息应用	90
3. 研发与创新 　a. 研发与创新策略及流程 　b. 研发与创新的投入 　c. 研发与创新成果衡量	90	7. 流程（过程）管理 　a. 产品流程（过程）管理 　b. 支持性活动管理 　c. 跨组织关系管理	90
4. 顾客与市场发展 　a. 产品（服务）与市场策略 　b. 顾客与商情管理 　c. 顾客关系管理	100	8. 经营绩效 　a. 顾客满意度 　b. 市场发展绩效 　c. 财务绩效 　d. 人力资源发展绩效 　e. 信息管理绩效 　f. 流程管理绩效 　g. 创新及核心竞争力绩效 　h. 社会评价（品质荣誉）	250

第六节　ISO9000

相对于各国国家品质奖，ISO9000 是另一个影响层面更广的品质管理系统。自 1987 年国际标准组织颁布第一版 ISO9000 标准至今 20 余年，ISO9000 已被大部分企业作为建立品质管理系统的依据，各国政府为提升其国内企业的竞争力，亦纷纷将此国际标准转定为国内标准，并大力推动。

一、国际标准组织简介

成立于 1906 年的国际电工协会（International Electrotechnical Commission，IEC）是最早的国际标准化组织，其成立的目的是制定有关电子电机方面的国际标准；机械方面的国际标准，则最早是由成立于 1926 年的国家标准国际联盟（International Federation of the National Standardizing Associations，ISA）负责。ISA 在第二次世界大战期间停止运作，大战结束后，1946 年，由 25 个世界主要国家的代表在伦敦聚会，决定成立一个新的国际标准化机构，国际标准组织（International Organization for Standardization，ISO）于 1947 年正式成立。

国际标准组织之所以简称为 ISO，而非英文的缩写 IOS 或法文的缩写 OIN，主要是因当初取自于希腊文中的 ISOS（意义为相等）。时至今日，无论哪一国语言，都以英文称呼国际标准组织为 ISO。

联合国是以各国官方代表为会员的机构，但 ISO 与联合国不同，它是一个非官方的组织，它的会员包含了各国的官方与民间机构，正因为如此，ISO 也才能够扮演起企业与社会间的桥梁，而避免不必要的政治干扰。

ISO 成立的主要目的为制定世界通用的国际标准，以促进标准国际化，并减少技术性贸易障碍（Technical Barrier for Trade，TBT）。ISO、IEC 与国际通讯联盟（International Telecommunication Union，ITU）并称为全球最重要的三大标准化组织，其中 ISO 最具规模。ISO、IEC 与 ITU 目前以互补的方式相互承认对方所制定的标准，并且与世界贸易组织（World Trade Organization，WTO）建立起策略伙伴关系，共同致力于建立全球公平自由的交易体系。

ISO 最重要的机构之一是设在瑞士日内瓦的中央秘书处，它负责协调整个 ISO 的运作。另一个很重要的机构是散布在全球各地的将近 3000 个技术委员会（Technical Committee，TC），所有的 TC 雇用了超过 30000 位各种领域的专家，专门负责发展各种不同的国际标准。

ISO 的每一项标准都会同时以英文、法文与西班牙文颁布，任何标准颁布后，原则上每五年会检讨一次，十年会大幅度修正一次。自成立至今，ISO 已颁布了超过 15000 项产品与技术的标准，至于

ISO 成立的主要目的为制定世界通用的国际标准，以促进标准国际化，并减少技术性贸易障碍。

管理性标准，至目前为止，则仅属少数。

二、ISO9001 国际品质管理系统

ISO9000 是一系列与品质有关的标准的统称，在这一系列标准中最重要的标准是 ISO9001。ISO9000 标准起源于美军品保标准 MIL-Q-9858，第二次世界大战后随着北大西洋公约组织的成立而引进欧洲，之后历经演变，最后由 ISO 采用作为制定国际标准的依据，其演变如图 2-5 所示。最新的 ISO9001 标准，是在 2008 年所颁布的第四版标准。

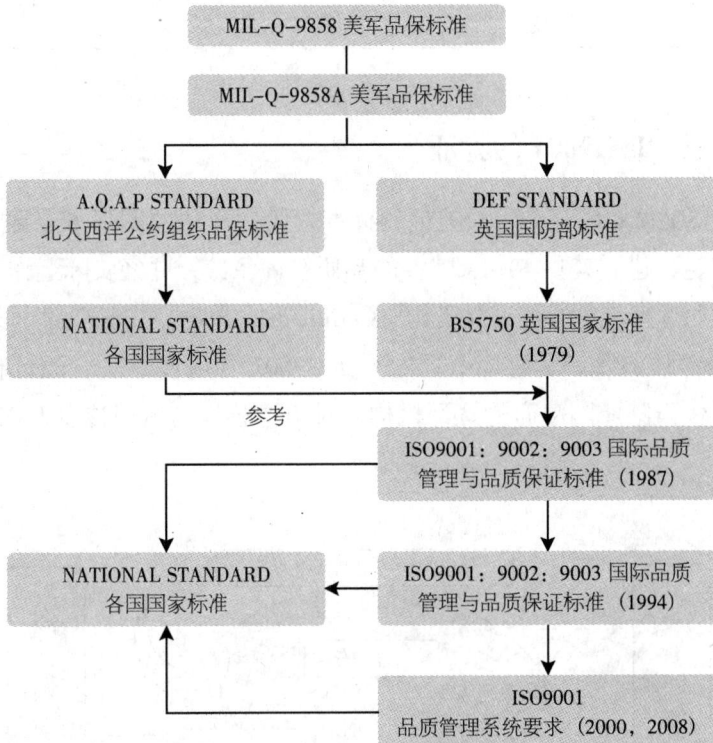

图 2-5　ISO9001 的演进历程

ISO9000 系列标准自颁布后，各国原有的品质管理标准亦随之变更，以与全球同步。例如，ANSI/ASQCQ90 与 CNS12680 就是 ISO9000 的美国与中国台湾版，至于其他国家或地区的对应标准，请读者参考表 2-8。

表 2-8 对应于 ISO9000 的各国标准

标准主体	品质系统标准
欧洲联盟	EN29000
中国台湾	CNS12680
中国	GB/T19000
美国	ANSI/ASQCQ90
英国	BS5750
德国	DIN ISO9000
法国	NF X50
日本	JIS Z9000
澳大利亚	AS3900
新加坡	SS308

三、ISO9001 的验证

ISO9001 是一个可被验证的标准，组织应依照图 2-6 与表 2-9 的规定，建立其具 PDCA 特性的品质管理系统，并经实际运作至少 3 个月以上，才可向验证机构（Certification Body）申请验证，经验证机构派员评审，证明其已符合 ISO9001 各项要求后，验证机构即可代表某一国政府的认证机构，对申请验证的组织核发 ISO9001 证书。

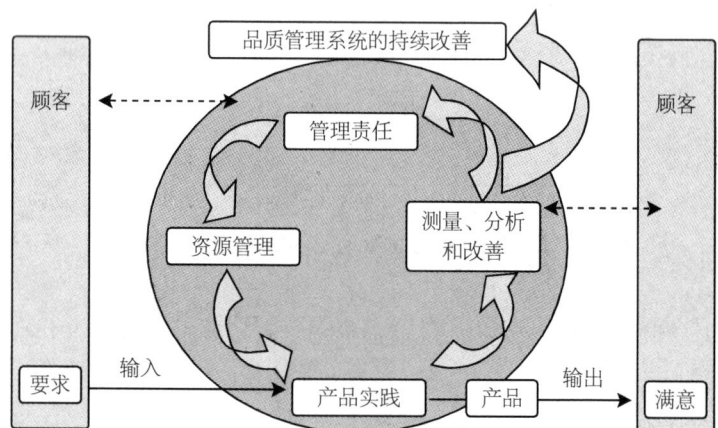

图 2-6 ISO9001 过程导向的品质管理系统模式

表 2-9　ISO9001 条文要求重点

条文章节	ISO9001 要求重点
4. 品质管理系统	4.1 一般要求 • 应依 PDCA 原理建立流程管理系统 • 应依 ISO9001 管理流程 4.2 文件化要求 • 应建立品质管理系统文件，包括品质手册、程序文件、其他必要文件及品质记录 • 文件发行前应加以审核 • 文件修订前应加以审核 • 文件变更及版本状况应能识别 • 使用场所应拥有必要文件 • 文件应清楚易读容易识别 • 外来原始文件应能识别并管制分发 • 过时文件仍需使用时应予标识 • 品质记录应妥善管制
5. 管理责任	5.1 管理者承诺 • 在组织各阶层沟通本身符合法规及顾客要求的重要性 • 订立品质政策 • 订定品质目标 • 实施管理审查 • 确保资源可用性 5.2 顾客导向 • 顾客要求已确定 • 提高顾客满意度 5.3 品质政策 • 品质政策应适合组织目的 • 包括对符合 QMS 的要求及持续改善的承诺 • 提供订定及审查品质目标的架构 • 在组织内加以沟通 • 审查其适切性 5.4 规划 • 品质目标必要时应逐项或逐级建立 • 品质目标应可衡量 • 品质目标应与品质政策一致 • 应规划 QMS，以符合 4.1 及品质目标 • QMS 规划或变更时，应维持其完整性 5.5 责任、职权与沟通 • 责任、职权及相互关系应界定及沟通 • 指定管理代表以建立、实施、维持、报告、改善 QMS，并倡导顾客要求及对外联系品质系统事宜 • 应建立内部沟通流程 5.6 管理审查 • 应定期审查 QMS，并评估其变更及改善的必要 • 管理审查输入应包含稽核结果、顾客回馈、过程绩效与产品符合性、预防矫正措施，以往管理审查，计划变动及改善建议 • 管理审查前输出应包含 OMS 及流程的改善、产品的改善及资源需要
6. 资源管理	6.1 资源的供应 • 确定并提供品质系统与满足顾客所需的资源 6.2 人力资源 • 品质人员需有必要能力 • 训练员工以满足需要 • 评估训练成效 • 员工对其工作应有所认知 • 员工教育训练、技能、经验应有记录 6.3 基础建设 • 应决定提供及维护所需的基础设施

条文章节	ISO9001 要求重点
6. 资源管理	6.4 工作环境 • 决定并管理所需的工作环境
7. 产品实现	7.1 产品实现的规划 • 规划产品实现的过程 • 产品实现过程应有记录 7.2 顾客相关的过程 • 应决定顾客指定的要求，预期需要的要求、法令要求及组织附加的要求 • 在向顾客承诺前，应审查相关要求，且确定该项要求已定义。合约或订单要求不同于先前的陈述已解决，组织有能力符合要求 • 审查结果及行动之记录必须维持 • 当顾客无书面要求时，顾客要求亦需事先确认 • 产品要求变更时，应确保相关文件已修正且相关人员已了解 • 应与客户进行有效的沟通 7.3 设计和开发 • 对产品设计和开发各阶段，及其所需的审查、验证和确认、权责及界面关系均需加以规划 • 设计开发输入应决定、记录及审查 • 设计开发输出应对于设计输入可加以验证且发行前应核准 • 设计开发审查应包括各功能代表 • 设计开发验证应能确保输出满足输入 • 设计开发变更应确保产品符合使用要求且在交货前完成 • 设计开发变更应审查、验证和确认，实施前应核准 7.4 采购 • 采购品应经评估选择 • 供货商及采购品应予适当管制 • 采购信息应于采购行为前明确订定 • 应确保采购品符合要求 • 至供货商处执行验证前，需在采购信息上载明验证和放行方法 7.5 生产和服务供应 • 应在管制条件下实施生产和服务 • 对特殊制程应进行事先安排并展现能力 • 生产过程中，对产品及其状态应予鉴别。有追溯性需求时，鉴别方式应为唯一 • 顾客财产应予小心保存，异常时应报告顾客并维持记录 • 交货至目的地前，产品应予适当防护 7.6 测量和监控仪器的管制 • 应建立测量和监控的过程 • 测量设备应符合产品要求 • 测量仪器应可追溯或建立调校基准 • 测量仪器应鉴别其校正状况 • 测量仪器应予适当防护 • 测量仪器偏离时应采取对策 • 监控与测量的计算机软件，其能力应经确认
8. 测量、分析和改善	8.1 概述 • 组织必须对产品、品质系统及持续改善进行监控、测量、分析与改善 8.2 测量和监控 • 履行顾客要求状况须予监控 • 须定期实施内部稽核，稽核计划应考量不同情况和重要性来排定，稽核应具公正客观独立性 • 制造过程须作监控与测量 • 产品须测量与监控，并符合可接受标准 8.3 不符合产品管制 • 不符合产品应鉴别及管制，其处理方法及权责应明定并留有处理记录 • 不符合产品须再验证 • 交货后的不符合亦须采取适当行动

条文章节	ISO9001 要求重点
8. 测量、分析和改善	**8.4 资料分析** • 对于顾客满意度、符合产品要求、过程和产品的趋势及供应商应予资料分析 • 经由品质政策、目标、稽核结果、资料分析、矫正预防措施和管理审查施行持续改善 • 对不符合应采矫正行动，以防再发生 • 对潜在不符合原因应采预防行动以预防发生 **8.5 改善** • 经由品质政策、目标、稽核结果、资料分析、矫正和预防行动、管理审查进行持续改善 • 应采取矫正行动，以消除不符合原因（包含顾客抱怨），防止再发生 • 应采取预防行动，以消除潜在不符合原因，预防发生

在推动 ISO9000 的过程中最耗费精神的是将表 2-9 的要求标准化与文件化，一般最常见但并非强制要求的方法是将所有要建立的文件分为四阶，即品质手册、程序文件、标准类文件与窗体记录，如图 2-7 所示。需特别注意的是，ISO 为适应电子化时代的来临，自 2000 年起，对于文件的定义已采取更为开放的态度，将信息系统等任何足以传递讯息的媒介物都视为文件，因此企业在文件化时，并不一定要将组织内的所有规范做成纸张式文件。

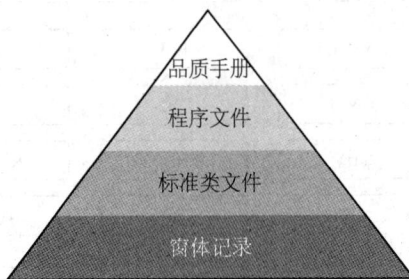

图 2-7　ISO9000 常见文件架构

ISO9001 证书核发后，每半年要再接受验证公司一次的监督评审，每三年要重新评审并核发新证书。全球之所以能够相互认可 ISO9001 的证书效力，是因为 ISO 建立了全球相互认可的验证架构，如图 2-8 所示。

ISO 有鉴于 ISO9000 与 ISO14000 的诸多不当引用，曾正式公布一些常见的错误并要求全球相关机构进行矫正，有鉴于台湾地区类似此等问题亦相当常见，故我们摘录其重点并说明如下：

（1）组织可用验证（Certified or Certification）或登录（Registered or Registration）的字眼表示通过 ISO9001 或 ISO14001，但不能够使用认证（Accredited or Accreditation）这个字。认证通过指的是验证

机构通过审核，而具备对一般组织执行验证的能力，故认证机构对验证机构的审核称为认证，但是验证机构对一般组织的审核则应称为验证，此可参考图2-8。

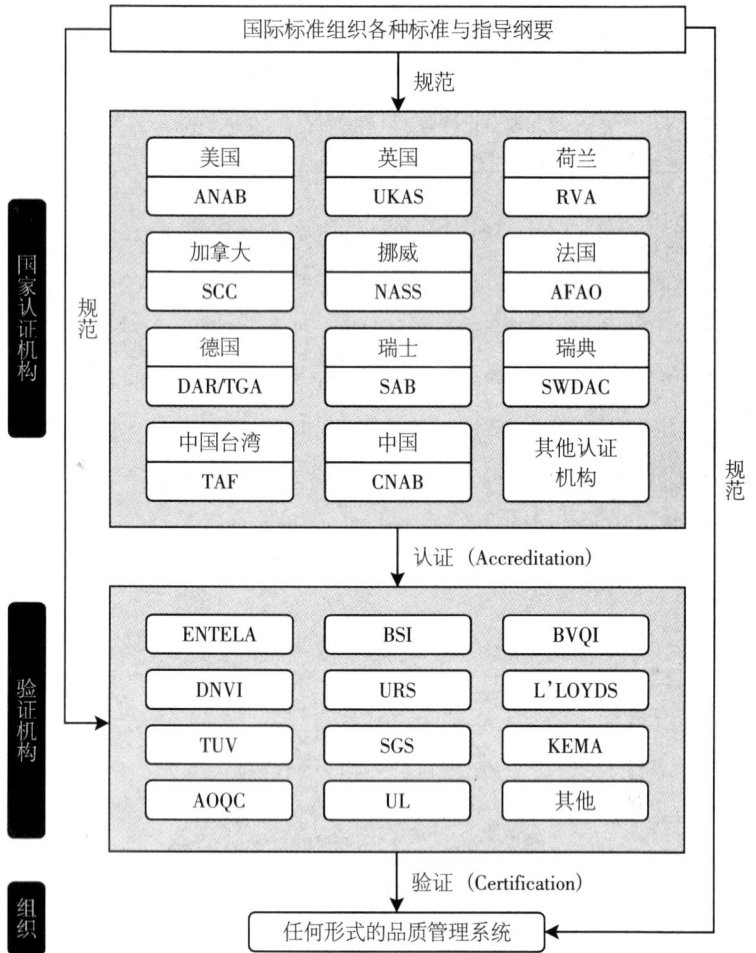

图 2-8 ISO9001 的验证架构

（2）不应该说"ISO9000 验证通过"，而应该说"ISO9001：2008 验证通过"。说 ISO9000 验证通过犯了两种错误，首先，ISO9001 才是被验证的标准，ISO9000 并不能被验证；其次，ISO9001 具有多种版本，组织验证通过哪一个 ISO9001 版本应加以注明。

（3）未经授权，任何人或组织不可使用或修改使用 ISO 的标志，为避免组织不当或错误使用 ISO 标志，国际标准组织严格禁止组织在未经授权下使用或修改使用 ISO 的标志。

（4）不可将 ISO9001 或 ISO14001 验证通过的标志作为产品合格

或包装上的标示，或任何可能被解释为产品合格的标示。因为 ISO9001 与 ISO14001 验证通过只代表品质系统符合规定要求而已，并不能保证产品的品质，故应避免消费者对验证标志产生误解。

（5）对于 ISO9001 与 ISO14001 的验证范围应叙述正确清楚。对于验证范围应明确叙述，不可刻意含糊导致他人误解。

品质园地

ISO9000 多边相互承认协议

现今各国验证机构所遵循的标准程序，规范品质管理系统验证的是"ISO Guide 62"、规范产品验证的是"ISO Guide 65"、规范环境管理系统验证的是"ISO Guide 66"，各个验证机构的符合性又被其国家认证委员会所监督与管理，故各验证机构的公正性是相当一致的。

国家级认证委员会参加的国际性认证组织，例如太平洋认证合作组织（Pacific Accreditation Cooperation，PAC）与国际认证论坛（International Accreditation Forum，IAF），其会员会签署多边相互承认协议，会员所颁发的证书可以同时被其他会员所承认。

资料来源：陈文辉. 谈更换 ISO 证书的验证机构 [J]. 品质月刊, 2003 (7).

四、其他管理系统国际验证

ISO9000 的成功，激励了许多其他品质或非品质活动的推行，因此各国际机构纷纷仿效 ISO9000 的验证架构，开始推动其他各种验证活动，其中尤以 ISO14000 国际环境管理系统最为出名。现将国际上较常见的各种管理标准列于表 2-10 中，供读者参考。

表 2-10　较出名的管理系统国际标准

代码	名称
ISO9001	品质管理系统
ISO14001	环境管理系统
ISO13485	医疗器材业品质管理系统
ISO15181	医学实验室品质管理系统
ISOTS16949	汽车零件业国际品质管理系统
ISO17025	校正/测试实验室品质管理系统
ISO22000	食品安全管理系统
ISO27001	资讯安全管理系统
ISO28000	供应链安全管理系统
ISO17020	管理系统的稽核与验证
ISO20000	资讯服务管理系统
ISO50001	能源管理系统

续表

代码	名称
ISO26000	社会责任指导纲要
ISO31000	风险管理原则与指导纲要
SA8000	社会责任管理系统
TL9000	通信业品质管理系统
AS9100	航太业品质管理系统
OHSAS 18001	职业安全卫生管理系统
CMM	软体能力成熟度模式

ISO14000 是除了 ISO9000 外最重要的标准之一。ISO14000 是 ISO 所颁布的一系列环境管理标准的简称，其中最重要，同时也是可以验证的是 ISO14001 国际环境管理系统（Environment Management System，EMS）。ISO14001 标准的架构与 ISO9001 类似，同样都是以 PDCA 循环为基础，组织必须建立符合 PDCA 要求的环境管理系统，并经验证机构评审认可后才能取得 ISO14001 的证书。

品质园地

朱兰看 ISO9000

很多公司相信通过 ISO9000 就能解决它们的品质问题，那是完全不对的，因为 ISO9001 系列只被定位为一般水准。

对于 ISO9000 能如此快速起飞令我惊讶，也深感意外。我必须说，有些迹象显示目前已有许多人对付费做这样的评鉴产生厌烦。

ISO9000 的验证是志愿性质。由于一般人大多不知道这只是个一般水平的标准，故在通过验证机构的宣传下产生了对 ISO9000 的过度联想。

执着于追求 ISO9000，将自己锁定在一般水平，而不以革命的速率追求改进，所以我认为 ISO9000 事实上妨碍了品质运动。

资料来源：林公孚. 朱兰谈美国产品与服务品质及 ISO9000 [J]. 品质月刊，2003（5）.

ISO14000 系统的建立与验证过程同样与 ISO9000 类似，但对于已经建立 ISO9000 的组织而言，两个标准间由于具备许多共通处。因此，在文件化时，常会将两标准的共通处以一份文件来做规范，以减轻文件量，许多人称此种整合 QMS 与 EMS 的系统为全面品质与环境管理系统（Total Quality and Environment Management System，TQEM）。

第七节　结论

　　建构品质管理系统是推动品质活动最基本的工作，它能够让我们见树又见林，不至于陷入众多的品质手法中，而疏漏了品质整体的架构与概念。目前全球最著名的全面品质管理系统有日本的戴明奖、美国国家品质奖、欧洲品质奖与ISO9000品质管理系统。这些奖项的内容或许有些微差异，然而若经仔细分析，读者当能发觉，其实其所强调的精神是具有高度一致性的。在本章之后的各章，我们就将开始对品质管理系统中的各个主题逐一介绍。

个案研究

朝向亚洲金融界领导者之路迈进的国泰人寿

　　国泰人寿保险公司为中国台湾最具知名度的保险公司之一。其总资产高达11311亿新台币，员工总人数超过3万人，在中国台湾拥有369个通讯处，有效契约超过720万件，市场占有率为30.3%，年度保费收入376亿新台币，市场占有率为21.4%，目前是中国台湾经营规模最大、服务据点最多的人寿保险公司。

　　国泰人寿的历年成长状况如图2-9所示。

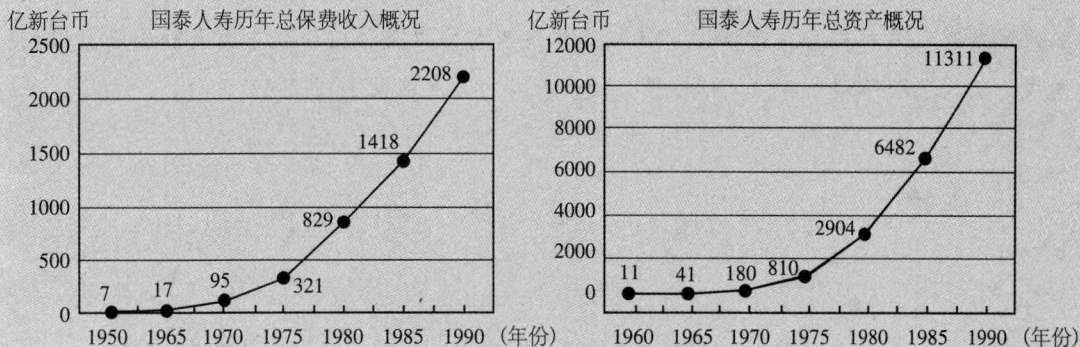

图 2-9　国泰人寿成长状况

　　随着全球金融产业的自由化、国际化以及台湾地区积极推动的多项金融改革，霖园集团为强化竞争力，提升经营综效，在2001年底以国泰人寿为主体，通过股份转换方式成立了"国泰金融控股股份有限公司"，并于2001年4月纳入国泰银行及国泰世纪产险，成为中国台湾地区第一家以寿险为经营主体的金融控股公司。

国泰人寿的经营植基于四大理念（见图 2-10），以展现其永续经营的决心。除对外重视承诺，恪尽保险业在社会安全机制中所扮演的角色外，国泰人寿还长期从事社会公益，以善尽社会公民的责任。

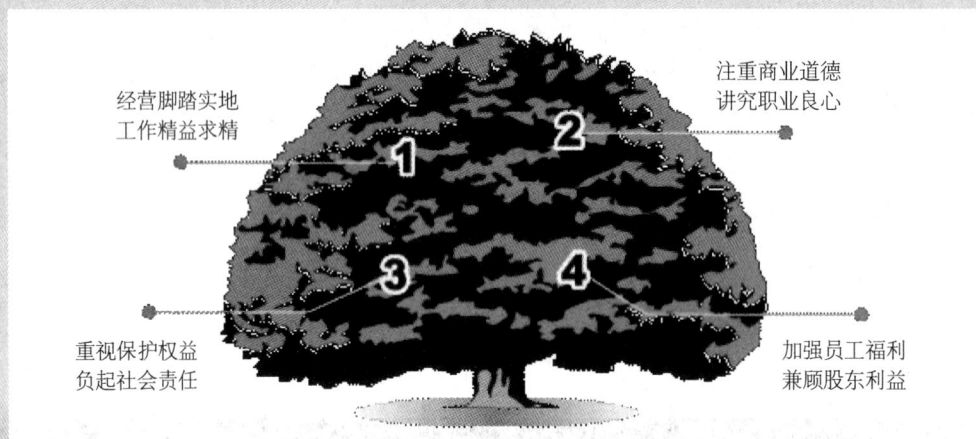

图 2-10　国泰人寿的经营理念

（图中文字：
经营脚踏实地 工作精益求精 ①
注重商业道德 讲究职业良心 ②
重视保护权益 负起社会责任 ③
加强员工福利 兼顾股东利益 ④）

国泰人寿极为重视顾客需求，它针对不同的客户群，从商品、服务、通路与广告的规划不同的策略，并致力于各种新商品之研发，以掌握顾客与市场趋势。

由于保户与保单数量极大，国泰人寿除已建立起绵密的服务据点外，近年来更致力于以信息系统进行资源的整合，以有利于其未来构筑全方位金融理财服务体系目标的达成。

在迈入 21 世纪之初，国泰人寿现在努力的方向为投入更多的资源，致力研发以满足客户的需求、积极整合集团资源、寻求优质结盟对象以及积极耕耘中国大陆市场，以朝向成为亚洲金融界领导者的目标迈进。国泰人寿的企业愿景如图 2-11 所示。

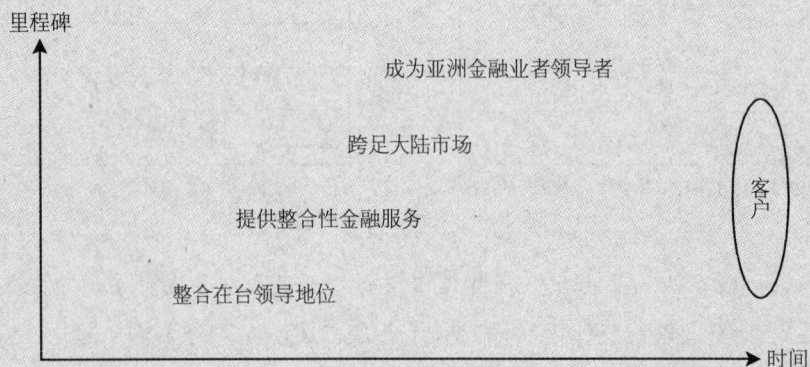

（图中文字：
里程碑
成为亚洲金融业者领导者
跨足大陆市场
提供整合性金融服务
整合在台领导地位
客户
时间）

图 2-11　国泰人寿的企业愿景

国泰人寿自20世纪50年代起即长期推动各项提升品质的活动，其中又以全面品质管理为近年来的重点，国泰人寿的品质活动历程如表2-11所示。国泰人寿非常重视员工管理职能及专业技术的提升，为此制定终身学习教育训练体系，除在淡水、新竹与高雄设立完善的教育中心软硬件设施外，并通过卫星教学及网络教学来提升员工水准，其做法如图2-12所示。

表2-11 国泰人寿的品质活动历程

时间	推动计划	时间	推动计划
1951~1959年	①财务公开、资本大众化 ②建立经营组织制度与工作信条	1971~1979年	①全省电脑连线新纪元 ②成立保户服务中心
1960年	①创设员工教育训练中心 ②实施目标管理 ③设置经营管理委员会 ④国际交流 ⑤展开社会服务与公益活动	1980年	①开阔员工视野、促进国际交流 ②持续的善行义举 ③提倡全民体育活动 ④举办霖园生活广场系列演讲 ⑤追求永续的优质经营
1961~1969年	①全省电脑连线，事务处理自动化 ②成立商品开发研究小组	1981~1989年	①导入效率化经营 ②以制度导引业务品质提升
1970年	①成立慈善基金会、国泰医院落成 ②成立万寿会，关怀退休员工 ③设立职工福利委员会 ④预算制度建立与开源节流 ⑤鼓励同人充实自我、表现专业	1990年	①商品多元化 ②成立保户服务部、Contact Center ③总公司功能地方化——成立行政中心 ④树立服务新标杆、全方位迅速理赔 ⑤通过ISO9000国际验证 ⑥建立学习型组织

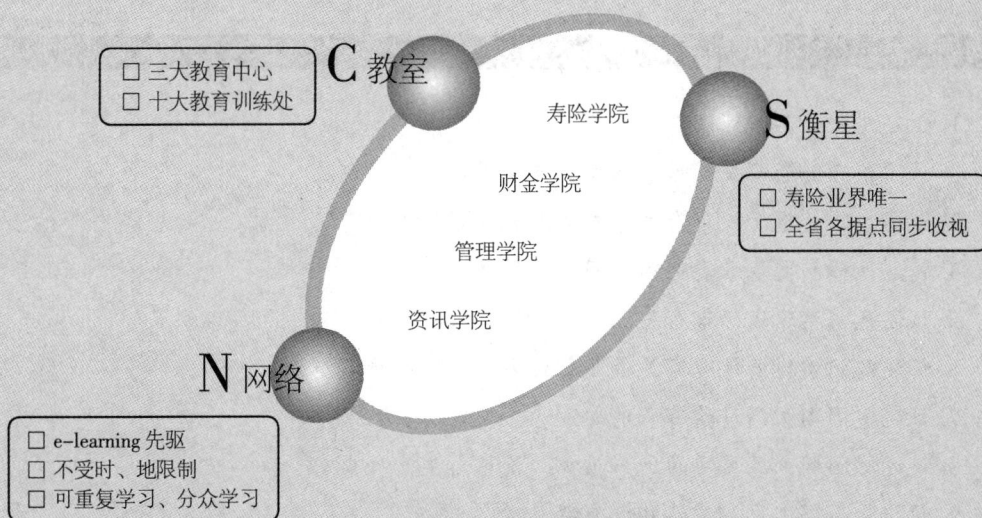

图2-12 国泰人寿的教育训练

据国泰人寿内部自行评估结果显示，由于长期推动各项提升品质活动，使得其在以下各方面展现出过人的佳绩：

(1) 顾客忠诚度最高，优于主要同业。

(2) 市占率为业界之冠。

(3) 盈余为业界第一，股东报酬率最稳定。

(4) 业务员登录及格率、中级测验及格率优于同业。

(5) 业务员平均生产力居同业之冠。

(6)《商业周刊》评选为寿险业界的 e 化模范生。

(7) 费用率低于主要同业。

(8) 商品及服务创新（终身医疗、理赔预付金等）。

(9) 首创卫星教学，建构三度空间的教育环境。

(10) 领先业界的 MIS 系统。

(11) 绵密的销售服务网。

(12) 庞大的客户数。

(13) 消费者理想品牌寿险业第一名（突破杂志）。

(14) 台湾地区信评：twAAA。

(15) 标准普尔信用评等：AA-。

问题讨论

试以国泰人寿为例，讨论为什么卓越的企业都重视品质。

资料来源：得奖园地——国泰人寿保险股份有限公司，中国台湾品质奖网站，http://nqa.csd.org.tw/main.htm。

习题

1. 试定义全面品质管理。

2. 戴明奖可分为哪三大类？颁发对象是谁？

3. 试述戴明奖现场评审有关基本类别的评审标准。

4. 请解释戴明奖基本类别项目间的关系。

5. 试述戴明奖现场评审有关独特活动的评审标准。

6. 试述戴明奖现场评审有关最高管理者的角色的评审标准。

7. 试述美国国家品质奖有哪些奖别。

8. 试述美国国家品质奖的十一项核心价值与观念。

9. 请解释美国国家品质奖的评审架构。

10. 试述美国国家品质奖的评审标准。

11. 试述欧洲品质奖有哪些奖别。

12. 何为欧洲品质奖的卓越基本模式？

13. 如何辨识企业是处于欧洲品质奖的卓越基本模式三阶段中的哪一阶段？

14. 何为 EFQM 卓越模式？

15. 试述欧洲品质奖评分的标准与重点。

16. 试述中国台湾品质奖有哪些奖别。

17. 试述中国台湾品质奖的评审标准。

18. 试述中国台湾品质奖评审程序。

19. 为何国际标准化组织简称 ISO？

20. 试述 ISO9001 的演进历程。

21. 何为 ISO9001 过程导向的品质管理系统模式？

22. 试述验证与认证的不同。

23. 何为 ISO14000？

24. 何为 TQEM？

第三章　策略品质规划

学习重点 在学习本章后，你将能够：

1. 了解策略的意义。

2. 说明策略规划与执行程序。

3. 说明何为企业愿景、使命与目标，以及其在品质管理中所扮演的角色。

4. 了解企业内外部环境分析的方法。

5. 了解何为五力分析。

6. 了解成本领导、差异化与集中化策略的优缺点，以及何为以品质为基础的策略。

7. 了解何为戴明的价值链、累积模型与沙丘模型。

8. 叙述 SBU 策略、功能策略与品质政策的意义。

9. 了解关键绩效指针的意义。

10. 说明何为平衡计分卡。

品管现场实录

　　尊爵企业的品质改善活动在王顾问的游说下终于展开。王顾问碰到的第一个难题是如何激活这个病入膏肓的企业各部门对品质的责任感。王顾问非常清楚，如果公司同人不能深刻认识品质是企业最重要的生存条件之一，从心里面尊重品质，要靠王顾问事必躬亲地逐一交代事情该如何做，那么这次的品质改善活动就会如同过去ISO9000的推动一般，没有任何效果。为此，王顾问打算先教导管理干部如何拟定企业策略，让干部们自行思考尊爵企业该何去何从，各部门又应如何配合，然后以目标管理带领各部门订定目标与行动计划。王顾问向张总经理解释，一般人对于自己亲身订定的目标与计划会有较高的执行意愿，这对于品质改善计划的成败具有相当大的影响。

中国古时候有一句名言：将帅无能，累死三军。这句话最足以表现策略的重要性。综观现代成功的企业，无一不具备优良的领导与策略。然而策略的制定，有其一贯逻辑性与系统性，盲目或是错误的策略不仅对企业竞争力的提升毫无助益，甚至可能将企业导入失败的道路。品质是企业竞争优势的来源之一，也是制定企业策略时不可忽视的部分，许多成功企业都是将品质作为其核心竞争力的主要来源。

第一节　策略程序概论

策略（Strategy）一词来自 400 年前的希腊，指的是指挥军事的艺术与科学。如今策略的定义是"管理者为达成组织目标所采行的特定形态的决策与行动"。对大部分的企业来说，它们存在的目标就是卓越的绩效，例如更高的营业额、更多的利润、更大的市场占有率或更好的信誉等，好的策略就是组织实现其目标的快捷方式。

策略的制定与实行过程需要系统化，而不至流于粗糙。此系统化的过程常被称为 MOST，即使命（Mission）、目标（Objective）、策略（Strategy）与战术（Tactic）四个英文字的缩写，它代表策略管理上从使命，下至实际作业间所存在的整体阶层关系。

以 MOST 为骨干，但在树立使命之前先建立愿景（Vision），在制定策略时要考量企业的内外部环境条件，必要时将企业策略展开为策略事业单位策略与功能策略，并强调策略的有效执行，策略规划与实行的程序如图 3-1 所示。

> 策略的定义是"管理者为达成组织目标所采行的特定形态的决策与行动"。
>
> 策略系统化的过程常被称为 MOST，即使命（Mission）、目标（Objective）、策略（Strategy）与战术（Tactic）四个英文字的缩写。

第二节　企业愿景、使命与目标

在制定企业的愿景、使命与目标之前，应先明了企业的利害关系人是谁。所谓的利害关系人，是指对企业有利益、要求和利害影响关系的个人或团体，它可区分为内部利害关系人（Internal Stakeholder）与外部利害关系人（External Stakeholder）两种。内部利害关系人指的是股东、董事、管理者与员工等，外部利害关系人则是

> 利害关系人是指对企业有利益、要求和利害影响关系的个人或团体。

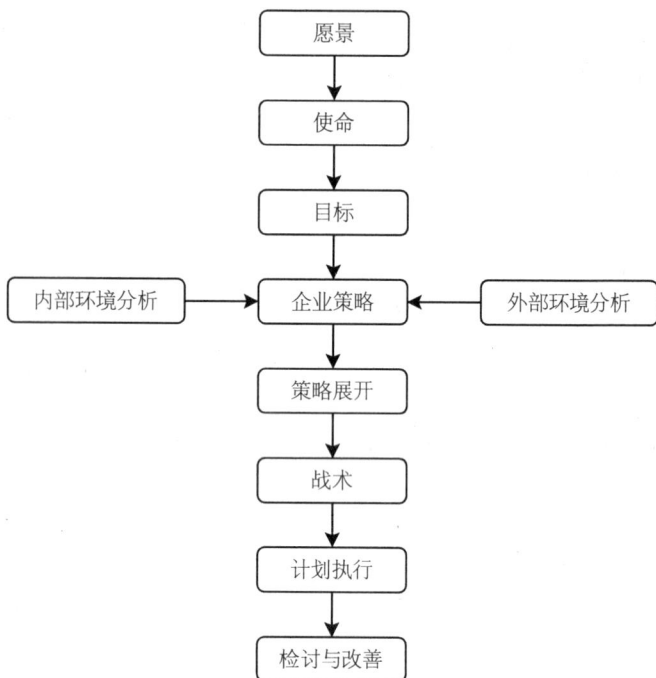

图 3-1　策略规划与实行程序

指顾客、供货商、政府、社区与社会大众等。所有的利害关系人都会与企业产生互动或相互影响，他们提供企业生存所需要的资源，而企业则以满足他们对企业的期望作为回报。企业在制定策略时需考虑利害关系人的需求，尤其是顾客、员工与股东三种利害关系人，否则利害关系人撤回他们的支持，企业将面临危机。各种利害关系人对企业的期望常会相互冲突，所以企业要满足所有利害关系人的要求不太容易。辨别企业的成功需仰赖哪一种利害关系人的帮助，是企业制定策略时不可不知的。

一、愿景

愿景是指广泛、全面且具前瞻性的意图。它描述企业对未来的抱负，但并不指出如何实现这种目的的手段，好的愿景能鼓舞人心，激励人们"追求第一"。愿景要充分发挥其影响效果，就必须加以沟通。愿景可以采取直接的文字说明或借着个人"推销"来沟通。例如宏碁公司的愿景为"世界公民——广受各地赞誉的企业"，不但在其网站上，且在其企业内各明显处皆广为公布，即为一例。

品质管理重视的是愿景领导（Visionary Leadership），所谓的愿景领导是指高阶领导者应责无旁贷地亲自参与发展一套愿景、使命与目标的系统性架构，作为企业价值观与企业文化的基础，以利于全面品质的推动。愿景领导至少应包含以下两项工作：

（1）高阶领导者必须创立一种以顾客为焦点的、清晰可见的价值。

（2）高阶领导者须具备道德行为，并亲身参与规划、沟通、教导、带领未来的领导者以及检讨组织绩效与员工认知。

二、使命

使命代表的是企业存在的目的与价值，也有人称其为任务。如果与愿景相比较，愿景代表是乌托邦的境界，而使命则是追寻此乌托邦的方向。使命一般都会以简洁的文字加以叙述，我们称其为使命宣言（Mission Statement）或使命陈述。使命应比愿景更具重点且更为清晰明白，它除了能引领组织的方向，还是企业永续经营的动力。例如，宏碁公司的使命宣言为"人人享用新鲜科技——用新鲜科技造福全人类，这是宏碁责无旁贷的使命，也是永无止境的追求"。

企业的使命陈述是组织如何看待利害关系人请求的重要指针，它描述企业如何将利害关系人的需求融入决策中，以降低失去利害关系人支持的风险，并确保利害关系人的要求会被企业员工谨记在心，而在制定策略时会加以考虑。

愿景与使命这两个名词在许多公司常被视为一个概念，此时他们只会以一个使命陈述来综合这两个概念。例如，波音公司的使命陈述为"成为世界第一的航空公司，并且重视品质、获利与成长"；Intel 公司的使命陈述为"成为全球信息产业的零组件卓越供应商"，都是将愿景与使命整合在一起的优良范例。

由于使命的功效之一是提供企业行为的标准，许多企业为了更明确地叙述这种行为标准，会以企业的价值观、企业文化或经营理念来做说明。价值观是企业文化与竞争优势的源头，它是一种对利害关系人的明确承诺，告诉所有利害关系人企业要以什么样的行为准则来完成使命。举例而言，中国台湾积电公司的经营理念依序为坚持职业道德、专注本业、国际化经营、追求永续、建立客户伙伴关系、强调品质、鼓励创新、营造优质工作环境、建立开放型管理模式、兼顾员工/股东/社会，这样的经营理念对于一个高科技厂商而言是非常适合的。

愿景领导是指高阶领导者应责无旁贷地亲自参与发展一套愿景、使命与目标的系统性架构，作为企业价值观与企业文化的基础，以利于全面品质的推动。

使命代表的是企业存在的目的与价值，也有人称其为任务。

品质园地

中国台湾积电公司的经营理念

我们秉持以下的经营理念，致力于和客户及厂商建立互惠的关系。

（1）坚持高度职业道德。这个理念代表公司的品格，是我们最基本也是最重要的理念，也是执行业务时必须遵守的法则。所谓高度职业道德，是指下列事项：

第一，我们说真话。我们不夸张、不作秀。

第二，对客户我们不轻易承诺，一旦做出承诺，必定不计代价，全力以赴。

第三，对同业我们在合法范围内全力竞争，但绝不恶意中伤。同时也尊重同业的智能财产权。

第四，对供货商我们以客观、清廉、公正的态度进行挑选及合作。在公司内部，我们绝不容许贪污；不容许在公司内有派系或小圈圈产生；也不容许"公司政治"（Company Politics）的形成。至于我们用人的首要条件是品格与才能，绝不是"关系"。

（2）专注于"专业集成电路制造服务"本业。我们的本业是"专业集成电路制造服务"，这个领域发展迅速，只要我们能集中力量，积极从事本业的钻研，发展空间必定无可限量。因此，我们要心无旁骛、全力以赴，在"专业集成电路制造服务"本业中谋求最大的成就。

（3）放眼世界市场，国际化经营。我们的目标是全球市场，而不局限于东南亚或任何地区，集成电路是一个跨越国界的产业，全球各主要业者无不将目标延伸到世界各地。而我们最强的竞争者也来自国外，如果我们不能够把眼光放远在世界市场中建立竞争力，我们在台湾地区终究也将无法生存，遑提竞争力。

我们的根在台湾，但要在全世界主要市场建立基地，具有国际化经营的意义。而为配合国际多元发展的文化需求，在人才募集方面，我们则不论国籍，唯才是用。

（4）注意长期策略，追求永续经营。我们深知企业永续经营，像是在马拉松赛，需要速度、耐力与策略的配合。而不像是在做50米、100米的短程冲刺。

我们确信"人无远虑，必有近忧"的道理，只要我们能做好长期策略规划，并认真地执行，应急式的冲刺便会大大减少。

因此，我们除了每年都要为未来5年做一个长期策略规划外，在我们的日常工作中，也应有相当高的程度落实于长期的成效与回收。

（5）客户是我们的伙伴。我们自始就将客户定位为伙伴，绝不和客户竞争，这个定位是我们过去成功的因素，也是未来继续成长的关键。我们视客户的竞争力为中国台湾积电的竞争力，而客户的成功也是中国台湾积电的成功。

（6）品质是我们工作与服务的原则。包括公司内部或是外部，每个我们所服务的对象，都是我们的"客户"。而"客户满意度"就是"品质"。在中国台湾积电，品质是每一个员工的责任，我们应坚守岗位，本着追求卓越、精益求精的态度，不但认真把每一件事、每一件任务做到最好，更要随时检讨，务求改善，追求并维持"客户全面满意"，这就是以"品质是我们工作与服务的原则"的具体实践。

（7）鼓励在各方面的创新，确保高度企业活力。创新是我们的命脉，一旦我们停止创新，将很快面临没落与失败。我们不但要在制程技术方面追求创新，在企划、行销、管理等各方面更要强调。自然地，积极建立与累积公司的智能财产权也不可或缺。

我们更要常葆公司充满蓬勃朝气与活力，随时秉持积极进取、高效率的处事态度，来应对瞬息万变的产业特性。

（8）营造具挑战性、有乐趣的工作环境。相信对大多数的同人而言，一个有挑战性，可以持续学习而又有乐趣的工作环境，比金钱报偿更为重要。我们要齐力塑造并维持这样一个环境，吸引并留住志同道合而且最优秀的人才。

（9）建立开放型管理模式。我们要营造乐于沟通的环境，以建立开放型管理模式。"开放型"代表同人间互相以诚信、坦率、合作相待。同人乐于接受意见，也乐于改进自己。同时，更将通过集思广益的方法接受各方看法，而在做成决定后，就团结一致、不分你我、集中力量朝共同目标全力以赴。

（10）兼顾员工福利与股东权益，尽力回馈社会。员工与股东同时为公司重要的组成分子。我们要提供员工一个同业平均水准以上的福利，同时让股东对公司的投资得到平均水准以上的报酬。同时，公司的成长也得力于社会及产业环境的配合，我们更要不断地尽能力回馈社会，做一个良好的企业公民。只要全体同人能够随时信守公司的经营理念，并落实于工作中，中国台湾积电自能不断成长与茁壮，成为中国台湾引以为傲的世界级公司。

资料来源：http://www.tsmc.com/.

三、目标

设定阶段性的量化指针以落实使命即是目标。目标应清晰简明地陈述组织拟达成的事项。在设定目标时，应遵循 SMART 原则，即明确、可衡量、可达成、成果导向与期限，其意义如下：

1. 明确（Specific）

明确是指目标内容必须清楚易懂。

2. 可衡量（Measurable）

可衡量是指目标应能衡量或计算其达成的程度。

设定阶段性的量化指针以落实使命即是目标。在设定目标时，应遵循SMART原则，即明确、可衡量、可达成、成果导向与期限。

3. 可达成（Achievable）

目标应是经努力可达成的。目标设定过高会丧失追求意愿，设定过低则无法激发员工潜力。

4. 成果导向（Result-Oriented）

目标应依据所欲达成之成果加以设定，以避免方向产生偏差。

5. 期限（Timely）

目标应设定完成期限。举例来说，鸿海的三大目标为：业绩每年成长30%、利润每年成长30%、速度每年加快30%，这就符合SMART的五项原则。

第三节　内外部环境分析

制定策略除应考虑目标外，由于达成目标的方法受到内外部环境因素的影响很大，故尚应进行内外部的环境分析。

一、外部环境分析

外部环境对整个产业乃至于个别事业的命运，都扮演着举足轻重的角色。一种或多种外界经营环境的改变，都可能会影响到企业是否能持续发展或生存。因此，外部环境分析存在的主要意义在于反映事业所处环境的机会（Opportunity）与威胁（Threat），以提供管理者作为拟定或调整策略的参考。

外部环境分析（External Analysis）有时又被称为环境扫描（Environment Scanning），以显现其进行分析时应该涵括所有外界对企业可能影响的因素。

外部环境分析可区分为总体环境（General Environment）评估与竞争环境（Competitive Environment）评估两种。

（一）总体环境评估

全球化与信息科技的日益普及，国家间密切的互动，使企业经营者所关心的总体环境已不仅限于国内，而是广及全球。世界经济的波动、国际政治的起伏、各国法规的发展、人类文化价值观念的改变、人类对地球资源有限性的警觉以及科技进步等，都会给人类带来冲击，都与企业经营关系密切，也都会对企业形成新的机会与

外部环境分析存在的主要意义在于反映事业所处环境的机会与威胁，以提供管理者作为拟定或调整策略的参考。

外部环境分析可区分为总体环境评估与竞争环境评估两种。

企业可从下列四个比较广泛的构面来观察总体环境，它们分别是政治（Politics）、经济（Economics）、社会（Society）以及科技（Technology）。

威胁。企业可从下列四个比较广泛的构面来观察总体环境，它们分别是政治（Politics）、经济（Economics）、社会（Society）以及科技（Technology），简称 PEST。这些构面经常是相互重叠的，且其中某一构面的发展将影响到其他的构面。

1. 政治

政府政策的改变或法律条文的修改，都可能形成企业的机会或威胁。近年来最显著的政治作用力就是解除管制，由于许多法令松绑，降低了许多产业的进入障碍，因而导致剧烈的竞争。例如，中国大陆与中国台湾签订 ECFA 与开放十二寸晶圆厂到大陆投资等，均是企业机会或威胁的来源。

2. 经济

总体经济构面包含利率、汇率、政府财政预算赤字/盈余、进出口贸易赤字/盈余、全球与国家的通货膨胀率及储蓄率等。

3. 社会

社会文化构面的改变包含女性加入劳动行列的比例愈来愈高、健康意识觉醒、教育水准提高、环境保护及药物滥用等。

4. 科技

科技的发展方向与前景，例如生物科技、超导体、信息技术、无线通信、制程创新、高分辨率电视及雷射科技等因素，也是拟定企业策略前应予评估的项目。

（二）竞争环境评估

竞争环境有时也被称为产业环境，是指组织在特定的竞争场合正面对或将面对的状况。

时下谈及竞争环境分析，战略管理大师迈克尔·波特（Michael Porter）的五力分析模式（Five-Forces Model）是最易被了解与接受的分析工具，如图 3-2 所示。在此模式中，竞争环境分为两种：一是以合作为主的构面，二是以竞争为主的构面。以合作为主的构面，涉及的角色主要是供货商与购买者的议价能力；以竞争为主的构面，涉及的角色主要是潜在竞争者与替代品。另外，现存的竞争对手则可能扮演既合作又竞争的角色。以上所述的供货商议价能力、购买者议价能力、潜在竞争者的进入风险、替代品的威胁与现存企业间的敌对竞争程度，合称为五力。

> 供货商议价能力、购买者议价能力、潜在竞争者的进入风险、替代品的威胁与现存企业间的敌对竞争程度，合称为五力。

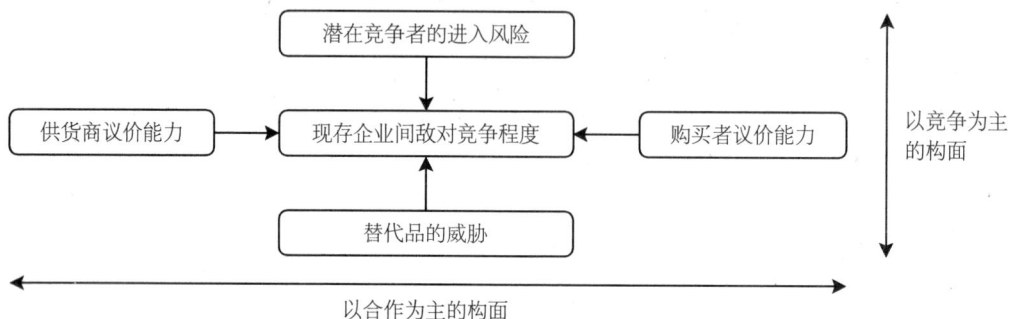

图 3-2　波特的五力分析模式

1. 潜在竞争者的进入风险

当某个企业开始在新市场中营运，我们就说该企业已经进入这个市场；当它在市场中停止运作，即指该企业已经退出这个市场。对企业而言，市场的潜在竞争者代表着一种威胁。企业经理人为了降低潜在竞争者所带来的威胁，必须建立进入障碍（Barriers to Entry），以阻挠潜在竞争者参与竞争。

一般而言，经济规模愈大，成本优势愈明显，产品差异化愈强，资金需求愈高，顾客转换采购对象愈难以及配销系统愈复杂，进入障碍也愈高。

2. 供货商议价能力

供货商的议价能力愈强，对于企业愈不利。当少数供货商主宰市场且缺乏替代品时、供货商的集中程度较高时、我方对于供货商缺乏相对重要性时、供货商的产品具备独特性或稀少性时或供货商可能与我方成为直接竞争对手时，供货商的议价能力将较佳，并将形成对企业的威胁。

3. 购买者议价能力

购买者运用议价的方式包括杀价、降低采购量，或者在价格不变的情况下要求组织提高品质。当我方生产无差异或标准化的产品时、购买者可能与我方成为直接竞争对手时、购买者掌握了我方的成本信息时、购买者对价格的敏感度较高时、购买者较为集中时或购买者的采购量较大时，购买者的议价能力将较佳。

4. 替代品的威胁

当某种产品的价格超过替代品的价格时，顾客将倾向采用该种替代品。因此，经理人必须密切注意替代品的发展，了解其是否有功能改进或价格降低的情形发生，而形成对企业的威胁。解除管制与科技进步，在近几年中促成了许多替代品的出现，且成功地从传统厂商手中夺下许多的市场占有率。

5. 现存企业间敌对竞争程度

在自由市场经济中，许多产业的竞争程度很高，尤其是竞争厂商势均力敌时、产业成长缓慢时、产业的固定成本比例较高时、厂商产品间缺乏差异时、顾客转换采购对象较为容易时或是退出障碍较高时，企业间的敌对竞争程度特别严重。

二、内部环境分析

外部环境固然会影响企业绩效，但处于同样的外部环境下，不同企业间的绩效表现也可能会有极大的差异，这是因为企业间竞争力的不同。

所谓竞争力（Competitiveness）是指某个体与其他同性质者整体力量的比较。此处所称的个体，可以是个人、部门、企业、行业、地区、国家或产品等。竞争力应是与竞争对手间的比较，而非企业与自身过去的比较。竞争力也是一种整体力量的比较，而非单一功能或部门的比较。

> 竞争力是指某个体与其他同性质者整体力量的比较。

竞争力强的企业，我们常称它具有竞争优势（Competitive Advantage），它具有较强的生存能力；而竞争力不足的企业，在缺乏竞争优势下，通常会面临顾客流失、市场占有率下降、员工跳槽、遭受并购甚或倒闭的命运。因此近年来，如何建立企业竞争力或创造企业竞争优势，就成了管理者们最关心的课题之一。

企业竞争力大部分来自价格、品质、速度、弹性与创新。

> 企业竞争力大部分来自价格、品质、速度、弹性与创新。

1. 价格

在所有其他条件相同下，消费者会偏向购买价格较低的商品。

2. 品质

产品与服务的品质越高，顾客的满意度就越高。

3. 速度

新产品开发速度、交货速度与反应速度越快，企业拓展商机的能力就越佳。

4. 弹性

能因应顾客的不同需求调整营运方式与产品组合，往往能获得顾客更高的认同。

5. 创新

产品与营运模式的创新，能使得企业在价格、品质、速度与弹性上，快速拉开与竞争对手间的距离。

内部环境分析其实就是企业竞争力的分析，也就是分析企业在价格、品质、速度、弹性与创新能力上具有什么样的竞争优势（Strength）与劣势（Weakness）。企业从内部环境分析归纳出结果并拟订的策略一般会比从外部环境分析获得的策略更具成效，因此企业内部环境分析常比外部环境分析更受企业的重视。

由外部环境分析找出企业的机会与威胁，由内部环境分析找出企业的优势与劣势，此结果经重新整理后即为 SWOT 分析（Strength，Weakness，Opportunity，Threat，SWOT）。企业制定策略时，应考虑如何结合优势与机会，并回避劣势与威胁。由于 SWOT 分析承接内外部环境分析的结果，并且是制定策略的依据，因此许多人将 SWOT 分析视为策略分析的核心，甚至将二者视为同义词，认为"策略分析就是 SWOT 分析"。

第四节 企业策略

当组织明定其目标，并就内外部环境加以分析后，就可以开始制定达成其目标的策略。一个优良的企业策略应具备下列几种特质：

（1）策略所涉及的各项活动，涵盖的时间水平应较长，通常为 5~10 年。

（2）策略制定以后，对有关活动的影响应是甚为显著的。

（3）依据策略，企业应集中资源与努力在某些特定的领域。

（4）策略需要一系列可相互支持的决策。

（5）策略涵盖的范围是一连续带，包括从资源的分配至每日的日常作业。

从策略的作用来看，首先，策略可以帮助企业在千头万绪的经营课题中，选择当前最应关注的重点；其次，好的策略可以为组织开拓生存空间；最后，明确的策略可以指导组织内各种功能政策的走向。

由外部环境分析找出企业的机会与威胁，由内部环境分析找出企业的优势与劣势，此结果经重新整理后即为 SWOT 分析。

一、企业未来发展策略

对企业的未来发展而言，最常采取的四种主要策略为成长策略、稳定策略、紧缩策略与综合策略。

1. 成长策略

若管理者认为组织越大越好，那么他可能采取成长策略。成长可以包含多种情形，例如较高的营收、较多的员工或较大的市场占有率等。成长策略可通过直接扩张、多角化、购并或合并等方式来达成。

2. 稳定策略

若管理者认为组织规模不应该做改变，那么他可能采取稳定策略。稳定代表持续相同的服务或维持现有的市场占有率等。当组织没有好的优势与重大劣势，机会与威胁亦不显著时，大多会采用稳定策略。

3. 紧缩策略

若管理者认为组织规模应适当缩小时，那么他可能采取紧缩策略。紧缩包含转型、裁员、关厂、退出某一市场或被购并等。当组织竞争力下降或市场衰退时，很多管理者会采取此策略。

4. 综合策略

综合策略是同时采取上述两种或两种以上的策略，也就是组织的一部分可能紧缩，而另一部分则可能追求成长等。

除了以上四种主要策略外，专注本业、垂直整合、策略联盟、内部创业、合资或重整等也是企业常思考的策略方向。

二、企业竞争策略

迈克·波特认为，没有一个公司在试着要对所有人做所有事时，可以成功地达到平均值以上的绩效，因此管理者必须要作取舍（Trade Off），这种取舍应反映在其所选定的一般性竞争策略上，也就是管理者应在成本领导、差异化与集中化三者中选择一个能给予它们独特优势的竞争策略。

（一）成本领导

成本领导（Cost Leadership）的竞争策略，就是要取得比竞争对手更低成本的地位。采取低成本策略的企业，一般而言并不强调产品的特殊性，也不严格进行市场区隔，在研究发展或广告行销方面

对企业的未来发展而言，最常采取的四种主要策略为成长策略、稳定策略、紧缩策略与综合策略。

一般性竞争策略包含成本领导、差异化与集中化。

成本领导的竞争策略，就是要取得比竞争对手更低成本的地位。

的支出也少于采取差异化策略的竞争对手，但它会致力于降低生产成本。成本领导策略典型的方法包括运用学习效果、追求经济规模、提高生产力、技术创新、运用低成本劳动力或争取对原料取得的优惠等。采取成本领导策略的企业一般可获得以下优势：

（1）由于成本较低，因此在与竞争对手相同价格下，利润将较高。

（2）低成本厂商较不会受到来自顾客降价压力的困扰，因为他们的价格空间较竞争对手大。

（3）保持低成本地位，可以说服对手不引发价格战。

（4）新进入的企业将因学习效果尚未展现，而较难与现存的成本领导者进行价格竞赛。

（5）低成本企业所处的地位，可以"定价"为工具，来与替代品进行竞争。

尽管成本领导是因应竞争压力的可行手段，但当企业追求这种竞争优势的同时，也会面临以下风险：

（1）当竞争对手同样采取低成本策略时，成本领导可能形成一种"全赢或全输"的策略。

（2）若因追求降低成本而丧失了吸引顾客的产品属性，可能得不偿失。

（3）全心投入降低成本，往往限制了企业以其他的方式维持其竞争力。

（4）许多节省成本的方法极易为竞争对手所模仿。

采取成本领导策略的企业一般大多不敢从牺牲品质上来换取成本的降低，因为事实与经验显示，品质水准的下降往往也会带来成本的增加。

（二）差异化

在追求差异化（Differentiation）的竞争优势时，厂商企图创造顾客高度评价且独特的产品或服务，以享受高于同业的报酬。一般而言，采取差异化策略的企业会强调产品的特殊性，同时进行市场区隔。此时，它在研究发展或广告行销方面的支出，一般高于采取成本领导策略的竞争对手。差异化策略典型的方法包括强调品质、特殊的服务、创新设计、技术能力与品牌形象等。

采取差异化策略的企业一般可获得以下优势：

（1）当企业成功地将本身区别出来时，可以降低竞争的剧烈程度。

在追求差异化的竞争优势时，厂商企图创造顾客高度评价且独特的产品或服务，以享受高于同业的报酬。

（2）差异化能建立具有品牌忠诚度的顾客，他们对价格的敏感度较低，因此许多成功的差异化企业定出了超高的价格。

企业采行差异化策略时，应注意下列事项：

（1）如果许多竞争者都采取差异化策略，他们之间也就显现不出差异了。

（2）专精于利基市场（集中化策略）者，可能比差异化更为成功。某些提供差异化产品的厂商无法像专精于利基市场的竞争对手，能快速调整其产品与服务，以符合特定顾客的需要。

（3）企图在竞争中领先的企业，可能导致顾客未能完全认同。例如增加的产品功能与特性，可能并未受到顾客的完全认同，以致厂商无法索取更高的价格，来抵消因增加产品功能所引发的额外成本。

提供比竞争对手更优异品质的产品常是企业采取差异化策略的方向，一般称此为以品质为基础的策略（Quality-Based Strategy）。另一种常见的差异化策略则是强调时间，一般称其为以时间为基础的策略（Time-Based Strategy）。

（三）集中化

集中化（Focus）策略是将产品或服务锁定在某一特殊的利基市场，这个利基市场可能是以地理、顾客形态或产品线的区隔为定义。一旦选定了市场区隔，企业可视竞争对手的策略再决定焦点应放在差异化或成本领导上。集中化策略一般仅针对一小范围或区域的区隔市场，此为它与成本领导与差异化策略最大的不同。采取集中化策略的企业一般可获得以下优势：

（1）集中化能提供对手所欠缺的产品或服务，远离竞争。

（2）潜在进入者与替代品较难克服集中化所建立的顾客忠诚度。

（3）集中化能向顾客收取更高的价格。

企业采用集中化策略时，应注意下列事项：

（1）集中化一般均为小量生产，生产成本将会较高。

（2）因为技术变革或消费者品位的改变，集中化的利基市场可能突然消失。

（3）采行成本领导与差异化的竞争对手，若能满足集中化的区隔市场，利基亦会消失。

由于集中化策略尚需考量应搭配成本领导或差异化策略，因此即使企业采行集中化策略，品质在此所扮演的角色也依然重要。

> 集中化策略是将产品或服务锁定在某一特殊的利基市场，这个利基市场可能是以地理、顾客形态或产品线的区隔为定义。

品质园地

鸿海企业的经营策略

富士康以维持其连接器、个人计算机机壳及其他精密组件制造之领导厂商地位，并成功开拓网络通信和消费性电子产品及市场经营目标。为此发展出如下经营策略：

（1）发展与业界领导厂商的策略联盟关系。通过与顶尖级 PC 和 IC 公司的亲密合作，富士康得以准确地预测市场趋势，从而先竞争对手引进新产品。

（2）集中发展全球运筹能力。这有利于富士康快速而有效地对全球客户需求做出反应。

（3）扩充生产能力。富士康目前在亚洲、欧洲和美国都有其生产基地，不断扩充现有产能可以增加经济规模。

（4）增进垂直整合。生产流程整合使富士康更好地控制其产品品质。

（5）保持技术的先进性和产能的灵活性。这样就增加了富士康的竞争力，使其在面对竞争对手时能领先一步。

（6）新产品研发。富士康将利用其制造专长，永无止境地跨入相关的新领域。

资料来源：鸿海公司网站，http://www.honhai.com.tw/。

品质园地

波特谈竞争力

造成日本现在经济下滑的悲剧原因是他们缺乏投资报酬的政策，以往日本公司只着重企业成长或市场占有率，这是非常不明智的目标抉择。企业唯一明智的策略目标就是投资报酬率。因此，企业要问自己的问题是："我们有正确的目标吗?""我们正在实践这个正确的目标吗?"另外，设定策略需环顾你所在的产业，你不能在制定策略时却不知道你在和谁竞争。但是，最重要的是你要如何培养在这个产业中获得竞争优势的能力，也就是如何以正确的方法与他人竞争。

目前，中国台湾大部分企业在做的事是降低成本，很好，但是问题在于你们依赖降低成本的策略已有多久？当越来越多的邻近国家拥有相近的生产要素、技术或人力时，你们该何去何从？另一种策略是提高产品在消费者心目中的价值，而不只是依赖价格竞争，也就是发展差异化策略。

为了说明竞争优势的来源，我再重复一下价值链的概念，价值链的意思是说消费者心目中的价值基础是通过一连串的企业内部物质与技术上的具体价值活动与利润所构成，当你和其他企业竞争时，其实是内部多项活动在做竞争。通过价值链，你可以知道你在哪些活动中占有优势、哪些处于弱势。改善企业营运绩效并非长久之计，因为大家都在朝更有效率的生产方式前进。这还不是最严重的问题，最严重的是我所谓的"竞争合流"（Competitive Convergence），也就是大家都朝同样的方向竞争，最后大家提供的产品都没什么差别，而使消费者被迫从价格上做选择。何为策略竞争？策略竞争就是大家都朝不同的方向竞争，就是你选择你自己的目标，你是和自己竞争，而别人选择他们自己的目标，这与改善企业营运绩效不同。营运绩效竞争导致竞争合流，每家公司的产品都一样，都采低价策略，消费者没别的选择，只能选择最低价的产品。而策略竞争发展出别具特色的产品，使你和其他产品有所区别，创造出独特的价值，而消费者根据不同的需求选择他们想要的产品。营运绩效与策略竞争两者并非互相矛盾，每家公司都应该追求生产效率，但是光追求生产效率是不够的。策略竞争则是发掘产业中的许多机会，朝差异化发展。

发展策略，最基本的步骤就是"设限"，如果你想要抓住所有的顾客，提供所有的服务，那你根本没有策略可言。制定策略就是要限制你想要做的事情，唯有当你知道你的限制之后，你才能清楚将你的企业在产业中定位，也才能知道你要采取什么方式做生意，你能做得更好。借着设限，你可以知道并且设计你的企业成为一个独一无二的公司，且知道你要做什么，这就是策略。你只需要满足顾客的某一种需求，或只服务某一群顾客。理论告诉我们，当你想要鱼与熊掌兼得时，你变得两面都不讨好。因此，当你设限之后，你选择了策略，并且依此设计活动。

为了使策略的定位更加健全，而且更加难被模仿，我们必须再加入"取舍"，当你正走向一个独特而有利的定位时，你必须考虑到自己所设定的竞争方向，是否与竞争者不同。因为，如果你真的能大小通吃的话，竞争者势必也能够立即模仿跟进。因此，你不只要设限、设定目标、修改你的竞争方向，在下定决心之前，你也要了解你所做的取舍。取舍，即是决定你所不要做的事。策略，就是对你所想达成的目标设定限制。"有设限才有成长"，这是很反讽的法则。典型的失败例子皆源于公司认为成长就必须放宽限制。

真正的策略是"一连串的交互式活动"。如果你只看到少部分的优势，你几乎是很快就会被模仿的；相对的，你应该要靠整合价值链来衍生这样的优势。如此一来，建立价值链的特色，将使得模仿变得非常困难，竞争者不仅得模仿一个特色，而是得模仿整个价值链的特色。现在中国台湾面临的一大问题是你们的价值链不够完整。你们并没有从事一连串的活动，因为你们的客户都你们完成了部分。

如果你真的有策略的话，那么你会没有任何竞争者，因为你在同业中是独一无二的。贯彻策略的唯一办法就是要有非常强的"领导"以及信息系统，因为信息系统贯穿了所有价值链上的活动，信息系统提供了所有改善的机会，信息系统渗透到价值链的每个角落。应用信息科技，不仅可让你达到企业的整合，更可以协助你做决策。

发达国家的竞争力，不能单靠简单的技术制造普通的产品，因为有太多的国家可以提供价格低廉的人力资源，现存的制造技术又容易取得。因此，技术的创新是发达国家追求繁荣的必要条件。

资料来源：迈克·波特 1999 年 8 月来台演讲稿。

三、以品质为基础的策略

许多企业采取以品质为基础的策略，其原因是：

（一）品质在价值链中扮演的角色

> 价值链是一连串能为企业创造价值并对财务绩效有所贡献的活动。

价值链（Value Chain）是一连串能为企业创造价值并对财务绩效有所贡献的活动。品质大师戴明在阐述品质的重要性时，强调品质的改善可以减少错误、重工与报废，使机器设备、原物料与人力得到更充分的运用，交期延误情形得以降低，此时企业价值链中各项活动的成本将会较低，而生产力也将更高。在品质、成本与生产力改善后，企业将因具有这些竞争优势，而能扩大市场占有率，并站稳市场，进一步在激烈的竞争环境中拥有存活的条件。最后，企业将会因拥有以上种种的条件，而在财务绩效上有过人的表现，如图 3-3 所示。

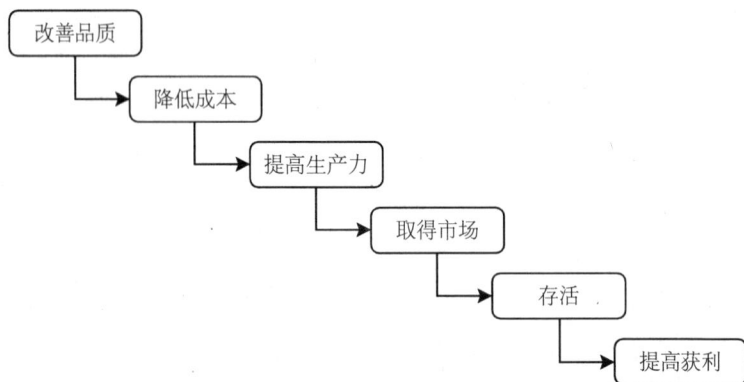

图 3-3　戴明价值链

> 所谓生产力是指产出（产品或服务的金额或数量）与投入（劳工、土地、资本、原料或其他资源的金额或数量）的比值，它是评估生产与操作系统绩效的最佳指针。

（二）品质对生产力的影响

所谓生产力（Productivity）是指产出（产品或服务的金额或数量）与投入（劳工、土地、资本、原料或其他资源的金额或数量）的比值，它是评估生产与操作系统绩效的最佳指针。由于生产力关系着资源运用的效率，因此从企业到国家都非常关心这个主题，也都设法借由各种方法或途径来提高其生产力。

一般认为影响生产力最主要因素是方法、资本、品质、技术与管理。

1. 方法

例如使用文字处理软件以取代传统铅字打字、使用 E-mail 以取代传统公文传递等，都是因方法不同而改善生产力的例子。

2. 资本

资本投入愈大，人力需求愈少，因而劳动生产力将愈高。此外，资本投入较大，也比较接近经济规模，生产力也可能较高。

3. 品质

品质较好，重工、修理、报废与维修会较少，生产力会较高。

4. 技术

技术层次越高，一般而言生产力越高。例如半导体的 90 纳米制程技术的生产力当然高于 0.25 微米制程技术的生产力。

5. 管理

前述四项要素都需要良好的管理与其搭配，管理水准不佳的企业，纵使前述四要素都已齐备，其生产力亦无法提升。

由上述说明中可得知，品质是影响组织生产力的最主要因素之一，不良的品质必定带来低生产力。

（三）品质与其他作业策略间的关系

被视为作业策略鼻祖的哈佛商学院教授史金纳（Skinner）于 20 世纪 70 年代将生产与作业策略归纳为四个构面（QCDF）：品质（Ouality）、成本（Cost）、交期（Flexibility）与弹性（Flexibility）。史金纳认为，决策者必须在品质、成本、交期与弹性之间作取舍，因为这四者无法兼顾，例如为提高品质就需增加成本，为缩短交期就会丧失弹性等，而这样的论点在当时也极为普遍。

然而 80 年代日本企业的表现粉碎了这样的论调，其中最为著名的就是日本的汽车业。日本汽车在当时与美国汽车相比，有着较低的成本、较高的品质、更短的交期与更弹性的作业，许多人因此开始研究，QCDF 既然可以全面达成，那么应同时进行 QCDF 的改善？还是这四者之间应有改善的优先顺位？

针对以上问题，1986 年，中根（Nakane）归纳了第二次世界大

影响生产力最主要因素是方法、资本、品质、技术与管理。

史金纳将生产与作业策略归纳为四个构面：品质、成本、交期与弹性。

战后日本企业的发展历程，并以图 3-4 的累积模型（Cumulative Model）作为结论。该模型显示如果企业品质达到一定水准，交期问题就会获得部分改善；除非企业在品质方面已有非常优良的表现，那么该企业就可以专心于交期上的改善，否则应在改善交期前更进一步改善其品质；如果在品质基础不够稳固的情形下努力缩短交期，那么不仅交期无法缩短，不扎实的品质更会崩溃。品质/交期间的关系也可推展至成本与弹性；品质、交期、成本与弹性应作为改善的优先顺位，任何一构面的改善如果没有以前一构面的改善为基础，则该改善都将不能长久。

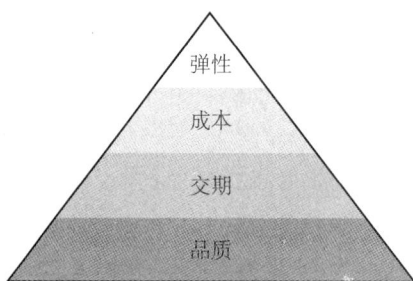

图 3-4　累积模型

针对同一个问题，1990 年，费尔多斯（Ferdows）与梅友（Meyer）提出了不同的看法，他们以沙丘模型（Sand Cone Model）（见图 3-5）解释其论点，他们虽然也同样赞成品质是其他一切改善的基础，但与中根的论点却有些微的差异。费尔多斯与梅友认为改善的优先顺位应是品质、交期、弹性与成本。当品质基础建立后，管理者才能专注于改善其交期，但此时品质改善并不能停顿；同理，当改善进行到专注于成本时，品质、交期与弹性的改善仍必须持续进行。从另一个角度来看，当品质、交期与弹性达到当时改善的极限时，成本的改善将引发弹性、交期与品质一个比一个大的突破。举例而言，当此时成本的改善效益为 5%，将可能引发弹性 10%、交期 15% 与品质 20% 的改善效益。

累积模型与沙丘模型的差异在此其实并不重要，重要的是它们都将品质视为一切其他改善的基础，并且需要长期维持，任何其他的改善若没有以品质为基础，将都难以成功。由此亦可得知，以品质为基础的策略应是作业策略的核心之一，品质是企业拟定作业策略时应最优先考虑的课题。

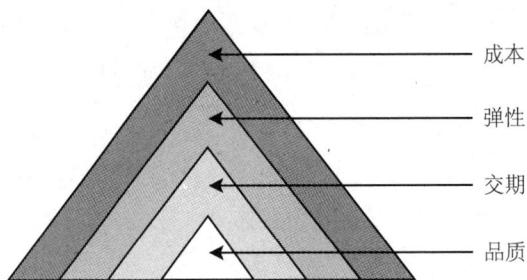

图 3-5　沙丘模型

成本
弹性
交期
品质

第五节　策略展开与执行

一、策略事业单位策略

今日许多公司，特别是集团式的公司，旗下包含许多独立运作的事业，这些事业常被称为策略事业单位（Strategic Business Unit, SBU）。SBU 是企业内具有独立运作策略能力的组织，其规模与组成因企业而异，它可能是公司内的一个或数个事业部门，一事业部门内的一条产品线，或是单一个产品和品牌。在企业策略确定后，每个 SBU 也须根据个别的任务目标与市场竞争性质，设定 SBU 的策略以支持公司策略，达成公司整体目标。

二、功能策略与品质政策

企业内的各机能，包括研发、作业、行销、采购、人力资源、品质与财务等，为期能对企业策略与目标有所贡献，也须制定属于自我机能的策略，我们称此为功能策略（Functional Strategy）。功能策略与政策（Policy）常被视为同义词，例如企业对于品质功能所采取的策略常被称为品质政策，对环保功能所采取的策略常被称为环境政策。企业各项机能的策略同样要能支持上级策略，并需与上级策略一致。

品质政策（Quality Policy）代表组织为追求品质所做的策略上的承诺，因此品质政策应明确地表达出组织在品质做法上的未来走向，以作为全体员工面对品质问题时的指导方针。一般企业的品质政策大致应涵括例如顾客导向、全员参与、发展人力资源、持续改善以

品质政策代表组织为追求品质所做的策略上的承诺，因此品质政策应明确地表达出组织在品质做法上的未来走向，以作为全体员工面对品质问题时的指导方针。

及该企业对品质的独特观感等。品质政策不应过于详细到叙述该企业的实际做法，以免丧失制定品质计划时的弹性。

品质政策与品质标语或口号不同，目前中国企业在推动 ISO9001 时常见的品质政策例如"品质第一、交期为先、顾客至上"等，其实都是品质标语或口号而非品质政策。

三、目标管理与方针管理

企业在制定策略之前需先明定其目标。同理，各策略事业单位与部门在制定策略前也常会但并非一定需要制定策略事业单位与部门的目标。将目标与策略自企业层级依序向下展开的过程，就如同一般管理者所熟悉的目标管理与方针管理。

目标管理（Management By Objective，MBO）与方针管理（Policy Management，PM）是建立一个有效的执行与追踪考核系统最常用的方法。目标管理是由管理大师彼得·德鲁克（Peter Drucker）于20世纪50年代所提出的，它被视为管理者最常使用的管理工具之一。方针管理则是日本企业在60年代为提升品质所发展出来的方法，日本称其为"Hoshin Kanri"。目标管理与方针管理除了起源不同外，最大的差别在于目标指的是对最终结果的期望，故目标管理是结果导向，而方针为行动的指导，故方针管理为过程导向。近年来，目标管理与方针管理其实已无太大差异，管理者大多已将此两者合并运用。无论是目标与策略的展开、目标管理或方针管理，其展开的过程皆大同小异，如图3-6所示。

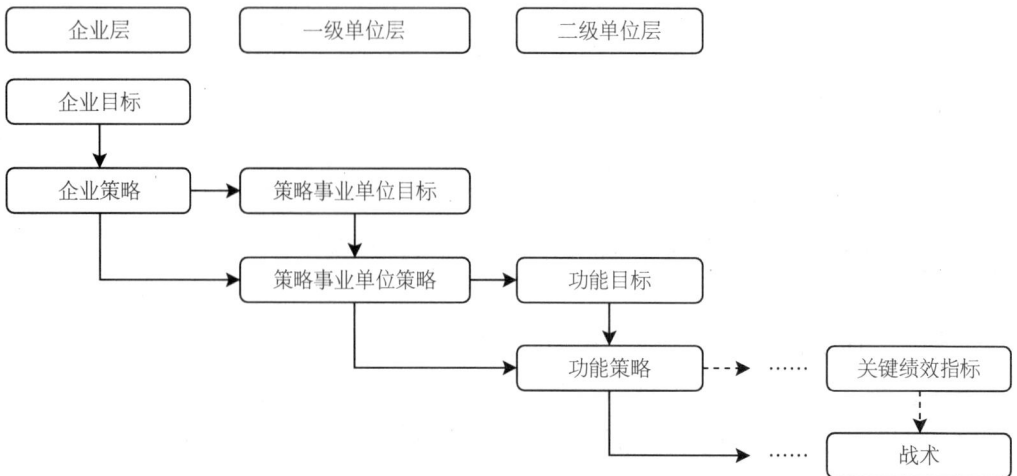

图3-6　目标与策略的展开

四、关键绩效指针

一般组织常会借由设立绩效指针（Performance Indicator）来导引员工朝向企业所欲的方向前进，并作为考核员工日常表现是否优良的依据，例如产品良率、退货率、顾客抱怨率、顾客满意度、顾客响应时间等。绩效指针会因公司、部门、功能或个人而异，所以经常是项目繁多，例如大学教师的绩效指针就经常高达百余项。

企业目标与策略是否得以落实与达成，某些特定的结果领域常常是最重要的，这些结果领域我们称为关键结果领域（Key Result Area，KRA）。衡量关键结果领域的绩效指针就是关键绩效指针（Key Performance Indicator，KPI）。例如在以品质为基础的策略下，其关键结果领域可能是顾客忠诚度，那么顾客再订购率或顾客满意度就可能是关键绩效指针。

关键绩效指针与功能目标其实没有太大差别，故其制定也须遵从 SMART 原则。平衡计分卡是最常见的、系统化的关键结果领域与关键绩效指针的分析与制定的方法。

五、平衡计分卡

平衡计分卡（Balanced Score Card，BSC）缘起于 1990 年，由 KPMG（台湾地区为安侯建业会计师事务所）的研究机构"诺朗诺顿研究所"（Nolan Norton Institute）进行名为"未来的组织绩效衡量方法"的研究计划，此计划是由诺朗诺顿研究所最高执行长诺顿（Norton）与哈佛大学教授柯普朗（Kaplan）所共同主持。在此计划中的一家个案公司的"企业计分卡"吸引了研究成员的目光，它对组织绩效的衡量方式除采用传统的财务分析方式外，还包含一些与交货时间、制程品质、新产品的开发与周期时间等有关的衡量指针。经过不断地研究与讨论，柯普朗与诺顿最后建立了一个包含四个构面（财务、顾客、企业内部流程以及学习与成长四构面）的绩效衡量系统，并定名为平衡计分卡。顾名思义，平衡计分卡是以平衡为诉求，寻求短期和长期的目标之间、财务和非财务的量度之间、落后和领先的指针之间、外部和内部的绩效构面之间的平衡状态。

平衡计分卡用驱动未来绩效的量度，来弥补仅仅衡量过去绩效的财务量度之不足。它通过财务、顾客、企业内部流程、学习与成

> 平衡计分卡是由财务、顾客、企业内部流程以及学习与成长四构面组成的绩效衡量系统。

长四个构面来分析一个组织的绩效。平衡计分卡在使用时，其四个构面下皆须分别建立个别不同的绩效衡量指针。

现代品质管理认为品质的提升应能对企业财务绩效的表现上有显著的贡献。品质应建立在顾客导向与顾客关系的基础上。品质应来自市场行销、设计、制造、检验测试、出货与服务等过程。品质文化的建立与品质技巧的学习有赖持续性的教育训练。故平衡计分卡的四个构面事实上与现代品质管理的理念不谋而合。

六、战术与计划管制

策略的执行需依赖战术。战术又被人称为方略，是指组织为完成策略所采取的行动计划，该行动计划也是一种项目。战术应以书面方式呈现，其内容主要包含：愿景、目标与策略的概述；行动计划的流程、方法、预算与进度 [或称为里程碑（Milestone）]；行动计划的绩效衡量方法等。

许多较困难达成的目标，对于单一部门而言常会力有未逮，此时跨部门或跨机能团队（Cross Function Team）就有成立的必要。针对品质改善所组成的跨机能团队有时又被称为品质改善团队（Quality Improvement Team，QIT），而其所面对的改善计划则称为品质改善计划（Quality Improvement Program，QIP）。

第六节 结论

品质不仅仅是企业竞争力的来源之一，它更在企业策略中扮演着极为重要的角色，许多企业借由高品质策略凸显其与竞争对手间的差异，以获得较佳的获利。就算企业采行的策略是成本领导或集中化，由于近年来消费者品质意识抬头，最低品质要求水准亦大幅上扬，任何企业在拟定策略时已无法置品质于不顾。策略执行与策略形成同样重要，平衡计分卡是目前最常被引用及作为策略执行之绩效衡量的工具。

针对品质改善所组成的跨机能团队有时又被称为品质改善团队，而其所面对的改善计划则称为品质改善计划。

宏碁的企业文化、企业策略与 SBU 策略

一、宏碁的企业文化

1. 宏碁，鲜活思维者

鲜活思维，一如新鲜空气与食物之于人类，孕育企业永续的生命力。

2. 宏碁文化，永续的文化

（1）人性本善——授权，培养人才，以共同利益落实共同愿景。

（2）顾客为尊——发挥贡献，永无止境。

（3）贡献智能——善用有限的有形资源，开发无穷的无形资源。

（4）平实务本——名实并济，稳健经营。

3. 宏碁文化，竞争力文化

（1）人性本善——塑造人尽其才的环境。

（2）顾客为尊——建立速度和成本优势，回馈顾客。

（3）贡献智能——创造价值，日新又新。

（4）平实务本——专注本业，精益求精。

宏碁以"鲜活思维"，全方位追求"创新"和"贡献"。提供"新鲜"科技，让人人能够享用；用速度、弹性、零闲置的运筹体系，将新鲜计算机迅速送到客户手中；宏碁打造人性本善的环境，培养最具创造力的团队，发挥最大潜力，永葆宏碁生生不息的活力，并对人类做最大的贡献。

4. 以鲜活思维赋予文化生命

（1）人性本善——团队精神。尊重多元，建立共识，塑造有效工作环境，使人尽其才，发挥潜力，追求最大的集体创造力。其经营哲学如下：

第一，授权。

第二，信任员工。

第三，替员工付学费。

第四，集体创业，全员入股。

第五，群龙无首。

第六，诚信，摊着牌打牌。

第七，自动自发，自我激励。

第八，满足员工挑战困难的企图心。

第九，光明磊落地追求名利。

（2）以客为尊。

第一，宏碁一二三（顾客第一、员工第二、股东第三）。

第二，以新鲜价格的新鲜科技回馈顾客。

其经营哲学如下：

第一，追求绩效和品质，赢得客户满意。

第二，善用资源，薄利多销。

第三，创造速度与成本优势。

第四，贡献社会。

第五，科技商品化对人类的贡献，比科技本身更大。

（3）贡献智能——不留一手的师傅。尽力开创、整合资源，结合伙伴共享利益，创造共同的成长。其经营哲学如下：

第一，小老板的成就。

第二，挑战尖端科技。

第三，永葆创业精神。

第四，挑战困难，突破瓶颈，创造价值。

第五，开发"脑矿"，创造智能，取之不尽。

（4）平实务本——平民文化。发展创新的附加价值，并随时自我检视，勇于丢弃过时的优势，建立未来的优势。其经营哲学如下：

第一，接力式马拉松。

第二，自主的财务管理。

第三，不打输不起的仗。

第四，活命比面子更重要。

第五，精简而有效的组织。在信息多变的环境中，什么是宏碁不变的原则？首先，照顾所有的利益共有者；其次，精益求精，创造价值。宏碁坚信通过长期的追求与努力，这些原则一定会成功。

二、宏碁的企业策略与 SBU 策略

为了迎接知识经济时代，并建立可长可久的营运模式，宏碁积极转型，将代工制造业务与品牌事业分开，并转向行销服务业发展，同时以电子化服务为新的核心事业，积极展开部署。

1. 宏碁新策略

（1）大量引进信息服务及财务管理的人才，改变体质。

（2）整合集团内 e-Business 单位，并以并购加速转型。

（3）处理非核心事业的投资，积极重置资金于新核心事业。

（4）积极利用品牌、技术及国际化等优势拓展中国市场。

（5）以硬件搭配软件与服务等条件，扩张市场占有率，并争取长期的系统与服务业务。

2. 宏碁三大核心业务——信息产品事业群、电子化服务事业群、经营暨投资管理事业群

（1）信息产品事业群策略：专注能获利的市场与产品；多元供应厂提升竞争力；大幅投资中华地区；与微巨服务相互拉抬。

（2）电子化服务事业群策略：整合集团内与 e-Business 有关的公司；以优势的网路资料中心（eDC）为基础，提供 e-Solution、e-Service；选定特定目标市场及应用领域，专精深耕；积极引进及培训"新血"；投资或购并相关公司，加强在目标市场及应用领域的竞争力。

（3）经营暨投资管理事业群策略：以完善的财务管理及投资事业作为宏碁核心事业经营的后盾，并协助宏碁 e-Business 事业的扩张。

问题讨论

1. 请问宏碁的企业文化与其策略间有何关联？

2. 请问宏碁的企业策略与 SBU 策略间有何关联？

资料来源：宏碁公司网站，http://www.acer.com.tw/。

习题

1. 试述策略的意义。

2. 何为 MOST？

3. 何为策略规划与实行程序？

4. 何为愿景领导？

5. 何为利害关系人？

6. 试述愿景与使命宣言之不同。

7. 试述设定目标时应遵循的原则。

8. 企业的外部环境可分为哪两类？

9. 企业总体环境评估包含哪些项目？

10. 试述迈克·波特（Michael Porter）的五力分析模式。

11. 试述阻挠潜在竞争者参与竞争的进入障碍。

12. 在何种情形下供货商的议价能力较佳？

13. 在何种情形下购买者的议价能力较佳？

14. 企业间的激烈竞争通常来自哪些因素?

15. 企业竞争优势的来源为何?

16. 试说明成本领导、差异化与集中化策略。

17. 采用成本领导策略的企业,可享有哪些优势?

18. 采用差异化策略的企业,可享有哪些优势?

19. 采用集中化策略的企业,可享有哪些优势?

20. 企业在追求成本领导策略的过程中,应注意的事项有哪些?

21. 何为戴明的价值链?

22. 试解释累积模型与沙丘模型。

23. 何为 SBU?

24. 何为品质政策?

25. 目标管理与方针管理有何不同?

26. 何为关键绩效指针?

27. 试述平衡计分卡的四个构面。

28. 平衡计分卡的四个构面与现代品质管理的理念有何相同之处?

29. 何为战术?

第四章　顾客导向

学习重点　在学习本章后，你将能够：

1. 明了何谓生产导向、销售导向、消费者导向与关系导向。

2. 明了何谓过去型顾客、现在型顾客与未来型顾客。

3. 明了何谓内部顾客与外部顾客。

4. 说明顾客的价值何在。

5. 明了何谓目标市场、市场区隔与产品定位。

6. 说明如何进行顾客分析。

7. 解释何谓重要度与表现度分析。

8. 解释何谓二维品质模型与五项品质属性。

9. 说明缺口分析与 SERVQUAL 量表。

尊爵企业门市部许经理昨天来找王顾问，他提出了一个疑问。门市部检出该部门的待改善事项多达 30 余项，部门内的同人对于何者该列入优先改善有截然不同的意见，许经理为此已多次召开会议，但仍无法获得共识。许经理希望王顾问能够给予指导，或者必要时能列席会议裁示。王顾问开示了，"哪一些事项应优先改善理论上不应由同人决定，而应由顾客决定；然而实务上，同人的意见也往往有相当多值得参考的地方。你可以先设计并发放重要度与表现度问卷给顾客填写，筛选出顾客认为的应优先改善事项，然后以此为基础，再征询员工的意见，相信这样做不仅能真正地提高顾客满意度，而且未来施行的成功概率也会较高。至于邀请我与会一事，照此看起来似乎已无必要。"

顾客是组织绩效的来源。在以生产为导向的年代里，顾客的声音长期受到忽视，因为产品只要生产得出来就能卖得出去，所以没有人觉得有必要去了解顾客的需求。但在以消费者或关系为导向的现代社会，倾听顾客的声音，了解顾客的需求不仅重要，而且不能稍有判断错误。近年来，分析顾客需求的相关理论蓬勃发展，其中尤以重要度与表现度分析、二维品质模型以及缺口分析最受重视且应用最广。

第一节　顾客导向的品质观

企业如何将产品推展出去，一般可以分为生产导向、销售导向、消费者导向与关系导向四个时期，兹介绍如下：

1. 生产导向时期

20 世纪初期以前，物资匮乏，大部分的产品供不应求，企业普遍认为产品只要价格低廉、品质优异自然就会有销路，故企业努力的重点大多放在如何更有效率且大量地生产出其自认为高品质的产品，此时期为生产导向（Production Orientation）时期。然而市场逐渐证明，即使产品价格再低、品质再好，也无法保证销路，生产导向的观念因之改变。

2. 销售导向时期

20 世纪初期至 20 世纪中期，生产技术突飞猛进，但市场成长却相对落后，为使消费者购买他们目前未必急切需要的商品，企业认为富有创意的广告与高超的销售技巧能克服消费者对商品的抗拒，说服消费者购买商品，打开商品的销路，此时期为销售导向（Sales Orientation）时期。无论是生产导向还是销售导向，其基本上都是卖方市场（Seller's Market）下的产物，当经济行为转变成买方市场（Buyer's Market）时，聪明的消费者具有自主性的判断能力，各种五花八门的广告与销售手段只能获得短暂的成效，销售导向的市场概念因之落伍。

3. 消费者导向时期

20 世纪中期至 20 世纪末期，买方市场使得企业必须找出消费者的需要或未被满足的需求，再据以设计开发新产品，以提高消费

企业如何将产品推展出去，一般可以分为生产导向、销售导向、消费者导向与关系导向四个时期。

者的满意度，此时商品被视为一种协助消费者解决问题的工具，商品的特性着重于是否能提供消费者附加价值，此时期为消费者导向（Consumer Orientation）时期。

4. 关系导向时期

20世纪90年代以后，消费者导向的观念持续发展，并进一步地演化成企业需与其上下游厂商和消费者建立并维系一种长期良好的关系，企业与其顾客间的关系不再只是建立在一时的交易行为上，而应是相互增进彼此附加价值的长期伙伴，此时期为关系导向（Relationship Orientation）时期。

无论是消费者导向还是关系导向，其核心关键都在顾客身上，因此现代企业必须建立顾客导向（Customer Driven）的观念以及发展顾客关系，方可将产品顺利推展出去。

第二节　顾客的分类与价值

顾客（Customer）是指对于组织所提供的产品或服务有需要（Needs）、想要（Wants）与要求（Demands），而愿意以金钱、财货或提供劳务去交换者。这里所说顾客的需要、想要与要求常统称为顾客需求（Customer Requirements）。顾客对其需求的表达，则称为顾客的声音（Voice of the Customer，VOC）。

要了解顾客需求，应先了解顾客的分类；而要深刻体认顾客的重要性，则应明了顾客的价值。

一、顾客的分类

顾客可以从时间或是位置来做分类。

（一）依时间来分类

顾客若依时间来分类，可分为过去型顾客、现在型顾客及未来型顾客。

1. 过去型顾客

凡是过去曾经购买过该企业商品的人，皆可称为过去型顾客或老顾客。

顾客是指对于组织所提供的产品或服务有需要、想要与要求，而愿意以金钱、财货或提供劳务去交换者。顾客的需要、想要与要求常统称为顾客需求。顾客对其需求的表达，则称为顾客的声音。

顾客若依时间来分类，可分为过去型顾客、现在型顾客及未来型顾客。

2. 现在型顾客

凡是目前正在和企业进行交易的人，不论成交与否，都可称其为现在型顾客或是新顾客。

3. 未来型顾客

凡是未来可能会购买该企业商品的人，都可称为未来型顾客或潜在顾客。

（二）依位置来分类

顾客若依位置来分类，可分为内部顾客与外部顾客两类。处于组织界限内部的是内部顾客（Internal Customer），处于组织界限外部的则是外部顾客（External Customer）。由于员工与顾客经常直接接触互动，因此员工的工作态度是影响外部顾客满意度的最重要因素。经研究显示，管理人员对待员工的方式，与员工对待顾客的态度有着高度的相关，因此管理人员必须尊重员工，以使员工以同样方式对待顾客。也就是说，内部顾客满意后，外部顾客才能满意，而外部顾客满意后，企业利害关系人才可能获得满意。

就某些专案形态的行业而言，例如营建业，顾客常被称为业主（Client）；在法律界，顾客被称为委托人（同 Client）。在某些直接面对消费者的行业中，则顾客与消费者（Consumer）被视为是同义词。另外就某些产品，例如计算机软件，购买者未必就是未来的使用者，此时对于真正的使用者我们习惯称其为最终使用者（End User），他们也是顾客的一种。无论业主、委托人、消费者或最终使用者，本书都一律以顾客称之。

二、顾客的价值

就行销学的角度来看，组织建立老顾客的忠诚度（Customer Loyalty，CL）会比开发新顾客更具效益，因为忠诚的顾客可以从下列三个层面来为企业创造丰厚的利润：

（1）忠诚顾客的重复购买与购买金额的增加可以提高企业的营运绩效。

（2）维系老顾客所需要的费用较开发新顾客的费用低。

（3）忠诚顾客会用口碑传播的方式，主动介绍新顾客，为企业带来源源不绝的商机。

顾客若依位置来分类，可分为内部顾客与外部顾客两类。

许多实证的研究报告也显示下列事项：

（1）顾客不良经验的倾诉对象人数是愉快经验的两倍。

（2）不满意服务的顾客会将其经验告诉8~10人。

（3）若能有效处理顾客抱怨，则可保留至少70%的老顾客。

（4）一般公司业务来源平均85%~95%是来自于老顾客。

（5）80%的新产品或服务构想是来自于老顾客。

（6）留住老顾客的成本是开发新顾客成本的1/6。

（7）只要挽留顾客的比率增加5%，平均顾客的价值就能增加25%~100%。

一般我们称老顾客愿意再度采购或享受服务的比率为顾客保留率（Customer Retention），而拓展市场占有率的首要步骤就是要能提高顾客保留率。顾客保留率高代表顾客的满意度与忠诚度高，此时通过顾客的口碑能获得组织最佳的宣传，市场占有率自然就能提高。

第三节　目标市场与顾客分析

顾客要的是什么？不要的又是什么？这一直是所有经营者最感兴趣的话题之一，要了解顾客的需求，首先要厘清的是目标市场并进行顾客分析。

一、目标市场

在第三章我们曾经谈论到"想要满足所有顾客，将会无法满足任一顾客"，故企业必须要有策略，并且要懂得取舍，在行销中的取舍就是市场区隔（Market Segment）与产品定位（Product Position）。所谓市场区隔指的是将市场区分为若干个习性相同或需要相似的顾客子集合的过程。例如，国际前五大的ERP软件厂商，排名第一的SAP将其市场锁定在跨国型超大企业，而排名第五的BANN则锁定中小型企业，就是市场区隔后的结果。而所谓的产品定位，是指集中在一个意念上，为自己的产品在消费者心目中下定义。例如，日立冷气定位在超静音、声宝冷气则定位在环保杀菌。市场区隔与产品定位有时被视为是同一件事，例如中国台湾积电从事专业晶圆代工（Original Equipment Manufacturing，OEM），就同时区隔了市场也定位了其产品。

市场区隔与产品定位后所选定的顾客群就是目标市场（Target Market），不同目标市场中的顾客会有不同的需求。例如，戴尔计算机刚设立时的目标市场是医生与律师等专业人士，这些人对计算机大多不甚专精，因此他们要的是软硬件都能依其工作需要在事先一切安装妥当，而不必在采购进来后还需请专人协助，他们能忍受较高的价格，但讲究品质与交货速度。戴尔计算机的目标市场非常明确，对于目标市场的顾客需求也掌握得恰到好处，因此在设立第一年就创造了傲人的业绩。

市场区隔与产品定位后所选定的顾客群就是目标市场，不同目标市场中的顾客会有不同的需求。

二、顾客分析

明定市场目标后，我们才可以进行顾客分析。所谓顾客分析（Customer Analysis）是指了解目标市场内顾客的特性，它有时透过简单的分析过程就可以找到答案，但大部分时候却需要一个系统化的分析过程。顾客分析一般包含对以下项目的了解：

顾客分析是指了解目标市场内顾客的特性，它有时通过简单的分析过程就可以找到答案，但大部分时候却需要一个系统化的分析过程。

1. 主要顾客群为谁

例如，台北东区百货公司与精品店的主要顾客群为上班族；传统零售市场的主要顾客群是家庭主妇；7-Eleven 的主要顾客群是上班族与学生等。

2. 顾客要购买的是什么样的产品

以计算机为例，企业希望购买到的是可靠度高的产品；学生希望购买到的是价格低的产品；商务人士希望购买到的则是轻薄短小便于携带的产品等。

3. 顾客会在何处购买

例如，手机可以在 3C 卖场、专业通信行、通信系统业者的门市或是通信展会场等地购买；但家庭清洁用品消费者则大多在便利商店、杂货店或大卖场等地购买等。

4. 顾客会在何时购买

例如，顾客可能在平时有需求时立即购买、在百货公司周年庆时购买或在年度商品展时购买等。

5. 顾客如何决定购买对象

例如，因为某明星的大力推荐、家人同学朋友的使用经验、形象品牌广告或产品诉求正好切中个人偏好等。

6. 顾客为何购买

例如，购买是为了自用、馈赠、组装成产品或作备品等。

7. 顾客可能购买多少

例如，顾客购买方便面平均一次的购买量会是多少、整个市场一个月可能销售出去的量有多少等。

第四节 重要度与表现度分析

了解顾客需求最常用的方法之一应属由马提拉（Martilla）与詹姆士（James）在 20 世纪 70 年代所提出的重要度与表现度分析（Importance and Performance Analysis，IPA）。马提拉与詹姆士在研究消费者对汽车销售公司所提供的服务时，将品质要素的重要度与表现度的得分绘制于一个二维图形中（IPA 坐标图），此图形的纵轴代表重要度，横轴代表表现度，如图 4-1 所示。这种简单但具启发性的手法，日后被许多学者专家大量引用，以作为分析品质改善优先顺位，满足顾客需求的基本工具。

IPA 坐标图中，以顾客对各品质要素的"重要度"与"表现度"的评价平均值为中心，将坐标图切割成Ⅰ、Ⅱ、Ⅲ、Ⅳ四个象限。

在 IPA 坐标图中，以顾客对各品质要素的"重要度"与"表现度"的评价平均值为中心，将坐标图切割成Ⅰ、Ⅱ、Ⅲ、Ⅳ四个象限。凡落在象限Ⅰ的品质要素，代表顾客对其非常重视，但企业的表现却不佳，故企业应列入加强改善项目；凡落在象限Ⅱ的品质要素，代表顾客对其非常重视，且企业的表现也甚佳，故企业应对其继续保持；凡落在象限Ⅲ的品质要素，代表顾客对其较不重视，且企业的表现也不佳，故企业可在行有余力时进行改善；至于落在象限Ⅳ的品质要素，代表顾客对其较不重视，但企业的表现却甚佳，这代表企业注入过多心力于此，故企业应对于资源运用是否恰当加以重新检讨。

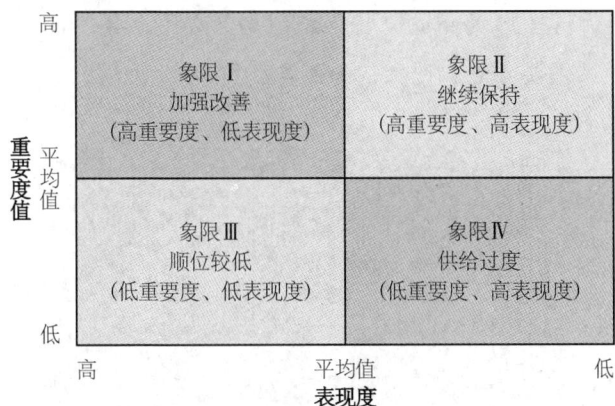

图 4-1　重要度与表现度分析

范例 4-1

某银行以问卷调查其各服务要素的重要度与表现度，问卷回收后求得各题项的平均值如表 4-1 所示，试进行重要度与表现度分析。

表 4-1　某银行重要度与表现度问卷结果

品质要素	代码	重要度	表现度
①ATM 位置的便利性	Q1	3.6	6.4
②动线指示清楚明确	Q2	3.2	6.6
③确保所有的交易均是精确的记录	Q3	6.8	8.3
④承诺在确切的时间内做好事情	Q4	7.2	8.1
⑤确保服务的实时性	Q5	4.5	8.4
⑥可针对顾客需求提供适当的服务	Q6	6.2	8.5
⑦ATM 服务的多样性	Q7	3.7	6.8
⑧充分了解银行的服务	Q8	4.6	7.2
⑨可为特殊顾客提供特别服务	Q9	4.1	8.3
⑩行员服务具有效率	Q10	6.5	7.1
⑪行员的礼貌性	Q11	3.1	8.4
⑫行员训练的专业性	Q12	5.5	8.1
⑬当顾客有特殊需求时，行员会给予帮助	Q13	4.2	6.5
⑭行员服装仪容整齐	Q14	2.6	8.8
⑮为顾客提供服务时，行员常保持微笑	Q15	2.8	8.3
⑯分行内部陈设高级	Q16	2.5	8.5
⑰分行建筑物外观具有吸引力	Q17	2.4	7.3

解答：

求得 17 项重要度的平均值为 4.32，表现度的平均值为 7.74。以纵轴代表重要度，横轴代表表现度，并以重要度的平均值 4.32、表现度的平均值 7.74 为中心，将坐标图切割成Ⅰ、Ⅱ、Ⅲ、Ⅳ四个象限，17 项品质要素点在图上，如图 4-2 所示。

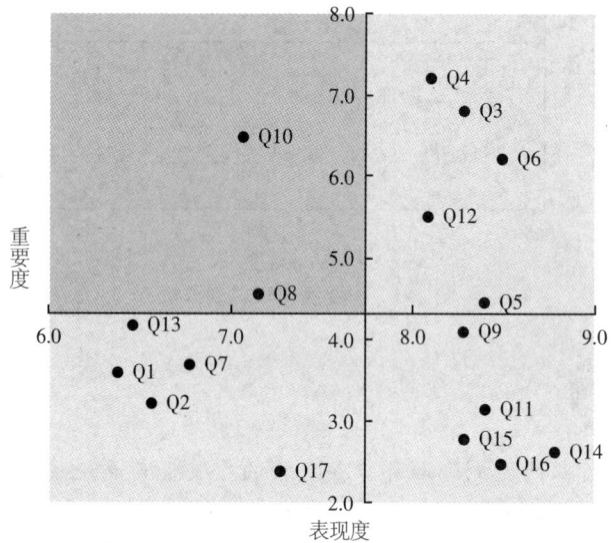

图 4-2 某银行重要度与表现度分析

表 4-2 某银行重要度与表现度分析结果

象限	意义	品质要素
Ⅰ	加强改善	⑧充分了解银行的服务
		⑩行员服务具有效率
Ⅱ	继续保持	③确保所有的交易均是精确的记录
		④承诺在确切的时间内做好事情
		⑤确保服务的实时性
		⑥可针对顾客需求提供适当的服务
		⑫行员训练的专业性
Ⅲ	顺位较低	①ATM 位置的便利性
		②动线指示清楚明确
		⑦ATM 服务的多样性
		⑬当顾客有特殊需求时，行员会给予帮助
		⑰分行建筑物外观具有吸引力
Ⅳ	供给过度	⑨可为特殊顾客提供特别服务
		⑪行员的礼貌性
		⑭行员服装仪容整齐
		⑮为顾客提供服务时，行员常保持微笑
		⑯分行内部陈设高级

第五节　二维品质模型

日本学者狩野纪昭（Noriaki Kano）于 20 世纪 80 年代在进行顾客对电视与装饰用座灯的需求调查中发现，使用者对品质的意识并非是一维的，而是二维的（Two-Dimension），若错估顾客需求，则将难以设计出真正满足顾客的产品。狩野纪昭认为，品质属性可区分为魅力品质属性、一维品质属性、必需品质属性、无差异品质属性与反向品质属性五类，此五类品质属性在以品质属性是否充足与顾客满足的二维空间中有着不同的表现，一般称其为狩野模型（Kano's Model）或二维品质模型（Two-Dimensional Model），如图 4-3 所示。

> Kano 认为品质属性可区分为魅力品质属性、一维品质属性、必需品质属性、无差异品质属性与反向品质属性五类。

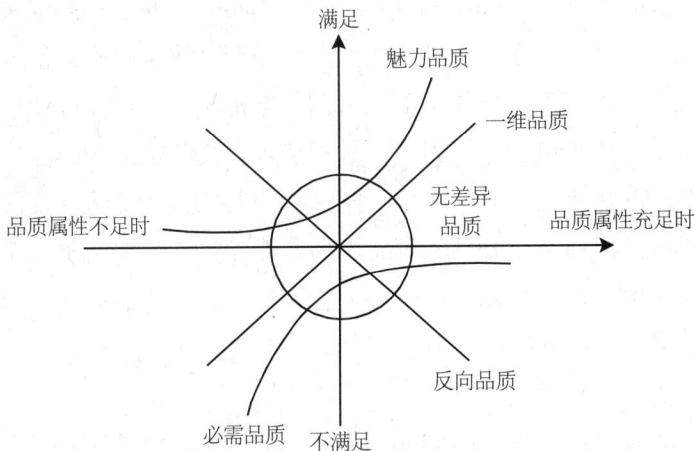

图 4-3　二维品质模型

1. 魅力品质属性

魅力品质属性（Attrative Quality Attribute）是指当产品或服务具备该属性时，顾客会获得满足，但当产品或服务不具备该属性时，顾客也不会不满。例如，iPhone 手机可以从 App Store 下载许多免费或廉价的软件，就是典型的魅力品质属性。魅力品质属性常作为创造产品差异化的工具。在某些情形下，厂商会让其所有相关产品都具备某一魅力品质属性，以塑造产品显著的特色并满足特定客群的需求，例如，前述 Apple 的任何一款产品都能从 App Store 下载软件即是。在另外一些情形下，厂商会将魅力品质属性作为供消费者选

> 魅力品质属性是指当产品或服务具备该属性时，顾客会获得满足，但当产品或服务不具备该属性时，顾客也不会不满。

购的配备，例如，卫星定位系统与电动天窗是小型房车的魅力品质属性，1200c.c.小汽车提供消费者对此配备的选购权，即为此考量。

2. 一维品质属性

一维品质属性（One-Dimension Quality Attribute）是指当产品或服务具备该要素时，顾客会获得满足，但当产品或服务不具备该要素时，顾客会有不满。例如，手机若具备无线上网功能，使用者会获得满足；但若该手机无法上网，则许多顾客将会不甚满意，这就是一维品质属性。

一维品质属性常作为产品分级的标准，以使产品的价格与顾客满足能相匹配，进而降低顾客的不满。例如，汽车的配备常区分为阳春级、普通级与豪华级，其分级方式即常依据产品具备一维品质属性的程度来做区分。

3. 必需品质属性

必需品质属性（Must-Be Quality Attribute）是指当产品或服务具备该属性时，顾客会视为理所当然，但当产品或服务不具备该属性时，顾客会不满意。例如，消费者购买电视时，虽然没有任何规定厂商一定要附赠电视遥控器，但是消费者会视此赠品为必需的，若厂商要求消费者另行付费购买或不提供，则必定会引起极大的不满。

必需品质属性是产品不可缺少的特性，具备必需品质属性虽能消除顾客的不满，但却无法提高顾客满意度，因此必需品质属性常作为产品的基本配备。

4. 无差异品质属性

无差异品质属性（Indifferent Quality Attribute）是指无论产品或服务是否具备该品质属性，都不会影响到顾客的满意程度。例如，餐厅对远道而来的过路顾客发放贵宾卡，就属无差异品质属性。

提供无差异品质属性对企业来说是一种浪费，故有时能省则省。

5. 反向品质属性

反向品质属性（Reverse Quality Attribute）是指当产品或服务具备该要素时，顾客会不满意，但当产品或服务不具备该要素时，顾客反而会较满意。例如，餐厅中的服务人员反复询问顾客是否要加点食物时，就常会获得反面的效果，这就是一种反向品质属性。

提供反向品质属性对企业来说反而是一种伤害，故应极力避免。

同一项品质属性对某些消费者而言，可能会是魅力品质属性，

一维品质属性是指当产品或服务具备该要素时，顾客会获得满足，但当产品或服务不具备该要素时，顾客会有不满。

必需品质属性是指当产品或服务具备该属性时，顾客会视为理所当然，但当产品或服务不具备该属性时，顾客会不满意。

无差异品质属性是指无论产品或服务是否具备该品质属性，都不会影响到顾客的满意程度。

反向品质属性是指当产品或服务具备该要素时，顾客会不满意，但当产品或服务不具备该要素时，顾客反而会较满意。

但对其他消费者而言则可能是必需品质属性或其他品质属性。

在五项品质属性中，无差异品质属性与反向品质属性都不是顾客所期望得到的，故许多文献在运用二维品质模型以探讨顾客需求时常将其排除在外。

要探讨顾客的需求为哪一种品质属性就需进行抽样调查。狩野纪昭建议针对任一品质属性以正反两面的问题询问同一顾客其喜好程度。例如，对于汽车具备倒车雷达而言，就可设计如表4-3的两种问题供顾客选择。

要探讨顾客的需求为哪一种品质属性就需进行抽样调查。狩野纪昭建议针对任一品质属性以正反两面的问题询问同一顾客其喜好程度。

表4-3 正反向问题模式

问卷一（正向问题）：如果倒车雷达功能好	①喜欢
	②理所当然
	③没感觉
	④能忍受
	⑤不喜欢
问卷二（反向问题）：如果倒车雷达功能不好	①喜欢
	②理所当然
	③没感觉
	④能忍受
	⑤不喜欢

问卷回收后将结果与表4-4比对，就可得知该品质属性是属于哪一种品质属性。表4-4中的A代表魅力品质属性，O代表一维品质属性，M代表必需品质属性，I代表无差异品质属性，R代表反向品质属性，Q代表无法判定。例如，若正向问题的答案为喜欢，反向问题的答案为没感觉，则该品质属性为A，即属魅力品质属性。又例如，若正向问题的答案为没感觉，反向问题的答案为不喜欢，则该品质属性为M，即属必需品质属性。

表4-4 顾客需求的分类

		问卷二（反向问题）				
		喜欢	理所当然	没感觉	能忍受	不喜欢
问卷一（正向问题）	喜欢	Q	A	A	A	O
	理所当然	R	I	I	I	M
	没感觉	R	I	I	I	M
	能忍受	R	I	I	I	M
	不喜欢	R	R	R	R	Q

范例 4-2

某汽车制造公司欲了解倒车雷达的品质属性，通过回收有效问卷 500 份加以整理后，将各种正反面答复的组合做成次数分配，如表 4-5 所示，试判断倒车雷达的品质属性为何。

表 4-5 倒车雷达的正反向问卷结果

		问卷二（反向问题）				
		喜欢	理所当然	没感觉	能忍受	不喜欢
问卷一（正向问题）	喜欢	Q(0)	A(20)	A(30)	A(50)	O(80)
	理所当然	R(0)	I(10)	I(20)	I(30)	M(130)
	没感觉	R(0)	I(0)	I(20)	I(20)	M(50)
	能忍受	R(0)	I(0)	I(0)	I(10)	M(30)
	不喜欢	R(0)	R(0)	R(0)	R(0)	Q(0)

解答：各种品质属性的次数分配如下：

A：20 + 30 + 50 = 100

O：80

M：130 + 50 + 30 = 210

I：10 + 20 + 30 + 0 + 20 + 20 + 0 + 0 + 10 = 110

R：0 + 0 + 0 + 0 + 0 + 0 + 0 = 0

Q：0 + 0 = 0

故倒车雷达的品质属性为必需品质属性。

二维品质模型运用众数判定品质属性。但当众数不只唯一时，学者专家建议以 M、O、A、I、R 的优先顺位判定其属性。

又经许多实证显示，魅力品质将会随着时间而逐渐成为一维品质，最后更会成为必需品质。

二维品质模型给人最大的启示是：品质绩效与顾客认知间存在着非线性与不对称的关系，传统认为此二者间的线性与对称关系事实上仅为一种特例。所以，增加顾客满意度与降低顾客不满意度的衡量方式应有所不同，品质改善绩效的指标应从顾客满意度的增量与顾客不满意度的减量两方面同时来做思考。前者即满意度增量指标（Satisfaction Increment Index，SII），后者即不满意度减量指标（Dissatisfaction Decrement Index，DDI），其公式如（4-1）所示。

$$SII = \frac{A + O}{A + O + M + I}$$

$$DDI = -\frac{O + M}{A + O + M + I} \tag{4-1}$$

公式（4-1）中的 DDI 加上负号是为了与 SII 区隔，以显现此改善是对不满意度的影响。

SII 与 DDI 的绝对值介于 0~1，其值愈大，代表改善效益愈明显，其值愈小，代表改善效益愈不明显，由此观察比较不同品质要素 SII 与 DDI 的大小，可以给予管理者相当的启发。

范例 4-3

试计算范例 4-2，提供倒车雷达对提高顾客满意度与降低顾客不满意度的影响有哪些。

解答：

$$SII = \frac{A + O}{A + O + M + I} = \frac{100 + 80}{100 + 80 + 210 + 110} = 36\%$$

$$DDI = -\frac{O + M}{A + O + M + I} = -\frac{80 + 210}{100 + 80 + 210 + 110} = -58\%$$

故提供倒车雷达能提高顾客对此要素的满意度为 36%，降低顾客对此要素的不满意度为 58%。明显地，提供倒车雷达对于降低不满意度比提高满意度的效果来得显著。

第六节　缺口分析

一、缺口分析模型

所谓的缺口（Gap）是指期望与实际间的差距。顾客因需求而产生对组织所提供服务的期望，然而他自组织所获得的实际服务往往与其当初的期望有落差，这个落差愈大，顾客就认为服务品质愈差。派拉苏拉曼（Parasuraman）、瑞沙摩（Zeithamel）与巴利（Berry）在 20 世纪 90 年代，提出缺口分析模型（Gap Analysis Mod-

缺口是指期望与实际间的差距。

派拉苏拉曼、瑞沙摩与巴利以缺口分析模型来解释服务品质产生缺口的地点与原因，一般又常被称为 PZB 模型。

el）来解释服务品质产生缺口的地点与原因，一般又常被称为 PZB 模型（PZB Model）。缺口分析模型认为造成顾客期望与对实际获得的认知间存在着下列五种缺口，如图 4-4 所示。

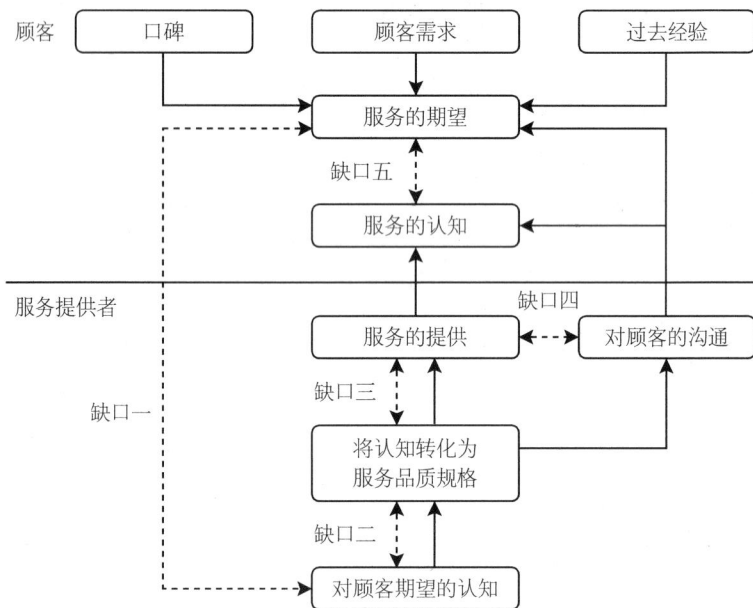

图 4-4　缺口分析模型

1. 缺口一

顾客对服务的期望与服务提供者对顾客期望的认知之间的差距。导致缺口一的原因主要是服务提供者以企业内部程序的观点来看待顾客需求。因此，改善组织架构、建立更多与顾客的沟通管道、简化组织层级与加强市场研究等，都可减少缺口一的发生。

2. 缺口二

服务提供者对顾客期望的认知与将认知转变为服务品质规格之间的差距。导致缺口二的原因是组织服务设计人员误解了管理者的要求。因此，加强部门间的沟通、有效地定义相关要求与清楚的品质政策，有助于减少此缺口的形成。

3. 缺口三

将认知转变为服务品质规格与服务的提供之间的差距。造成缺口三的原因主要是服务人员在提供服务给顾客时，未依原先设计的服务规格提供服务。因此，加强人员的教育训练、制定标准作业程序与提供必要的设施设备等资源，将能降低此缺口。

4. 缺口四

服务的提供与借由沟通给予顾客的服务承诺之间的差距。造成缺口四的原因主要是由组织借宣传或媒体所给予顾客的印象与实际提供的服务不一致所造成。因此，尽可能采取双向沟通、服务内容尽量以实体呈现以及沟通工具与呈现方式的落实审查，都能减少缺口四发生的可能性。

5. 缺口五

顾客对服务的期望与顾客对服务的认知之间的差距。造成缺口五的原因主要是缺口一至缺口四累积出来的顾客对服务的期望与亲身体验不一致所致。因此，杜绝缺口一到缺口四的落差，就能降低缺口五。缺口分析模型有助于我们了解，在努力满足顾客需求的过程中，其实存在着非常多的陷阱，使得我们提供出来的产品或服务在最后偏离了当初的期望。

二、SERVQUAL 量表

明了顾客期望与认知间的差距或者是改善服务品质的重要依据。派拉苏拉曼、瑞沙摩与巴利提出以服务品质量表作为侦测与分析的工具。

SERVQUAL 是由两个基本表格所组成，第一个表格称为服务品质期望调查表（如表 4-6 所示），此表是为了了解顾客对组织所处行业所提供的服务的期望而设计；第二个表格为服务品质认知调查表（如表 4-7 所示），此表是为了了解顾客对组织所提供的服务的认知而设计。这两个表格的每一道题目在两个表格中都相互呼应，以作为比对之用。两个表格的题目若与服务品质构面相互比照，22 个题目可归在五个不同的品质构面下，如表 4-8 所示。

> 明了顾客期望与认知间的差距或者是改善服务品质的重要依据。派拉苏拉曼、瑞沙摩与巴利提出以服务品质量表作为侦测与分析的工具。

表 4-6　服务品质期望调查

	非常不同意						非常同意
①一个卓越的百货公司会是外观先进	1	2	3	4	5	6	7
②一个卓越的百货公司的实体设备会看起来美观	1	2	3	4	5	6	7
③一个卓越的百货公司的员工仪容应整齐体面	1	2	3	4	5	6	7
④一个卓越的百货公司制作的资料会看起来美观	1	2	3	4	5	6	7
⑤一个卓越的百货公司会在约定的时间内完成服务	1	2	3	4	5	6	7
⑥一个卓越的百货公司应具备解决顾客问题的热忱	1	2	3	4	5	6	7
⑦一个卓越的百货公司会在第一次就提供顾客所需的服务	1	2	3	4	5	6	7

	非常不同意						非常同意
⑧一个卓越的百货公司一旦承诺就会依约履行	1	2	3	4	5	6	7
⑨一个卓越的百货公司会坚持零缺点	1	2	3	4	5	6	7
⑩一个卓越的百货公司会明确告知顾客服务时间	1	2	3	4	5	6	7
⑪一个卓越的百货公司的员工会对顾客提供立即的服务	1	2	3	4	5	6	7
⑫一个卓越的百货公司的员工必定会协助顾客	1	2	3	4	5	6	7
⑬一个卓越的百货公司的员工不会因太忙而忽视顾客	1	2	3	4	5	6	7
⑭一个卓越的百货公司的员工表现能让顾客有信心	1	2	3	4	5	6	7
⑮一个卓越的百货公司与顾客交易时不令人感到担忧	1	2	3	4	5	6	7
⑯一个卓越的百货公司的员工对顾客永远保持礼貌	1	2	3	4	5	6	7
⑰一个卓越的百货公司的员工能回答顾客的所有问题	1	2	3	4	5	6	7
⑱一个卓越的百货公司的员工会照顾每一位顾客	1	2	3	4	5	6	7
⑲一个卓越的百货公司的服务时间会对所有顾客都方便	1	2	3	4	5	6	7
⑳一个卓越的百货公司会提供顾客个人化的服务	1	2	3	4	5	6	7
㉑一个卓越的百货公司的员工会将顾客利益列入考虑	1	2	3	4	5	6	7
㉒一个卓越的百货公司的员工会了解顾客的个别需求	1	2	3	4	5	6	7

表 4-7 服务品质认知调查

	非常不同意						非常同意
①新光三越百货公司的外观先进	1	2	3	4	5	6	7
②新光三越百货公司的实体设备会看起来美观	1	2	3	4	5	6	7
③新光三越百货公司的员工仪容应整齐体面	1	2	3	4	5	6	7
④新光三越百货公司制作的资料会看起来美观	1	2	3	4	5	6	7
⑤新光三越百货公司会在约定的时间内完成服务	1	2	3	4	5	6	7
⑥新光三越百货公司应具备解决顾客问题的热忱	1	2	3	4	5	6	7
⑦新光三越百货公司会在第一次就提供顾客所需的服务	1	2	3	4	5	6	7
⑧新光三越百货公司一旦承诺就会依约履行	1	2	3	4	5	6	7
⑨新光三越百货公司会坚持零缺点	1	2	3	4	5	6	7
⑩新光三越百货公司会明确告知顾客服务时间	1	2	3	4	5	6	7
⑪新光三越百货公司的员工会对顾客提供立即的服务	1	2	3	4	5	6	7
⑫新光三越百货公司的员工必定会协助顾客	1	2	3	4	5	6	7
⑬新光三越百货公司的员工不会因太忙而忽视顾客	1	2	3	4	5	6	7
⑭新光三越百货公司的员工表现能让顾客有信心	1	2	3	4	5	6	7
⑮新光三越百货公司与顾客交易时不令人感到担忧	1	2	3	4	5	6	7
⑯新光三越百货公司的员工对顾客永远保持礼貌	1	2	3	4	5	6	7
⑰新光三越百货公司的员工能回答顾客的所有问题	1	2	3	4	5	6	7
⑱新光三越百货公司的员工会照顾每一位顾客	1	2	3	4	5	6	7
⑲新光三越百货公司的服务时间会对所有顾客都方便	1	2	3	4	5	6	7
⑳新光三越百货公司会提供顾客个人化的服务	1	2	3	4	5	6	7
㉑新光三越百货公司的员工会将顾客利益列入考虑	1	2	3	4	5	6	7
㉒新光三越百货公司的员工会了解顾客的个别需求	1	2	3	4	5	6	7

表 4-8 SERVQUAL 与品质构面的关系

品质构面	SERVQUAL 题目编号
有形性	1~4
可靠性	5~9
响应性	10~13
保证性	14~17
关怀性	18~22

SERVQUAL 在应用时应注意表 4-6 与表 4-7，当运用在其他组织时，应将表 4-6 中的"一个卓越的百货公司"改成"一个卓越的 XX 公司"，表 4-7 中的"新光三越百货公司"应改成"YY 公司"。另外，表 4-6 与表 4-7 的 22 道题目在实际应用时，应依个别行业与组织形态而作适当的必要修正，此时应同时考虑表 4-8 是否也应一并修正。

SERVQUAL 的运用过程在此简介如下：

（1）随机选取 50 ~100 位顾客。

（2）发给顾客填写服务品质期望调查表与服务品质认知调查表。

（3）针对两种问卷的每一题进行统计求其平均值。

（4）针对两种问卷的每一题平均值求其差距分数。

（5）将题目依所属的品质构面加以分类并进行分析。

范例 4-4

某大型五星级饭店的餐饮部采用 SERVQUAL 量表调查其服务品质，问卷经回收并作统计后得表 4-9，请加以分析并给餐饮部经理若干建议。

表 4-9 某餐饮部 SERVQUAL 问卷调查结果

项目编号	认知的平均数	期望的平均数	差距
1	6.3	6.2	0.1
2	6.2	6.4	−0.2
3	6.0	6.0	0
4	6.5	6.2	0.3
5	4.3	4.7	−0.4
6	5.2	4.5	0.7
7	4.6	4.0	0.6
8	4.8	4.3	0.5

项目编号	认知的平均数	期望的平均数	差距
9	5.0	4.2	0.8
10	3.8	4.0	−0.2
11	3.5	3.5	0
12	3.4	3.8	−0.4
13	3.5	3.5	0
14	5.4	3.5	1.9
15	5.9	3.6	2.3
16	5.5	3.2	2.3
17	5.2	3.8	1.4
18	3.4	6.5	−3.1
19	4.0	6.7	−2.7
20	3.5	6.1	−2.6
21	3.5	6.2	−2.7
22	3.8	6.0	−2.2

解答：

将评分结果依五项品质构面重新整理后得表4–10。

表4–10　某餐饮部SERVQUAL问卷调查重新整理结果

品质构面	SERVQUAL 题目编号	认知的平均数	期望的平均数	差距
有形性	1~4	6.25	6.20	0.05
可靠性	5~9	4.78	4.34	0.44
响应性	10~13	3.55	3.70	−0.15
保证性	14~17	5.50	3.525	1.975
关怀性	18~22	3.64	6.3	−2.66

由表4–10可看出目前该餐饮部的保证性远超出顾客期望，关怀性有待提高，有形性、可靠性与响应性大致符合顾客期望。而关怀性的五项问题表现皆不佳，故应从对每一位顾客的仔细照顾、考虑变更服务时间、提供个人化的服务、将顾客利益列入考虑以及应仔细了解顾客的个别需求等着手进行服务品质的改善。

三、SERVPERF 量表

PZB三位学者提出SERVQUAL量表后不久，类似的研究就如雨后春笋般出现，其中以克罗宁（Cronin）与泰勒（Taylor）所提出的另一份量表——服务绩效（SERVPERF）量表最具代表性。SERVPERF

量表所涵盖的五项构面与 22 项问题均与 SERVQUAL 类似，最大的不同为 SERVPERF 仅采用服务品质认知调查表作为分析的依据。至于 SERVQUAL 与 SERVPERF 孰优孰劣，在各有其支持者的情况下，甚难断言。

第七节 结论

顾客需求难以掌握但却必须掌握。掌握认顾客需求的重要性、了解顾客需求分析常用的手法，例如，重要度与表现度分析、二维品质模型以及缺口分析，管理者就较能够真正实践顾客导向的原理。

个案研究

倾听顾客声音并以品质机能展开与田口方法开发新环保鞋材的三芳化学

Nike 为运动鞋界的世界级品牌，它也是推动环保的先驱厂商之一，三芳化学是 Nike 鞋材的主要供货商。Nike 除要求供货商的鞋材中不得含有残存的有机溶剂、重金属及有机锡等对皮肤接触有危害的物质外，也要求鞋厂、材料供货商在制造过程中禁止使用对操作人员、周遭环境有不良影响的有机溶剂（如甲苯）等。

为了确实了解顾客的声音，三芳化学的营业部门设计了简单的材料设计开发问卷，利用国内外各种参展的机会，以及由高阶主管直接拜访 Nike 与 Adidas 等主要顾客，以明了顾客的需求。在环保项目上，问卷调查的结果经汇整后如表 4-11 所示。

表 4-11 三芳化学工业股份有限公司客户意见汇整

No.	客户名称	材料特性需求	鞋款	市场区域
1	Nike/MD	Solvent Reduce、Solvent Free	慢跑鞋	欧、美、亚
2	Nike/TS	环保、耐用性佳、美观、表面无瑕疵	篮球鞋	美
3	Adidas/DL	耐用性佳、高剥离强度、环保	足球鞋	欧、美
4	Nike/DE	具真皮感、耐屈曲要好、不可折纹	棒球鞋	美、亚
5	Reebok/RS	环保、美观、机能性结合、软、耐磨	足球鞋	欧、美
6	Adidas/A1	容易加工、成本低、耐屈曲要好、不要针孔、环保	慢跑鞋	欧、美、亚
7	NB/Ex	寿命长、可流行化、高剥离强度	慢跑鞋	美、亚
8	ASICS/LA	机能性结合、环保、柔软、寿命长	慢跑鞋	欧、美、亚

以上各厂商需求可归纳出的客户讯息有下列六项：

（1）环保诉求：Solvent Reduce、Solvent Free、符合环保。

（2）耐用性佳、寿命长（耐屈曲佳、高剥离强度、耐磨耗）。

（3）具真皮感。

（4）美观、可流行化。

（5）容易加工。

（6）机能性结合。

三芳化学在完成 VOC 的汇整后，即着手进行品质机能展开的作业。借由品质机能展开的分析（如表 4-12 所示），找出最重要的品质要素有耐屈曲性、剥离强度、软硬度、不含毒性物质与材料可分解等。

品质要素中权重最高的为耐屈曲性，耐屈曲性的物性规格为必须达到 10 万次以上的弯曲不变形，但过去环保材质所开发出的类似产品，其耐屈曲却仅能达到 8 万~9 万次。

对剥离强度的要求是 3.5kg/cm 以上，而环保材料过去却只能达到 1.8~2.2kg/cm。

三芳化学借由 QFD 将顾客需求展开得到技术课题，再将其与研发核心能力结合，排定开发时程阶段的 MBO 目标管理表，明确重点项目、策略手段、管理特性、期望值、进度表、查检日及负责人等。若在进行初步实验及试作后，产生一些无法突破的问题，则以田口品质工程手法进行要因分析、控制因子选定、实验数据解析及再确认实验。

通过品质机能展开与田口品质工程的交互运用，三芳化学将耐屈曲改善到 110000 次以上，剥离强度提升到 4.0kg/cm 以上，成功地克服了环保制程过去无法制作高物性材料用途的限制。

此环保产品除获得 Nike、Adidas 与 Reebok 等国际知名品牌厂商认可外，同时也为客户解决了制鞋加工所产生的问题，因此荣获 Nike "Sustainable Synthetic Leather Alternative" 环保材料测试评估标章（见图 4-5）以及多项国际专利。

图 4-5 评估标章

图 4-6 注册商标

此环保鞋材与制程开发成功后，三芳化学据以申请绿色环保概念的产品注册商标 "NEO-GREEN" 如图 4-6 所示，深获市场好评。

本案绿色制程环保产品的 VOC 减少约 75%、能源耗用减少 66%、所需人力减少 28%、制造时程减少 80%、废弃物处理难度降低约 20%。

问题讨论

1. 请归纳三芳化学倾听顾客声音的方法。

2. 请问品质机能展开与田口方法在本案例中扮演何种角色？

资料来源：中国台湾经济主管部门品质优良案例奖案例介绍，http://proj.moeaidb.gov.tw/nqpp，三芳化学工业股份有限公司 NEO GREEN 环保产品开发及品质提升。

表4-12　三芳化学品质机能展开分析

品质要素（横轴，编号1~32）

类别	编号	品质要素
舒适特性	1	纤维粗细
	2	软硬度
	3	发泡层厚度
	4	表面层厚度
	5	基底层厚度
物理特性	6	耐压黏着厚度
	7	耐加热性
	8	耐磨性
	9	剥离强度
	10	耐温屈曲性
	11	耐黄变
	12	散热速度
	13	破裂强度
清洁保养	14	不生静电
	15	水洗坚牢度
	16	表面防污性
	17	表面防霉性
	18	抗碱侵蚀
	19	抗酸侵蚀
外观特性	20	表面折褶孔
	21	表面折褶
气味	22	真皮气味
	23	特殊香味性
结构特性	24	反拨弹性
	25	结构均匀度
	26	撕裂强度
	27	纤维针络度
	28	拉伸强度
生产成品	29	原料成本
	30	制造费用
环保要求	31	不含毒性物质
	32	可分解

要求品质项目与品质企划（纵轴）

一次	二次	三次	编号	该品质对顾客的重要度	对本公司商品满意度	企划水准	改善比率	销售重点——商品特色	绝对权重	要求品质权重(%)	排序
Solvent Reduce	Solvent(%)↓	MEK↓	1	5	5	5	1.0	◎	7.5	6.0	1
		DMF↓	2	5	5	5	1.0	◎	7.5	6.0	1
Solvent Free	Solvent(%)	MEK(%)	3	5	5	5	1.0	◎	7.5	6.0	1
		DMF(%)	4	5	5	5	1.0	◎	7.5	6.0	1
符合环保	符合各国标准	不含毒性物质	5	5	5	5	1.0	◎	7.5	6.0	1
	材质可分解	材质可分解	6	4	4	4	1.0	◎	6.0	4.8	3
寿命长	耐候性佳	耐温差变化	7	2	2	3	1.5	○	3.0	2.4	8
		耐湿气变化	8	4	3	5	1.7	◎	6.7	5.4	2
		耐日照	9	4	4	5	1.5	○	6.0	4.8	3
	可长期使用	不易磨损	10	5	5	5	1.0	◎	7.5	6.0	1
		耐折、搓	11	5	5	5	1.0	○	7.5	6.0	1
真皮感	触感佳	仿动物皮纹	12	2	4	3	0.8	○	1.9	1.5	10
		柔软	13	4	3	4	1.0	◎	4.8	3.9	4
		肉身感	14	4	4	4	0.8	○	4.5	3.6	5
	真皮味道	真皮味道	15	2	1	3	1.5	◎	1.5	1.2	11
发观	纹路多样	可指定花纹	16	4	4	4	1.0	◎	4.8	3.9	4
	反拨弹性好	反拨弹性	19	4	4	4	1.0	○	2.0	1.6	9
容易加工	易裁剪	裁剪后不须边	20	4	4	4	1.0	○	4.0	3.2	6
	易缝制	尺寸安定	21	4	4	4	1.0	○	4.0	3.2	6
	易打样	可高周波	22	4	4	4	1.0	○	4.5	3.6	5
	可成型	防水易干	23	3	3	3	1.0	△	3.6	2.9	7
机能结合	机能性	抗菌防臭	24	2	2	3	1.5	△	3.0	2.4	8
		保温	25	1	2	2	1.5	△	1.5	1.2	11
		弹性伸缩	26	2	2	2	1.0	○	2.0	1.6	9

底部汇总（对应品质要素编号1~32）

项目	1	2	3	4	5	6	7	8	9	10	11	12	13	14	15	16	17	18	19	20	21	22	23	24	25	26	27	28	29	30	31	32
绝对权重	64	95	42	49	24	29	21	25	124	127	20	5	0	4	0	9	10	12	0	72	74	5	5	20	28	0	10	0	63	30	85	75
品质要素权重(%)	5.7	8.5	3.7	4.4	2.1	2.6	1.9	2.2	11.1	11.3	1.8	0.4	0.0	0.4	0.0	0.8	0.9	1.1	0.0	6.6	6.6	0.4	0.4	1.8	2.5	0.0	0.9	0.0	5.6	2.7	7.6	6.7
排序	5	3	10	9	15	12	16	14	1	2	16	21		21		20	18	18		7	7	22	22	17	13		19		8	11	4	5
现有品质（日标值）	4d	3	10	9	12	14	16	14	1.8	8万	16	21	22	21	22	20	18	22	22	有	有	22					19	22	63	11		
设计品质	3d	4			15				3.5	10万										0	无											4
原有类似产品																																
技术竞争	△	○	△	△					◎	◎																					△	○

◎：强关系　○：中关系　△：弱关系

习题

1. 试说明何为生产导向、销售导向、消费者导向与关系导向。

2. 试解释何为顾客、顾客需求与顾客的声音。

3. 试说明何为过去型顾客、现在型顾客与未来型顾客。

4. 何为内部顾客与外部顾客?

5. 试解释内部顾客如何影响外部顾客。

6. 试解释建立顾客忠诚度为何重要。

7. 何为目标市场?

8. 何为市场区隔?

9. 何为产品定位?

10. 何为顾客分析?

11. 顾客分析一般包含哪些项目?

12. 何为 IPA?

13. IPA 坐标图中的四个象限代表何意义?

14. 某公司以问卷调查其各服务要素的重要度与表现度,问卷回收后求得各题项的平均值如下表所示,试进行重要度与表现度分析。

代码	重要度	表现度	代码	重要度	表现度
Q1	4.1	5.3	Q10	4.2	5.1
Q2	2.6	6.2	Q11	5.3	3.6
Q3	3.5	3.5	Q12	4.1	3.8
Q4	4.1	4.6	Q13	3.4	6.5
Q5	5.6	5.2	Q14	2.2	7.4
Q6	5.7	6.4	Q15	4.1	6.1
Q7	4.3	2.8	Q16	6.1	5.2
Q8	3.8	7.4	Q17	5.3	7.3
Q9	6.7	6.2			

15. 某政府机构以问卷调查其各服务要素的重要度与表现度,问卷回收后求得各题项的平均值如下表所示,试进行重要度与表现度分析。

代码	重要度	表现度	代码	重要度	表现度
Q1	5.2	6.5	Q4	6.8	4.3
Q2	5.1	3.8	Q5	7.6	5.2
Q3	6.2	5.2	Q6	5.7	6.1

续表

代码	重要度	表现度	代码	重要度	表现度
Q7	4.1	3.5	Q13	3.4	6.2
Q8	4.6	7.4	Q14	3.5	5.4
Q9	3.6	6.2	Q15	4.1	6.1
Q10	3.8	5.1	Q16	6.1	5.2
Q11	5.6	3.6	Q17	5.8	7.3
Q12	7.4	3.8			

16. 某电脑公司以问卷调查其产品在各方面的重要度与表现度，问卷回收后求得各题项的平均值如下表所示，试进行重要度与表现度分析。

代码	重要度	表现度	代码	重要度	表现度
Q1	5.6	4.8	Q10	5.6	6.2
Q2	3.5	6.9	Q11	5.3	4.6
Q3	3.5	5.1	Q12	3.9	4.9
Q4	4.1	4.6	Q13	3.4	6.5
Q5	5.2	5.2	Q14	2.6	6.4
Q6	5.7	6.4	Q15	4.1	5.8
Q7	5.6	5.1	Q16	5.7	5.2
Q8	4.2	5.7	Q17	5.3	6.4
Q9	6.7	6.2			

17. 何为狩野模型？

18. 何为五项品质属性？

19. 如何判断某一品质属性是属于五项品质属性中的哪一种？

20. 何为满意度增量指标与不满意减量指标？

21. 某软件公司欲了解软件无障碍的品质属性，通过回收有效问卷 400 份加以整理后，将各种正反面答复的组合做成次数分配如下表所示，试判断其品质属性为何。

		问卷二（反向问题）				
		喜欢	理所当然	没感觉	能忍受	不喜欢
问卷一 （正向问题）	喜欢	Q(0)	A(20)	A(60)	A(60)	O(80)
	理所当然	R(0)	I(10)	I(20)	I(40)	M(50)
	没感觉	R(0)	I(0)	I(20)	I(30)	M(0)
	能忍受	R(0)	I(0)	I(0)	I(10)	M(0)
	不喜欢	R(0)	R(0)	R(0)	R(0)	Q(0)

22. 接着第 21 题，该软件无障碍的设计对提高顾客满意度与降低顾客不满意度的影响为何。

23. 某自行车公司欲了解自行车水壶架的品质属性，通过回收有效问卷 450 份加以整理后，将各种正反面答复的组合做成次数分配如下表所示，试判断其品质属性为何。

		问卷二（反向问题）				
		喜欢	理所当然	没感觉	能忍受	不喜欢
问卷一（正向问题）	喜欢	Q(0)	A(20)	A(60)	A(60)	O(80)
	理所当然	R(0)	I(30)	I(30)	I(40)	M(50)
	没感觉	R(0)	I(0)	I(40)	I(30)	M(0)
	能忍受	R(0)	I(0)	I(0)	I(10)	M(0)
	不喜欢	R(0)	R(0)	R(0)	R(0)	Q(0)

24. 接着第23题，该自行车公司水壶架的设计对提高顾客满意度与降低顾客不满意度的影响为何。

25. 某自行车公司欲了解自行车车灯的品质属性，通过回收有效问卷500份加以整理后，将各种正反面答复的组合做成次数分配如表所示，试判断其品质属性为何。

		问卷二（反向问题）				
		喜欢	理所当然	没感觉	能忍受	不喜欢
问卷一（正向问题）	喜欢	Q(0)	A(20)	A(30)	A(60)	O(160)
	理所当然	R(0)	I(30)	I(30)	I(40)	M(50)
	没感觉	R(0)	I(0)	I(10)	I(30)	M(0)
	能忍受	R(0)	I(0)	I(0)	I(10)	M(0)
	不喜欢	R(0)	R(10)	R(10)	R(10)	Q(0)

26. 接着第25题，该自行车公司车灯的设计对提高顾客满意度与降低顾客不满意度的影响为何？

27. 何为缺口分析模型？

28. 试叙述缺口分析模型中的五个缺口。

29. SERVQUAL的两个基本表格为何？

30. 请简述SERVQUAL的运用过程。

31. 某旅行社采用SERVQUAL量表调查其服务品质，问卷经回收并作统计后得下表，请您加以分析并给该旅行社建议。

项目编号	认知的平均数	期望的平均数	项目编号	认知的平均数	期望的平均数
1	3.4	3.2	7	5.2	6.0
2	3.5	2.6	8	5.0	5.9
3	2.8	2.5	9	4.3	6.7
4	2.5	3.1	10	5.2	5.7
5	4.5	6.4	11	5.7	5.2
6	4.6	6.2	12	5.2	4.5

项目编号	认知的平均数	期望的平均数	项目编号	认知的平均数	期望的平均数
13	5.8	4.6	18	6.5	5.6
14	4.5	5.6	19	6.3	5.4
15	4.6	6.8	20	6.1	5.7
16	4.3	6.5	21	6.3	5.7
17	3.7	6.3	22	5.9	5.9

32. 某网络联机游戏软件公司采用 SERVQUAL 量表调查其服务品质，问卷经回收并作统计后得下表，请您加以分析并给该软件公司建议。

项目编号	认知的平均数	期望的平均数	项目编号	认知的平均数	期望的平均数
1	5.6	2.1	12	4.9	6.0
2	6.4	2.4	13	4.3	6.1
3	6.4	2.5	14	5.3	5.6
4	6.8	2.3	15	5.2	5.7
5	5.3	6.5	16	4.7	6.2
6	4.5	6.9	17	4.1	6.2
7	3.7	6.8	18	2.5	3.2
8	4.6	6.7	19	2.6	3.2
9	5.1	6.7	20	3.1	3.1
10	5.2	5.6	21	3.3	2.5
11	4.5	5.7	22	2.5	2.1

33. SERVPERF 量表与 SERVQUAL 量表有何异同？

第五章 资源管理

学习重点 在学习本章后，你将能够：

1. 了解一般企业教育训练的作业流程。

2. 说明何为知识与知识管理。

3. 说明知识管理的重要元素架构。

4. 解释知识转化的过程。

5. 说明何为学习型组织。

6. 解释五项修炼。

7. 了解如何进行预防保养。

8. 了解何为5S。

尊爵企业长久以来对设备的预防保养一直做得不够好，以至于设备故障率偏高，产品品质与产能可用率连带受到影响。王顾问在了解尊爵企业的预防保养制度与机台采购合约后，提出了他的见解："贵公司设备故障率偏高的主要原因在于员工缺乏正确的操作训练以及预防保养训练，以至于凡事都须依赖设备厂商协助。而设备厂商为赚取每次到场的高额服务费，也不会主动教导贵公司正确的预防保养方法。我建议贵公司对于旧机台，修改与设备厂商的合约，由过去的论时计酬改为统包合约，这样设备厂商就会将设备日常保养的方法与技巧利用教育训练传授给贵公司，以减轻他们的成本，而贵公司也就可以逐步地建立起扎实的预防保养基础；至于新机台的采购，更应将机台操作与保养的教育训练费用都纳入合约中，千万不要再发生为求降低成本，而将操作与保养的教育训练费用排除在外。长期而言，这样做对公司与设备厂商都会有好处。"

无论组织是否属于制造业或服务业，提供给顾客的是有形的产品或无形的服务，它都需要运用资源，而资源的优劣会影响到品质，因此品质管理中的一项重要主题就是资源管理。ISO9001 国际品质管理标准要求企业应对影响品质的资源进行管理，这些资源包括人力资源、基础设施与工作环境。

第一节　人力资源管理与教育训练

几乎所有管理者都不否认人才是现代企业最重要的资产之一，因此人力资源管理（Human Resource Management，HRM）近年来备受管理者的重视。本节中，我们先对人力资源管理的内涵加以简述，然后再对其中与品质管理关系最为密切的员工教育训练作介绍。

一、人力资源管理的内涵

人力资源管理的内涵基本上包括以下七项：

（一）人力资源规划

人力资源规划（Human Resource Planning）是指对人力资源的供需进行评估，以使组织人力不致过剩或不足。

（二）招募与遣退

招募（Recruitment）是指引进人员来应征组织出缺的职位，遣退（Decruitment）指的是缩减组织的人力规模。

（三）甄选

甄选（Selection）是指筛选应征人员，以使人力需求单位获得其最适当的人员。

（四）教育训练

训练（Training）是指教导员工与其目前工作有关的知识能力。教育（Education）的范围则较广，是指教导员工在目前与未来都可能运用到的知识能力。

（五）绩效考核

绩效考核（Performance Appraisal）是指评估员工在一定期间内的工作表现。

（六）薪资福利管理

薪资福利管理（Salary and Benefit Management）是指有关员工薪资与福利制度的设计与实施。

（七）劳工关系管理

劳工关系管理（Labor Relations Management）是指劳资互动关系体制的建立与实行。

近年来，人力资源管理大量运用网际网络与信息技术，使得人力资源管理的作业模式产生了极大的变化。例如，专门协助企业招募员工的人力资源网站，以其庞大的数据库、专业的分析与快速撮合劳资双方的能力，目前已经成为企业招募员工时最有利的帮手。再例如，数字学习（e-Learning）的兴起，企业得以付费获得或自行制播教育训练课程，即由同步或异步传输两方式之一进行互联网授课，实现 Any Time、Any Where 的学习梦想。

人力资源管理是一门广泛且专业的学问，因此以上七项内涵中的每一项都值得深入探讨。但就本书而言，我们最关心的是与品质关系最为密切的教育训练课题。

二、员工教育训练

教育与训练的含义已如前述，虽然教育与训练两者有些许不同，但一般都将此两者并称而不区隔。在本书的大部分叙述中，我们也不区分此两者的差别，而交互使用教育与训练两个名词。

教育训练与学习（Learning）的意义极为相似但也有所差异。教育训练的含义是管理者依企业的需要办理各种教育训练课程，并鼓励或强迫员工进行学习，所以教育训练的存在是为了服务企业，管理者在此扮演着控制员工学习的角色。至于学习的意思则是员工依自己的需要吸收来自各种不同渠道的知识，它是一种自发性的活动，所以学习的存在是为了员工自己，员工自己需控制学习过程中的一切。

企业实施教育训练一般大都依照图 5-1 的模式办理。

设定教育训练目标 → 评估教育训练需求 → 拟定教育训练计划 → 执行教育训练计划 → 评估教育训练成果

图 5-1　教育训练作业流程

（一）设定教育训练目标

教育训练所费不赀，而员工经过适当培训后仍无法避免跳槽，故教育训练资源的妥善运用极为重要。教育训练的目标不能随意设定，而应有助于企业策略的达成，如此方能发挥教育训练的最大功效。例如，企业若决定以品质作为竞争策略，那么教育训练的目标亦应以品质为主。

（二）评估教育训练需求

在教育训练的目标之下，组织应考量现有人力资源的经验、背景、学历、技能与知识，从而订定训练需求。训练需求大部分不用明确，它可能只是几个方向，如强化语文能力、全员具备品质概念或了解现代管理的观念与手法等。

（三）拟定教育训练计划

评估完教育训练需求后，尚应将此需求转化成实际可执行的计划，此计划常包含教育训练实施方式、教育训练方法、课程名称、时数、预计上课时间、预计上课学员以及预算等。

教育训练的实施方式一般分为在职训练与职外训练两种：

1. 在职训练

在职训练（On Job Training，OJT）是指实际在工作岗位上边做边学的训练，它较强调技术能力的培养。在职训练一般又可分为对新进人员以及对资深员工的训练两种。

新进人员由于进入公司的时间不一，统一集中式的训练常会因一段时间内的新进人员过少而未必可行，故在职训练特别重要。对于新进人员而言，在职训练的目的是希望资深员工能将其经验与智能传承下去，为落实此一目的，故常见企业推动所谓的学长制或师徒制的在职训练制度。新进人员的在职训练因大部分是由资深员工个别带领完成，较难以管控成效，故此时制订清楚详细的训练计划交由资深员工照表操课极为重要。

对于资深员工而言，在职训练的目的是希望员工能多熟悉不同的职务内容，以备未来相互支持或升任更高职务之所需，故常以工作轮调（Job Rotation）为手段。

2. 职外训练

职外训练（Off Job Training）是指暂时脱离工作岗位的训练，它较强调知识的吸收。职外训练又可分为内部训练与外部训练两种。

教育训练的实施方式一般分为在职训练与职外训练两种。

在职训练是指实际在工作岗位上边做边学的训练，它较强调技术能力的培养。在职训练一般又可分为对新进人员以及对资深员工的训练两种。

职外训练是指暂时脱离工作岗位的训练，它较强调知识的吸收。职外训练又可分为内部训练与外部训练两种。

内部训练是在组织的内部场地进行训练，它的好处是费用较低、可以兼顾工作、必要的支持与节省时间等。

外部训练是在组织的外部场地进行训练，它的好处是能够摆脱工作干扰，使员工专注于训练内容，故训练成效可能更佳。

除了教育训练的实施方式以外，教育训练方法是另一种影响教育训练成效的因素。一种课程中，不同的教育训练方法常被交互运用，以达到最佳的成效，这些方法包含下列五种：

1. 讲授

讲授是最常见的训练方法，它由讲师叙述既定的知识、技能与案例，学员听讲与记录，并在无法理解时提问。

2. 指定阅读教材

指定阅读教材是由讲师选择恰当的书籍或教材供学员阅读，必要时缴交读后感言，这种方法较不占用工作时间，故常作为其他训练方法的辅助方法。

3. 研讨会

研讨会是由讲师针对主题略作提示后，就将大部分的时间用于引导学员参与讨论，这种训练方法的速度较慢，但学员对训练的内容较易留下长期的记忆。

4. 个案讨论

个案讨论与研讨会类似，但讨论主题是实际或虚构的案例，而非某一观念或议题，它的优点是实务性强，较能引发学习兴趣并应用在工作上。

5. 仿真训练

仿真训练的做法有许多种，例如，角色扮演、实习、企业竞赛或虚拟实境仿真等，仿真训练的功效最大，但所需要的时间或投资成本也很大。

（四）执行教育训练计划

教育训练计划的执行对训练承办人员而言多属行政工作，例如，训练通知、讲师联系、教材教具准备、场地交通食宿安排以及现场签到与督课等。

（五）评估教育训练成果

评估教育训练成果能让企业了解教育训练的投资效益，督促相关人员正视教育训练的重要性。更重要的是，通过成果评估回馈相关信息给承办人员，能改善未来教育训练的绩效，故教育训练若要一次办得比一次好，训练成果的评估绝不可少。

训练成果的评估一般分为下列四种层次：

1. 反应

反应是指学员对于该项训练的满意程度，最常以问卷方式来进行评估。

2. 学习

学习是测试学员训练后对课程内容的了解或吸收程度，最常以考试的方式来进行评估。

3. 行为

行为是观察学员是否因该项学习而获得态度或行为的改变，最常由主管或同侪回答一份既定的问卷来进行评估。

4. 财务绩效

财务绩效是计算训练对企业财务的贡献，例如，成本降低或生产力提升等。教育训练对企业财务绩效的贡献是管理者最期望获得的信息之一，但也是最难评估的项目，甚至严格来说，这是一个不可能正确获得的答案。

第二节 知识管理

知识被许多学者专家视为现代企业最重要的资源之一，知识管理也是近年来组织为提升员工工作智能的最重要工具之一。无论是组织资源管理或人力资源管理，知识管理都是其中不可缺少的主题。

一、知识管理的背景

早在 20 世纪 60 年代，管理学大师彼得·德鲁克（Peter Drucker）就已预言"未来的时代，服务经济将取代制造经济，知识工作者（Knowledge Worker）将取代传统劳工，因此社会未来的主要关键资源将是知识"。彼得·德鲁克是最早提出知识工作者一词以及预言知识将成为企业最重要的资源之一的学者专家。

品质园地

日本科学技术联盟的品质训练课程

日本科学技术联盟在日本品质的提升过程中扮演着重要的角色，它的主要贡献有主办戴明奖、主办并提倡品管圈活动以及办理各种教育训练课程。

日本科学技术联盟提供各种不同的 TQM 课程，例如，3 天的 TQM Seminar for Top Management、6 天的 TQM Seminar for Managers、6 天的 TQM Seminar for Chiefs、基本的 TQM 导入课程、价格高达 80 万日元的 International Seminar on TQM 课程，以及开课最久也最具代表性的 QC Basic Course 课程。

QC Basic Course 为时 30 天，上课时数达 180 小时，费用约为 528150 日元。该课程对日本的产业帮助很大，上课的学员可以带一个自己公司内的实际问题给讲师寻求解答，讲师必须在 6 个月内将该问题处理完毕，这种做法使得该课程极具卖点。该课程的内容如表 5-1 所示。

表 5-1　日本科学技术联盟的品质训练课程

	第一个月	第二个月	第三个月	第四个月	第五个月	第六个月
第 1 天	工程与幕僚人员 TQM	估计与检定	实验设计	计数值资料分析	实验设计	专题演讲 无母数统计
第 2 天	资料收集与整理	管制图	制程设计与管理 品管新七工具	回归分析	实验设计 个案研究	制程设计与管理
第 3 天	问题解决方法 个案研究	制程分析 个案研究	顾客需求分析与管理 品质机能展开个案研究	回归分析 个案研究	可靠度工程	品质系统的建立 作业管理行政系统的建立
第 4 天	基本统计方法	变异数分析	回归分析	抽样 离中趋势	问题预测与预防	TQM 实务 个案发表
				估计与管理	瓶颈解决与同步工程	
第 5 天	估计与检定作业	变异数分析作业	抽样检验作业	采购与分包作业	品管游戏个案发表	作业

资料来源：苏朝墩. 日科技连的参访记要 [J]. 品质月刊，2003（9）.

20 世纪 90 年代以后，世界经济与产业发展果如彼得·德鲁克的预言，知识被视为是与人力资源、机器设备、资本土地与原物料等同样重要的另一种资源。世界各发达国家与成功企业发展的基础都奠基于知识创造的能力，人类不再需要依赖实体的资源，而只要拥有知识创造的能力就可以形成财富。

二、知识的意义

英特尔（Intel）前总裁摩尔曾经提出一项经证实大致无误的理论——摩尔定律，他预估半导体每隔 18 个月速度就会加快一倍。半导体速度的指数成长促进了信息的快速流通以及通信产业的发展，同时也使得人类与企业的知识资产大幅增加。"知识爆炸"叙述已不足以形容当代知识膨胀的速度，目前人类累积的知识量正以每隔七年成长一倍的速度扩充中，而此间隔在未来可能更短，如何管理这些庞大的知识是目前企业与个人都关心的议题。

知识可从广义的与狭义两种角度来做解释。广义的知识包含资料、信息、知识与智能，其关系如图 5-2 所示，各项名词的解释如下：

广义的知识包含资料、信息、知识与智能。

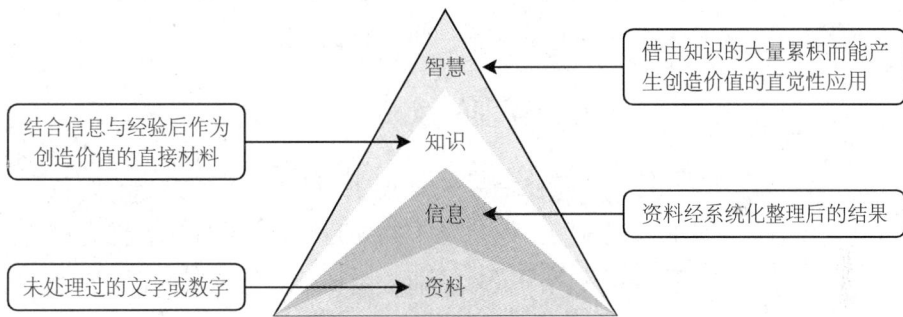

图 5-2 广义的知识

（一）资料

资料（Data）代表未处理过的文字或数字，例如，顾客抱怨记录。

（二）信息

信息（Information）是指资料经系统化整理后的结果，例如，每月将顾客抱怨记录整理成顾客抱怨月报表，后者即为一种信息。

（三）知识

知识（Knowledge）是指结合信息与经验后作为创造价值的直接材料，此处的知识又被视为狭义的知识。例如，管理者综合顾客抱怨月报表以及过去参与过研发与生产的经验，对品质的优缺点即具备相当程度的了解，而可作为判断顾客抱怨原因的依据。

（四）智能

智能（Wisdom）是指借由知识的大量累积而能产生创造价值的

直觉性应用，例如，研发经理在累积了长年各种不同产品的知识后，当市场部门开始评估导入新产品的可行性时，研发经理就能给予中肯的意见，发挥其智能。

若从知识的呈现方式来作区别，知识又可区分为内隐知识与外显知识两种：

（一）内隐知识

内隐知识（Implicit Knowledge）是难以用语言、文字等作清晰而完整说明的知识，它是高度主观化与个人化的知识，它深藏在每个个人、团体或组织领域中，不容易被复制。例如，雕刻家所具备的雕功即为内隐知识。

（二）外显知识

外显知识（Explicit Knowledge）是能够用语言或文字完整表达，能够有系统的整理，很容易被传递和分享的知识。例如，产品规格、技术报告或工作心得等即为外显知识。

三、知识管理的意义

每一位企业经营者都希望拥有或培育出高素质的员工，过去传统的方式是借由挖角或任由员工自行发展知识，但是挖角仅能针对少数特别优秀的人才，而任由员工自行发展知识的效益又太差。这些做法都无法满足处于目前知识快速成长与竞争激烈的企业的需求，故系统化与效率化的知识管理（Knowledge Management，KM）就应运而生。

知识管理的意义为所有对于知识的取得、学习、评估、整合与创造，并将知识视同资产进行管理，使其有效地增进知识资产价值的活动。

知识管理包含四个最重要的元素，它们分别是人、知识、信息科技与分享，其关系如图 5-3 所示。

（一）人（People）

人力素质的高低决定了知识管理能否成功，它代表公司内部员工对知识管理的新做法有能力接受与运用的程度，以及是否能将个人累积的经验转化为公司的资产。

（二）知识（Knowledge）

过去在企业之中所累积的知识经验，有许多是现在进行知识管

若从知识的呈现方式来作区别，知识又可区分为内隐知识与外显知识两种。

知识管理包含四个最重要的元素，它们分别是人、知识、信息科技与分享。

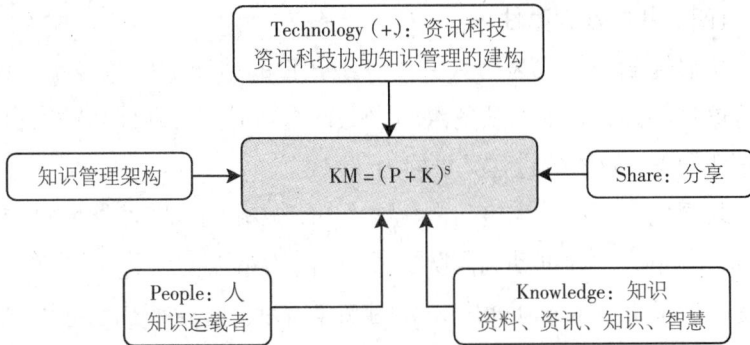

图 5-3　知识管理的重要元素架构

理时最重要的基础，当知识的种类越多元化，知识的存量越高，通过知识管理来面对全球化的复杂竞争情势，就越容易提出因应方案来面对挑战。

（三）信息科技（Information Technology，IT）

企业面对全球化与通信高速化的环境以及顾客多元化的需求，通过信息科技的协助能强化知识管理的建构并加速知识的流通。

（四）分享（Share）

知识管理要能成功最重要的关键就是分享。企业内部员工将个人知识分享到知识管理系统中，成为组织的知识，通过群策群力的激荡，创造出新的解决方案，以面对复杂的问题。新方案又成为新的组织知识，可以提供给员工使用，循环不已。

建立知识管理系统就是要强化知识的转化，这种转化过程可分为下列四个阶段：

（一）从隐性到隐性

从隐性到隐性代表通过人和人的直接接触，经由观察、模仿和不断练习来学习对方的内隐知识而成为自己的内隐知识，这样的过程又可称为"共同化"。

（二）从隐性到显性

从隐性到显性代表把个人的经验结果用文字或语言表达出来，以转化成为组织的经验，这样的过程又可称为"外化"。

（三）从显性到显性

从显性到显性代表将组织的知识加以整理，将片段的知识连接整合成一个新的系统化的整体知识，这样的过程又可称为"连接"。

（四）从显性到隐性

从显性到隐性代表个人借由组织知识的整理结果学得新知识，并将这样的知识化成自我的经验之一，重新界定、延伸与扩大自我的隐性知识，这样的过程又可称为"内化"。

共同化、外化、连接与内化四个知识转化的步骤若能反复依序实行，由个人层面推动到团队层面与组织层面，就会形成"知识的螺旋"（Spiral of Knowledge），如图5-4所示。企业若能创造反复不断的知识螺旋，则能建立快速因应环境变化的自我调节机制，增强其竞争力。

共同化、外化、连接与内化四个知识转化的步骤若能反复依序实行，由个人层面推动到团队层面与组织层面，就会形成"知识的螺旋"。

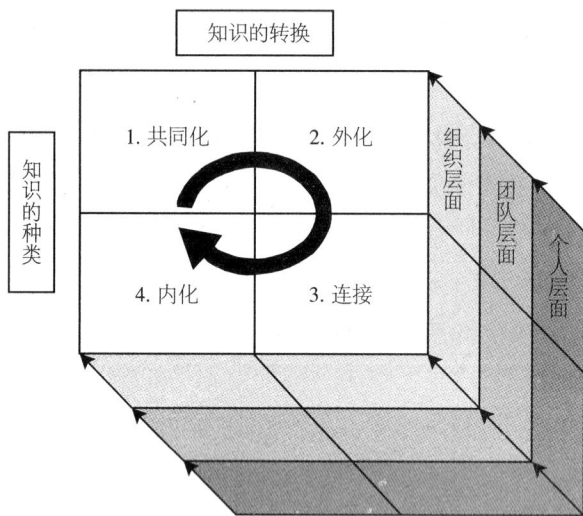

图5-4 知识的螺旋

四、知识管理的原则与系统组成

企业在推动知识管理时应掌握以下四项原则，才能以有限的资源创造最大的效益：

（一）管理者必须决定知识管理的目的何在

知识管理应配合组织策略，倘若公司的策略目标在于接近顾客，就必须选择与顾客相关的知识来进行整理；倘若推动知识管理的目的在加快研发速度，就必须优先建立与产品有关的知识管理系统。

（二）管理者必须掌握合适的知识来源

知识的种类繁多且存在组织内的各个不同角落，例如，研究报告、工作记录、会议记录、公告、公文、信件、作业规定、电子报、教学讲义、投影仪、录音、外界资源及网站等，管理者应清查并掌握各类知识的可能来源。

（三）管理者必须评估哪些知识有用或适合整理

管理者应就各类知识来源评估何者有用或适合整理，以免搜集到过多无用的知识而使员工失去学习意愿，或因知识不适合整理而增加知识管理技术层面的困难。

（四）管理者必须运用适当的媒介来进行知识的管理和传播

从知识管理的意义来看，知识管理不一定需借助信息技术，但事实上知识管理若没有以信息工具为管理平台，则与传统的文件管制、档案管理或图书管理并无太大差异，因此信息工具的运用是绝对有其必要的。

第三节 学习型组织与五项修炼

虽然知识管理是将知识视为一种资产来加以管理，但事实上它真正的目的还是为了提升人力资源的运用。由彼得·圣吉（Peter Senge）所发展出的学习型组织（Learning Organization，LO）是另一项近年来极为流行的提升人力资源的哲学。

一、学习型组织的背景

彼得·圣吉认为在知识经济时代，企业所面临的是变化快速、高深莫测的挑战。因此，以灵活、有弹性、不断学习，及创造持久竞争优势的组织形态便应运而生，这样的组织形态被称为"学习型组织"。

据彼得·圣吉的观察发现，现代企业虽因竞争激烈而需厉行变革（Change），但是成功概率却低于 30%。企业变革失败的原因很多，但最主要的原因是无法将变革的精神深植于企业中，也就是无法做到深层变革（Profound Change）。彼得·圣吉认为大多数推动变革方案的人，不管是最高主管或内部幕僚，都只把焦点放在变革本身，而不知道深层变革的基础在于建立同人的学习能力与动力。企业必须把学习能力的养成以及学习动力的引发纳入变革策略之中，否则一个人的潜力必定无法发挥，变革方案注定失败。

企业要进行深层变革，往往受到集体学习能力（Collective

彼得·圣吉认为在知识经济时代，企业所面临的是变化快速、高深莫测的挑战。因此，以灵活、有弹性、不断学习，及创造持久竞争优势的组织形态便应运而生，这样的组织形态被称为"学习型组织"。

135

Learning Capabilities）的限制。只有用集体学习能力去建立共同的、热切的渴望，大家才能一致投入变革的行列。只有在所有的参与者都发展出反思与探寻的技巧后，才能公开地讨论复杂而有冲突性的问题，也才能够开始处理那些"敏感议题"，而不会触动个人的自我防卫机制。只有在企业发展出系统思考的技巧后，才能看清深层结构的问题，并对盘根错节的症结下手。

虽然绝大部分的企业都非常了解教育训练或学习的重要性，而且愿意花费大笔预算为员工规划许多的学习方案或课程，但大多数的学习方案在制定前，都并未针对如何促进学习动力而有深入的了解，因此这些学习方案与课程的成效都不如预期。

二、学习型组织的特点

学习型组织是一种不断学习与转化的组织，其学习的起点在组织成员个人、工作团队、整体组织中，甚至发生在与组织互动的社群中。而学习是一种持续性、策略性运用的过程，并需与组织成员平日的工作相结合。此种组织学习的结果，将可导致组织成员知识、信念及行为的改变，并可强化组织的创新和成长的动力。

一个典型的学习型组织应具有以下特点：

（一）强化新进人员训练

学习型组织在雇用新进人员的过程中，应从晤谈中去了解其技能上的缺陷，评估其未来训练的需求，并且在雇用后给予有计划的训练，鉴定训练成果与该训练对工作的贡献。

（二）形成使用者网络

学习型组织应加入各种专业协（学）会，运用各种制度、小组活动及跨功能小组交流等方式来促进学习，分享知识与技能。

（三）引导在职学习的风气

学习型组织应让员工从错误中获得学习机会，指导员工要如何做事，听取员工对改善流程的看法，提供交流场所，并对较难的工作提供协助等。

（四）实施行动学习法

学习型组织应以探讨实际的问题取代课堂上的演讲。让员工学习到新的技能，包括如何形成小组、脑力激荡、达成共识、问题解决的程序、决策以及如何开会等技巧。

（五）要有完善的学习与训练计划

学习型组织应提供完善的学习与训练计划，包括学习与训练的目的、课程、场所、内训、外训、师资、教材、教学方法与学习成效的评估等。

（六）主管也要有知识成长计划

学习型组织应建立主管的知识成长计划，例如，每日 30~60 分钟的自我学习、参与外界举办的专业研讨会或到大学去进修等。

（七）建立员工获取新知的网络

学习型组织应建立包括内外部研究机构、图书馆、媒体与网际网络等供员工获取新知的网络。

（八）重建适当的组织结构

最佳的组织结构是小而有效率的组织。学习型组织应抛弃传统严格的职务说明、过度控制的层级及官僚的程序等，以维持组织的弹性。

（九）塑造学习文化

学习型组织应把学习视作具有高度价值的活动，即不断从错误中获得教训与经验，也是一种学习。

（十）权力下放

学习型组织应设法减少部门间彼此相互依赖的个性，并尽可能把权责交给第一线主管。

（十一）环境扫描

学习型组织应不断进行对环境变迁的预测。

（十二）知识创造与移转

学习型组织应加快知识的创造、搜集与传播速度。

（十三）学习科技

学习型组织应鼓励学习科技，以增进知识的搜集、分析与吸收的能力。

（十四）创造彼此支持的组织气氛

学习型组织的绩效应是建立在快乐而有生产力的每一个人身上，创造彼此支持的组织气氛有助于达成这样的效果。

（十五）建立团队工作与合作网络

学习型组织中的团队合作可使知识与资源的运用产生最大的效果。

（十六）改善学习动力

学习型组织充分了解只有员工真正承诺要去完成与他们密切有关的事情时，才能产生强而有力的学习动机。

三、五项修炼

在建立学习型组织时，组织成员皆应厉行五项修炼（Five Disciplines），这五项修炼的内容包括自我超越、改善心智模式、建立共同愿景、团队学习与系统思考。

（一）自我超越（Personal Mastery）

（1）自我超越是学习型组织的精神基础，它鼓励分享个人知识成为组织知识，进一步达成个人能力的再提升，以促成个人理想的实践。

（2）组织应塑造适当的环境，鼓励想自我超越的人能不断厘清和加强自己真正的理想。

（二）改善心智模式（Improving Mental Models）

（1）心智模式代表了我们对世界的观点，以怎样的眼光看待周遭的人、事、物。

（2）当我们进行许多管理决策遇到障碍时，可以先在不设防的情况下探讨我们的心智模式，帮助我们看见挡在眼前的玻璃，清除执行决策时的障碍。

（3）当我们发觉了内心看世界的规则，我们就能进行有效果的学习，开放我们的视野来包容别人的想法。

（三）建立共同愿景（Building Shared Vision）

（1）建立共同愿景能创造出属于大家的目标、一份共有的理念，让人们能够实践心中的渴望，让组织成员和组织有一种生命共生共荣的感受。

（2）共同愿景的整合，将帮助组织成员朝同一个方向前进，共同愿景的建立必须是组织成员主动投入的、不被胁迫的，不然无法呈现正面效果。

（四）团队学习（Team Learning）

（1）现在在企业中最小的学习单位应是团队而非个人。

（2）深度会谈是转化对话和集体思考的技巧，它能令我们跨过个人心中既有的成见，让团队发挥出超越个人才华汇总的伟大智识

五项修炼的内容包括自我超越、改善心智模式、建立共同愿景、团队学习与系统思考。

与能力。

（五）系统思考（Systems Thinking）

（1）系统思考能帮助我们更清楚地看见复杂事件背后运作的简单结构。

（2）系统思考可以将各项修炼整合成为一体，防止组织将各项修炼视为一种风潮。缺少了系统思考，就无法探究各项修炼间如何地互动。系统思考能不断地提醒我们强化每项修炼，融合各项修炼的效果，使之大于每项修炼各自的单项效果。

知识管理与学习型组织的目的事实上大同小异，但却代表着两种完全不同的思维逻辑。知识管理较着重现代科技，尤其是信息技术的运用。而学习型组织则较重视强化学习精神、塑造企业学习文化与建立正确的思维逻辑。知识管理与学习型组织两者间并不矛盾，甚至具有互补的功效，在知识管理的相关书籍与文献中常可见到鼓励企业建立学习型的组织，而在学习型组织的书籍与文献中也不乏对知识管理工具的介绍。

第四节　基础设施

近年来，随着工资上涨、劳动力获取不易以及企业转型的经营环境演变，使得劳力密集产业逐渐外移，资本密集与技术密集产业兴起，企业在若干基础设施，如厂房设施、生产设备、检测仪器与搬运工具等方面的投资愈来愈大。尤其对许多高科技产业的资本投入而言，更有将近80%甚至更高用于基础设施的投资。在此情形下，这些日益昂贵的基础设施（Infrastructure）的维护保养就成了一个重要的课题。以一座总投资金额约在800亿新台币左右的12寸半导体晶圆厂为例，投资的绝大部分都是用在基础设施上，如何保持这些贵重的基础设施随时处于可用状态，就成了生产力与品质是否能提升的关键之一。

品质园地

中国台湾中医院的学习型组织推动计划

中国台湾中医院为推动学习型组织，委托某企管顾问公司为其规划为期一年的推行计划，该计划的执行步骤如下所述：

一、达成建立学习型组织的共识

建立学习型组织的首要步骤，是组织的领导者要和成员们能达成建立学习型组织的共识，并寻求高级主管的支持与承诺。

实施方法：召集主管级干部进行"学习型组织与五项修炼"系列培训课程如下：

（1）学习型组织与五项修炼基本概念。

（2）以自我超越扩展个人能力。

（3）认清与改善自我心智模式。

（4）共同愿景的发展与承诺。

（5）以团队学习发展伟大智识与能力。

（6）系统思考法。

以上六项课程皆各开两班，每一课程每一班为6小时，其内容讲授部分约占3小时，讨论部分约占3小时。教材为Peter Senge所著的《第五项修炼》。

二、学习型组织实务演练

学习型组织的推动有赖于对相关手法的正确认知并吸取成功者的经验。

实施方法：召集主管级干部进行"学习型组织与五项修炼的实践"系列培训课程如下：

（1）系统思考：见树又见林的艺术。

（2）自我超越：实现心灵深处的热望。

（3）心智模式：新眼睛看世界。

（4）共同愿景：打造生命共同体。

（5）团队学习：激发群体智能。

（6）实践的竞技场：谈组织学习的经验。

（7）第六项修炼：尚待挖掘的新领域。

以上七项课程皆各开两班，每一课程每一班为6小时，其内容讲授部分约占3小时，实务演练部分约占3小时。教材为Peter Senge所著的《第五项修炼Ⅱ：实践篇》。

三、结合学习的策略及组织的目标

将学习的过程及预测的成果与组织的目标相结合，有些组织会通过建立学习团队的方式，以增进组织的策略性发展。

实施方法：实际辅导。由顾问师与中国台湾中医院承办单位就该院的目标拟定未来的学习策略及方法。

四、评估组织中每个系统及次系统的能力

组织致力于变革而无法成功时，其大部分的原因是因为组织的意志力过于低落以及组织资源过于分散的原因，并且组织的次系统不能适时地结合而达成目标，如果我们可以将组织系统及次系统与个人、团队加以整合，则可以达成更好的效果。

实施方法：实际辅导。由顾问师亲自至各单位进行访谈，了解各单位推行学习型医院所可能遭遇到的问题、限制与障碍，并同时进行心理建设以排除未来整合的困难。

五、与有关的人员及组织沟通

组织在建立学习型组织与分享共同愿景的同时，要注意下列几点：

（1）学习型组织的愿景有助于成员建立组织的目的、目标。

（2）学习型组织的愿景有助于组织的策略性思考及计划。

（3）学习型组织的愿景有助于组织成员能正确地完成任务。

实施方法：与前一辅导同时进行。由顾问师亲自至各单位进行访谈，了解各单位推行学习型医院所可能遭遇到的问题、限制与障碍，并同时进行心理建设以排除未来整合的困难。

六、共识营精进研习

暂定本次共识营活动如表5-2所示。

表5-2 共识营活动表范例

日期	时间	课程内容	主导人	说明
第一天	07：30~09：00	出发、报到	人事	准备道具物品
	09：00~10：00	开训、编组、宣示营规	院长	
	10：00~12：00	全员必备的学习型医院共识	指导教授	活动导入
	12：00~13：00	午餐、休息	值班员	
	13：00~15：00	学习型医院与变革之舞Ⅰ	指导教授	授课
	15：15~17：00	学习型医院与变革之舞Ⅱ		授课
	17：00~18：00	晚餐、休息	值班员	
	18：00~21：00	学习型医院与变革之舞课后研讨		讨论
	21：00~	寻梦园		遵守营规
第二天	07：00~07：30	起床	值班员	守时竞赛
	07：30~08：00	早餐	值班员	
	08：00~12：00	学习型医院与变革之舞心得报告	指导教授	发表
	12：00~13：00	午餐、休息	值班员	
	13：00~15：00	学习型组织与知识管理	指导教授	授课
	15：15~17：00	学习型组织与知识管理课后研讨	值班员	讨论

日期	时间	课程内容	主导人	说明
	17：00~18：00	晚餐、休息		
	18：00~21：00	①团康活动　②卡拉OK		活动
	21：00~	寻梦园		遵守营规
第三天	07：00~07：30	起床	值班员	守时竞赛
	07：30~08：00	早餐	值班员	
	08：00~10：00	学习型组织与知识管理心得报告	指导教授	发表
	10：00~12：00	共识营心得报告与建议	院长	发表
	12：00~13：00	午餐、休息	值班员	
	13：00~16：00	森林浴		
	16：30~	赋归——甜美的家、完美的公司		

共识营除学员手册、讲义、笔记本外，参与者皆以《第五项修炼Ⅲ：变革之舞》为主要教材。

七、组织文化的再造与转型

可以用下列的途径来改善组织文化并达到持续的学习与精进：

（1）在持续精进方面：学习型组织在合作、开放的组织化中较容易成功、进步，因为在合作的环境中才能集思广益。

（2）在持续学习方面：在学习型组织中，不断地学习使学习成为一种习惯、一种乐趣，也是工作中的一部分。

实施方法：实际辅导。由顾问师与承办单位就持续精进与持续学习两项文化转型工作拟定做法。在持续精进方面，应尽量考虑与现有的相关管理制度相结合，例如，品管圈或提案制度。在持续学习方面，应考虑延续政府推动的终身学习护照制度，订定院内配套措施，在院内大力推动，借力使力则成功机会将更有提高。

八、建立组织整体的学习策略

（1）实验与创新。

（2）表扬及鼓励学习者。

（3）扩展新的学习技术。

（4）奖励学习行为。

（5）应用新的知识与技术。

实施方法：实际辅导。由顾问师与中国台湾中医院承办单位就该院所鼓励的学习方向拟定奖励制度。

九、改善阶层制并建立扁平式的组织结构

在建立学习型组织前，先要以下列方法改善阶层制度的弊端：

（1）从事组织再造工程并且授权组织成员作决策。

（2）建立一个积极性、计划性的结构要比一个消极性、功能性的防弊机构来得好。

（3）强调分权以及建立扁平式的组织。

（4）除去不必要的组织结构。

（5）除去垂直式组织及扁平式组织的盲点。

（6）加强组织的应变能力。

实施方法：实际辅导。由顾问师与中国台湾中医院院长、副院长及承办单位就以上六项问题进行深度会谈，探讨组织结构改善的可能性与必要性。

十、对组织成员的授权及赋能

组织成员需被授权以拥有必要的自由、信任、影响力、机会、认同及权责，赋予其所需的技巧、知识、价值和能力，这样他们才能贡献最大的投入给组织。再者，组织的领导者必须下放决策权力及责任给行动阶层。如此他们才能不受限制地做出真正能服务顾客的事。如此才能实现组织的愿景，并让他们感受到其在公司扮演很重要的角色。

实施方法：实际辅导。顾问师与承办单位共同探讨是否仍有其他需补强的部分，以使未来的授权与赋能在很自然的状态下完成。

十一、扩展组织学习至整个企业上

学习型组织需要联结及创意所有可能的资源，所以他们必须扩展学习至所有的利害关系人，包括顾客、供应厂商以及整个社群，同时应将学习的目标与组织的目标互相联结。

实施方法：实际辅导。由顾问师与承办单位、相关部门共同研究如何针对病患、社区民众、药商、设备商等社群，推动共同学习的机制。

十二、获取学习并释放知识

在这个知识就是力量的时代，不同形态的组织及个人必须发展新知识，对他们的创意负责，追求自己能力的极限。管理者的挑战工作则是创造一个能创造知识的环境，而学习型组织则是提供能获取学习的机会与情势。例如，首先，在会议结束后能有一个特别学习反思的时段，在此时段中组织的每一份子皆被鼓励去寻求信息、创意及其他组织成功的内在原因等。其次，知识的转移及运用需要利用机制及人与人间信息的互动，因此组织必须鼓励和训练成员勇于释放他们所学的新知识，如尝试创新的点子和新的途径在他们的工作上。

实施方法：实际辅导。建立知识搜集、汇整、分享、扩散及应用的管理制度，必要时给予中国台湾中医院 IT 方面的改进建议。

十三、运用最好的科技创造最大的学习成效

在知识的取得、储存及转换中，若缺乏信息科技的运用，将使组织的学习面临严重的缺点。如果将知识比喻成学习型组织中的食物，科技则是消化系统，将食物运送至身体的每一部分使获得最好的运用。同时科技亦影响了组织中学习的品质与数量，所以组织必须适时引进支持信息科技的电子系统，以创造最大的学习成效。

实施方法：《个人知识管理》课程 6 小时。协助中国台湾中医院改善 IT 环境。

资料来源：标杆企管顾问股份有限公司内部资料。

基础设施的维护保养影响品质甚巨，不良的机器设备生产不出高品质的产品，因此，ISO9001 国际品质管理标准规范组织必须决定、提供和维护为达到符合产品要求所需要的基础建设。

一、预防保养的观念演进

有关基础设施的维护问题，一般称为预防保养（Preventive Maintenance，PM），而正式的名称则随着时代观念的演变而有多种说法，如表 5-3 所示。

表 5-3　预防保养的观念演进

年代	中文名词	英文名词	目的	做法
20 世纪 50 年代以前	故障保养	Break-Down Maintenance	减少设备故障后的停机等待时间	设备发生故障或显著劣化后才加以修理
20 世纪 50 年代	预防保养	Preventive Maintenance	事前保养，以避免故障	设备发生故障前对其加以维护保养
20 世纪 60 年代	保养预防	Maintenance Preventive	改善设备设计，以避免故障	在设计阶段就考虑未来设备能避免故障、保养容易与换件快速
20 世纪 70、80 年代	全面生产保养	Total Productive Maintenance	考量预防保养的经济性	全员投入所有设备，以使设备本体的成本、维持运转的保养费用及设备劣化所造成的损失总和降到最低
20 世纪 90 年代以后	预知保养	Predictive Maintenance	针对设备的整个生命周期加以考虑	将设备从设计、验收、保养、故障修理到报废都纳入考虑

最早期的预防保养观念是故障保养（Break-Down Maintenance），它只针对故障的设备做修理，其目的在于减少设备故障后的等待时间，故做法上大多强调如何快速修理或更换零件。然后，预防保养

的观念出现，强调借由事前保养来避免或减少故障的发生，此时的做法大多以建立完善的预防保养制度为主。之后，保养预防（Maintenance Preventive）的概念获得普遍认同，管理者开始思考从设备的设计上着手，以避免故障发生、易于保养或修理快速容易。

20 世纪 70 年代，伴随着当时 TQC 观念的盛行，类似的观念也在预防保养领域上发酵，全面生产保养（Total Productive Maintenance，TPM）被提出，全员参与、预防胜于矫正、源头管理、零缺点等做法或观念都被应用于预防保养上，以追求与机器设备等有关的成本总和的最低化。近代学者专家对于预知保养（Predictive Maintenance）最感兴趣，考量设备从设计、验收、保养、故障修理到报废处理，整个设备生命周期的各阶段，采取不同的保养对策与保养频率。

二、预防保养制度

最常见到的预防保养制度是所谓的四级保养体系，其架构与工作内容如表 5-4 所示。

表 5-4　设备预防保养体系架构

保养大分类	保养细分类	权责	实施周期	实施地点	实施项目
预防保养	一级保养	作业员自主保养	每日	现场	检查、清洁、润滑、调整
	二级保养	部门专责技工	每周或每月	现场	检查、调整、更换零件
修护保养	三级保养	专责单位	每季	现场	更换零件、小修
	四级保养	专责单位	每半年或每年	修护单位	更换主件、大修

一级保养是所有保养的根基，也是所有保养中最重要的一环，故现代化的预防保养制度大量依赖作业员的自主保养。强化作业员自主保养能为企业带来以下好处：

（一）保养效果最佳

一般而言，设备的使用者对设备本身的状况最为熟悉。所以，每一台设备的哪些部位应特别加强保养、哪些异常声响或气味已经出现，以及由产品不良推测出设备已有异常等，作业员都会比专业技术人员清楚，保养效果自然较佳。

（二）工作负荷较轻

通过对作业员的简易训练，教导作业员每日花费大约 10 分钟的自主保养，就能减轻对薪资成本较高的专业技术人员的依赖，对于减少雇用技术人员并降低成本具有帮助。

（三）建立作业员爱惜设备的心理

作业员愈了解设备，就愈能避免设备的误用，加强设备维护的意识与责任感，降低设备故障概率。

（四）培育未来的专业保养人员

作业员具有设备基本保养的经验后，若有必要可以再加强训练成为专业保养人员，减少专业人员的培育时间与成本。

第五节　工作环境

工作环境的优劣是影响品质的另一项企业资源，也是 ISO9001 国际品质管理标准要求企业应加以管理的资源之一。

工作环境先应考虑维持产品生产品质与劳工职业安全卫生所需要的条件。例如，电子业的工作环境应考量静电防护以避免产品受静电损坏；半导体晶圆厂洁净室应考虑空气中的粒子大小与含量；食品加工业的工作环境应考量鼠虫防治；使用有毒化学洗剂的工厂应考量工作环境的排风；下水道工作应考量有毒气体等。这些不一而足的工作环境问题，因行业不同而有极大的差异，企业应遵守政府法规与行业惯例建立适当的工作环境条件。

建立适当的工作环境条件大多需在硬件上进行投资。在既定的工作环境条件下，对这些环境投资加以管理则不需要花费太多，但其重要性则不亚于硬件投资。工作环境的管理最常用的是实施 5S 活动。

所谓 5S 系取整理（Sei Ri）、整顿（Sei Ton）、清扫（Sei Sou）、清洁（Sei Ketsu）与教养（Shi Tsuke）的日本发音英文第一个字母"S"而得。近些年来，许多企业将安全（Safety）也纳入了 5S 的活动中，而将其改称为 6S。

5S 活动最早是由日本企业率先推动，而后因其对品质提升具有莫大的助益，故为全球企业所大量引进。5S 活动常与品管圈活动合并实施，这两种活动都是员工自主管理的重要基石之一。

有关 5S 中的五个名词解释如下：

所谓 5S 系取整理、整顿、清扫、清洁与教养的日本发音英文第一个字母"S"而得。

（一）整理

所谓整理就是将需要与不需要的东西加以分类。

（二）整顿

所谓整顿就是将需要的东西以最简便的方式整理归类后，加以定位放置并明确标示，以使大家都可以轻易地存取东西。

（三）清扫

所谓清扫是指经常扫除、清理污垢、排除废物，并保持清洁。

（四）清洁

所谓清洁是指永远保持前 3S 的效果。

（五）教养

所谓教养是指员工应养成良好的工作习惯，提升人员气质，达到自主管理。

5S 的推动会直接给企业与员工带来清爽的工作环境，间接促进品质的提升，增进顾客的信赖，提升全员向心力，促进以厂为家的观念，故受到许多企业的欢迎。

第六节　结论

传统品质管理的相关书籍大多省略掉对资源管理的介绍，但是现代品质管理却视资源管理为品质管理的重点之一，故从美国国家品质奖到各国国家品质奖，甚至包含 ISO9001，都要求组织必须就其资源加以管理。在组织资源管理不善的情形下，要做好品质是不可能的。

个案研究

美商大都会人寿建构知识管理系统经年有成

长久以来，大部分保险公司都面临了下述同样的难题亟须加以解决，以求取在经营管理绩效上的卓越表现：

（1）专业人员养成不易，人才流动性大。

（2）保险商品的多样化及服务项目的扩展，造成企业内知识文件暴增。

（3）强调迅速且精确的服务。

（4）行政作业的复杂度极高。

（5）营运成本递增。

（6）纸张用量大。

大都会人寿在面临前述难题下，希望通过知识管理的推动来达成下列几个目标：

（1）汇整公司智慧资产并保持知识资产的完整性与新鲜度。

（2）塑造知识贡献、分享及再生的企业文化。

（3）提高企业的生产力、应变和创新能力。

（4）建立无纸张的办公环境。在推广知识管理之初，大都会人寿成立了知识管理委员会，初期的任务为拟定知识管理涵盖的范畴以及推展的策略。

一、涵盖的范畴

（1）搜集整理公司现有的知识文件，包含各项规章制度、办法、作业手册、作业流程、公文、商品信息、窗体、会议记录与训练教材等外显知识。

（2）搜集整理外部信息，包含市场活动信息、新闻剪报、一般杂志、专业杂志、业界杂志、学会报告书、研讨会资料及其他公司交流信息等外显知识。

（3）整合公司现有各项资讯系统使资讯流通共享。

（4）开发公司员工的内隐知识。

二、推展的策略

（1）成立专责单位负责知识管理的推广执行。

（2）以资讯科技协助知识物件的汇整、储存、应用与管理。

（3）以教育训练来宣导知识管理的理念并塑造知识分享的文化。

（4）通过各项机制、专案、知识社群将内隐知识外显化。

三、行动方案

（1）搜集知识管理相关资讯进行了解。

（2）针对公司同人举办知识管理共识教育训练。

（3）遴选各部室知识管理专员为种子人员以利于推展知识管理工作。

（4）建立与维护知识管理资讯网。

（5）推动公司全面e化。

（6）规划建立各项机制、专案与知识社群。

四、推展过程

1.搜集知识管理相关信息进行了解

大都会人寿相信，唯有先建立正确的观念并且多方参考别人成功或失败的经验，方能成功地踏出知识管理的第一步。

2. 知识管理共识教育训练

知识管理推展的最大助力与最大阻力均来自公司内部全体员工，所以知识管理部在建构知识管理基础工程之时，也同时对公司所有同人进行知识管理概念的宣达与知识管理信息的分享。

3. 知识专员（Knowledge Coordinator）遴选及训练

为求知识管理全面普及于各部门，以及日后各项知识管理工作的落实执行，于是大都会人寿在各部门都有专责窗口——知识专员。知识专员为知识管理推展的灵魂人物，负责规划部门内知识管理的方向与工作计划的拟定，更新部门内知识对象的架构、范例、格式的共通标准，以及执行部门内知识的管理、分享、沟通、推广与改善。

4. 建立与维护知识管理信息网

知识管理信息网是知识管理一项最重要的基础工程，它主掌着知识的上载、储存、分类、展现及分享等功能。为此大都会人寿特成立科技、流程及变革促动三个小组共同进行知识管理信息网的规划设计事宜，知识管理信息网的内涵与规划建构的方向如下：

（1）科技化知识库。通过网络实时取得最新、最正确的信息，包括公司制度、作业流程、保险相关研究资料、主要竞争者与合作伙伴的资料及员工活动等。

（2）鼓励创新/持续学习。提供同人可以分享知识和心得的讨论区，有人学到解决某种问题的方法，整理成事件或记录，发表网络，让别人可以参考学习，借此产生相关知识之间的良性互动，将知识传播出去。

（3）典范移转。建立各项业务的最佳范例，将具备知识的人和需要的人结合起来，这也是利用科技来转移储存于个人的隐性知识并化成显性知识，形成公司制度的实例。

5. 推动公司全面 e 化

公司 e 化的程度会影响知识管理推展的成效，同时也与业务推展、行政效率及客户服务方面有着紧密的关联，故大都会人寿于 2000 年 8 月成立"业务服务作业网络化"项目小组，由执行部门的主管担任召集人，再由召集人召集小组委员进行拟定网络化策略、工作事项及作业时程。

为落实公司 e 化的政策，公司免费提供业务人员电子信箱，并由信息部派员举办说明会对全体人员授课，并请业务部支持各区专员参与及协助业务同人解决使用上的问题。经由网际网络传达公司重要讯息及处理文件往返，无论业务人员身在何处，均能得到公司最新讯息且能快速完成一般行政事务作业，进而达到无纸张环境及办公室自动化之效。

6. 规划建立各项机制、专案与知识社群

（1）文件留言板。知识管理信息网内建有文件留言板功能，同人在点选阅读文章之后，系统自动跳出一留言板画面，同人可立即轻易地将阅读后的心得键入，与版主作双向沟通，鼓励同人发表意见。

（2）提案制度——金石计划。为建立开放环境，鼓励改善创新、开发员工内隐知识，特订立提案制度。提案人得以书面或通过知识管理信息网上传提案。

（3）奖励办法。为求丰富知识库及促进知识的分享与再生，特制定知识管理奖励办法，激励同人活用知识管理系统，建立知识分享的文化，进而改善企业的作业效率与应变能力，达到提升企业价值与竞争力的目的。

（4）知识文件管理流程。通过对知识对象汇集、储存、分类、共享与再生等系统化管理，将储存于个人的内隐知识转换化成外显知识，进而将个人知识转换成群组知识与组织知识。

第一，汇集：由各部门知识专员、项目活动或社群召集人负责将执行业务或活动的信息及成员彼此分享的隐性知识，整理成知识对象。

第二，储存：上述知识专员或召集人将知识对象上传至知识管理网的待审区。

第三，分类：知识管理网各版面版主检阅待审区的知识对象，依文件属性加以分类，并设定浏览权限、保存期限后，公开给网站使用者查阅。

第四，共享：网站使用者可以随时随地上网与伙伴分享其经验，或对他人发表的文件给予回馈。

第五，再生：系统化地将知识对象依业务执行步骤完整保存于组织内部，让同人于执行相关业务时取得最佳范例加以运用，并融入自己创意，不断推陈出新，提出更贴近内外部客户需求的服务或活动方案。

（5）作业流程标准化项目。通过各部门专业人员组成流程改善小组，依其专业及经验共同进行脑力激荡，希望能够尽量地将其专业知识与多年宝贵的经验化作企业中的最佳典范（Best Practice）。

（6）流程整合小组。此为一个跨单位的专案小组，每次讨论过程的情形及结论均由专人做成会议记录并存在 KM 信息网内的"项目园地"中供其他同人分享利用，此社群同人遇有任何疑问、建议或信息，亦可通过此园地加以发表讨论。

（7）业务天地。知识管理信息网内建"业务天地"，其中设有四个版面，分别是竞赛快报、话术集锦、保险小故事、与成功有约。通过这个社群的设立，业务人员可以在此互相交换心得、分享个人成功的心路历程；于招揽或增员上遇有困难，也可以通过这个设于知识管理信息网内的社群寻求其他同人的协助。

（8）产品发展委员会。产品发展委员会也是一个跨单位的项目小组，通过产品相关人员如精算、法务、理赔、核保等彼此的讨论与研究，共同发展商品规格，此社群同人遇有任何疑问、建议或信息，亦可通过此园地加以发表讨论。

（9）知识管理园地。此园地专为知识管理委员会及知识专员设立，其中包含知识管理各项活动的规划过程记录及活动报道，以及包含社群成员对于知识管理范畴的各项建议与信息。

五、成效

（1）开放的沟通环境。

（2）促进成员间相互学习及互动。

（3）节约作业时间。

（4）提升个人工作综效。

（5）内隐知识外显、经验复制与变革促动。

六、待补强部分

（1）持续塑造知识分享的企业文化。

（2）持续建立电子文件签核机制。

（3）服务流程再造。

（4）客户价值创造。

（5）使用者满意度调查。

问题讨论

请问您对本文中大都会人寿的知识管理印象最深的为何？

资料来源：中国台湾经济部工业局品质优良案例得奖案例介绍，http://proj.moeaidb.gov.tw/nqpp，美商大都会人寿保险股份有限公司知识管理。

习题

1. 人力资源管理的七项内涵有哪些？

2. 试述教育训练作业流程。

3. 何为在职训练？

4. 何为职外训练？

5. 在职训练中对新进人员的训练与对资深员工的训练有何不同？

6. 常见的教育训练五种方法为何？

7. 训练成果评估的四种层次为何？

8. 何为广义的知识与狭义的知识？

9. 试解释内隐知识与外显知识。

10. 试说明知识管理的重要元素架构。

11. 试说明知识的螺旋。

12. 彼得·圣吉认为企业变革失败的最主要原因为何?

13. 彼得·圣吉认为企业进行深层变革的限制为何?

14. 一个学习型组织应具备哪些特点?

15. 试说明五项修炼中,自我超越的含义。

16. 试说明五项修炼中,改善心智模式的含义。

17. 试说明五项修炼中,建立共同愿景的含义。

18. 试说明五项修炼中,团队学习的含义。

19. 试说明五项修炼中,系统思考的含义。

20. 试说明四级保养体系的内容。

21. 为何预防保养特别注重一级保养?

22. 请说明 5S 的含义。

第六章　设计品质

学习重点 在学习本章后，你将能够：

1. 懂得品质机能展开的应用时机与方法。

2. 说明产品可靠度的意义与计算系统可靠度的方法。

3. 明了可靠度产品寿命曲线的意义与改善方法。

4. 懂得如何进行故障模式与效应分析。

5. 了解田口方法的意义。

6. 了解稳健性设计的意义。

　　尊爵企业张总经理带着疑问的表情向王顾问询问道："我知道不断向设计部门强调设计品质的重要,设计部门同人的认真与努力也是有目共睹的,但为何我们产品一进入量产,问题就层出不穷。"王顾问这时已经辅导尊爵企业 3 个多月了,对于尊爵企业的产品特性与制程也已略有了解,他不急不慢地提出见解,"我相当认同设计部门的努力,但我觉得设计部门是 Work Hard,而非 Work Smart。贵公司新产品与新制程的参数总是依赖工程师们的经验,以尝试错误法获得,而非科学方法,这种做法极其危险。设计品质很重要且大家都知道,但如何提高设计品质,却不仅仅是依赖观念的改变就做得好的,导入系统性与科学性的做法扮演着更重要的角色。我带着大家以目前正在开发的新打印机为例,将品质工程稳健性设计 Run 一次,然后再补上一门 30 小时的课程,你们就会知道正确的做法该是如何。"

企业若缺乏新产品，则常会面临业绩衰退、利润下滑、市场占有率减少与顾客抱怨增加等结果，因此现代企业莫不视新产品设计开发为维系企业生命力的关键。新产品在设计开发阶段就应将品质设计进入（Design In）产品中，因为产品品质的不良绝大部分在设计开发时就已被决定。本章我们针对几个设计开发过程中常见的品质手法作介绍，其中包含品质机能展开、产品可靠度、故障模式与效应分析以及田口方法等。

第一节 品质导言

品质机能展开（Quality Function Deployment，QFD）是日本品质专家赤尾洋二（Yoji Akao）与水野滋（Shigeru Mizuno）于20世纪70年代所创造的一种将顾客需求转换成设计需求的工具，它常被运用在设计工作展开以前。通过这样的分析方法，可以事先得知什么样的设计最能满足顾客的需求，以避免设计方向错误。

品质机能展开所使用的工具为品质屋（Houses of Quality，HOQ），如图6-1所示。品质屋的结构是以其正中央的一组关系矩阵为基础，此矩阵描述顾客需求和设计需求间的关联强度。在此矩阵旁通常会加入其他额外的特征（包括规格或目标值、竞争力评估或技术评估等），以扩大分析范围，由于整个分析的图表形状像房屋，所以被称为品质屋。

> 品质机能展开常被运用在设计工作展开以前。通过这样的分析方法，可以事先得知什么样的设计最能满足顾客的需求，以避免设计方向错误。

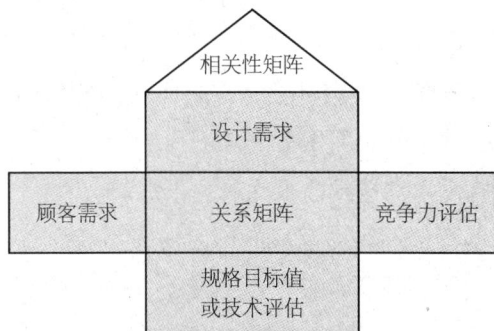

图6-1 品质屋

品质机能展开有时会被连续重复使用，以使得一连串相关的行动具有协调性。例如，可以先将顾客需求转换成设计需求，再将设计需求转换成零组件需求，最后将零组件需求转换成对制程的需求等，如图6-2所示。

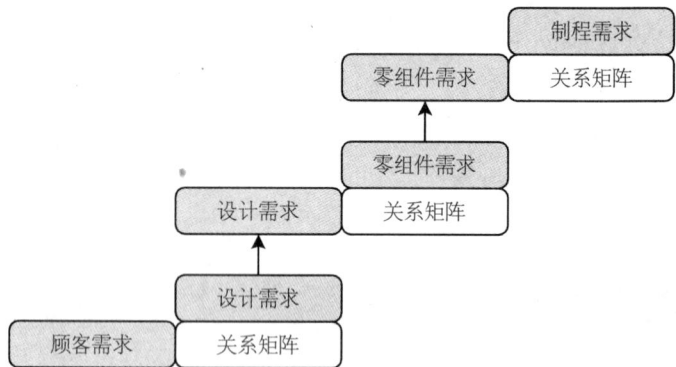

图6-2 品质机能展开的连续运用

实施品质机能展开的步骤如下：

1. 决定顾客需求与这些需求的重要性评分

顾客的需求或期望会随着时间而改变，顾客的需求也很难用言语来确切形容，我们可以采用面谈、问卷、市场调查或焦点访谈等方法，来掌握顾客的真正需求。顾客的需求通常都是以口语化的词汇来表示，而非技术用语，如好用、舒服等，设计者必须将这些笼统叙述的需求项目加以展开，变成更为明确的项目。例如，餐厅顾客的需求是可口，这项特性事实上可以再展开成为食材新鲜、用料高级、热度恰当与口味正宗等。在获得顾客需求之后，应请顾客再针对这些需求评定其重要性。例如，听众希望听到一场精彩的演讲，其需求与重要性可如表6-1左方所列。

2. 决定技术需求项目

技术需求代表组织为满足顾客需求所应作的努力。技术需求一般是由设计者提供，例如表6-1上方所列。

3. 建立顾客需求与技术需求间的关系矩阵

品质机能展开是一种交互式的产品开发过程，最大的好处在于通过整个过程的彻底执行，使产品具备竞争力，也因此品质屋的建构，尤其是在建立关系矩阵时，一定要有行销与技术两个部门的共同参与才行；而更佳的状况是让所有与新产品开发有关的部门都能参与，如制造、采购、生产、财务、会计等部门，以期使新产品能切合消费者的需求并使公司获利。关系矩阵如表6-1的中心部分，

表 6-1 较完整的演讲品质屋分析

顾客需求	重要性	讲题不能太学术	事先拟定演讲重点大纲	搜集案例	制作精美投影片	提早到现场	竞争力评估 X=本公司 ─── A=竞争者A ----- B=竞争者B -----
内容丰富	3		◎	△	○		
幽默风趣	3		◎				
清晰易懂	3	◎	○		△		
能够应用	2	○		△			
多举实例	2			◎			
准时开始与结束	1					◎	
提供讲义	1				◎		
重要性加权		33	36	50	21	9	
目标值		最近2个月时事	3页以上	国内外各5个	20页以上	20分钟	
技术评估							

其中，"◎"代表其左方的顾客需求与其上方的技术需求间存在着紧密的关系，此关系强度量化为9分；"○"代表关系中等，其关系强度量化成3分；"△"代表关系小，其关系强度量化成1分。

4. 计算技术需求的重要性加权分数

将每一项技术性需求的重要性加权分数算出，其算法为关系强度乘以顾客需求重要性评分后，针对每一项技术需求个别累计，然后写在表 6-1 中。例如，表 6-1 讲题不能太学术的重要性加权分数为：$9 \times 3 + 3 \times 2 = 33$ 分，余此类推。

5. 在矩阵旁加入其他额外的特征并给予评分

其他额外的特征包括规格或目标值、竞争力评估或技术评估等，其中分数越高代表表现越佳。例如表 6-1 的右方与下方所列。

6. 最终评估

以表 6-1 为例，首先演讲者最需要的是在演讲中带入案例：本公司目前应努力改善。其次是演讲前应拟定重点与大纲：本公司领先竞争者。再次重要的是讲题：本公司目前太过学术化，应努力改善。最后是投影片的准备：本公司领先。此外，演讲者有必要提早抵达现场。

品质机能展开对于产品或服务的顾客需求都能加以分析，故一般常作为服务设计与产品设计的前期分析工具。

品质园地

赤尾洋二谈 QFD

赤尾洋二与水野滋两位日本教授提出 QFD 的时代背景，是在 20 世纪 60 年代初期日本汽车工业的快速发展阶段，当时虽然很重视产品设计品质，但却没有一种有系统的方法。

1966 年，普利司通轮胎发表了一系列的流程保证项目，企图从使用者的角度建立"真正的品质"与品质特性间的关系。1972 年，赤尾洋二与水野滋发表"Development of New Products and Quality Assurance-A System for Quality Deployment"，开始正式使用品质展开这个名称。1978 年，赤尾洋二与水野滋共同出版 QFD 的专书。1983 年，赤尾洋二至芝加哥向美国人介绍 QFD，自此全球轰动，美国三大车厂并率先导入。至今，日本、美国与全球都有固定的研讨会与组织专门负责推动该项技术。

资料来源：苏朝墩. 专访 QFD 发明人品质大师赤尾洋二博士 [J]. 品质月刊，2003（11）.

第二节 产品可靠度

一、可靠度概论

产品可靠度的定义为产品在一段时间内可以持续操作或执行特定功能而不发生故障的能力。

产品可靠度（Product Reliability）的定义为：产品在一段时间内可以持续操作或执行特定功能而不发生故障的能力。可靠度高的产品，发生故障的概率较低，产品寿命较长，通常能获得消费者较高的满意度。

系统化的可靠度研究可追溯至 1952 年美国国防部研究发展委员会为提高军品可靠度，结合民间团体与学术界所成立的电子设备可靠度顾问小组（Advisory Group on Reliability of Electronic Equipment，AGREE）。从那时开始，随着产品复杂度与顾客对品质要求的不断提高，使得可靠度的应用与研究愈来愈受到重视。

早期可靠度的应用大多与军事装备有关，但随着电子产品的蓬勃发展，民间企业也已开始从事可靠度的应用与研究，许多企业甚至被顾客要求提供可靠度方面的保证。例如，近些年来蓬勃发展的半导体设计公司在推出新产品时，就会依业界惯例主动针对该品的可靠度进行分析，将与产品可靠度有关的数据以及可靠度管理方式提供给大客户参考，以获取顾客的信赖。

虽然产品可靠度愈高愈好，但提高可靠度常需付出较高的代价。因此可靠度到底要多高，需视投入的成本与取得的效益而定。例如我们会为提高飞机的可靠度而作大幅度的投资，但对收音机可靠度的提升就不会花费这么大的手笔了。可靠度的最适水准是当增加的边际利益（改进可能带来的利益）等于增加的边际成本（改进所需要的成本）时。

二、可靠度函数

可靠度若以数学模式表示，我们称其为可靠度函数（Reliability Function），它代表产品在一段时间内可以持续操作或执行特定功能而不发生故障的概率函数，如公式（6-1）所示。

$$R(t) = P(T \geq t) = 1 - f(t) = 1 - \int_0^t f(t)dt = \int_t^\infty f(t)dt \tag{6-1}$$

式中，t 为使用时间；$f(t)$ 为产品故障的概率密度函数。

$f(t)$ 最常使用的是指数分配，如公式（6-2）所示。

$$f(t) = \lambda e^{-\lambda t} \tag{6-2}$$

式中，λ 为故障率（Failure Rate），意指单位时间内发生故障的概率。

产品故障的概率密度函数若为指数分配，则其可靠度函数如公式（6-3）所示。

$$R(t) = \int_t^\infty \lambda e^{-\lambda t}dt = e^{-\lambda t} \tag{6-3}$$

可靠度函数代表产品在一段时间内可以持续操作或执行特定功能而不发生故障的概率函数。

范例 6-1

某电阻的故障率为 1.3×10^{-6}/小时，试求：

1. 该电阻 10000 小时内不发生故障的概率（即 10000 小时的可靠度）。

2. 该电阻 10000 小时内发生故障的概率（即 10000 小时的不

可靠度）。

解答：

1. 已知 $\lambda = 1.3 \times 10^{-6}$/小时

故 $\lambda_t = 1.3 \times 10^{-6} \times 10000 = 0.013$

该电阻 10000 小时内不发生故障的概率为：

$$R(t) = \int \lambda e^{-\lambda t} dt = e^{-\lambda t} = e^{-0.013} = 0.9871$$

2. 该电阻 10000 小时内发生故障的概率为：

$$1 - R(t) = 1 - 0.9871 = 0.0129$$

三、系统可靠度

系统（或产品）往往包含了许多不同可靠度的零组件，此时系统可靠度（System Reliability）是由其零组件的可靠度所决定。零组件间的关系可能是串联、并联或两者兼具。如果系统是由零组件串联而成，如图 6-3 所示，此时任何一个零组件故障，整个系统就会发生故障，故串联下的系统可靠度是所有零组件可靠度的乘积，如公式（6-4）所示。如果系统是由零组件并联（如图 6-4 所示）而成，此时只要有一个零组件是可作业，整个系统就可作业，故并联下的系统不可靠度是所有零组件不可靠度的乘积，如公式（6-5）所示。如果系统串联与并联兼具，则系统可靠度应视状况合并运用前述两种观念求得。

| 零件组 A 可靠度 R_A | 零件组 B 可靠度 R_B | 零件组 C 可靠度 R_C |

图 6-3　串联情形下的系统可靠度

$$R_S = R_A \times R_B \times R_C \tag{6-4}$$

$$1 - R_S = (1 - R_A) \times (1 - R_B) \times (1 - R_C)$$

或：$\tag{6-5}$

$$R_S = 1 - (1 - R_A) \times (1 - R_B) \times (1 - R_C)$$

大部分工业产品的零组件都是以串联的方式存在。但对于某些重要或与安全有关的产品，为避免零组件故障后造成巨额损失，就会对可靠度不足处，在设计时架构并联的系统，我们称这种设计为备援系统。例如，许多昂贵的单枪投影机的灯泡之所以设计成两个，

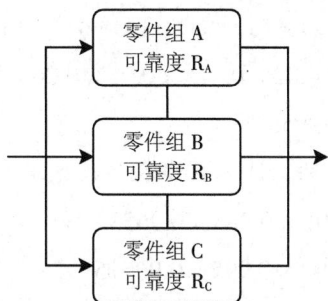

图 6-4 并联情形下的系统可靠度

就是因为灯泡故障率较高，而当灯泡临时烧毁时，又会造成顾客极大的不便，故若建立备援灯泡。只要其中一个是好的，那么整个系统就能运作，使用者可自行利用其他时间更换故障灯泡，而不会因灯泡故障而遭受损失。

范例 6-2

某产品由五颗零件 A、B、C、D 与 E 所组成，已知 100000 小时的可靠度分别为 0.99、0.98、0.985、0.97 与 0.995，试求下列设计100000 小时下的系统可靠度：

1.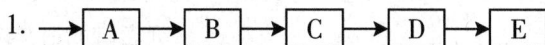
2.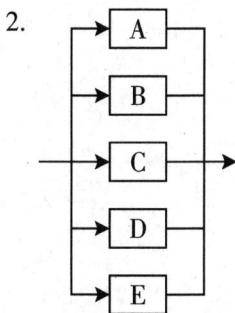
3.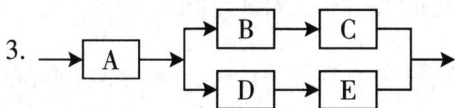

解答：

1. $R_S = R_A \times R_B \times R_C \times R_D \times R_E$

   $= 0.99 \times 0.98 \times 0.985 \times 0.97 \times 0.995$

   $= 0.9223$

2. $R_S = 1 - (1 - R_A) \times (1 - R_B) \times (1 - R_C) \times (1 - R_D) \times (1 - R_E)$

$\quad = 1 - 0.01 \times 0.02 \times 0.015 \times 0.03 \times 0.005$

$\quad = 0.99999999955$

3. 由于 B 与 C 串联，D 与 E 串联，故先求：

$R_{BC} = R_B \times R_C = 0.98 \times 0.985 = 0.9653$

$R_{DE} = R_D \times R_E = 0.97 \times 0.995 = 0.96515$

BC 与 DE 并联，再求：

$R_{BCDE} = 1 - (1 - R_{BC}) \times (1 - R_{DE})$

$\quad\quad = 1 - (1 - 0.9653) \times (1 - 0.96515)$

$\quad\quad = 0.9988$

A 与 BCDE 串联，最后求：

$R_{ABCDE} = R_A \times R_{BCDE} = 0.99 \times 0.9988 = 0.989$

由范例 6-2 中，读者不难发现，备援系统能大幅提高产品可靠度，但是备援系统由于需多增设一组零组件，故会产生额外支出，此时之前所述的可靠度最适水准就是判别的标准。

对于许多产品而言，其组成的零组件项目繁多且均为串联而无备援系统，此时若所有零组件可靠度的概率密度函数都为指数分配，且故障率分别为 λ_1，λ_2，λ_3，…，λ_n，则系统可靠度的概率密度函数亦为指数分配且其故障率为 $\sum \lambda_i$，如公式（6-6）所示。简易的证明如下：

$$R_s = \prod R_i = \prod e^{-\lambda_i t} = e^{(-\sum \lambda_i)t} \tag{6-6}$$

故：

$$\lambda_s = \sum \lambda_i$$

四、平均故障间隔时间与平均故障时间

可靠度除了以概率与故障率的方式表达外，平均故障间隔时间与平均故障时间两者是最常使用的表达方式。平均故障间隔时间（Mean Time Between Failure，MTBF）是指可修复产品两次故障间的平均时间长度，平均故障时间（Mean Time to Failure，MTTF）是指不可修复产品自启用到故障的平均时间长度。在可靠度的概率密度函数为指数分配情形下，MTBF 与 MTTF 是故障率的倒数，如公式

(6-7) 所示。

$$\text{MTBF（或 MTTF)} = 1/\lambda \tag{6-7}$$

范例 6-3

某主机板有 250 颗串联的零组件，且所有零组件可靠度的概率密度函数都为指数分配，已知其中 10 颗零组件的故障率为 0.15×10^{-6}/小时、110 颗零组件的故障率为 0.08×10^{-6}/小时、其他零组件的故障率为 0.03×10^{-6}/小时，试问：

1. 该主机板的故障率？

2. 该主机板操作 10000 小时的可靠度？

3. 该主机板的 MTBF？

解答：

1. 该主机板的故障率为：

$$\lambda_s = \sum \lambda_i$$

$$= 10 \times (0.15 \times 10^{-6}) + 110 \times (0.08 \times 10^{-6}) + 130 \times (0.03 \times 10^{-6})$$

$$= 14.2 \times 10^{-6}\text{/小时}$$

2. $\lambda t = (14.2 \times 10^{-6}) \times 10000 = 0.142$

故该主机板在操作 10000 小时内的可靠度为：

$$R(t) = e^{-\lambda t} = e^{-0.142} = 0.8676$$

3. 该主机板的 MTBF（或 MTTF）$= 1/\lambda = 1/(14.2 \times 10^{-6}\text{/小时})$

$$= 70423 \text{ 小时} = 8.04 \text{ 年}$$

五、产品寿命曲线

第一节我们假设产品或零组件的故障率为固定值，这样的假设在大部分情形下都适用，但对于产品刚生产出来或是已经使用很久时，故障率就未必是定值，而是一个变量。产品从出厂到寿命终止的故障率函数，我们称其为产品寿命曲线（Product Life Curve），由于其形状类似浴缸，故又被称为浴缸曲线（Bathtub Curve），如图 6-5 所示。

产品寿命曲线一般可分为三阶段：早夭期、正常操作期与磨耗期，此三阶段的特性与改善对策如下所述。

产品寿命曲线一般可分为三阶段：早夭期、正常操作期与磨耗期。

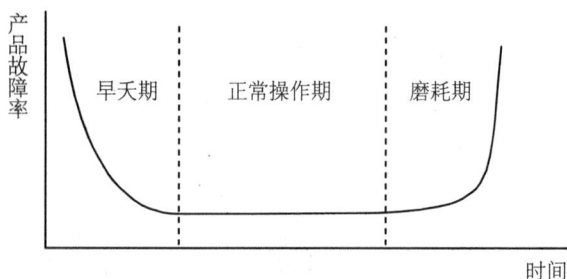

图 6-5　产品寿命曲线

(一) 早夭期

产品在生产完毕后常会有较高的故障率，这主要是因设计与生产上的缺失。例如，以螺丝组合产品时，设计者未考量到产品的易制性或作业员的粗心等。

要改善因早夭期的产品故障率过高所导致的品质问题，应从产品设计与生产上着手。但若在产品设计与生产上仍未见功效，则一般最常见的不得已手法为使用预烧（Burn In）或筛选（Screening）来协助产品度过早夭期。

预烧最常应用在电子类产品上，它是在产品出厂前以持续的高温、高电压或其他应力施之于产品上，加速产品老化以在产品出厂前快速度过早夭期。筛选则是运用诸如震动（Vibration）等方法来剔除产品组装不良的问题。早期个人计算机业者常对外号称其产品出货前均经过 72 小时的预烧，以显现其品质的优异，但近些年来由于业者在设计能力与零组件的可靠度上已有大幅提升，故甚少厂商会再强调预烧，这种改变不能说是业者不注重品质。事实上，目前许多电子产品已不再需要依赖预烧来度过早夭期了。

(二) 正常操作期

当产品度过早夭期后，就进入了故障率较为稳定的正常操作期。正常操作期的产品不合格主要来自于不良的设计。

运用以下的方法将能降低正常操作期的产品故障率：

（1）改进零组件的设计与选用。例如电子产品选用耐电压较高的电子零组件。

（2）改善产品设计。例如以实验设计法或田口方法找到产品最适合的条件组合。

（3）改进产品的生产方法。例如生产线上加装各种防静电设备。

（4）使用备援系统。例如本节之前所述的单枪投影机使用备援灯泡。

（5）改进预防维护程序。例如汽车出厂后的定期保养。

（6）加强使用者训练。例如以充分翔实的产品说明来降低顾客的错误操作可能。

（三）磨耗期

当产品使用日久，所有零组件都已开始逐渐老化时，产品故障率就会快速攀升。现代产品的更新速度极快，可靠度又高，因此大部分产品在尚未进入磨耗期前就已被消费者淘汰，因此一般而言，磨耗期的可靠度问题较不严重，设计者多不需要特别注意。

第三节 故障模式与效应分析

故障模式与效应分析（Failure Mode and Effects Analysis，FMEA）是一种以系统化的手法找出产品或制程潜在可能发生的故障模式，分析这些故障会对产品或制程造成的影响，以便及早采取改善与预防措施的品质改善工具。

FMEA 的发展与应用可追溯至 20 世纪 60 年代，美国军方和美国太空总署（NASA）在执行设计审查时，规定供货商必须使用故障模式与效应分析进行对产品可靠度的改善，FMEA 因此逐渐在工业界被推广开来。1972 年，美国福特汽车公司成立可靠度方案小组研议 FMEA，之后将 FMEA 法定于该公司的 Q-101 标准内。1993 年 7 月，美国汽车工业行动群（Automotive Industry Action Group，AIAG）发行了汽车工业专用的标准化 FMEA 表格，而后美国三大汽车公司福特、通用与克莱斯勒汽车的 FMEA 联合工作小组更在 AIAG 和美国品质学会的协助下，制定了 Potential Failure Mode and Effects Analysis 参考手册，供汽车工业相关厂商使用。在美国军方及汽车业者的强力推动下，军火工业、汽车工业甚至一般制造业就大量采用 FMEA 作为提升品质的工具。

一、FMEA 的名词意义

要了解 FMEA，需先对 FMEA 下列几个常用的名词有所认识：

故障模式与效应分析是一种以系统化的手法找出产品或制程潜在可能发生的故障模式，分析这些故障会对产品或制程造成的影响，以便及早采取改善与预防措施的品质改善工具。

（一）故障

故障（Failure）是指产品内的系统、子系统或零组件在特定时间内无法达成其原先设计所预定的功能。

（二）故障模式

故障模式（Failure Mode）是指产品内的系统、子系统或零组件在特定操作状况下（如冷、热、干、湿）或特定使用条件下（如颠簸路面、爬坡或紧急刹车等），于特定时间内无法达成原先设计所预定的功能的状态，例如裂开、变形、弯曲、松脱、泄漏、卡住、短路、腐蚀、污损或平衡失当等。

（三）故障模式效应

故障模式效应（Effects of Failure Mode）是指从顾客的观点（内部顾客或外部顾客）来看，故障模式对于产品功能的影响或效应，尤其是会危及人体安全或触犯法规的影响。故障效应通常可从历史资料、保固文件、市场使用报告、顾客抱怨或相似零件的 FMEA 中得知。

（四）故障模式与效应分析

故障模式与效应分析是用来评估产品或零组件的故障模式、可能风险、形成原因及其后果，并据此采取改善行动的系统性分析技术。

二、FMEA 的种类

若对 FMEA 加以完整的细分，实际上它有下列三种类型：

（一）SFMEA

SFMEA 是指系统故障模式与效应分析（System Failure Mode and Effects Analysis，SFMEA），它是在早期产品概念形成阶段，针对未来产品在设计开发与制造阶段可能潜在的故障模式进行分析。

（二）DFMEA

DFMEA 是指设计故障模式与效应分析（Design Failure Mode and Effects Analysis，DFMEA），它是在产品开发阶段，包含设计变更，针对产品可能潜在的故障模式进行分析。

（三）PFMEA

PFMEA 是指制程故障模式与效应分析（Process Failure Mode and Effects Analysis，PFMEA），它是在生产制造阶段，针对制程可能潜在的故障模式进行分析。

三、FMEA 的分析步骤

推行 FMEA 的核心作业为利用 FMEA 的制式表格进行分析。由于 SFMEA、DFMEA 与 PFMEA 的实施过程大抵类似，限于篇幅，本书仅针对 DFMEA 作介绍。

我们以汽车设计为例来说明 DFMEA 的分析步骤。某公司在设计新款汽车时发现车门内侧下部有易腐蚀现象，因之进行 DFMEA 分析（如表 6-2 所示）。其表格的填写与分析方式如下所述：

（一）项目功能

此字段应填写分析项目的名称、编号和功能，必要时也可包括其使用的环境条件（如说明温度、压力或湿度范围等）。

（二）潜在故障模式

所谓潜在故障模式是指系统、子系统或零组件有可能未达到预期功能的形式。它可能引起更高一级系统的潜在故障，也可能是比它低一级的零组件潜在故障的影响后果。此字段须对每一个特定项目的每一功能列出每一个潜在的故障模式，这些故障只要是可能发生就应列出。

（三）潜在故障的后果

潜在故障的后果就是故障模式对系统功能的影响，此字段应清楚地说明该功能是否会影响到安全性或违反哪些法规。

（四）严重度

严重度（Severity）是潜在故障模式发生时对零件、子系统或系统影响后果的严重程度的评价指针。严重度的评价指针一般分为 1~10 级，如表 6-3 所示。

（五）级别

此为严重度的进一步分级，例如关键、主要或次要等。

（六）潜在故障的原因

此字段应在尽可能的范围内，列出每一个故障模式的所有可以想到的原因。

（七）频度

频度（Occurrence）是指某一特定故障原因出现的可能性，一般也分为 10 级，如表 6-4 所示。

表6-2　DFMEA分析

项目功能	潜在故障模式	潜在故障的后果	严重度(S)	级别	潜在故障的原因	频度(O)	现行设计控制	难检度(D)	风险顺序数 RPN	建议措施	责任和目标完成日期	采取的措施	措施结果 严重度	频度	难检度	RPN
车门TT306 ①上、下车 ②保护乘员，免受天气、噪音、侧碰撞的影响 ③为车门附件，如后视镜、门锁、门铰链及门窗升降器等的固定支撑 ④为内饰附件及软内饰提供适当的表面 ⑤为外观装饰项目提供适当的表面喷漆和软内饰	车门内板下部腐蚀	漆面生锈，外观不佳；车门内附件功能降低	7	主要	车门内板保护蜡的上限太低	6	整车耐久性试验	7	294	增加试验强化腐蚀实验	A.泰特——车身工程 8×0903	根据试验结果（1481号试验）上边界技术条件提升至125厘米		2	2	28
					蜡层厚度规定不足	4	整车耐久性测验	7	196	增加试验室强化腐蚀试验，并就蜡层厚度进行试验设计	结合观察和试验验证蜡的上边界 A.泰特 车身工程 9×0115	试验结果（1481号试验）表现厚度是合适的。试验设计表明要求的厚度的25%范围内的变化可以接受		2	2	28
					蜡的配方不当	2	理化试验室试验——报告编号，1265	2	28	无	—	—		—	—	—
					混入的空气阻止蜡进入边角部分	5	用非功能喷头进行设计辅助调查	8	280	增加集体评价，利用正式生产喷设备和特定的蜡	车身工程和装配部门 8×1115	—	7	1	3	21
					蜡阻塞车门排水孔	3	用最差的蜡和孔尺寸进行试验室试验	1	21	无	—	—		—	—	—
					车门板之间空间不够，容不下喷头	4	喷头入口的图样评定示例	4	112	利用辅助设计模型和喷头进行集体评审	车身工程和装配部门 8×0915	空间加大10%		1	1	7

表 6-3 FMEA 严重度评价准则

后果	后果的严重度	严重度
无警告的严重危害	这是一种非常严重的故障形式，它是在没有任何故障预兆的情况下影响到行车安全或违反了政府的有关规定	10
有警告的严重危害	这是一种非常严重的故障形式，是在具有故障预兆的前提下所发生的，并影响到行车安全或违反了政府的有关规定	9
很高	车辆（或系统）不能运行，丧失基本功能	8
高	车辆（或系统）能运行，但性能下降，顾客不满意	7
中等	车辆（或系统）能运行，但舒适性或方便性部件不能工作，顾客感觉不舒服	6
低	车辆（或系统）能运行，但舒适性或方便性项目性能下降，顾客感觉有些不舒服	5
很低	配合、外观或音响、喇叭响等项目不符合要求，大多数顾客发现有缺陷	4
轻微	配合、外观或音响、喇叭响等项目不符合要求，有一半顾客发现有缺陷	3
很轻微	配合、外观或音响、喇叭响等项目不符合要求，但很少有顾客发现有缺陷	2
无影响		1

表 6-4 FMEA 频度评价准则

故障发生可能性	可能的故障率	频度
很高：几乎是不可避免的	≥ 1/2	10
	≥ 1/3	9
高：反复发生	≥ 1/8	8
	≥ 1/20	7
中等：偶尔发生	≥ 1/80	6
	≥ 1/400	5
	≥ 1/2000	4
低：很少发生	≥ 1/15000	3
	≥ 1/150000	2
极低：不太可能发生	≤ 1/1500000	1

（八）现行设计控制

此字段应填入针对前述故障目前所采取的设计确认、设计验证或其他预防措施。

（九）难检度

难检度（Detective）是指在零组件、子系统或系统生产前，探测潜在故障原因能力的评价指标。一般也分为 10 级，如表 6-5 所示。

表 6-5 FMEA 难检度评价准则

探测性	由设计控制可探测的可能性	难检度
绝对不可能	设计管制将不能和/或不可能找出潜在的原因及后续的故障模式，或根本没有设计管制	10
几乎不能	设计管制几乎不可能找出潜在原因及后续的故障模式	9
极少	设计管制只有极少的机会能找出潜在原因及后续的故障模式	8
很少	设计管制只有很少的机会能找出潜在原因及后续的故障模式	7

续表

探测性	由设计控制可探测的可能性	难检度
少	设计管制只有较少的机会能找出潜在原因及后续的故障模式	6
中等	设计管制有中等机会能找出潜在原因及后续的故障模式	5
中上	设计管制有中上多的机会能找出潜在原因及后续的故障模式	4
多	设计管制有较多的机会能找出潜在原因及后续的故障模式	3
很多	设计管制有很多机会能够找出潜在原因及后续的故障模式	2
几乎肯定	设计管制几乎肯定能够找出潜在原因及后续的故障模式	1

（十）风险顺序数

风险顺序数（Risk Priority Number，RPN）是严重度（S）、频度（O）和难检度（D）的乘积，如公式（6-8）所示。

$$RPN = S \times O \times D \tag{6-8}$$

RPN 的值介于 1~1000，如果风险顺序数很高，设计人员就须采取矫正措施，以降低该值。

（十一）建议措施

当故障模式依 RPN 的大小排列后，应优先针对 RPN 最大的故障模式拟定改善措施，其次再针对 RPN 次大的故障模式拟定改善措施，余此类推。如果 RPN 相同，则应优先处理严重度较高的故障模式，如果严重度亦相同，则应优先处理难检度较高的故障模式。但需特别注意一点，当严重度过高时，不论 RPN 大小如何，也同样必须拟定改善措施。

（十二）责任和目标完成日期

针对每一改善措施，都应责成专人负责并订出预计改善完成时间，以免拖延。

（十三）采取的措施

简要记录具体改善措施和其生效日期。

（十四）矫正后的RPN

当改善措施完成后，应重新估算其严重度、频度、难检度与RPN。如果 RPN 仍未降至可接受状态，则应重新分析并进行改善直到可接受为止。

第四节　田口方法

本书第一章曾经概略谈论到田口玄一博士对于品质的定义、损失函数、系统设计、参数设计与允差设计的理论，世人对田口玄一博士所创造的这一系列品质改善方法称为田口方法（Taguchi Method）。田口方法应用最广同时也是最精华的部分为参数设计。

一、传统实验方法

做实验取得数据以作为品质改善的依据是实务界最常运用的手法之一，对于一个未受过实验设计（Experimental Design）或田口方法训练的工程师而言，最常安排的实验大致有尝试错误实验、一次一因子实验与全数实验三种，其做法如下：

（一）尝试错误实验

尝试错误实验（Trial-and-Error Experiment）是实务界最普遍的做法，此时工程师凭其个人直觉或经验随意安排实验，若运气好一点就能得到所期望的结果，若运气不好（其实应该说是在正常情况下）未得到答案，则另外再试其他种的参数组合。这种无效率的方法不仅浪费资源，而且要得到最正确的答案一般而言几乎不太可能。

（二）一次一因子实验

一次一因子实验（One-Factor-at-a-Time Experiment）是每次实验只变动一个变量，找出这个变量的最佳解后将其固定，然后再变动另一个变量，同样找出其最佳解后予以固定，直到所有变量的个别最佳解都找出为止。这种实验方法的最大缺点在于它忽略了变量间可能存在的交互作用，故每一个变量在其他变量固定时都可求得最佳，但当所有变量依此方法固定下来后，这一组变量却不一定会是最佳解。

（三）全数实验

全数实验（Full-Factorial Experiment）是将所有参数的可能组合情形都予以实验，然后从中挑出最好的一组。这种实验设计所需的次数相当可观，即使只是一个不太复杂的实验，也可能造成极大的浪费。

范例 6-4

某磁铁制造厂烧制出来的磁铁磁力大小不一。为改善品质问题，工程师们期望以实验找出影响磁铁磁力的因子，以便未来对烧制条件进行控制，提高产品良率。经工程人员对制程加以讨论后，归纳出影响磁铁磁力的八个因子以及各因子的可能变动水准，如表6-6所示。

表 6-6　影响磁铁磁力的因子与水准

因子	说明	水准一	水准二	水准三
A	石灰含量	5%	1%	
B	寿山石含量	43%	53%	63%
C	寿山石种类	新配方加添加物	原配方	新配方无添加物
D	烧粉含量	0	1%	3%
E	添加物粒径	小	中	大
F	烧成次数	一次	两次	三次
G	长石含量	7%	4%	0
H	黏土种类	K-Type	KG-Type	G-Type

试问此时若进行尝试错误实验、一次一因子实验与全数实验三种实验，实验的安排会是如何？

解答：

为解说方便，我们以 A1 代表石灰含量 5%、A2 代表石灰含量 1%、B1 代表寿山石含量 43%……余此类推。

1. 尝试错误实验。此时的实验顺序将毫无规则，其中几种可能是：

A2B3C1D2E2F3G1H2

A1B1C3D2E1F3G2H1

……余此类推。

2. 一次一因子实验。此时的实验顺序可能是：

A1B1C1D1E1F1G1H1

A2B1C1D1E1F1G1H1（比较第二次与第一次实验结果若发现第一次较佳，A1 固定）

A1B2C1D1E1F1G1H1（比较第三次与第一次实验结果若发现第三次较佳，B2 固定）

A1B2C2D1E1F1G1H1（比较第四次与第三次实验结果若发现第

四次较佳，C2 固定）

　　……余此类推。

　　3. 全数实验。此时的实验次数共有 $2\times3\times3\times3\times3\times3\times3\times3=$ 4374 次，实验顺序应随机进行，实验如下：

A1B1C1D1E1F1G1H1

A2B1C1D1E1F1G1H1

A1B2C1D1E1F1G1H1

A2B2C1D1E1F1G1H1

A1B1C2D1E1F1G1H1

A2B1C2D1E1F1G1H1

A1B2C2D1E1F1G1H1

A2B2C2D1E1F1G1H1

　　……余此类推。

二、直交表实验设计

　　以上介绍的三种实验都有缺失。田口方法采用一种已事先编制完成的直交表（Orthogonal Array）为工具，使用者只需经简易的训练就可设计出良好的实验。在不同的因子数、不同的因子水准以及因子间可能存在的交互作用下，应选用不同的直交表，但在所有的直交表中，最被建议也是最常被采用的直交表是被称为 L_{18} 的直交表，如表 6-7 所示。

田口方法采用一种已事先编制完成的直交表为工具，使用者只需经简易的训练就可设计出良好的实验。

表 6-7　磁铁磁力实验的结果

实验编号	A	B	C	D	E	F	G	H	磁铁磁力的实验结果
1	1	1	1	1	1	1	1	1	10.2
2	1	1	2	2	2	2	2	2	10.1
3	1	1	3	3	3	3	3	3	10.1
4	1	2	1	1	2	2	3	3	10.1
5	1	2	2	2	3	3	1	1	10.0
6	1	2	3	3	1	1	2	2	9.9
7	1	3	1	2	1	3	2	3	9.9
8	1	3	2	3	2	1	3	1	10.0
9	1	3	3	1	3	2	1	2	10.2
10	2	1	1	3	3	2	2	1	10.1

173

续表

实验编号	A	B	C	D	E	F	G	H	磁铁磁力的实验结果
11	2	1	2	1	1	3	3	2	10.1
12	2	1	3	2	2	1	1	3	9.9
13	2	2	1	2	3	1	3	2	9.8
14	2	2	2	3	1	2	1	3	9.8
15	2	2	3	1	2	3	2	1	9.9
16	2	3	1	3	2	3	1	2	10.0
17	2	3	2	1	3	1	2	3	9.9
18	2	3	3	2	1	2	3	1	9.8

L_{18} 直交表实验的意义如下：

编号 1 的实验是 A1B1C1D1E1F1G1H1

编号 2 的实验是 A1B1C2D2E2F2G2H2

编号 3 的实验是 A1B1C3D3E3F3G3H3

………余此类推。

需特别注意的是，此处的实验编号并不代表实验顺序，实验的顺序仍需以随机进行。

为节省篇幅并能提供读者对田口方法的初步认识，我们以范例 6-5 与范例 6-6 说明田口方法的实验设计与分析技巧。

范例 6-5

欲求磁铁磁力最大，已知影响磁铁磁力的因子有八个，除因子 A 为两种水准外，其余七个因子自 B~H 皆为三种水准，今以 L_{18} 直交表规划该实验并得数据如表 6-7 最后一列所示，试问影响磁铁磁力的因子依序为何？应如何配置因子，该磁铁方能获得最大磁力？

解答：

计算 A1 平均值 =（10.2 + 10.1 + 10.1 + 10.1 + 10.0 + 9.9 + 9.9 + 10.0 + 10.2）÷ 9 = 10.056

计算 A2 平均值 =（10.1 + 10.1 + 9.9 + 9.8 + 9.8 + 9.9 + 10.0 + 9.9 + 9.8）÷ 9 = 9.922

同理可计算 B、C、D、E、F、G、H 在不同水准下的平均值，如表 6-8 所示（此表一般称为响应表（Response Table）），将响应表绘成图形，如图6-6所示（此图一般称为回应图（Response Chart））。

表 6-8 磁铁磁力实验的响应表

	A	B	C	D	E	F	G	H
水准一平均值	10.056	10.083	10.017	10.067	9.95	9.95	10.017	10.0
水准二平均值	9.922	9.917	9.983	9.917	10.0	10.017	9.967	10.017
水准三平均值	—	9.967	9.967	9.983	10.017	10.0	9.983	9.95
全距	0.134	0.166	0.05	0.15	0.067	0.067	0.05	0.067

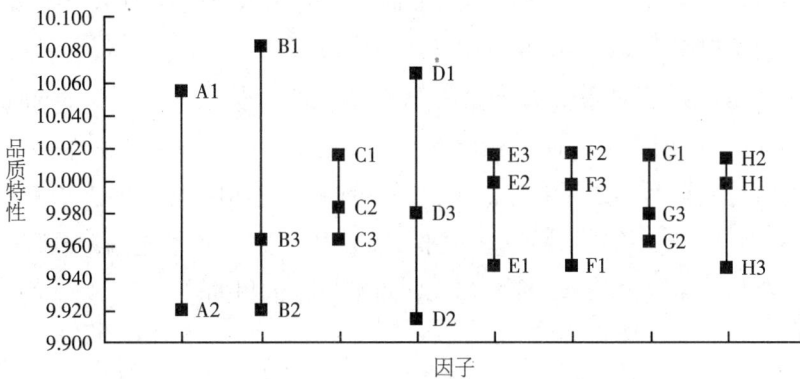

图 6-6 磁铁磁力实验的回应

由图 6-6 可知，影响磁铁磁力的因子依其强度排序为 B、D、A、E、F、H、C、G。为获得该磁铁的最大磁力，因子配置方式应为：A1B1C1D1E3F2G1H2。

三、稳健性设计

范例 6-5 是最佳化的问题，其解决方法较为简单，一般只需以直交表规划实验并进行数据分析就可获得结论。但如果我们遇到的是稳健性的问题，此时解决方式就复杂许多，而须以田口方法中的参数实验对产品或制程进行稳健性设计。

范例 6-5 中的八个因子都是产品设计或生产时可加以控制的条件，我们称其为控制因子（Control Factor）。另外，有一些因子是产品设计或生产时不可控制但却也会影响品质的条件，我们称其为噪音因子（Noise Factor）。例如范例 6-5 中，若磁铁磁力除了会受到制程中八个控制因子的影响外，磁铁堆叠的位置也会影响到磁铁磁力，然而磁铁堆叠的位置却不是我们所能控制的，故磁铁堆叠的位置为噪音因子。

本书第一章中曾介绍到，参数设计其目的在求得产品或是制程参数的最佳组合，以使产品对于各种噪音不敏感并具稳健性，这句话若以范例 6-4 为例，可解释成我们希望找到一组最佳的制程条件 A？B？C？D？E？F？G？H？使得磁铁烧制时无论堆叠在前、中、后的哪一排，或是堆叠在某一排的哪一个位置，都不会因受热的不同而造成磁铁的磁力差异太大，但同时又能使得磁铁的磁力接近目标值。为此，我们需搜集不同堆栈位置的磁铁烧制后的磁力数据，以判别控制因子对噪音因子的不敏感程度。

田口方法对于实验结果的分析是采取二阶段策略（Two Stage Strategy）。所谓的二阶段策略是利用实验结果，将影响品质特性平均值与变异数的因子找出，然后第一阶段以影响变异数的因子来缩小品质变异，第二阶段以影响平均值的因子来调整平均值，最后达到产品品质变异既小，平均值又接近目标值的目的。

> 二阶段策略是利用实验结果，将影响品质特性平均值与变异数的因子找出，然后第一阶段以影响变异的因子来缩小品质变异，第二阶段以影响平均值的因子来调整平均值，最后达到产品品质变异既小，平均值又接近目标值的目的。

范例 6-6

续范例 6-5，已知磁铁进入烧结炉中一次为 5 层，每一层 9 条，每一条有 20 块，即每一批烧结有 $5 \times 9 \times 20 = 900$ 块磁铁，现在希望以磁铁的摆设位置作为噪音因子，以求得稳健性较佳的制程条件，则可以取磁铁摆设位置的前、中、后为 Y 因子的二水准，磁铁摆设位置的左上与中心为 X 因子的二水准，如图 6-7 所示，试问实验应如何配置？若磁铁磁力的目标值为 3.520，考虑稳健性设计下的最佳

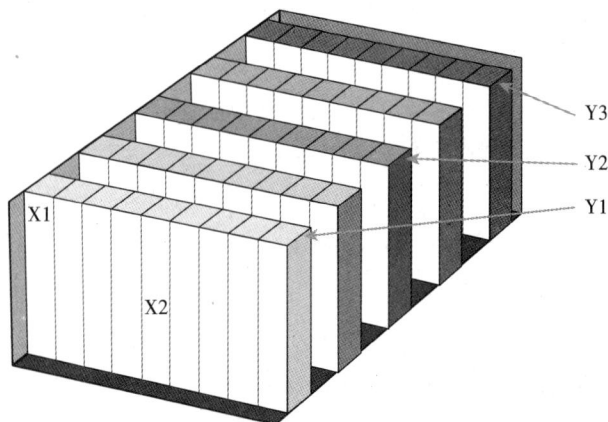

图 6-7　影响磁铁磁力的噪音因子

水准组合为何？

解答：

以 L_{18} 直交表安排实验，实验设计如表6-9左半部，实验共需

$18 \times 3 \times 2 = 108$ 次，实验结果如表6-9右半部。

表6-9 磁铁磁力稳健性实验设计与实验结果

控制因子水准组合								噪音因子水准组合						平均值	变异数
								Y1		Y2		Y3			
编号	A	B	C	D	E	F	G	H	X1	X2	X1	X2	X1	X2		
1	1	1	1	1	1	1	1	1	3.54	3.49	3.50	3.47	3.55	3.49	3.507	0.099
2	1	1	2	2	2	2	2	2	3.54	3.51	3.54	3.50	3.51	3.50	3.517	0.035
3	1	1	3	3	3	3	3	3	3.55	3.47	3.55	3.47	3.58	3.45	3.512	0.298
4	1	2	1	1	2	2	3	3	3.58	3.51	3.47	3.50	3.54	3.50	3.517	0.147
5	1	2	2	2	3	3	1	1	3.61	3.52	3.46	3.50	3.61	3.51	3.535	0.379
6	1	2	3	3	1	1	2	2	3.54	3.54	3.54	3.50	3.50	3.49	3.518	0.058
7	1	3	1	2	1	3	2	3	3.54	3.45	3.61	3.51	3.55	3.50	3.527	0.291
8	1	3	2	3	2	1	3	1	3.49	3.46	3.50	3.45	3.64	3.47	3.502	0.494
9	1	3	3	1	3	2	1	2	3.50	3.47	3.57	3.47	3.54	3.48	3.505	0.171
10	2	1	1	3	3	2	2	1	3.55	3.52	3.61	3.50	3.57	3.47	3.537	0.255
11	2	1	2	1	1	3	3	2	3.54	3.50	3.54	3.51	3.59	3.50	3.530	0.120
12	2	1	3	2	2	1	1	3	3.61	3.50	3.51	3.47	3.54	3.45	3.513	0.323
13	2	2	1	2	3	1	3	2	3.50	3.52	3.55	3.48	3.52	3.50	3.512	0.058
14	2	2	2	3	1	2	1	3	3.56	3.50	3.58	3.48	3.52	3.50	3.523	0.151
15	2	3	3	1	2	3	2	1	3.53	3.51	3.54	3.51	3.58	3.48	3.525	0.115
16	2	3	1	3	2	1	2	2	3.50	3.47	3.66	3.50	3.50	3.45	3.513	0.559
17	2	3	2	1	3	1	2	3	3.64	3.50	3.52	3.49	3.50	3.42	3.512	0.514
18	2	3	3	2	1	1	1	1	3.61	3.48	3.56	3.49	3.51	3.41	3.510	0.476
总平均值															3.517	0.252

仿范例6-5整理出各控制因子对平均值与变异数的回应表与回应

图，如表6-10、表6-11与图6-8、图6-9所示。

表6-10 磁铁磁力稳健性实验平均值响应表

	A	B	C	D	E	F	G	H
水准一平均值	3.515	3.519	3.519	3.516	3.519	3.511	3.516	3.519
水准二平均值	3.519	3.522	3.520	3.519	3.514	3.518	3.523	3.516
水准三平均值	—	3.511	3.514	3.518	3.519	3.524	3.514	3.517

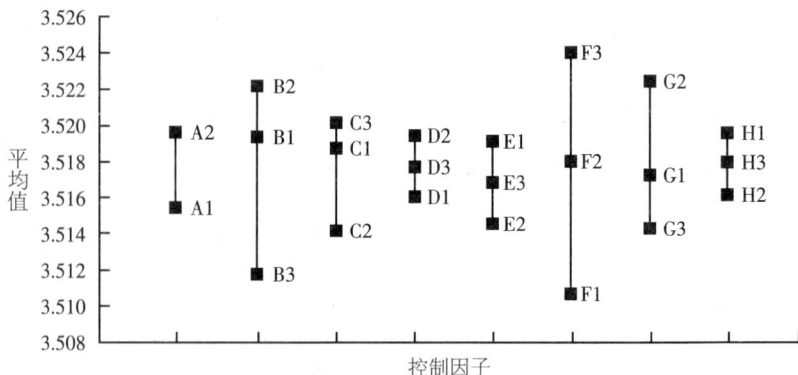

图 6-8　磁铁磁力稳健性实验平均值回应

表 6-11　磁铁磁力稳健性实验变异数响应

	A	B	C	D	E	F	G	H
水准一平均值	0.219	0.188	0.234	0.194	0.199	0.257	0.280	0.303
水准二平均值	0.285	0.515	0.282	0.260	0.279	0.206	0.211	0.159
水准三平均值	—	0.417	0.240	0.302	0.279	0.293	0.265	0.287

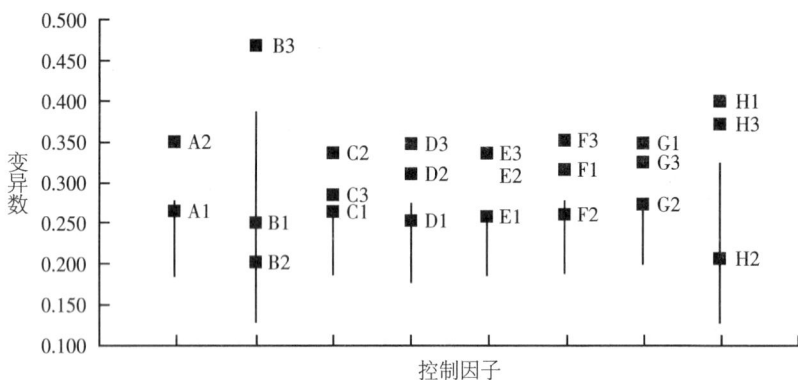

图 6-9　磁铁磁力稳健性实验变异数回应

依照二阶段策略，先缩小品质变异。由变异数回应表与回应图中可看出，影响变异数最显著的因子为 B 与 H，B 因子应选择水准 2（寿山石含量 53%），H 因子应选择水准 2（黏土种类为 KG-Type）。

调整平均值可以利用因子 F 与 G。F 因子为烧成次数，烧成次数愈少，成本愈低，故优先考虑将 F 固定在水准 1，然后考虑变动 G 因子（长石含量）的水准来调整平均值。

至于剩余的因子 A、C、D、E 与 F，则可以考虑选择较低成本的水准，如 A2、C2、D1、E3 与 F1。

将 A2B2C2D1E3F1H2 固定，配合 G 因子水准一、水准二与水准三

（长石含量 7%、4% 与 0%）重做实验，得到 A2B2C2D1E3F1G1H2 平均值 3.518，A2B2C2D1E3F1G2H2 平均值 3.524，A2B2C2D1E3F1G3H2 平均值 3.516。磁铁磁力目标为 3.520，以内插法估计长石含量应为 6% 或 2%。

范例 6-6 的计算过程与田口方法略有差异，田口博士建议以敏感度分析（Sensitivity Analysis）取代上述平均值的分析，以 SN 比（Signal to Noise Ratio）取代变异数的分析。田口博士解释这样做的好处在于品质特性的可加性会较好，能提高实验的再现性，在将实验结果导入量产时，能获得与预期较一致的结果。

第五节 结论

提供顾客新产品以满足其需求是每一个组织最关心的课题之一。运用各种方法以确保产品或是服务在设计阶段就能将品质纳入考量，以避免大量生产后产生的风险，这是当今企业品质管理的重点项目之一。

个案研究

镜片镀膜的品质改善

光学镜片的制程中，镀膜品质的好坏扮演着最关键的角色。目前，大多数台湾光学镜片的生产厂商所使用的设备与技术都来自国外，对于关键技术较难掌握，制程参数的设定也大多采用尝试错误法，不仅制程参数难以获得，且耗时甚久。

个案公司生产的光学镜片，镀膜的折射率至少应达 1.311，且越高越好。现经分析影响镀膜品质的因素如图 6-10 所示。

因果图中找出可以控制的五个因素，A、B、C、D、E，除 A 因子为 2 水准以外，其余四因子皆为 3 水准，如表 6-12 所示。

实验设计采 L_{18} 直交表，实验结果如表 6-13 所示。其中，

$$SN = -10 \log(\frac{1}{n} \sum \frac{1}{y^2})$$

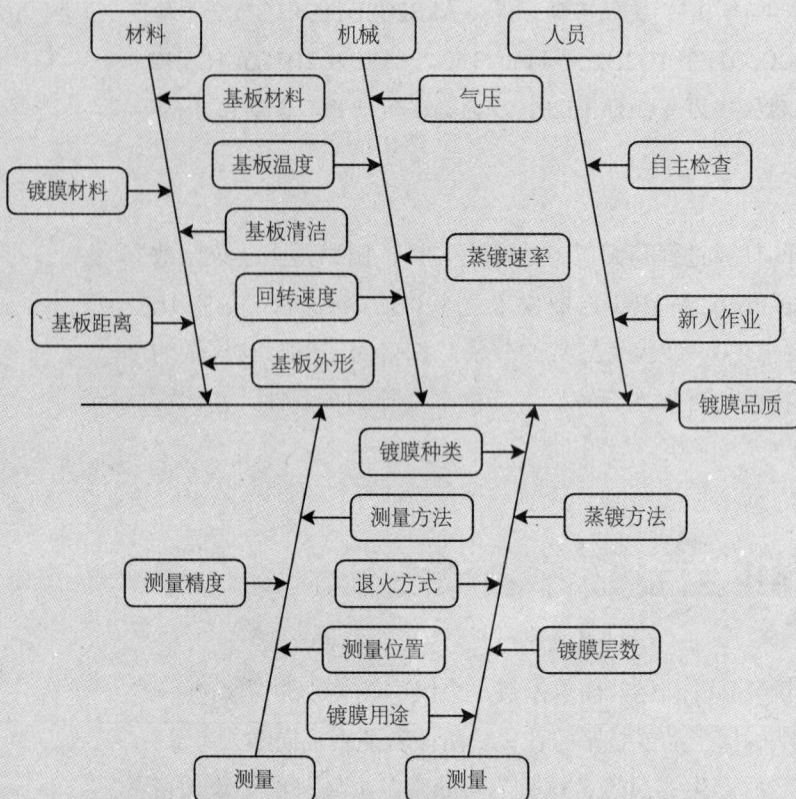

图 6-10　影响镀膜品质因果

表 6-12　镀膜实验的因子与水准

因子	水准		
	1	2	3
A. 气压（10^{-5}torr）	10	5	—
B. 基板温度（℃）	300	280	260
C. 蒸镀速率（A/S）	3	2	1
D. 基板距离（cm）	140	130	120
E. 回转速度（rpm）	1200	1100	1000

表 6-13　镀膜实验结果

编号	因子水准组合				实验结果			
	A	B	C	D	1	2	平均值	SN 比
1	1	1	1	1	1.3394	1.3411	1.3403	8.5643
2	1	1	2	2	1.3246	1.3203	1.3225	8.4482
3	1	1	3	3	1.3141	1.3200	1.3171	8.4127
4	1	2	1	1	1.3115	1.3194	1.3155	8.4021
5	1	2	2	2	1.3121	1.3098	1.3110	8.3723
6	1	2	3	3	1.2911	1.2884	1.2898	8.2307

编号	因子水准组合				实验结果			
	A	B	C	D	1	2	平均值	SN比
7	1	3	1	2	1.3032	1.3112	1.3072	8.3475
8	1	3	2	3	1.2915	1.2913	1.2914	8.2418
9	1	3	3	1	1.2612	1.2633	1.2623	8.0435
10	2	1	1	3	1.3535	1.3541	1.3538	8.6517
11	2	1	2	1	1.3491	1.3511	1.3501	8.6279
12	2	1	3	2	1.3315	1.3346	1.3331	8.5175
13	2	2	1	2	1.3476	1.3466	1.3471	8.6086
14	2	2	2	3	1.3415	1.3404	1.3410	8.5689
15	2	2	3	1	1.3391	1.3378	1.3385	8.5526
16	2	3	1	3	1.2934	1.2991	1.2963	8.2744
17	2	3	2	1	1.2894	1.2916	1.2905	8.2358
18	2	3	3	2	1.2836	1.2848	1.2842	8.1933

经计算 SN 比的响应表，如表 6-14 所示。

表 6-14　镀膜实验响应表

因子	水准		
	1	2	3
A. 气压（10^{-5}torr）	8.3404	8.4701	—
B. 基板温度（℃）	8.5371	8.4559	8.2227
C. 蒸镀速率（A/S）	8.4394	8.4158	8.3251
D. 基板距离（cm）	8.4044	8.4146	8.3967
E. 回转速度（rpm）	8.3927	8.4061	8.4133

最佳水准组合为 A2B1C1D2E3。改善前后的镀膜折射率如表 6-15 所示。

表 6-15　镀膜折射率改善前后比较

	平均值	标准差
改善前	1.3318	0.0079
改善后	1.3550	0.0041

问题讨论

本实验改善后的平均值与标准差都较改善前佳，请问此代表何意？

资料来源：叶忠，詹益昌. 镜片镀膜品质改善方法［J］. 品质月刊，2009（6）.

1. 试述品质机能展开的意义。

2. 试完成以下品质机能展开作业，并作评论。

顾客需求 \ 设计需求	重要性	S	T	U	V	W	竞争力评估				
							X = 本公司 ——				
							A = 竞争者 A -----				
							B = 竞争者 B -----				
							1	2	3	4	5
L	3	◎		△	○						
M	3			◎							
N	2	◎	○		△						
O	2	○		△							
P	2		◎								
Q	2	△				◎					
R	1		○		◎						
重要性加权											
目标值		F	G	H	I	J					
技术评估	1										
	2										
	3										
	4										
	5										

3. 试以文字与数学公式说明可靠度的意义。

4. 某电容的故障率为 0.6×10^{-6}/小时，试求：

（1）该电容 20000 小时内不发生故障的概率（即 20000 小时的可靠度）。

（2）该电容 20000 小时内发生故障的概率（即 20000 小时的不可靠度）。

5. 某产品是由四颗零件 A、B、C 与 D 所组成，已知各零件 150000 小时的可靠度分别为 0.99、0.99、0.985、0.985 与 0.995，试求下列设计情形下 150000 小时的系统可靠度。

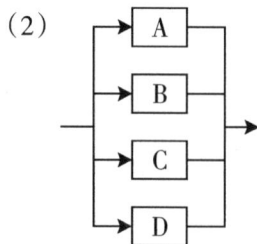

（1） → A → B → C → D →

（2）
```
   ┌── A ──┐
   ├── B ──┤
 ──┼── C ──┼──
   └── D ──┘
```

(3)

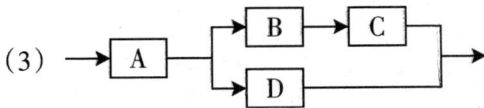

6. 某机板有 130 颗串联的零组件，且所有零组件可靠度的概率密度函数都为指数分配，已知其中 10 颗零组件的故障率为 0.35×10^{-6}/小时、50 颗零组组件的故障率为 0.18×10^{-6}/小时、其他零组件的故障率为 0.23×10^{-6}/小时，试问：

（1）该机板的故障率？

（2）该机板操作 10000 小时的可靠度？

（3）该主机板的 MTBF？

7. 试解释产品寿命曲线。

8. 要降低产品在早夭期故障率过高的问题，一般常采取哪些方法？

9. 要降低正常操作期的产品故障率，一般常采取哪些方法？

10. 为何磨耗期的可靠度问题较不受到设计者的注意？

11. 何为 FMEA？

12. FMEA 可分为哪三种？

13. FMEA 中的风险顺序数如何计算？

14. 以直交表进行实验并得下表的结果，试分析各因子的影响大小。

实验编号	A	B	C	D	E	F	G	H	实验结果
1	1	1	1	1	1	1	1	1	34
2	1	1	2	2	2	2	2	2	36
3	1	1	3	3	3	3	3	3	46
4	1	2	1	1	2	2	3	3	37
5	1	2	2	2	3	3	1	1	41
6	1	2	3	3	1	1	2	2	43
7	1	3	1	2	1	3	2	3	40
8	1	3	2	3	2	1	3	1	44
9	1	3	3	1	3	2	1	2	37
10	2	1	1	3	3	2	2	1	39
11	2	1	2	1	1	3	3	2	41
12	2	1	3	2	2	1	1	3	43
13	2	2	1	2	3	1	3	2	35
14	2	2	2	3	1	2	1	3	39
15	2	2	3	1	2	3	2	1	40
16	2	3	1	3	2	3	1	2	38
17	2	3	2	1	3	1	2	3	35
18	2	3	3	2	1	2	3	1	46

15. 何为控制因子与噪音因子？

16. 何为田口方法中的二阶段策略？

17. 某产品品质特性的目标值为 5.42，今设计实验并得实验结果如下表，试求稳健性设计的最佳因子水准组合。

编号	控制因子水准组合								噪音因子水准组合					
									Y1		Y2		Y3	
	A	B	C	D	E	F	G	H	X1	X2	X1	X2	X1	X2
1	1	1	1	1	1	1	1	1	5.32	5.51	5.31	5.47	5.41	5.41
2	1	1	2	2	2	2	2	2	5.36	5.51	5.38	5.38	5.52	5.38
3	1	1	3	3	3	3	3	3	5.38	5.51	5.46	5.36	5.36	5.50
4	1	2	1	1	2	2	3	3	5.36	5.31	5.41	5.48	5.46	5.48
5	1	2	2	2	3	3	1	1	5.48	5.20	5.30	5.27	5.38	5.27
6	1	2	3	3	1	1	2	2	5.27	5.46	5.34	5.36	5.36	5.35
7	1	3	1	2	1	3	2	3	5.35	5.41	5.38	5.20	5.48	5.31
8	1	3	2	3	2	1	3	1	5.24	5.50	5.36	5.46	5.27	5.20
9	1	3	3	1	3	2	1	2	5.20	5.34	5.48	5.41	5.35	5.46
10	2	1	1	3	3	2	2	1	5.47	5.38	5.27	5.27	5.51	5.41
11	2	1	2	1	1	3	3	2	5.36	5.47	5.27	5.36	5.31	5.27
12	2	1	3	2	2	1	1	3	5.27	5.48	5.36	5.46	5.20	5.36
13	2	2	1	2	3	1	3	2	5.51	5.54	5.46	5.48	5.46	5.46
14	2	2	2	3	1	2	1	3	5.46	5.43	5.48	5.50	5.27	5.48
15	2	2	3	1	2	3	2	1	5.48	5.50	5.61	5.46	5.36	5.61
16	2	3	1	3	2	3	1	2	5.56	5.51	5.54	5.51	5.46	5.28
17	2	3	2	1	3	1	2	3	5.54	5.47	5.41	5.36	5.48	5.46
18	2	3	3	2	1	2	3	1	5.53	5.41	5.34	5.40	5.61	5.50

18. 某产品品质特性的目标值为 8.45，今设计实验并得实验结果如下表，试求稳健性设计的最佳因子水准组合。

编号	控制因子水准组合								噪音因子水准组合					
									Y1		Y2		Y3	
	A	B	C	D	E	F	G	H	X1	X2	X1	X2	X1	X2
1	1	1	1	1	1	1	1	1	8.23	8.54	8.44	8.44	8.56	8.66
2	1	1	2	2	2	2	2	2	8.36	8.34	8.61	8.44	8.47	8.47
3	1	1	3	3	3	3	3	3	8.51	8.55	8.28	8.37	8.44	8.50
4	1	2	1	1	2	2	3	3	8.66	8.57	8.41	8.61	8.44	8.51
5	1	2	2	2	3	3	1	1	8.35	8.49	8.37	8.34	8.37	8.44
6	1	2	3	3	1	1	2	2	8.54	8.65	8.54	8.55	8.61	8.44
7	1	3	1	2	1	3	2	3	8.34	8.33	8.34	8.57	8.54	8.37
8	1	3	2	3	2	1	3	1	8.55	8.65	8.55	8.49	8.34	8.61
9	1	3	3	1	3	2	1	2	8.57	8.54	8.57	8.65	8.55	8.33

	控制因子水准组合								噪音因子水准组合					
									Y1		Y2		Y3	
编号	A	B	C	D	E	F	G	H	X1	X2	X1	X2	X1	X2
10	2	1	1	3	3	2	2	1	8.49	8.37	8.49	8.33	8.57	8.54
11	2	1	2	1	1	3	3	2	8.65	8.61	8.65	8.56	8.49	8.50
12	2	1	3	2	2	1	1	3	8.33	8.37	8.33	8.34	8.65	8.54
13	2	2	1	2	3	1	3	2	8.46	8.44	8.44	8.51	8.33	8.34
14	2	2	2	3	1	2	1	3	8.33	8.61	8.44	8.50	8.33	8.55
15	2	2	3	1	2	3	2	1	8.51	8.28	8.37	8.37	8.39	8.57
16	2	3	1	3	2	3	1	2	8.50	8.41	8.61	8.50	8.51	8.49
17	2	3	2	1	3	1	2	3	8.54	8.37	8.47	8.50	8.51	8.65
18	2	3	3	2	1	2	3	1	8.47	8.66	8.61	8.47	8.54	8.33

第七章　测量与监控

学习重点 在学习本章后，你将能够：

1. 说明顾客满意调查的程序。

2. 列举常见的顾客满意的调查方法。

3. 了解第一者稽核、第二者稽核与第三者稽核的意义。

4. 了解内部稽核与外部稽核的意义。

5. 明了何为内部品质稽核循环。

6. 说明首件检查、自主检查、顺序检查、源流检查与巡回检查的意义。

7. 说明检验与测试应进行哪些事前准备。

8. 明了全检、抽检与免检的适用时机。

9. 说明 ISO9001 对于测量和监控仪器的管制要求。

　　为符合 ISO9000 的要求，尊爵企业举行完内部品质稽核活动，张总经理亲自主持总结会议，在听完稽核员冗长而又不痛不痒的报告后，张总经理无可奈何地给了王顾问一个眼神，王顾问知道张总经理期望他讲点什么。"今天内部稽核人员的报告大多避重就轻，大事化小、小事化无，这会使得稽核的功效无从发挥，这主要是因为以下两点原因：第一，稽核员不了解你稽核时的正确身份，稽核员代表的是公司，而非个人，所以在稽核时应将个人的职位暂时搁置，不要担心得罪人，而被稽核的单位也应建立正确的观念，了解到稽核员是在协助你们进行改善，而非找你们的麻烦，被挑出多少问题并不重要，你要如何改善以及改善多少才是重点；第二，稽核员大多无法掌握客观证据（Objective Evidence），在证据薄弱的情形下，稽核员为避免争议，只列出非人为疏失，让所有问题都找不到特定负责对象。ISO9000 体系对此其实有其因应之道，那就是内部稽核人员也应接受稽核，从下次起，我们会彻底落实 ISO9000 的稽核制度，以避免类似问题再度发生。"王顾问为下次稽核方式定了基调。

组织的品质水准必须进行持续的测量（Measuring）与监控（Monitoring），才能得知各项规划的执行成效，并提供持续改善的机会。

ISO9001 将组织应进行的测量与监控活动分为四类：顾客满意度调查、内部品质稽核、过程测量与监控以及产品检验与测试。本章我们就以此四个课题为主，另外再加上一个与测量与监控有关的主题——仪器校正与检验。

第一节 顾客满意调查

现代品质管理强调顾客导向，要以顾客为导向则应先了解顾客的需求。了解顾客需求后，应设计并提供能满足该需求的产品或服务，并在顾客使用该产品或服务后进行顾客满意调查（Customer Satisfaction Survey）。

一、顾客满意调查程序

顾客满意调查的程序如图 7-1 所示。

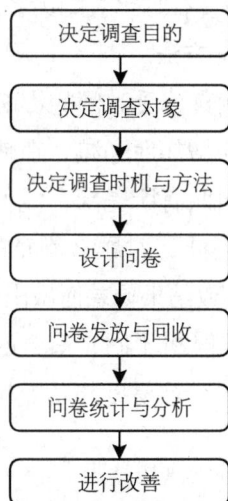

```
决定调查目的
    ↓
决定调查对象
    ↓
决定调查时机与方法
    ↓
设计问卷
    ↓
问卷发放与回收
    ↓
问卷统计与分析
    ↓
进行改善
```

图 7-1 顾客满意调查程序

（一）决定调查目的

顾客满意调查的目的可分为两种：一是问题解决；二是问题发现。

就问题解决的满意调查而言，调查者在调查前已知问题所在并已有改善方案，调查的目的是希望了解改善方案是否有助于提高顾客满意。例如某制作草莓果酱的公司从市场情报得知顾客普遍对其产品有过甜的评价，若它希望提高顾客满意，它可以请顾客品评不同甜度的产品以作为变更设计的依据。

就问题发现的满意调查而言，调查者在调查前并不知道问题的所在，调查的目的是希望了解原因并进行改善以提高顾客满意。例如某制作草莓果酱的公司顾客的回购率一直不佳，那么它可以询问顾客不再购买该产品的原因是因为价格、通路、口感、包装、色泽或是卫生等。

（二）决定调查对象

顾客依时间分类可分为过去型顾客、现在型顾客及未来型顾客，依位置分类可分为内部顾客与外部顾客。顾客满意调查的对象应依其目的来决定。例如手机业者想了解顾客对某新型手机的满意，调查对象当然就是现在型顾客；汽车公司想了解顾客在长期使用某厂牌汽车后的满意，调查对象就应该是过去型顾客。

顾客满意调查的对象也可以是购买者、最终使用者或介于此两者间的其他人。由于最终使用者的满意往往影响到购买者的满意，因此对最终使用者的满意调查有时比对购买者的满意调查更为重要。

（三）决定调查时机与方法

许多产品的顾客满意直接受时间的影响，例如顾客购买商品后的满意一般会随着时间的增加而递减，在使用上具有季节性的商品的满意会随着时间的不同而有所差异，流行性商品也会因潮流的改变而影响到顾客满意。因此，对顾客满意的调查时机应详加考虑，以免因调查时间点不对导致结果偏差而做出错误的决定。

调查的目的、对象与时机不同，适合的调查方法也不同。而调查方法不同，调查的成本、难易度与功效也不同。常见的顾客满意调查方法包括下列七种：

1. 面谈访问调查

面谈访问调查是由调查人员访问事先设定好的对象，根据调查表所作的访问。

2. 邮寄或网络调查

邮寄或网络调查是指将调查表寄给事先设定好的对象，再由对象自己填写答案后寄回。

3. 电话访问调查

电话访问调查是利用电话对事先设定好的对象进行访问。

4. 街头访问调查

街头访问调查是在街头随机找出对象当场进行访问。

5. 集合调查

集合调查系将调查对象集合在某一会场进行调查。

6. 团体面试

团体面试是以 6~7 人的小团体为对象，以座谈会的形式对顾客进行的了解。

7. 深层面试

深层面试是以一对一的方式进行访问以了解顾客的想法。

（四）设计问卷

设计调查问卷时应注意该问卷内容是否能符合以下特性：

（1）能配合调查目的。

（2）能含括完整的范围。

（3）遣词用句宜浅显易懂，不需深入思考。

（4）避免模棱两可或含混不清的用语。

（5）不宜超过 30 题。

（6）题目设计应有助于日后分析。

（7）尽量采用选择题或是非题。

（8）必要时应有自由回答题。

（五）问卷发放与回收

除非事先已经设定问卷调查对象，否则问卷的发放若为抽样，应以随机方式进行。

不同的调查方法回收率亦大不相同，某些调查方法（例如邮寄问卷调查）的问卷回收率往往很低，此时可考虑辅以鼓励回寄方案，例如小金额赠品或抽奖活动等。

（六）问卷统计与分析

问卷分析与统计方法包含从简单的图表分析到复杂的统计假设检定与估计，调查人员要采用哪些统计分析技巧，视问卷的性质而定。

（七）进行改善

问卷分析后应伴随改善与跟催行动，方能真正达到提升品质的目的。

二、顾客满意指针模式

顾客满意的衡量方式最简单的做法是以事先设计好的问卷，询问顾客各品质要项的表现程度以及总体满意。这种做法的优点是简单易行，但其缺点则是无法得知影响总体满意的前因与后果。另外，企业也无法进行跨公司、跨产业与跨国家的比较。

为解决上述问题，且更进一步地提供一个与生产力相对应的指标，学者专家们发展出了顾客满意指标（Customer Satisfaction Index，CSI）模式。若说生产力代表着产出（Output）"量"的能力，那么顾客满意指针就代表着产出"质"的能力。微观上，组织一旦建立并采用顾客满意指针，就可以持续进行顾客满意评量活动、监测评量结果、追踪管理绩效的变化并预测组织未来的发展。宏观上，顾客满意指标可以用来评价国家经济体系运行品质的好坏。

瑞典顾客满意指标（Swedish Customer Satisfaction Barometer，SCSB）模式是全球第一个国家顾客满意指针（National Customer Satisfaction Index，NCSI）模式；美国对瑞典的调查和评量方法进行改善后，亦随而建立其 NCSI；至今，欧盟、韩国与中国等十几个国家的 NCSI，大致都是以美国的模型为基础，建构其国家的顾客满意调查评量体系。

1993 年 9 月，美国政府将建构美国顾客满意指针（American Customer Satisfaction Index，ACSI）模式的工作委由具备建构 SCSB 经验的佛内尔（Fornell）及其团队，在密歇根大学商学院下设立由佛内尔主导、美国品质学会从旁协助的国家品质研究中心（National Quality Research Center，NQRC）。ACSI 模式（如图 7-2 所示）于 1994 年公布并正式运行。目前 ACSI 调查的对象涵括了对美国 GDP 贡献超过 30% 的 10 个行业、41 个产业、200 家公司与 5000 个品牌的 65000 个消费者。ACSI 每季公布 1/4 的产业的调查结果一次，并重新计算各产业与全国的品质得分，借此了解美国竞争力与国民福祉的演变。

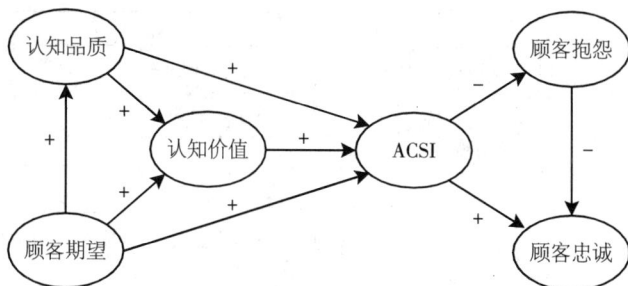

图 7-2　ACSI 模式

第二节　内部品质稽核

　　日本企业很早以前就会在每年的某一时间由总经理带领各级主管进行对组织所有部门作业活动的查核，他们称此为总经理稽核（President Audit），这是内部稽核的一种形态。但是内部稽核真正被组织大量采用并成为品质管理不可缺少的重点工作之一，则应归功于 ISO9000 国际品质管理标准的要求。

一、稽核

　　稽核（Audit）即为查证，可依发起者的不同而分为内部稽核（Internal Audit）与外部稽核（External Audit）。内部稽核为企业内自主性的查证，有时又被称为第一者稽核（First Party Audit），它是以企业内现有的稽核员（Auditor），对组织本身品质系统进行查核工作。外部稽核为企业与外部组织间的查证，又可分为第二者稽核（Second Party Audit）与第三者稽核（Third Party Audit），前者是指顾客的稽核员对组织的查核或组织的稽核员对供应商的查核，后者则指延请已获授权的独立机构，指派合格的评审员（Assessor）对组织的品质系统进行查证，又称为验证（Assessment）。内部稽核与外部稽核的关系如图 7-3 所示。

　　一般所称的内部稽核其实有多种含义，并不一定是指品质稽核。常见的内部稽核有内部财务稽核、内部品质稽核、内部环境稽核与内部职业安全卫生稽核等。这些稽核都源起于财务稽核，故目前仍常有人将内部稽核视为是内部财务稽核。

稽核即为查证，可依发起者的不同而分为内部稽核与外部稽核两种。

内部稽核为企业内自主性的查证，有时又被称为第一者稽核。

外部稽核为企业与外部组织间的查证，又可分为第二者稽核与第三者稽核。

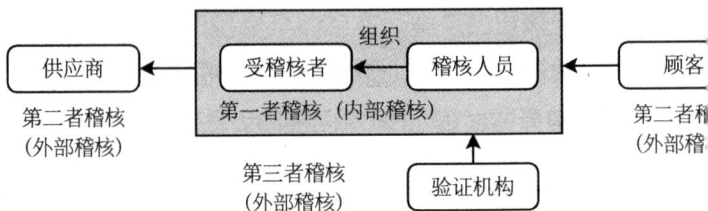

图 7-3　内部稽核与外部稽核的关系

二、品质稽核的意义

国际标准组织对品质稽核（Quality Audit）的定义为"品质稽核为一项具有独立性与系统性的查核，以辨别品质活动及相关结果是否符合原先计划的内容，以及这些计划的内容是否有效地实施，且有助于达成组织目标"。在此定义中所谓的"独立性查核"代表稽核员的选择及稽核过程必须客观及公正，且稽核员不可稽核他们自己的工作。"系统性查核"则代表组织应制订稽核计划、稽核准则、范围、频率和方法，并据以实施，其中稽核计划的订定应考量受稽核活动和地点的情况与重要性及先前稽核的结果。"计划"可以是组织的各种文件规范、合约、计划书或任何员工应遵循的工作依据。

若依发起时机来做区分，品质稽核可分为定期稽核与不定期稽核两种：

1. 定期稽核

定期稽核是依既定的稽核计划执行的稽核，是内部品质稽核的必要性工作。

2. 不定期稽核

不定期稽核是未经排入稽核计划的稽核，是由高级管理者所发动的临时性稽核活动。不定期稽核一般不事先通知，其最常发生的时机为新产品量产时、新项目展开时、组织重新调整时、作业程序变动时或重大异常出现时，为督促各部门迅速进入新状况或查核异常原因而安排的稽核。

若依受稽核的对象来区分，品质稽核可分为系统稽核与产品稽核两种：

1. 系统稽核

系统稽核主要是查核管理系统，例如 ISO9000 所要求的内部品

品质稽核为一项具有独立性与系统性的查核，以辨别品质活动及相关结果是否符合原先计划的内容，以及这些计划的内容是否有效地实施，且有助于达成组织目标。

若依发起时机来做区分，品质稽核可分为定期稽核与不定期稽核两种。

若依受稽核的对象来区分，品质稽核可分为系统稽核与产品稽核两种。

质系统稽核即属之。

2. 产品稽核

产品稽核主要是查核产品符合规范的状况，例如 JIS 或 UL 等产品验证等均属之。

也有某些稽核活动同时采取系统稽核与产品稽核，例如正字标记（⑰）即属之，它要求企业所生产的产品需先通过 CNS12680 体系验证，再取得 CNS 产品验证，方可获得正字标记。又例如输往欧洲的产品若经要求需标示 CEMARKING，则除了该产品须通过相关测试外，部分产品另被指定须通过 ISO9000 体系验证。

三、内部品质稽核循环

内部品质稽核作业是一种持续不断改善的过程，它是一个循环，而非一次即可完成的工作，其循环如图 7-4 所示。

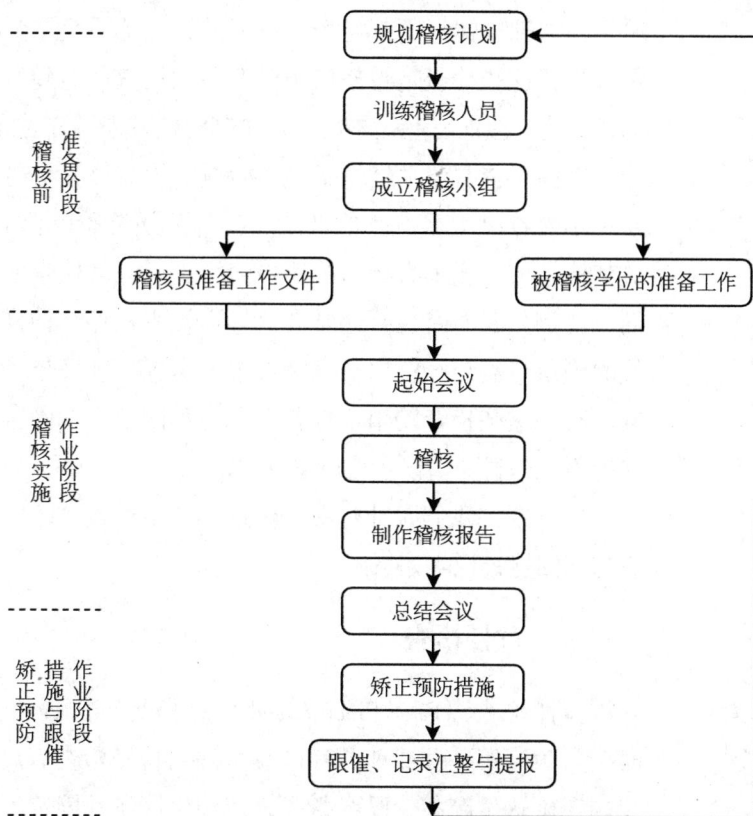

图 7-4　内部品质稽核循环

第三节　过程测量与监控

过程有时被称为流程，但在制造业里被称为制程。本章中我们视情况交互使用制程、过程或流程这三个名词，以取得与一般称呼的一致性。

过程测量与监控的目的在于借由生产阶段对品质的把关，以提早发现问题并避免不合格品的大量出现。最常使用的过程测量与监控方法有管制图、制程能力分析、首件检查、自主检查、顺序检查、源流检查与巡回检查，有关管制图与制程能力分析的问题较为复杂，我们留待下几章中再作介绍，至于其他主题则为本章介绍的重点。

首件检查、自主检查、顺序检查、源流检查与巡回检查的对象虽然在大部分情形下都是产品，但其目的却不是要判定产品品质是否合格，这些检查是希望借由对产品的检查以达到对制程检查的目的，因为一般而言产品的检查是比制程检查来得容易许多。

首件检查、自主检查、顺序检查、源流检查与巡回检查都是为避免不合格品大量产生的做法，其与品质检验的目的及意义不同，故其检查项目也未必会与品质检验相同。但就检查前应准备的事项而言，例如品质特性判定基准、标准检查程序、抽样计划、经确认过的测量仪器与经资格认定的检查人员等，则又与品质检验大同小异。有关这些检查的事前准备由于与第四节中的内容过于近似，故在此不拟探讨，请读者自行参阅。

接下来，我们就针对首件检查、自主检查、顺序检查、源流检查与巡回检查说明如下。

一、首件检查

首件检查（First Piece Check）意指生产过程中出现各种变动时，对生产第一件或前几件产品所做的特别检查。首件检查的主要目的在确认生产条件已经备妥，在该生产条件固定下可以开始大量生产，若首件检查不通过，则应调整制程条件并持续进行首件检查，一直到检查通过方可进行大量生产。首件检查对许多产业而言

首件检查意指生产过程中出现各种变动时，对生产第一件或前几件产品所作的特别检查。

非常重要，例如机械加工业中对工具机的调机、营造业混凝土浇制前的坍度实验等都是。首件检查在执行时应注意下列事项：

1. 首件检查的时机

首件检查的时机为生产过程中的变动，此变动可能起因于换批、换线、换模、制程条件修改、作业标准或方法变更、作业人员换班以及作业人员休息后重新上线等。

2. 首件检查的对象

首件检查的对象是生产变动后的第一件产品，但有时也不仅限于此，在许多场合下，组织会采取对首三件或首五件的检查。

3. 首件检查的项目

首件检查的检查项目一般会比正常生产下的检验项目多，一旦首件检查通过，复杂的检查方式就会被较为简易的品质检验所取代，以争取生产力。

由于首件检查不同于品质检验，其样本较少但检查项目较多，故常会辅以首件检查查检表，以避免检查项目的遗漏。

4. 首件检查的执行者

首件检查大多由作业员自行负责，但若检查方式过于复杂且涉及专业或该检查特别重要而有必要委由专人负责时，首件检查则会交由品管人员来执行，有时顾客或业主更可能要求首件需由第三者验证机构或顾客代表检查确认无误后，才能正式生产，由此可知首件检查在实务上的受重视程度。

二、自主检查

自主检查（Self Check）、顺序检查（Successive Check）与源流检查（Source Check）是日本品质专家新乡重夫（Shigeo Shingo）最为重视并大力提倡的品质管理手法。新乡重夫认为一般制程管制常有下列两大缺失：

（1）过于偏重抽样，故无法真正确保品质。

（2）采用事后检验，无法及时回馈信息立即改善，容易造成不合格品的大量出现。

因此，新乡重夫强烈建议企业应以自主检查、顺序检查与源流检查来改善这些问题。自主检查是由作业员针对自己所生产的产品立即进行检查的制度。由于自主检查是一种全数检验，它能在制程

> 自主检查是由作业员针对自己所生产的产品立即进行检查的制度。

出现异常的第一时间进行矫正预防措施，故一般制程管制常有的缺失得以避免。

然而自主检查也有以下风险存在：

（1）作业员的品质观是否足够。由于自主检查依赖作业人员的自主性，因此作业人员是否已建立起正确的品质价值观是该制度能否成功的关键。

（2）作业员的专业度是否足够。若干检查工作涉及专业，作业员常会因专业度不足而无法检查或判断出潜在的品质问题。

（3）可能对生产力造成负面影响。自主检查是一种全数检验，因此检查程序若过于复杂将会对生产力造成负面影响。

三、顺序检查

顺序检查是一种由下制程检查上制程品质的制度。下制程的作业员在开始进行加工作业前，应先检查上制程的结果是否符合要求，如果不符合，应将该产品退回上制程采取矫正预防措施。由于顺序检查的检查人不是作业员自己，故能避免自主检查过度依赖作业员的自主性所产生的困扰。

四、源流检查

源流检查是设法以防呆装置避免不合格品的出现，或设法在不合格品出现前发觉异常并对不合格原因进行立即改善的制度。

防呆装置（Fool Proof）的日文为 Poka-Yoke，它可帮助作业人员工作更简单、不易出错且更安全。一旦作业员做错，防呆装置可以预防或使机器停止，以避免不良品的产生。防呆装置的观念可应用在制程设计、产品设计及机器设备的设计上。在我们日常生活的周围就存在着许多防呆装置的案例，例如九孔与十五孔的连接器设计，两排的孔数并不相同，其目的在于避免极性插反；方形 Chip 故意设计缺角，也能避免安装时方向错误；将形状类似的零件涂以不同的颜色，以利于辨别零件避免使用错误等。

源流检查在日本获得大量的应用，丰田汽车的刚好及时系统更为其中的代表，丰田汽车的源流检查具有以下两项特色：

1. 问题发生时，员工有权按钮停线

在生产线上大量设置源流管理（Jidoka）按钮，在生产过程中若

> 顺序检查是一种由下制程检查上制程品质的制度。

> 源流检查是设法以防呆装置避免不合格品的出现，或设法在不合格品出现前发觉异常并对不合格原因进行立即改善的制度。

有任何问题发生，例如作业员发现不良品、无法跟上生产步调或发现危及安全的状况等，作业员有义务按下此按钮。当按下按钮时，警示灯及警铃同时激活，整条生产线被迫停止。相关人员如工业工程部、管理部或其他单位的人员，就会立即聚集在警示灯亮起的位置，并针对特定的警报做出响应及当场解决问题。同一时间，生产线上其他的工作人员则被授权去做保养工作，例如擦拭机器、清理地板或从事任何能让他们保持忙碌的事情，生产线会一直等到问题解决后，才重新运转。为了避免生产出大量的不合格品，在源流管理的系统下停止生产是被鼓励的。

2. 自动化

丰田汽车的自动化（Jidoka-Automation or Autonomation）与一般的自动化（Automation）有所不同。自动化机器是机器、工具或仪器上装着各种检验控制装置，以防止不合格品的产生。例如当机器运转产生问题时，它可以自动停止并发出信号，而一般所谓的自动化只是制程的机械化或计算机化而已，并不一定具备自动侦错的功能。

五、巡回检查

巡回检查是由品管人员巡视制造现场，针对重要的制程从目前正在生产的产品中进行抽样检查，以确认该制程是在管制状态下。巡回检查的时机有时是采固定时间，例如每两小时巡回全场一次；有时是采固定次数，例如规定一天至少要巡厂四次；还有一种是采固定事件，例如换线、试产、第一次量产或某种特定产品的生产时，规定品管人员均需巡视现场或全程参与等。

由于巡回检查是由专业的品管人员负责，故能负担较复杂的检查工作且能减轻作业员的负荷，但其缺点则是若检查间隔时间过长，无法及时采取矫正预防措施。

巡回检查的案例也非常多，例如营造工地的监工穿梭于现场，以随时掌握施工状况避免施工错误；保安人员定时巡逻负责区域等。

巡回检查是由品管人员巡视制造现场，针对重要的制程从目前正在生产的产品中进行抽样检查，以确认该制程是在管制状态下。

第四节　产品检验与测试

检验（Inspection）与测试（Testing）是确保品质最古老但也是

检验与测试可依采行的时机加以分类为进料检验与测试、制程中检验与测试以及出货前检验与测试三种。

最常用的手法。检验与测试可依采行的时机加以分类为进料检验与测试、制程中检验与测试以及出货前检验与测试三种。

1. 进料检验与测试

进料检验与测试（Incoming Quality Control，IQC）的对象为经采购流程买入的原物料、机器设备或办公用品等。

2. 制程中检验与测试

制程中检验与测试（In-Process Quality Control，IPQC）的对象为生产中的半成品与在制品。

3. 出货前检验与测试

出货前检验与测试（Final Quality Control，FQC）的对象为成品。

一、检验与测试的基本概念

一般而言，检验与测试并不被严格区分，它们都是验证产品是否符合（Conformance）的作业，在许多场合下检验包含测试，但就习惯性用语来说，测试的主要验证对象为产品功能，至于其他非产品功能项目的验证则大多统称为检验，因此常听到所谓的外观检验或性能测试，其意义就在于此。为求说理较为畅达，本书一律以检验一词代表检验与测试两种含义。

检验活动是在验证产品的符合性，也就是判定产品是否不符合、不合格或不良。不符合/不合格（Nonconformity）与不良（Defect）不同，但一般也并不严格区分，不符合或不合格代表不合规格要求，不良则代表产品无法正常运作。例如，一批产品的包装有所污损，可称为不符合或不合格，但较少被称为不良。又例如一批产品的可靠度寿命实验发现该批产品的 MTBF 不够，我们同样会称其为不符合或不合格，但也很少会以不良称之。由于现代企业对品质的要求较为重视，故一般不会仅在产品不良时才采取矫正与预防对策，而会以更严格的要求作为判定依据，因此使用不符合或不合格名词的场合日渐广泛，而使用不良这一名词的机会则愈来愈少。为求符合时代潮流，本书以不符合或不合格取代不良的用语。

二、检验与测试的事前准备

组织在实施检验活动前应先确认以下事项已经准备妥当：品质特性与其规格界限、标准检验程序、抽样计划、合格的测量仪器与经资格认定的检验人员。

（一）品质特性与其规格界限

要进行检验与测试工作前，首先应决定品质特性如何，然后针对每一品质特性决定其规格界限（或称规格值）。

当产品具备多种品质特性时，例如某产品的品质特性为两电路间的电压与电流值，则只有在所有品质特性都合格时才能判定该产品为合格。

在实务工作上，某些品质特性由于可借由设计阶段的品质保证作业确保其一定符合规格，或某些品质特性不合格的情形几乎不可能发生，这些品质特性就不一定会被列为检验项目。

（二）标准检验程序

标准检验程序（Standard Inspection Procedure，SIP）是指检验项目的标准步骤。建立标准检验程序的目的在于降低检验作业的错误概率、降低检验的误差与变异、提升检验效率与避免争议，故检验程序的标准化与加工制造程序的标准化同样重要，后者的标准化一般称为标准作业程序。

（三）抽样计划

当产品检验是以抽样方式进行时，应先备妥抽样计划，但若企业采全数检验或免检时，则不需准备抽样计划。所谓抽样计划，是指在送验批批量大小不同的情形下，相对应的抽样方法、样本数以及允收数。例如在批量大小为 1000~5000 的情形下，抽样方法规定为随机抽样、样本数 100、允收数 2，其意义为检验人员应自该送验批中以随机抽样的方式抽出 100 个样本，针对每一个样本以标准检验程序进行检验，若有两个（含）以下的不合格品时，则将该送验批视为合格，否则该送验批视为不合格。

（四）合格的测量仪器

由于检验是确保品质的重要手段，为确保检验作业的正确性，检验时所使用的测量仪器的精度与准度就应格外重视，凡精度与准度不足的测量仪器都应避免使用或在校正（Calibration）后方能使用。测量仪器的校正作业直接影响到测量品质与产品品质，故为现代企业所重视，尤其对高科技产业更为重要，一般具有一定规模的顾客在检视组织的品质检验活动时，多会要求组织提供测量仪器的校正记录或证明。

（五）经资格认定的检验人员

检验人员的素质应可算是影响检验品质的最重要因素，故一般企业均会对检验人员施以特别的要求，例如加强检验人员有关品质技术方面的教育训练或要求其通过资格鉴定，否则不得或应在他人的指导下从事检验。各国政府对某些可能影响到安全与环保的检验工作，更会要求需由通过国家认证的人员或机构来执行，例如建筑工程混凝土灌浆后就需由政府认证过的土木实验室作试体检验。

三、检验与测试活动的分类

检验与测试活动若依样本取得的方式加以分类，一般可分为全检、抽检与免检。

（一）全检

全检即为全数检验，全检不仅耗时而且检验成本极高，故在经济性的考量下曾经一度较少被采用，而只有在不合格品出现时会对企业造成极大损失，或品质水准极差时才使用它。但近些年来，由于以下原因使得全检再度受到重视：

1. 检验测试自动化的快速发展

检验测试自动化的快速发展，大幅度降低了检验成本，使得全检不再是一种不经济的做法。尤其在自动化生产设备上若再加入自动检测功能，就能使制造与检验一气呵成，不但不会影响到生产周期时间，有时其成本甚至比抽检还低。例如，表面黏着技术（Surface Mount Technology，SMT）设备上的自动检测，其投资效益若与人工全检相比大约在 1 年之内就可回收，若与抽检相比大约在 3 年以内可以回收，故 10 年前企业采购 SMT 大多不加装自动检测，但近些年来自动检测几乎已经成为企业采购 SMT 的标准配备了。

2. 产品复杂度的大幅增加

产品复杂度的大幅增加，使得产品一旦出现瑕疵，外部失败成本极高，而冗长的检修时间更会令顾客无法接受，故企业必须将品质从百分比不合格率推往百万分比不合格率，而全检则是确保这一目标得以达成的重要手段。即使企业所生产的产品并不复杂，但当顾客采购后组装成复杂的产品时，顾客也同样会面临外部失败成本与检修时间的困扰。例如，新款手机上市时，由于检修人员尚未完全掌握检修技术，顾客对品质又特别敏感，故手机业者对发生故障的手机皆采用无条件交换的方式处理，这种外部失败成本若未善加控制，一次大量的不合格品就会令企业面临倒闭的命运，故手机业者会要求半导体等零组件制造商采取全检，以确保手机品质。

3. 品质的重要性与日俱增

抽检制度的产生主要是从经济面来作考虑，其背后蕴含着允许少量不合格品出货的危险。在强烈重视产品责任与消费者保护的现代社会，允许少量不合格品出货的观念会使得企业丧失竞争优势。抽检或全检已不能纯从经济或不经济来作考量，它事实上已经成为影响企业竞争力的策略性议题。美国与日本制造业在 20 世纪七八十年代因品质差异而造成的彼消此长，令全球企业至今仍深受警醒。

（二）抽检

抽检即为抽样检验，它是 20 世纪 30 年代以生产为导向强调大量生产下的产物。抽检是牺牲品质以换取降低成本与加快生产速度的做法，在以生产为导向的年代与目前某些传统产业中的确有其存在的必要，然而不可讳言的是，抽检的重要性目前已因时代的转变而快速下滑。

然而抽检也并非完全没有存在的价值，企业采行抽检的主要原因如下：

1. 顾客对品质的要求仍未达到必须全检的地步

当顾客对于某些产品的品质要求本来就不高，此时企业就不一定有必要实施全检。例如电子闹铃，当顾客是付费购买时，对其品质的要求较高，但当顾客是因赠品而取得时，则对其品质的要求会降低，故电子闹铃的制造商对前者会采取全检，而对后者则会采取抽检。又例如某些在地摊或夜市销售的无品牌产品，销售地点的嘈杂与灯光无法让顾客清晰检视品质，而顾客购买该项产品后因价格过低，即使不满意也不会退货，这些制造商也就未必会以全检来确保品质。

2. 全数检验费用或检验时间不符经济效益

当制造商认为全数检验成本过高或检验时间过长而不符经济效益时，它会采取抽检。例如个人计算机的生产品质早已达到一定水准，制造商通过对供货商的管理与在设计开发时的管制，能更有效且更经济地确保品质，此时生产线上对产品的抽检只是扮演以防万一的角色，全检就更无存在的价值。又例如某些商品的检验费用过高或检验时间过长，若进行全检则会大幅增加成本或延误交期，此时就仍以抽检为佳。

3. 产品无法进行全检

当检验为破坏性检验或无法全检时，企业不得不采用抽检。例如铸造而成的产品，若要检验其材质就需切片，此破坏性检验无法采用全检，抽检为其唯一选择。又例如罐装饮料拉环拉力检验、钢筋拉力检验、焊锡针孔气孔检验也都属破坏性检验，同样无法全检。再例如在桶槽中混合化学品或草莓酱的制作等，全检也属不可行，企业此时不得不采用抽检。

（三）免检

当检验完全不可行或品质已相当稳定且良好时，企业会采用免检。

就检验完全不可行而采取免检的情形而言，最常见到的就是特殊制程。所谓的特殊制程，是指产品在生产后无法检验其是否合格，最多只有在经过进一步的加工或使用后，方能察觉其品质好坏。例如建筑工程中将混凝土浇制成梁柱，由于每一根梁柱都会影响到未来住户的生命安全，故梁柱理应全检，然而实际上全检却毫无可能，故此属特殊制程。由于特殊制程无法检验，故唯有通过对涉及特殊制程的人员、机具设备与作业方法等施以严格的训练、验证与管制，才能获得品质的确保。

就品质已相当稳定且良好而采取免检的情形而言，这是制程管理的最高境界，当品质达此境界时，组织能以较低的生产成本与较快的生产速度提高其竞争力，故为企业追求品质的终极目标。例如台湾地区目前许多标杆企业采行的免检入库、免检上线或免检出货等即是。

四、供货商管理

为了降低进料检验的成本，推动进料检验的免检制度，甚至更进一步借助优良供货商的竞争优势，而形成的竞争优势，好的供货商管理系统就必须建立。

专业供货商由于集中全力在其专长项目上，故对该项产品常拥有较高的技术；专业供货商由于缺乏自身企业稳定订单的保护，故会全力提高品质与交期准确度以争取顾客；专业供货商由于能累积各种不同顾客的大量需求，因而其学习效果较为显著，经济规模也较易达成，故制造成本往往较低。基于以上原因，向专业供货商采购发包以取得产品或服务，往往比企业自行设厂更具效益。

选择一个良好的供货商一般可通过供货商在品质、价格、交期与配合度上的表现来做评估。对于评估结果较佳的供货商，可将其列入合格供货商名录（Qualified Vendor List，QVL），以作为未来采购发包的参考。采购人员每年需对合格供货商当年的交货状况加以统计，重新评估并修改 QVL，以维持合格供货商名录的完整性，并依供货商表现的好坏给予适当的奖惩，以督促供货商进行各种改善。

在日本，曾大量采用单一供货商制度，即组织针对某项工作或原物料仅维持一家供货商，以此组织建立稳定的供货来源。供货商在日本常被视为企业家族的成员之一，常受邀参与公司所举办的各项活动。评选优良的供货商更会被要求提供次数频繁、小批量及高品质的交货，且允许直接送货至装配线上，而无须验收。而在欧美，过去则放任供应商间进行价格竞赛，以此组织获取较低的直接成本。20 世纪 90 年代以后，无论日本或欧美都对供货商的管理方式有了调整，日本企业逐渐放弃单一供货商制度，而欧美企业也逐渐降低在决定供货商时价格占有的比重，而对于供货商的品质、速度与弹性等更为重视。

> 选择一个良好的供货商一般可通过供货商在品质、价格、交期与配合度上的表现来做评估。

品质园地

A 公司供货商管理程序

A 公司针对其供货商的管理程序如下所示：

（一）目的

为确保供货商所提供的产品与服务皆能符合内在、外在顾客的要求，特制定本程序。

（二）适用范围

适用于提供本公司生产性物料、外包加工、一般劳务发包及仪器采购的供货商。

（三）权责

（1）采购部：负责新供货商的申请登录作业；评估小组的召集；评估工作的安排；样品承认的作业；合格供货商名录的管理；供货商定期考核小组的召集；供货商奖惩措施的执行。

（2）产品开发处：样品承认工作的测试。

1）品管部：参与供货商实地评估的作业；参与供货商定期考核的作业。

2）制造部：参与供货商实地评估的作业。

3）物料部：参与供货商定期考核的作业；参与外包供货商的评估作业。

4）行政管理处：参与劳务采购的供货商（进出口相关部分）的遴选作业。

（四）定义

1. ISO

International Organization for Standardization 国际标准组织。

2. IECQ

International Electrotechnical Commission Quality Assessment System for Electronic Components 国际电工协会电子零件品质评核制度。

（五）作业内容

1. 申请评估

采购部、产品开发处或相关部门搜集可提供生产性物料或外包加工的供货商，抑或供货商自行提出申请，由采购部负责汇整对可能的供货商作评估。

2. 书面初评

由采购部将"供货商评估表"及"外包供货商调查表"寄交给可能的供货商，请其依内容填写基本资料，以此为书面评估的依据。采购部针对供货商基本资料作初评，并于初评结果栏内决定复评的方式。

3. 复评

（1）直接承认：是指直接核可此供货商为合格供货商，以下三种情形皆适用直接承认：

1）国内外知名的供货商、客户指定采购的供货商、具有ISO9001、IECQ或其他第三方验证机构认可的供货商。

2）紧急采购的供货商、独占市场的供货商以及采购项目特殊或金额不大且一时找不到合适的供货商者，可经会商后决定采行直接承认。

3）提供一般劳务或仪器采购的供货商。

（2）送样承认。针对决定须送样承认的供货商，依"样品承认规范"进行送样承认作业。承认后的承认书，采购应寄回原供货商凭办。

（3）实地评估

1）外包厂商、重要或主要物料的协力供货商（如电路板工厂）与其他经品保部认为有必要作实地评估的供货商，皆应进行实地评估。

2）评估小组的成员可由采购部、品保部、制造部、物料部、产品开发处等组成，由采购人员负责召集并安排评估人员。

3）由采购部安排适当的时间，会同品管部、制造部等相关部门，依"协力供应商评核表"或"外包供货商评核表"作实地评估。其评核成绩在 75 分以上者，由采购部继续进行核准登录等相关作业；未达 75 分者，给予辅导并于下次再作评估。

4）需要进行实地评估的供货商，须将签核的"协力供货商评核表"或"外包供应商评核表"附在"供货商评估表"的后面，方可作核准登录的作业。

（4）实地评估后送样承认：生产性物料的供货商除需作实地评估外，亦需送样测试，经核可后方可进行核准登录。

4. 定期考核

（1）采购部于每年 1 月及 7 月须定期会同品保部及物料部共同考核供货商，并将考核结果登载于"供货商考核表"中，评定其等级，以确实管理供货商。

（2）定期考核的计算基础：以考核实施前的 6 个月内，供货商的交货批数为计算基础。

（3）定期考核的评分方式

1）品质可靠性：由品保部负责评定。

$$品质可靠性 = 60 \times \left(\frac{检验批数 - 退货批数}{检验批数} \right)$$

2）交期准确性：由物料部负责评定。

$$交期准确性 = 20 \times \left(\frac{检验批数 - 迟交批数}{交货批数} \right)$$

3）服务协调性：由采购人员根据抱怨处理、不良品替换、调货等实际状况给予适当的分数。

4）分数加总：

总分 = 品质可靠性得分 + 交期准确性得分 + 服务协调性得分

5）评定等级：

A 级供货商：总分在 85 分以上者。

B 级供货商：总分在 70~84 分者。

C 级供货商：总分在 60~69 分者。

D 级供货商：总分在 59 分以下者。

5. 奖惩措施

（1）A 级供货商得视实际状况给予增加采购数量、增加采购金额、缩短进料检验流程、辅导免检、缩短付款期限等优惠措施，必要时可公开奖励，赠予奖牌。

（2）B 级供货商不予奖励，并鼓励其继续努力成为 A 级供货商。

（3）C 级供货商则应适度减少采购金额及数量，并针对其缺失加以检讨改进。

（4）D 级供货商应重新评估是否有改善可能，必要时停止采购，寻求其他供货商。

资料来源：标杆企管顾问股份有限公司内部资料。

企业与其供应商的传统关系是建立在交易行为上，此时组织的采购发包人员与供货商的业务人员为双方联系的唯一窗口，如图7-5所示。但现今企业与其供货商的伙伴关系则是建立在全面性的合作上，这一合作除了包含传统关系外，还包含双方市场行销人员共同合作研判市场趋势、研发人员共同合作开发新产品、品保人员共同合作改善产品品质、工程技术人员共同合作改进制程技术甚或仓储管理人员间共同协调存货政策等，如图7-6所示。

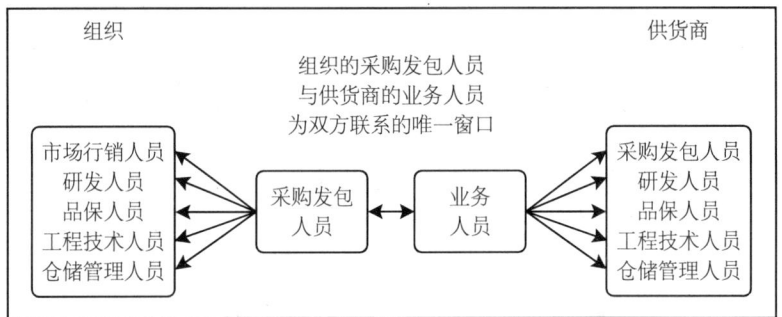

图7-5 组织与供应商之间的传统关系

现今企业与其供货商的伙伴关系是建立在全面性的合作上，这一合作除了包含传统关系外，还包含双方市场行销人员共同合作研判市场趋势、研发人员共同合作开发新产品、品保人员共同合作改善产品品质、工程技术人员共同合作改进制程技术甚或仓储管理人员间共同协调存货政策等。

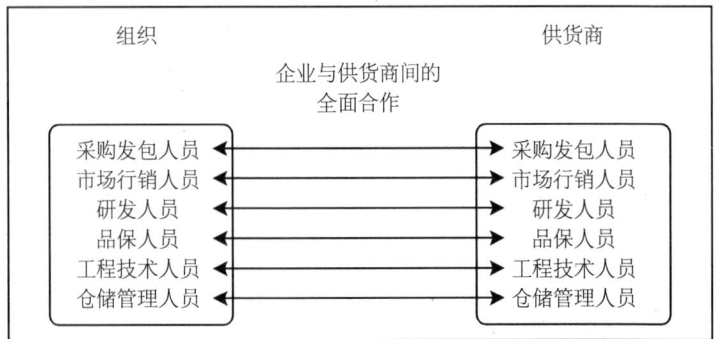

图7-6 组织与供应商之间的伙伴关系

第五节　测量和监控仪器的管制

无论是过程的测量和监控或是产品的检验与测试，都需要使用各种仪器，因此测量和监控仪器必须加以管制，才能确保所有测量、监控、检验与测试活动的正确。ISO9001 对于测量和监控仪器的管制要求是目前企业界引用最为广泛的标准，此标准要求如下：

1. 执行与品质相关作业的测量和监控仪器必须定期或在使用前校正

许多时候，组织虽已对过程与产品建立了测量、监控、检验与测试活动，但却仍然无法达成预期效果，甚或组织的测量结果与顾客的测量结果有所差异，造成商业纠纷，因此测量和监控仪器应定期或在使用前加以调整校正。

2. 调校作业需追溯至国际或国家标准

调校作业应能追溯至国际或国家标准，否则该调校作业不会被顾客认同。所谓追溯至国际或国家标准，表示测量和监控仪器应委外交由经国家认可的校正实验室进行调整校正，此称为外校。如果限于经费等限制而无法将所有仪器委外校正，则应建立校正标准件，在将标准件委外校正后，工作件再与标准件进行精准度比对，此称为内校，这样工作件的调校就能追溯至国际或国家标准了。例如厂内数以百计的游标卡尺为工作件，委外校正成本极高，此时就可建立标准块规，将委外校正后的块规用来校正光标卡尺。又例如天秤为工作件，可以砝码为标准件，来进行对天秤的调校作业等。

3. 当调校作业无国际或国家标准时，应建立该调校所用的基准

由于经国家认可的校正实验室一定会建立一套严谨的校正方法，故仪器外校时，其校正结果不会受到质疑。但内校时，校正方法若未建立，则校正变异将会较大，校正结果也会受到质疑。校正方法应优先考虑国际或国家标准，若缺乏此标准或此标准不适用于内校，则应明文规范校正方法与步骤。

4. 测量和监控仪器必须能鉴别其调校的状况

测量和监控仪器是属于不需校正、校正合格或暂停使用等任何状况，皆须能让使用者正确得知，一般最常见到的是在仪器明显处

贴上相关的校正专用卷标。

5. 保护测量和监控仪器，以避免不当的调整

有些可调整的仪器，在校正之后应加以防护，例如在调整旋钮上以易碎贴纸加封，以避免不当的调整而使原调校失效。

6. 在搬运、维护及储存时，应对测量和监控仪器施以防护，以防止损坏或偏离

不当的搬运方式、不良的维护保养程序以及不佳的仪器储存环境，都可能造成仪器精度与准度的偏离，故需在搬运、维护及储存时施以适当的防护，必要时更应在搬运、维护及储存后重新调校。

7. 当仪器偏离范围时，必须评估先前检验的有效性，必要时应采取适当的行动

当仪器的精度或准度已偏离范围，应对先前所做的检验与测试结果加以评估，若影响重大，则应采取召回（Recall）、通知顾客或重新检验等措施。

8. 使用于监控与测量的计算机软件，必须在初次使用前确认且必要时再确认

某些用于监控与测量的计算机软件，在初次使用前亦应校正，此校正与一般硬件仪器的校正不同，仅需确认其功能正常即可。

品质园地

某通过 ISO9001：2008 公司的量规仪器检验校正程序

1. 目的

使本公司的量规仪器设备能有效管制，以达成校正与维护的目的。

2. 适用范围

凡用于产品与制程的检验、测试、测量与监控的设备与仪校均适用。

3. 权责

（1）执行副总经理：年度校正计划的核准。

（2）品保部：主办单位。

4. 定义

（1）电量类仪器：凡测量电气特性（如电压、电流、电阻）的量规仪器均属之。

（2）物理类仪器：凡测量物理特性（如长度、重量、温度）的量规仪器均属之。

（3）CNLA：Chinese National Laboratory Accreditation 国家认可的实验室。

（4）校正失效：仪器校验后不符合规格，且无法调整至规格内者，为校正失效。

5. 作业内容

（1）建立仪器资料：所有量规仪器均应由品保部负责编号并登录于"量规仪器一览表"及"量规仪器履历表"。

（2）校正需求：

a. 量规仪器由品保部依其是否会影响品质而区分为免校与应校。

b. 免校的量规仪器应贴上"无须校验"卷标。

c. 应校的量规仪器又分为内校、查核与外校。

d. 内校应以外校完成合格的仪器作为标准器。

e. 无国家标准可供追溯时，仪器使用前应实施查核作业。

f. 若公司产品委由外包测试时，其使用的测试仪器、设备需提供校正记录与品保单位。

g. 新购入的量规设备、仪器，若附有可追溯国家标准的校正报告书，可即于使用，若未附有校正报告，则须于校正后方可使用。

（3）校正计划：品保部依校正需求于每年 12 月份，拟订次年度的"量规仪器年度校正计划表"，呈执行副总经理核准后通知各单位实施。

（4）校正、查核周期：

a. 内校：无论物理量或电量，均为 1 年。

b. 外校：无论物理量或电量，均为 1 年。

c. 查核：依据"仪器查核规范"规定的周期办理。

d. RF 仪器设备查核：依据"RF 仪器设备查核规范"规定的周期办理。

（5）仪器催校：校正到期之前 10 日，由品保部主动通知各相关单位，将量规仪器送到品保部进行校正；送厂外校正者，须于校正到期之前 7 日通知校正厂商。

（6）校正、查核执行：

a. 内校的量规仪器，由品保部合格人员依据"仪器校正规范"进行校正作业，并出具"厂内校正报告"。

b. 外校的量规仪器，由品保部送到国家认可的 CNLA 实验室进行校正。

c. 查核的量规仪器，由仪器使用人员依据"仪器查核规范"进行查核作业，并应记录于"仪器查核记录"。

d. RF 量规仪器的查核，由工程师依据"RF 仪器查核规范"进行查核作业。

（7）判定：

a. 由品保部建立"校正仪器允差一览表"及"允差表"以方便查阅。

b. 外校的量规仪器校正后应有校正报告，且由品保部依据"校正仪器允差一览表"

或"允差表"予以判定是否合格，并登录于"量规仪器履历表"。

c. 校正不合格的仪器，由品保部将仪器送修。

d. 维修完成的量规仪器应重新校正，并记录于"量规仪器履历表"。

e. 量规仪器的报废，由品保部先贴上"禁止使用"卷标，并于适当时机，由权责单位予以报废。

f. 判定校正失效的量规仪器，须执行下列事项：

第一，送仪器厂商维修，若经厂商判定为无法修复时应径行报废。

第二，由品保部开立"品质异状单"依"矫正与预防措施程序"，对过去所做测量结果是否正确加以评估。

(8) 卷标作业：

a. 校正作业完成后，应以卷标标示。

b. 校正使用卷标含校验合格、禁止使用、限制使用、无须校验与拆封无效等标示，其用途说明如下：

第一，校验合格：凡外校或内校经判定合格者。

第二，禁止使用：如有故障尚未送修、校正时间已过而未校正、生产线正在使用而未校正或对仪器的标准有争议待判定的情形时，应贴上此卷标。

第三，限制使用：仪器经校正后发现只有部分校正点在允差内，但仍可使用，应贴上此卷标，以防止该仪器用在其他范围而影响品质。

第四，无须校验：凡不用于品质测量或制程监控的仪器设备皆可为无须校验，应以无须校验卷标加以识别。

第五，拆封无效：校正后，为防该仪器因人为因素导致该仪器的标准偏移，应贴上此卷标。

(9) 搬运与储存：

a. 搬运：轻型（15公斤以下）仪器可用徒手搬运，15公斤以上的仪器须用推车搬运，外校仪器的搬运须填充缓冲物于包装箱内避免仪器震动受损。

b. 储存：储存后重新使用的仪器，须作必要的功能测试以确保仪器的正常。

资料来源：标杆企管顾问股份有限公司内部资料。

第六节 结论

现代品质管理强调 PDCA，本章主题测量与监控即为 PDCA 循环中的 C。能知品质水准，方知改善机会，测量与监控在品质管理系统中所扮演的角色正是开启改善大门的钥匙。

个案研究

负责中国台湾实验室认证的中国台湾认证基金会

现代各国为确保产品品质，保障国民权益与福祉，常需借助公民实验室的力量执行各种检测活动，因此，实验室在经济活动中扮演着不可或缺的角色。许多公司，尤其是大型企业，自己内部的检测需求量很大，自行设立实验室有其必要，此类实验室以服务该公司的检测需求为主，但也有可能对外服务；也有许多独立的实验室，不属于任一企业，纯粹以提供服务来赚取费用。由于各实验室所出具的报告常被作为交易或仲裁的依据，成立一个独立客观的认证机构来专门负责审查实验室作业的品质乃属必要，实验室认证机构因此诞生。

1947 年，第一个实验室认证机构于澳洲设立，其后，各国政府纷纷协助建立其国内的实验室认证机构。1977 年，第一次国际实验室认证大会于丹麦哥本哈根召开。至今，全球在国际实验室认证联盟（International Laboratory Accreditation Cooperation，ILAC）相互承认协议（Mutual Recognition Arrangement，MAR）下，已有 66 个符合国际规范 ISO/IEC17011 运作的认证机构，认可了 35000 个实验室，在全球各地执行检测服务。

1987 年，中国台湾提出"推动全面提高产品品质计划"，其下一个名为"实验室认证制度"（Laboratory Accreditation Program，LAP）的分项计划开始执行，此为中国台湾建立实验室认证制度的滥觞。1989 年，中国台湾又提出了一个针对校正服务的人才培训计划——"中国台湾检校体系"（National Calibration Service，NCS）。1990 年，中国台湾整合 LAP 与 NCS，委托工业技术研究院测量技术发展中心成立"中国台湾实验室认证体系"（Chinese National Laboratory Accreditation，CNLA），负责台湾地区所有检验与校正实验室的认证工作。为整合认证资源，中国台湾又于 2003 年，将当时负责实验室认证的 CNLA 与负责验证机构认证的"中国台湾认证委员会"（CNAB）合并，成立非营利性机构"财团法人中国台湾认证基金会"（Taiwan Accreditation Foundation，TAF）。从 1990 年 CNLA 成立至今，中国台湾实验室认证活动推动已超过 20 年，1300 家实验室认证通过，对中国台湾经济发展功不可没。

依照国际实验室认证联盟的规定，实验室分为校正、机械、电性、化学、非破坏检测、游离辐射、音响与震动、光学、温度与热、生物十大类。欲取得认证的实验室，其品质管理需依据国际标准ISO/IEC17025运行，ISO/IEC17025与ISO9001大致类似，但对于实验室的特殊性质有额外的要求，测量不确定性也需特别计算并确保。至于TAF对于实验室的认证工作，则须依循ISO/UEC 17011的规定运作。

为了与国际认证接轨，TAF先后加入国际认证组织ILAC（国际实验室认证联盟）、APLAC（亚太实验室认证联盟）且签署相互承认协议（MRA），与世界认证发展齐头并进，也积极参与国际活动，对认证发展贡献一己之力，加上与其他国际组织如WTO/TBT（世界贸易组织/贸易技术障碍委员会）、OECD（经济合作暨发展组织）、APEC（亚太经合会）、Bluetooth SIG.（国际蓝牙组织）、ASCLD（美国刑事鉴识实验室主管协会）保持联系，强化TAF的国际地位，进而将认证的效益回馈给认可实验室/检验机构。

除此以外，TAF举办各种在职训练、人才培训，维持、提升台湾地区检测校正实验室/检验机构品质及专业人员技术能力，且善用内外部人力资源以达认证服务的专业性以及高效率。TAF将持续追求认证的公信力、与权责机关建立良好关系，担任认证信息平台提供者、扮演认证需求与市场机制的协调者，促使认可实验室/检验机构所出具的报告、证书能为其他国家所承认，以消除贸易障碍、拓展国际贸易市场。

问题讨论

1. 当不同机构出示的品质检验报告相互矛盾时，请问您该如何判定优先采用哪一个机构的检验报告？

2. TAF认可的实验室所出具的检验报告，能说服国外客户采信吗？

资料来源：林开仪. 实验室认证发展的滥觞、成就与展望 [J]. 品质月刊，2010（6）；中国台湾认证基金会，http://service.taftw.org.tw/tafweb/index.aspx。

习题

1. 请以图标出顾客满意调查的程序。

2. 顾客满意调查的目的可分为哪两种？

3. 常见的顾客满意的调查方法包含哪些？

4. 试述何谓ACSI模式。

5. 请说明内部稽核与外部稽核的意义。

6. 试说明第一者稽核、第二者稽核与第三者稽核的不同。

7. 试说明品质稽核的意义。

8. 试区分定期稽核与不定期稽核。

9. 试区分系统稽核与产品稽核。

10. 何为内部品质稽核循环？

11. 过程测量与监控的目的为何？

12. 试说明首件检查的意义。

13. 新乡重夫认为一般制程管制的缺失为何？

14. 试说明自主检查的意义。

15. 试说明顺序检查的意义。

16. 试说明源流检查的意义。

17. 试解释防呆装置。

18. 丰田汽车的源流检查具有哪两项特色？

19. 试说明巡回检查的意义。

20. 检验与测试若依时机加以分类可分为哪几类？

21. 近年来为何全检再度受到重视？

22. 企业采行抽检的主要原因为何？

23. 一般企业如何建立其合格供货商名录？

24. 企业与其供货商的传统关系与伙伴关系有何差异？

25. 试解释何为特殊制程。

26. ISO9001 对于测量和监控仪器的管制要求为何？

第八章　管制图概论

学习重点 **在学习本章后，你将能够：**

1. 了解何为品质变异。

2. 明了降低变异的两个方向为何。

3. 说明何为统计品质管制。

4. 明了实验设计、统计制程管制与允收抽样在降低产品与制程变异中所扮演的角色。

5. 说明何为机遇变异与非机遇变异。

6. 了解管制图的基本原理。

7. 明了管制图中心线、管制上限、管制下限与样本点的意义。

8. 建立管制图的若干重要概念。

9. 学习管制图的判定准则。

尊爵企业实施统计制程管制已有多年，在最近一次的内部品质稽核中发现，过去一年的管制图没有出现任何一次的异常。正当品管部门与生产部门为此得意扬扬之际，王顾问却不以为然地说道："由管制图的原理可知，即使制程一切正常，平均抽样 370 次，也应该会有一次 False Alarm；过去一年，平均每天抽样 8 次，总计抽样 2000 次，竟然没有一次异常，可见得若非抽样或记录不实，要不就是制程已获改善，管制上下限应重新检讨。制作管制图的过程也须遵循 PDCA 的原理，持续改善，管制上下限也不是固定之后永远不需检讨，我建议以后至少每隔半年重新检讨一次管制图的适用性，以使管制图真正发挥效用。"

管制图早在 20 世纪 30 年代即由修华特创造出来，历经了多年的应用，管制图至今仍然是产品品质改善最常使用的工具之一，所有从事品管的人员也莫不视管制图为其必须修习的最重要课程。

第一节 品质变异

品质特性（Quality Characteristic）代表我们所关心的品质的特征值，一般分为计量值（Variable Data）与计数值（Attribute Data）两种。计量值品质特性一般是借由测量获得，例如尺寸、重量、温度或寿命等，计数值品质特性一般是由累积数量获得，例如不合格数、缺点数、不合格率或单位缺点数等。

取得计量值的数据因牵涉测量，故手续常较为烦琐，对于时间与成本的耗费会较高；但其优点为资料能提供较多的讯息，可以协助管理者进行各种决策。计数值数据的取得常比计量值容易，例如以 Go-NoGo Gage 进行合格与不合格品的判定等即是；但其缺点则为所能提供的讯息有限，例如我们可能只知道某批产品的不合格数量，至于该批产品不合格严重到什么程度，就难以细究了。

大自然与制程中存在着许多影响产品品质的因子，例如环境温度、空气湿度、原物料间的差异与制程条件等，这些因子会使得产品品质特性实际值偏离目标，我们称这种产品品质特性实际值与目标值间的差距为"变异"（Variation）。

由于变异的来源极为广泛，故变异无法消除只能降低。

假设品质特性实际值为 X，目标值为 T，一个产品的变异可以表示为 $X - T$，也可以写成 $(X - \mu) + (\mu - T)$。若有一大小为 N 的群体，则该批产品的平均变异可以写成公式（8-1）。

$$
\frac{\sum (X - T)^2}{N} = \frac{\sum [(X - \mu) + (\mu - T)]^2}{N}
$$

$$
= \frac{\sum (X - \mu)^2}{N} + \frac{\sum (\mu - T)^2}{N}
$$

$$
+ \frac{2 \sum (X - \mu)(\mu - T)}{N} \tag{8-1}
$$

品质特性代表我们所关心的品质的特征值，一般分为计量值与计数值两种。

产品品质特性实际值与目标值间的差距为"变异"。

由于 μ 与 T 皆为常数且 $\sum (X - \mu) = 0$，故：

$$\sum (\mu - T)^2 = N(\mu - T)^2$$

$$\sum (X - \mu)(\mu - T) = (\mu - T)\sum (X - u) = 0$$

因此公式（8-1）可再改写成公式（8-2）。

$$\frac{\sum (X - T)^2}{N} = \sigma^2 + (\mu - T)^2 \tag{8-2}$$

范例 8-1

某型号轮轴的外径尺寸目标值为 300.0mm，现生产一批轮轴的外径尺寸为 300.1mm、300.2mm、300.1mm、300.1mm、300.2mm、300.1mm、300.2mm、300.0mm、300.1mm、300.1mm。试求：

1. 每一个产品的变异。

2. 由上述结果计算该批产品的变异。

3. 该批产品品质特性的平均数与标准差。

4. 由 3 的结果求该批产品的变异，并比较其与 2 的差异。

解答：

1. 每一个产品的变异计算如表 8-1 中的第三列。

表 8-1　某型号轮轴的外径尺寸电子表格

编号	观察值	X－T	(X－T)²	X－μ	(X－μ)²
1	300.1	0.1	0.01	−0.02	0.0004
2	300.2	0.2	0.04	0.08	0.0064
3	300.1	0.1	0.01	−0.02	0.0004
4	300.1	0.1	0.01	−0.02	0.0004
5	300.2	0.2	0.04	0.08	0.0064
6	300.1	0.1	0.01	−0.02	0.0004
7	300.2	0.2	0.04	0.08	0.0064
8	300.0	0.0	0.00	−0.12	0.0144
9	300.1	0.1	0.01	−0.02	0.0004
10	300.1	0.1	0.01	−0.02	0.0004
平均数	300.12	0.12	0.018	0.00	0.0036

2. 由表 8-1 得知：

$$\frac{\sum (X - T)^2}{N} = 0.018$$

3. 由表 8-1 得知：

该批产品品质特性的平均数 = 300.12。该批产品品质特性的变异数 = 0.0036，标准差 = 0.06。

4.
$$\frac{\sum(X-T)^2}{N} = \sigma^2 + (\mu - T)^2$$
$$= 0.0036 + (300.12 - 300.0)^2$$
$$= 0.018$$

此结果与 2 的结果相同。

由公式（8-2）与范例 8-1 得知，变异是平均数与变异数的函数。而想要降低变异就可以从以下两个方向着手：

（1）减少平均数与目标值间的差距，即设法降低（$\mu - T$）的值。

（2）减少变异数的大小，即设法降低 σ^2。一般而言，要从第二个方向降低变异比从第一个方向降低变异的难度高。

以图 8-1 为例，图中的纵坐标代表品质特性的分配，横坐标代表品质特性与目标值间的差距，当此差距为 0 时代表品质完全符合要求。图 8-1（1）中，A 产品的平均数为 0、标准差为 1，B 产品的平均数为 1、标准差也为 1，A 与 B 的标准差相同，但因 B 产品的平均数与目标值间的差距较 A 产品大，故 B 产品的变异大于 A 产品；相对地，图 8-1（2）中 A 产品的平均数为 0、标准差为 1，B 产品的平均数为 0、标准差为 2，A 与 B 的平均数相同，但因 B 产品的标准差较 A 产品大，故 B 产品的变异同样大于 A 产品。

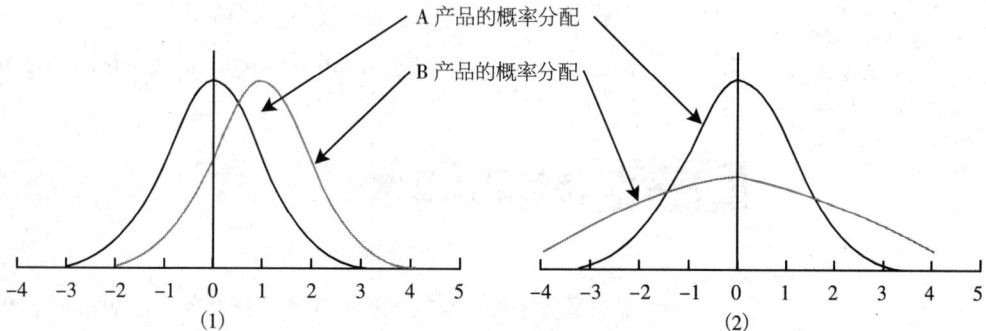

图 8-1　品质变异的比较

范例 8-2

试计算图 8-1 中 A 与 B 产品的变异，并比较之。

解答：

1. 先计算图 8-1(1)。

A 产品的变异为：

$$\frac{\sum(X-T)^2}{N} = \sigma^2 + (\mu-T)^2 = 1^2 + 0^2 = 1$$

B 产品的变异为：

$$\frac{\sum(X-T)^2}{N} = \sigma^2 + (\mu-T)T^2 = 1^2 + 1^2 = 2$$

故 B 产品的变异大于 A 产品。

2. 其次计算图 8-1(2)。

A 产品的变异为：

$$\frac{\sum(X-T)^2}{N} = \sigma^2 + (\mu-T)^2 = 1^2 + 0^2 = 1$$

B 产品的变异为：

$$\frac{\sum(X-T)^2}{N} = \sigma^2 + (\mu-T)T^2 = 2^2 + 0^2 = 4$$

故 B 产品的变异同样大于 A 产品。

所谓的品质改善（Quality Improvement），其实就是降低产品与制程的变异。由于变异只能以统计方式描述，故降低变异应运用统计方法。这种将统计方法运用在品质改善上以降低产品与制程变异的做法，一般称之为统计品质管制（Statistical Quality Control，SQC）。

由于变异只能以统计方式描述，故降低变异应运用统计方法。这种将统计方法运用在品质改善上以降低产品与制程变异的做法，一般称之为统计品质管制。

第二节 统计品质管制

统计品质管制在统计学者的努力下包罗万象、成就非凡，但其中应用最为广泛的应属实验设计、统计制程管制与允收抽样。实验设计、统计制程管制与允收抽样在降低产品与制程变异中所扮演的角色，应随着企业推动品质改善的历程而转变，此转变如图 8-2 所示。

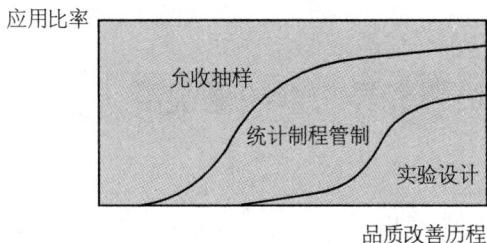

图 8-2 统计品质管制的应用历程

允收抽样是以抽样方法判定整批产品是否应该允收的统计手法，其所需的观念与技巧较为简单，故适合运用于统计品质管制导入的初期，但因其属事后检验，故长期而言对品质改善的功效有限。

统计制程管制是以统计手法针对制程进行监控、分析与异常改善，其所需的观念与技巧较允收抽样复杂，故适用于统计品质管制导入的中期。因其属事前预防，故长期而言对品质改善的功效会比允收抽样大。

实验设计是探讨如何规划与分析一个实验，以求得产品与制程的最佳条件组合，其所需的观念与技巧比统计制程管制更为复杂，故适用于统计品质管制导入的后期。实验设计不但属事前预防，它更将品质改善作为提前至产品与制程设计阶段，故长期而言对品质改善的功效最为宏大。

当企业能依允收抽样、统计制程管制与实验设计的顺序逐步推动品质改善活动时，该企业就能如图 8-3 般地逐步降低其品质变异。

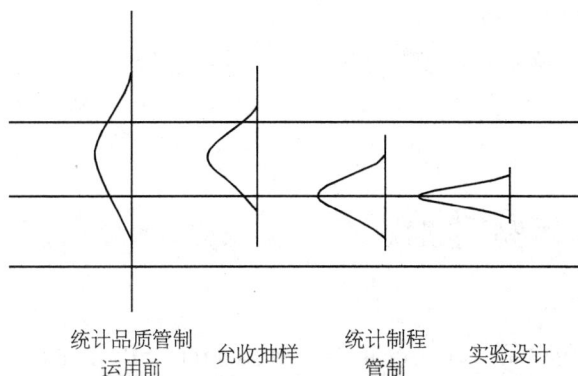

统计品质管制运用前　允收抽样　统计制程管制　实验设计

图 8-3 统计品质管制与品质变异的降低

第三节　机遇变异与非机遇变异

品质变异的来源包含机遇变异与非机遇变异。

无论产品在设计或制造阶段如何严谨与优良，生产完成后产品间的变异都仍然会存在，这种变异被称为"机遇变异"（Chance Variation），它是由"机遇原因"（Chance Causes）所形成。机遇变异可比拟为自然界中的随机变异，故要降低机遇变异较为困难，机遇原因也较难借由制程管制加以避免。机遇变异包含类似原物料的变异、机器设备的变异、环境的变异与量规仪器的变异等的总和累积。由于机遇原因是一种普遍存在的现象，故品质大师戴明以"一般原因"称之。如果制程变异只包含机遇变异，即制程变异只受到机遇原因的影响，我们称此制程为"稳定"（Stable）或"在统计管制内"（In Statistical Control）。

品质变异的另一种来源是"非机遇变异"（Assignable Variation），它是由"非机遇原因"（Assignable Causes）所形成。非机遇变异并非随机形成，而是制程出现异常的结果，故非机遇原因出现时应立即加以矫正，当非机遇原因矫正后，变异就能降低。非机遇原因常见的有例如作业员操作错误、制程条件设定错误或机器设备偏离校正等。由于非机遇原因是一种特殊状况，故品质大师戴明以"特殊原因"称之。如果制程变异包含非机遇变异，即制程变异受到非机遇原因的影响，我们称此制程为"不稳定"（Unstable）或"在管制外"（Out of Control）。

由于非机遇变异大多存在制程中，故要降低非机遇变异对产品的影响最常从制程着手，而其相对应的统计方法就是统计制程管制。

旁注：
品质变异的来源包含机遇变异与非机遇变异。

如果制程变异只包含机遇变异，即制程变异只受到机遇原因的影响，我们称此制程为"稳定"或"在统计管制内"。

如果制程变异包含非机遇变异，即制程变异受到非机遇原因的影响，我们称此制程为"不稳定"或"在管制外"。

第四节　管制图概说

统计制程管制（Statistical Process Control，SPC）是运用统计工具以降低制程变异的方法，其内容包含管制图、制程能力分析、品管七工具、量规仪器的再现性与再生性分析以及其他各种可用于降低制程变异的方法等。其中，尤以管制图的应用最为广泛，故也有人将管制图的应用直接称为统计制程管制。

一、管制图的基本原理

管制图（Control Charts）是一种以图形来监控制程是否存在非机遇原因的方法。早期的管制图多应用于制造业，然而随着服务业对品质的重视，管制图现今也大量应用于服务业中。

若制程中只有机遇原因，而没有非机遇原因，即制程是在统计管制内，则随着时间的推移，品质特性会有如同图 8-4 的表现。

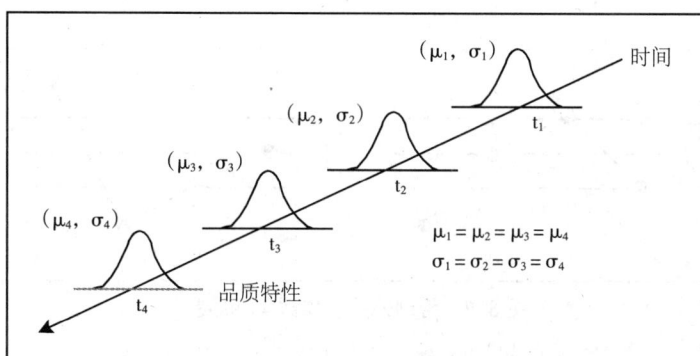

图 8-4　制程在统计管制内的品质特性

若制程中存在非机遇原因，即制程是在管制外，则随着时间的推移，品质特性会有如同图 8-5 的表现。

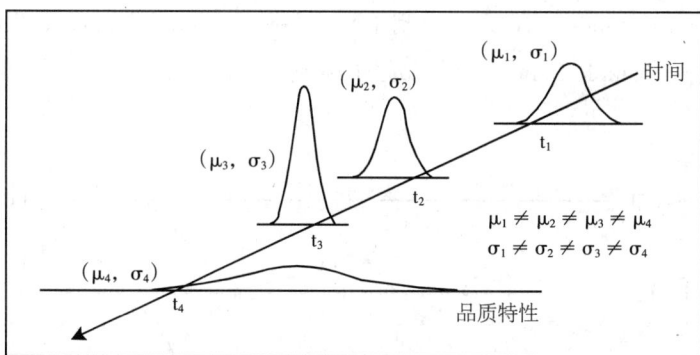

图 8-5　制程在管制外的品质特性

图 8-4 与图 8-5 为一个三度空间的图形，理解上较不容易。若将图 8-4 与图 8-5 以二度空间表示，且分为平均数与标准差两图，则可得图 8-6 与图 8-7。由图 8-6 我们能更清楚看出该制程中只存

在机遇变异，而图 8-7 则有非机遇变异的存在。类似的原理运用在对样本统计量的监控，以明了群体参数的变化，并据以判断制程中是否有非机遇原因的存在，这就是管制图的基本原理。

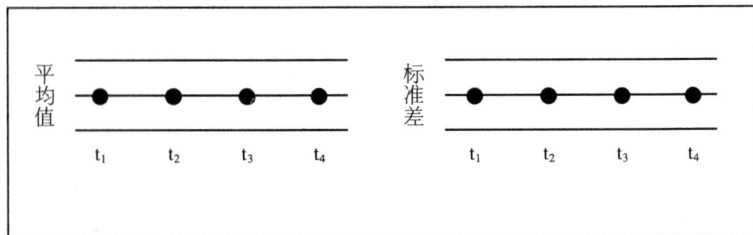

图 8-6 统计管制内的平均数与标准差

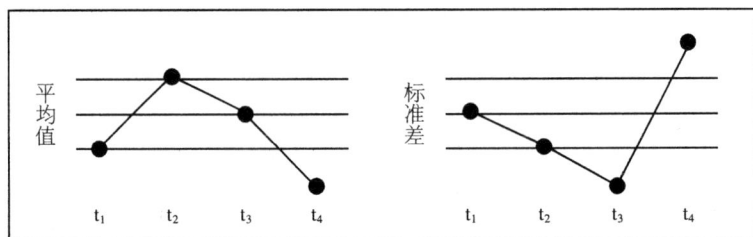

图 8-7 管制外的平均数与标准差

二、典型的管制图

管制图是由中心线、管制上限、管制下限与样本点四个部分所组成。

典型的管制图如图 8-8 所示，它的横轴一般为时间，纵轴为品质特性值。管制图是由中心线（Center Line，CL）、管制上限（Upper Control Limit，UCL）、管制下限（Lower Control Limit，LCL）与样本点（Sample Point）四个部分所组成。

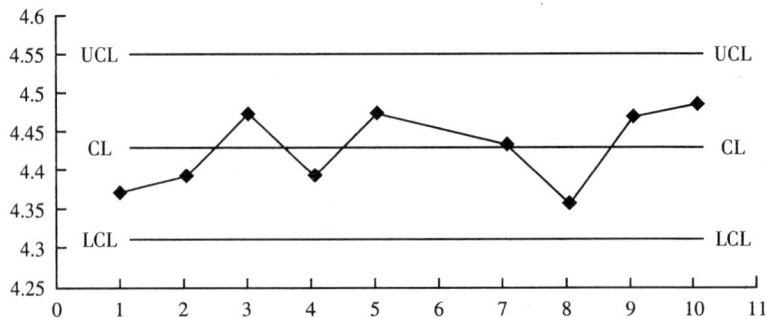

图 8-8 典型的管制图

样本点是在不同时段自群体中抽出样本，计算样本统计量后描绘在管制图上的点，将样本点依时间先后描绘在管制图上并加以连线，能提供管理者相当多的制程讯息。样本统计量可以是样本平均数、样本全距或样本标准差等。如果样本点经联机后显现随机状态，我们就可以判定该制程大概只存在机遇变异；但若样本点经连线后显现非随机状态。例如其中有一样本点落在 UCL 与 LCL 外，我们就会判定该制程可能存在非机遇变异，应立即采取行动追查原因并作矫正预防。

除了样本点外，管制图中有三条线：CL、UCL 与 LCL。这三条线是用来判定制程是否在管制内的重要依据，其基本公式如（8-3）所示。

$$CL = \mu_w$$
$$UCL = \mu_w + k\sigma_w$$
$$LCL = \mu_w - k\sigma_w \qquad (8\text{-}3)$$

式中，w 代表样本统计量；μ_w 代表样本统计量的平均数；σ_w 代表样本统计量的标准差；k 代表管制界限与中心线间以标准差表示的距离。

在此需特别注意的是，管制界限若出现超出品质特性的合理范围时，该管制界限应以合理范围的最小值或最大值取代。例如品质特性若一定为正，则当管制下限出现负数时就应该以 0 取而代之。

第五节　有关管制图的若干重要概念

前节中介绍的典型管制图在应用前，使用者应先建立以下的几项重要的观念。

一、型 I 误差与型 II 误差

所谓的型 I 误差（Type I Error，α）代表应该接受但却拒绝的概率，在应该接受该产品但却拒绝的情形下，生产者会蒙受损失，故 α 值又被称为生产者风险（Producer's Risk）。型 II 误差（Type II Error，β）代表应该拒绝但却接受的概率，在应该拒绝该产品但却接受的情形下，消费者会蒙受损失，故 β 值又被称为消费者风险（Consumer's Risk）。

型 I 误差代表应该接受但却拒绝的概率，在应该接受该产品但却拒绝的情形下，生产者会蒙受损失，故 α 值又被称为生产者风险。型 II 误差代表应该拒绝但却接受的概率，在应该拒绝该产品但却接受的情形下，消费者会蒙受损失，故 β 值又被称为消费者风险。

型 I 误差与型 II 误差的大小受到 UCL 与 LCL 的影响，也就是受到 k 的影响。例如在图 8-9 中，A 为管制内的制程，此时即使制程一切正常，没有任何非机遇原因，但是样本点仍会有 α 的概率落到管制界限外，而造成我们误判存在非机遇原因。同理，B 为管制外的制程，此时即使制程为异常，非机遇原因存在，但是样本点却仍会有 β 的概率落在管制界限内，会造成我们误判非机遇原因不存在。

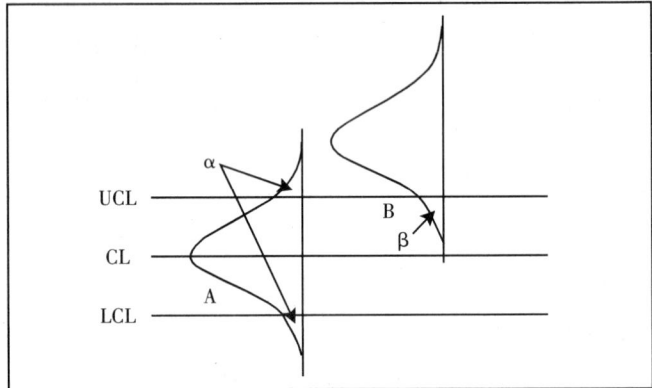

图 8-9　型 I 误差与型 II 误差

就图 8-9 而言，如果我们想降低 α，就必须加大 k 值以使管制界限加大，例如将 UCL 向上移动，但很明显此时的 β 会增加。同理，如果我们想降低 β，就必须减小 k 值以使管制界限缩小，例如将 UCL 向下移动，但此时 α 则会增加。因此，在其他条件不变的情形下，降低 α，β 会增加；降低 β，则 α 会增加。

范例 8-3

假设图 8-9 的 A 为平均数 0、标准差 1 的常态分配，B 为平均数 6、标准差 1 的常态分配，试求：

1. 管制界限为 3 与 –3 下的 α 与 β。

2. 管制界限为 6 与 –6 下的 α 与 β。

3. 由 1 与 2 解释降低 α，β 会增加；降低 β，则 α 会增加。

解答：

1. 当管制界限为 3 与 –3 时。由 A 分配知 α 等于标准常态分配三倍标准差以外的双边概率，故查本书附录的标准常态概率表得 α = 0.0027。

由 B 分配知 β 等于标准常态分配三倍标准差以外的单边概率，故查本书附录的标准常态概率表得 β = 0.00135 。

2. 当管制界限为 6 与 –6 时。由 A 分配知 α 等于标准常态分配六倍标准差以外的双边概率，故查本书附录的标准常态概率表得知 α 接近 0 。

由 B 分配知 β 等于标准常态分配一半的概率，故 β = 0.5 。

3. 当 α 由 0.0027 降至接近 0 时，β 由 0.00135 增加至 0.5；当 β 由 0.5 降至 0.00135 时，α 由接近 0 增加至 0.0027。故可得知在其他条件不变的情形下，降低 α，β 会增加；降低 β，则 α 会增加。

当管制图出现警示时，这警示可能是对的，也可能是错的。对的警示代表制程已在管制外且被侦测出来，其概率为 $1 - β$；错的警示代表制程仍在管制内，但却被误判为在管制外，其概率为 α。由于错误警示（False Alarm）是我们所不乐意见到的，故我们可以用错误警示出现的频度作为衡量管制图绩效的依据。

平均进行长度（Average Run Length，ARL）如公式（8-4）所示，它代表管制图平均多少个样本点会出现一次警示。

$$ARL = \frac{1}{p} \tag{8-4}$$

式中，p 代表样本点落在管制界限外的概率。

当制程在管制内，若样本点落在管制界限外，就会发生错误警示，此时 $p = α$，ARL 可视为是两次错误警示的平均间隔次数。

有时我们对于两次警示出现的间隔时间比对 ARL 更感兴趣，此时就会采用平均讯号时间（Average Time to Signal，ATS）取代 ARL。ATS 代表管制图平均多久会出现一次警示，如公式（8-5）所示。

$$ATS = ARL \times h \tag{8-5}$$

式中，h 代表样本点抽样的时间间隔。

> 平均进行长度代表管制图平均多少个样本点会出现一次警示。
>
> $ARL = \frac{1}{p}$

> 平均讯号时间代表管制图平均多久会出现一次警示。
>
> $ATS = ARL \times h$

范例 8-4

假设管制图每半小时抽样一次并计算样本统计量。试求范例 8-3，A 分配的 ARL 与 ATS。

解答：

$$ARL = \frac{1}{\alpha} = \frac{1}{0.0027} = 370$$

$$ATS = ARL \times h = 370 \times 0.5 \text{ 小时} = 185 \text{ 小时}$$

二、三倍标准差管制图

理论上，公式（8-3）的 k 值可依使用者的喜好自行设定，但一般都设为 3，我们称这样的管制图为三倍标准差管制图（3 σ Control Chart）。三倍标准差管制图的 α 值约为 0.0027，ARL = 1/0.0027=370，这代表制程在管制内时，每 1000 个样本点约有 2.7 个样本点会让我们误以为制程异常，平均每 370 个样本点会出现一个警示。

设定 k = 3，然后获得 α = 0.0027 能使公式（8-3）中管制界限的运算较为简单。在若干西欧国家，则是先设定 α = 0.002，然后获得 k = 3.09，此时 ARL = 1/0.002 = 500。

也有一些人在管制界限内以两倍标准差建立所谓的警告界限（Warning Limit），以期望在制程异常出现前更早的时间先获得警告，但这种做法非常容易导致错误警示，而使管理者疲于奔命，故并未获得大多数使用者的喜爱。

三、样本大小与抽样频率

为获得正确的讯息，样本大小 n 当然是愈大愈好，同理抽样频率也是愈频繁愈好，但样本大小与抽样频率都会影响成本，故两者皆不宜太大。在成本固定下，增加样本数能减少抽样频率，而增加抽样频率则能减少样本数，故两者间应取得适当的平衡。一般而言，以较小的样本搭配较高的抽样频率，会比较大的样本搭配较低的抽样频率更适合。

四、合理样本组

错误的抽样方法常是造成管制图无法发挥功效的最主要原因之一。正确的抽样方法应尽量设法减少样本组内的变异，并凸显样本组间的变异，以有效侦测样本点的变化，这种概念修华特称为合理样本组（Rational Subgroups）。以图 8-10 为例，一条生产线生产出来的产品自 1 开始依序往下编号，如果要自每 100 件产品中抽取 5 件样本，则可以定时法（Period-of-time Method）或瞬时法（Instant-of-time Method）来进行抽样。所谓的定时法是每隔一定时间进行抽样的方法，而瞬时法则为在瞬间将样本一次抽样完成的方法。一般情况下，瞬时法较受欢迎，因其样本组内的变异较小，但由于瞬时法的抽样间隔时间较长，故当制程异常短暂出现后即回归正常时，瞬时法就会有较高的概率无法侦测到该异常。

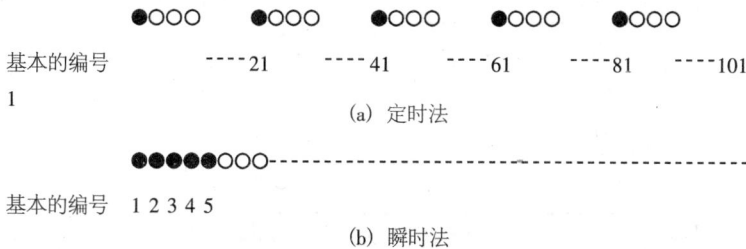

基本的编号
1

(a) 定时法

基本的编号 1 2 3 4 5

(b) 瞬时法

图 8-10 定时法与瞬时法抽样

针对每一台机器、每一种产品或每一道制程个别建立其管制图也是合理样本组的概念。若同一张管制图的样本是取自不同机器、不同产品或不同制程，样本组内的变异将较大，而无法凸显样本组间的变异，则该管制图将会无法发挥事前警示的功效。

五、解析用管制图与管制用管制图

由于管制界限是作为判定制程是否异常的标准，故管制界限应以没有任何非机遇原因存在的资料当作计算依据。为确保上述假设的成立，我们需将管制图分为两类：解析用管制图与管制用管制图。

以建立正确的管制界限为目的的管制图称为解析用管制图（Analytical Control Chart），建立该种管制图的时期称为基础期（Base Period），其管制界限称为试验用管制界限（Trial Control Limits）。以侦测制程是否异常为目的的管制图称为管制用管制图，建立该种管制图的时期称为监视期（Monitoring Period），其管制界限称为修正后管制界限（Revised Control Limits）。在基础期时，我们以解析用管制图检验所搜集到的数据中是否有非机遇变异。若非机遇变异存在，则应剔除掉该数据后重新计算试验用管制界限，并重新绘制解析用管制图，直到该解析用管制图仅呈现机遇变异时为止。此时，我们

以建立正确的管制界限为目的的管制图称为解析用管制图，建立该种管制图的时期称为基础期，其管制界限称为试验用管制界限。以侦测制程是否异常为目的的管制图称为管制用管制图，建立该种管制图的时期称为监视期，其管制界限称为修正后管制界限。

就可用最后的管制界限作为修正后管制界限，并开始绘制管制用管制图，以进行制程管制，那么统计制程管制即迈入了监视期。

第六节　管制图建立的步骤

综合前一节的所述，管制图建立的步骤应如图 8-11 所示。

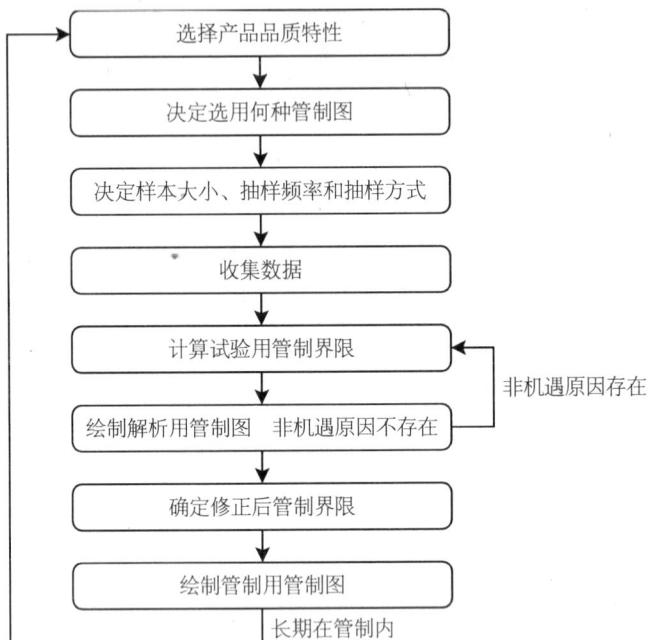

图 8-11　管制图建立的步骤

管制图的建立步骤说明如下：

1. 选择产品品质特性

任何一个产品都有多种品质特性，而一张管制图仅能管制一项品质特性，故我们仅能挑选几个最关键的品质特性进行管制。

2. 决定使用何种管制图

管制图的种类有许多且各有其优缺点，此部分涉及的层面较为复杂，在此暂不叙述。

3. 决定样本大小、抽样频率和抽样方式

样本大小与抽样频率应一并决定，以控制成本。抽样方式应注意是否掌握住了合理样本组的概念。

4. 搜集数据

数据应取自想要管制的制程，而非实验室或类似制程。

5. 计算试验用管制界限

依所选用的管制图，以搜集到的数据求出其样本统计量后，计算试验用管制界限。

6. 绘制解析用管制图

将样本点绘在解析用管制图上，并判定数据中是否存在非机遇变异，若非机遇变异存在则剔除该数据后应重回到步骤 5，若非机遇变异不存在则进入步骤 7。

7. 确定修正后管制界限

将管制界限最终结果设定为修正后管制界限。

8. 绘制管制用管制图

开始自制程中持续搜集数据，绘制管制用管制图，并依管制图判定准则研判制程是否存在非机遇原因，若非机遇变异存在则进行矫正预防措施及必要的标准化，以防止再发。有关管制图判定准则将在本章下一节中介绍。

若制程长期都在管制内，则代表制程变异已经降低，原管制界限已因过大而不再适用，此时应重回步骤 1。

第七节　管制图判定准则

判定制程中是否存在非机遇原因的标准称为管制图判定准则（Sensitizing Rules of Control Charts）。修华特提出管制图时只考虑样本点落在管制界限外的情形，之后许多学者专家陆续提出更多的管制图判定准则加以补充，这些准则大多是将三倍标准差内的区域，依一倍标准差与两倍标准差划分为 A 区、B 区与 C 区（如图 8-12 所示），然后再以此为基础建立不同的准则。本书采用 D. C. Montgomery 所整理的十点管制图判定准则，如表 8-2 所示，其前八项相对应的图形范例如图 8-13 所示。

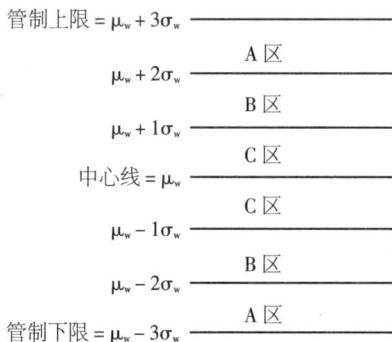

图 8-12　管制界限内的区域划分

表 8-2　管制图判定准则

①一点或多点落在管制界限外
②连续三点中的两点落在两倍标准差外
③连续五点中的四点落在一倍标准差外
④连续八点落在中心线的同一侧
⑤连续六点持续上升或下降
⑥连续十五点落在中心线两侧的 C 区
⑦连续十四点上下交互跳动
⑧连续八点未落在 C 区
⑨样本点出现非随机形态
⑩一点或多点接近警告或管制界限

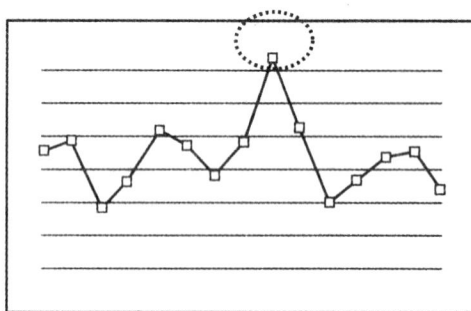

(1)　一点或多点落在管制界限外

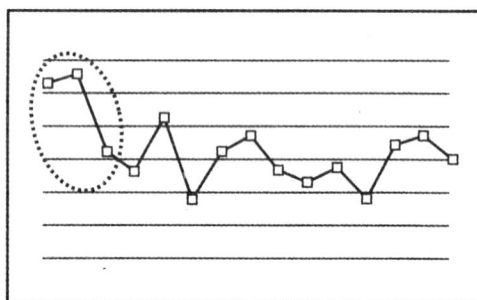

(2)　连续三点中的两点落在两倍标准差外

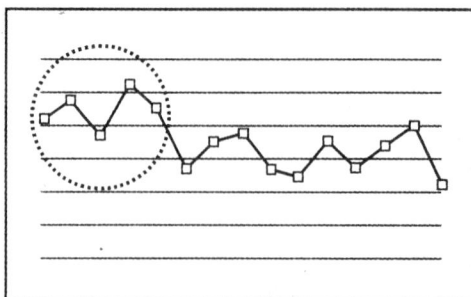

(3)　连续五点中的四点落在一倍标准差外

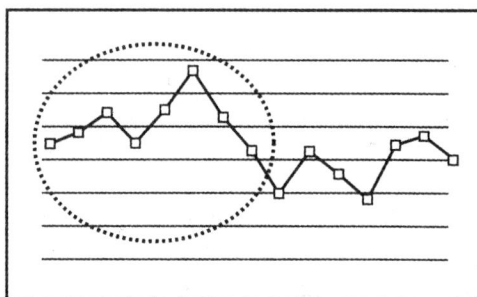

(4)　连续八点落在中心线的同一侧

图 8-13　管制图判定准则

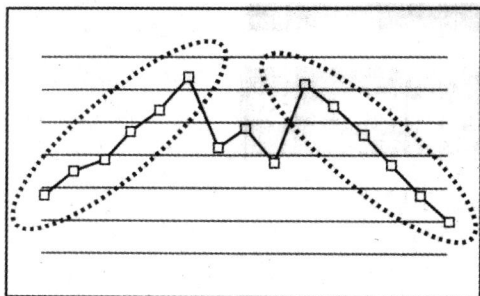

(5) 连续六点持续上升或下降

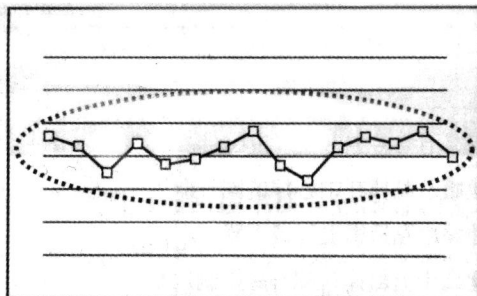

(6) 连续十五点落在中心线两侧的 C 区

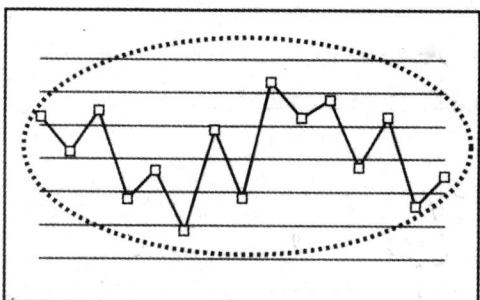

(7) 连续十四点上下交互跳动

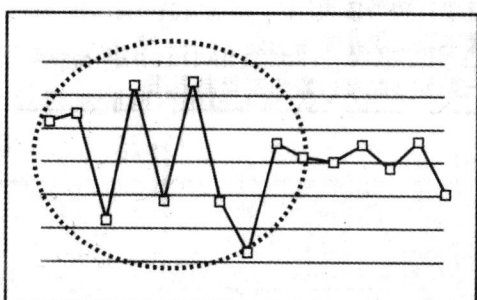

(8) 连续八点未落在 C 区

图 8-13　管制图判定准则（续）

范例 8-5

试判定图 8-14 的管制图是否可能存在非机遇原因。

解答：

1. 点 1~15 连续十五点落在中心线两侧的 C 区。

2. 点 2~15 连续十四点上下交互跳动。

3. 点 7~10 连续五点中的四点落在一倍标准差外。

4. 点 5~12 连续八点落在中心线的同一侧。

5. 点 5~6 连续三点中的两点落在两倍标准差外。

6. 点 4~9 连续六点持续上升或下降。

7. 点 4~11 连续八点未落在 C 区。

8. 点 6 落在管制界限外。

图 8(1)~(6) 皆有可能存在非机遇原因。

(1)

(2)

(3)

(4)

(5)

(6)

(7)

(8)

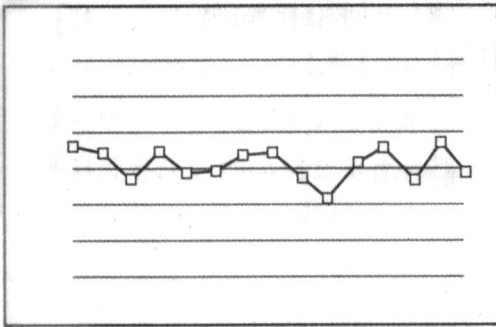

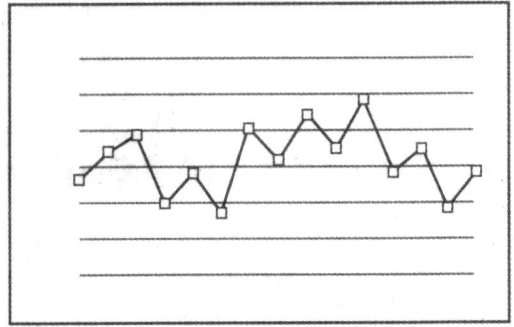

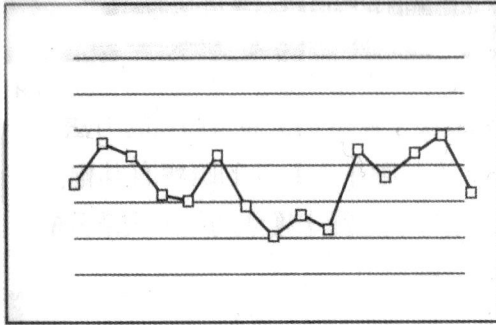

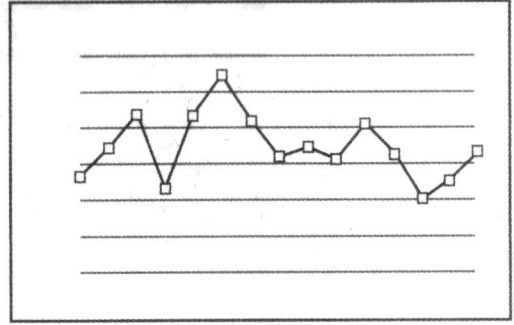

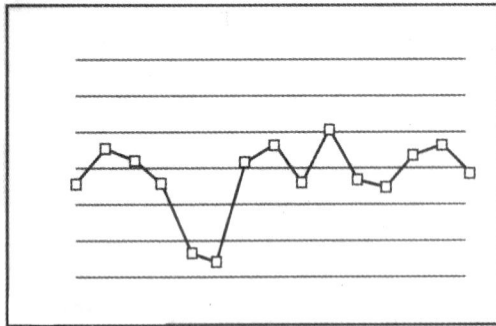

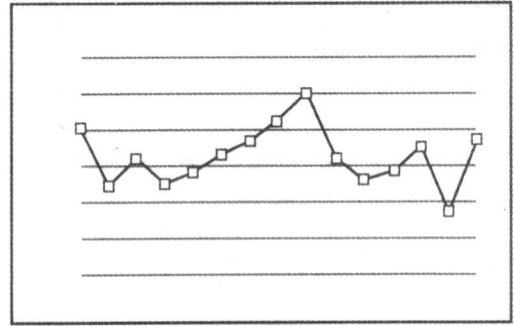

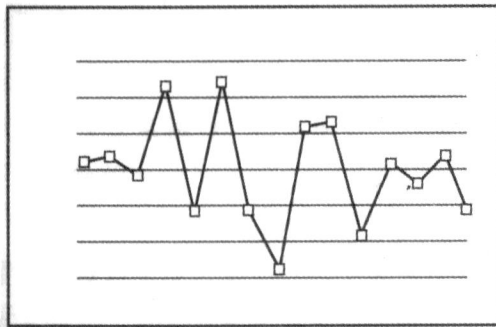

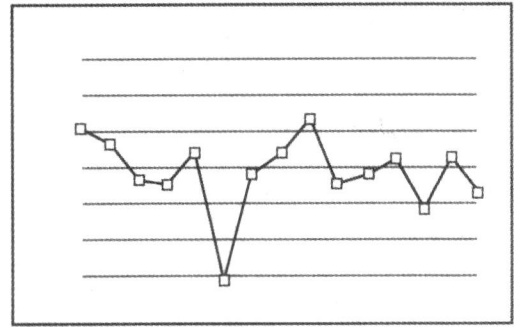

图 8-14　管制图判定准则的范例

第八节　结论

管制图是降低品质变异最常使用也是最为简易的方法之一，在正确的使用管制图前，对管制图基本原理的了解有其绝对的必要性。常见许多组织长年使用管制图却未获得功效，大部分的原因都是因为错误地使用管制图所致。

个案研究

茂德科技以信息科技发展实时品质监控系统

茂德科技公司成立于1996年底，借由中国台湾茂硅电子与德国西门子的资金、技术、市场和人才，成功地切入了64Mb动态随机存取内存（DRAM）的产品领域，目前它是全球最重要的DRAM产品的制造厂商之一。

茂德科技专注于DRAM的生产和制造，在繁复的产制过程（如图8-15所示），从产品（Raw Wafer）下线，历经微影（Photo）、蚀刻（Etch）、溅镀（Sputter）、沉积（Deposition）或离子植入（Implant）、化学机械研磨（CMP）重复数十次，经过数百道制程，至晶圆产出（Wafer Out），后经电性参数测试（WAT）及良率测试（Wafer Out）完成后，才可以产品方式出货至其他公司进行后段测试及封装，之后才至消费者手中，其中所经历的时间为数十个工作日。

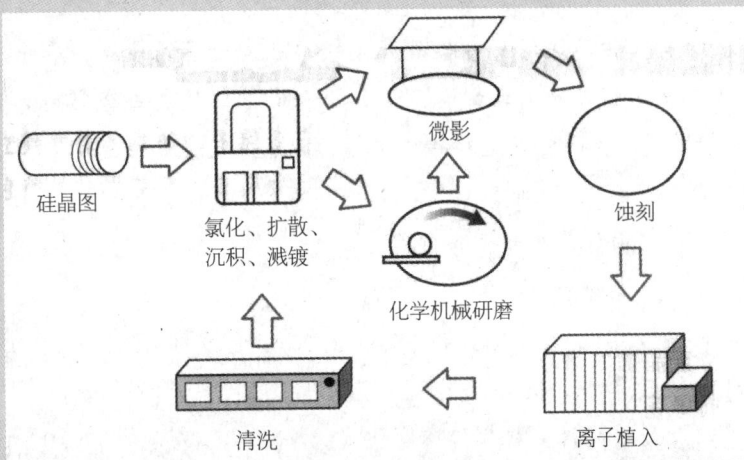

图8-15　晶圆生产流程

在检视晶圆的整体制造流程中，昂贵的原料与机台加上数百道的操作手续，使得制程与产品的品质控管更为严格，过程中任何的异常都可能影响产品的品质进而延误交期、减少企业获利，因此能对所有制程及产品做严格管制的"实时品质监控系统"是不可或缺的。

所以，茂德科技便致力于制程品质管理系统的开发，运用信息技术，结合制程中前段、中段与后段的制程监控，将前段的原物料品质管制、供货商管理；中段制程中的产品测量、统计分析技术、设备管制、工程变更管制；后段制程的良率分析、可靠度监控、成品出货品质管制等加以整合，以确保茂德的产品都是符合客户需求的良品。茂德科技的产品制程品质管制系统如图8-16所示。

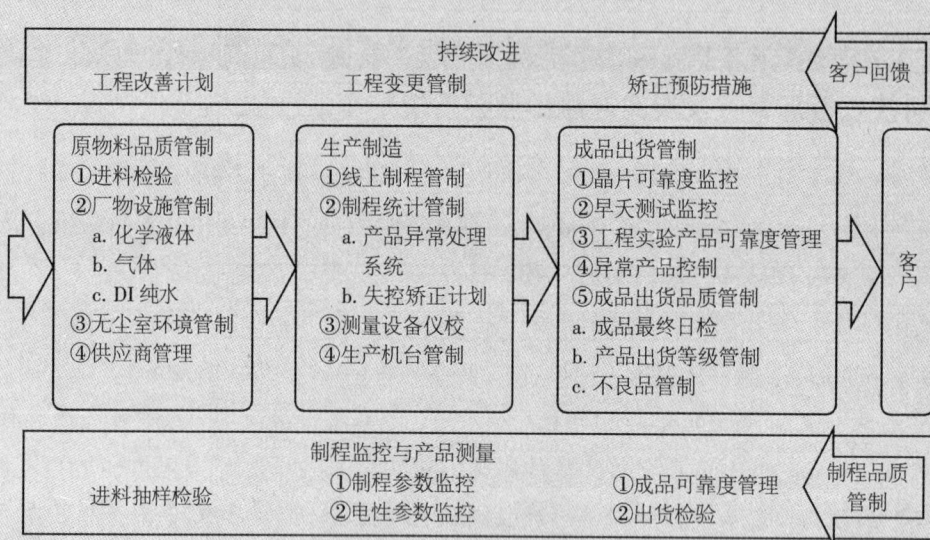

图8-16 品质管制系统

茂德科技公司有鉴于传统的异常单处理方式存在着诸多的缺点，着手建立异常事件计算机化控管系统，历经多次的检讨与改进，至今其已发展成一套实用且具特色的"异常事件控管整合系统"，值得许多追求品质卓越的制造业及服务业参考。

该系统的特色如下：

（1）自动或手动经由计算机开立异常单。

（2）可筛选异常至晶圆的最小单位（片）。

（3）异常单自动传签。

（4）更快速地处置异常事件。

（5）异常资料及处置的计算机化、透明化。

（6）可由异常数据库进行生产线的异常品控管。

（7）异常统计分析的自动化。

（8）可与其他系统连接。

（9）建立通用的异常码管理。

（10）符合 ISO9000 及客户需求。

问题讨论

请尝试看看你对茂德的制程品质管制系统有多少了解。

资料来源：中国台湾工业局品质优良案例得奖案例介绍. http://proj.moeaidb.gov.tw/nqpp，茂德科技股份有限公司异常事件的控管整合系统。

习题

1. 试说明何为变异?

2. 某饮料装填的重量目标值为 200g，现生产一批饮料的重量如下：200.3g、200.5g、200.8g、201.0g、201.2g、201.6g、200.7g、200.5g、201.3g、201.2g，试求：

（1）每一个产品的变异。

（2）由上述结果计算该批产品的变异。

（3）该批产品品质特性的平均数与标准差。

（4）由（3）的结果求该批产品的变异，并比较其与（2）的差异。

3. 某手机电池待机时间目标值为 72.0hrs，现生产一批手机电池的待机时间如下：73.5hrs、75.4hrs、74.3hrs、73.5hrs、76.5hrs、77.2hrs、73.4hrs、74.2hrs、75.1hrs、73.9hrs，试求：

（1）每一个产品的变异。

（2）由上述结果计算该批产品的变异。

（3）该批产品品质特性的平均数与标准差。

（4）由（3）的结果求该批产品的变异，并比较其与（2）的差异。

4. 试证明：

$$\frac{\sum (X-T)^2}{N} = \sigma^2 + (\mu - T)^2$$

5. 某批产品品质特性目标值为 120mm，平均数为 119mm，标准差为 1mm，试求其变异。

6. 塑料制成茶杯的口径内侧目标值为 7.3mm，今有一批产品的平均数为 7.4mm，标准差为 0.1mm，试求其变异。

7. 试说明降低变异的两个方向。

8. 试解释何为统计品质管制。

9. 试解释何为机遇变异与非机遇变异。

10. 试解释何为在统计管制内与在管制外。

11. 试解释何为统计制程管制。

12. 试说明管制图的基本原理。

13. 管制图是由哪四个部分所组成?

14. 请列出 CL、UCL 与 LCL 的基本公式。

15. 何为型 I 误差与型 II 误差?

16. 为何降低 α,β 会增加;降低 β,则 α 会增加?

17. 何为合理样本组?

18. 何为定时法与瞬时法抽样?

19. 何为解析用管制图与管制用管制图?

20. 试判定下列管制图是否可能存在非机遇原因。

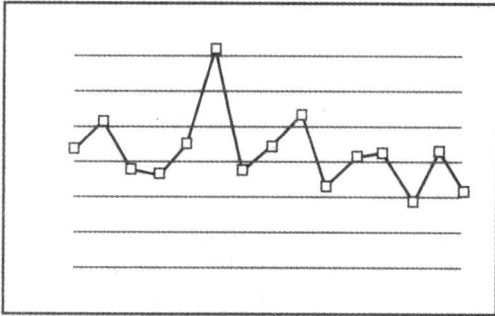

(1)

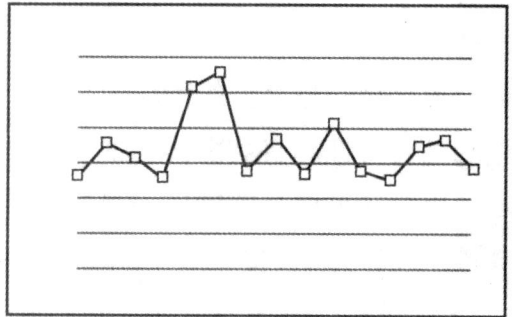

(2)

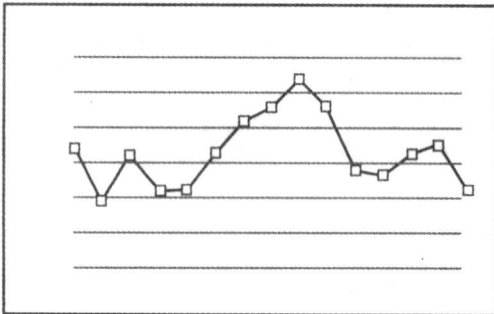

(3)

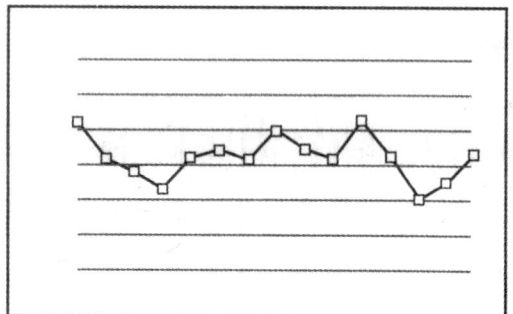

(4)

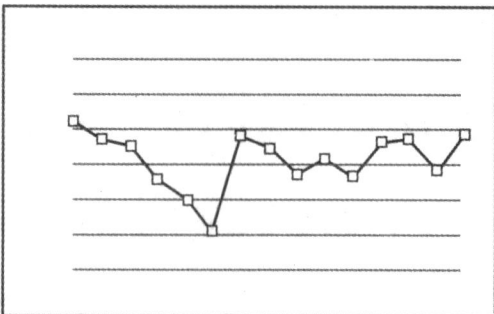

(5)

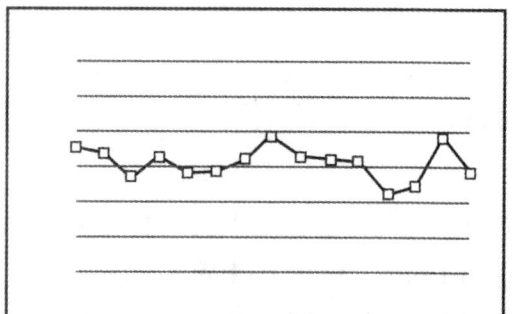

(6)

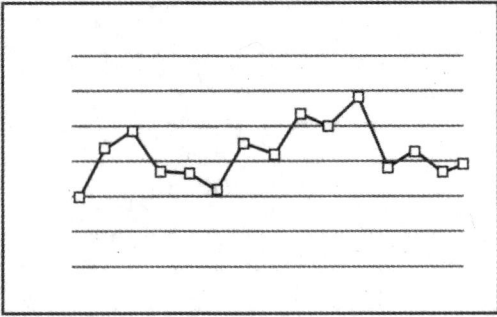

(7)

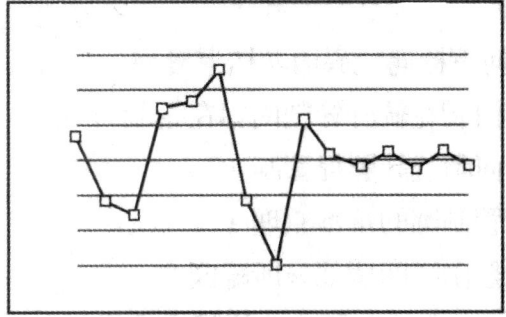

(8)

第九章　计量值管制图

学习重点 在学习本章后，你将能够：

1. 说明计量值管制图与计数值管制图。

2. 了解计量值管制图与计数值管制图的适用时机。

3. 了解并会计算平均数与全距管制图的管制界限。

4. 了解并会计算平均数与标准差管制图的管制界限。

5. 了解并会计算个别值与移动全距管制图的管制界限。

　　不知从何时开始，尊爵企业的平均数管制图就直接采用 x ± 3s/ $\sqrt{n}$ 作为管制上下限，s 则是用每隔 20 分钟抽 5 个样本，总计 30 组样本，共计 150 个样本的标准差计算而得，这种做法行之多年一直没有人觉得有问题。今天王顾问来到现场发现了这种状况，为了让品管自己发现问题所在，他请品管在制程中连续抽 150 个样本计算标准差；再请品管每隔 20 分钟抽一组样本大小为 5 的样本，连抽 30 组，合计也是 150 个样本，同样计算标准差，请品管比较两个标准差的大小。一天后，品管经理回报，前者的标准差远小于后者的标准差。王顾问请品管经理再多做几次，结果仍然相同。聪明的品管经理终于觉得事有蹊跷，向王顾问请教原委。王顾问说道："前者的样本因为是来自于较短的时间，所以其所包含的变异较少，绝大部分的变异可视为是来自于随机误差；但后者的样本因为是来自于较长的时间，所以其所包含的变异较多，除了随机误差以外，还有其他变异存在。因此前者的变异会小于后者的变异。统计学平均数的标准误虽然可写为 s/$\sqrt{n}$ ，但不要忘了它的基本假设，即 X~NID $(0，\sigma^2)$。就前述后者标准差的计算而言，它违背这个基本假设的可能性极高，所以贵公司过去的平均数管制图的管制界限很有可能高估了。"

管制图可区分为计量值与计数值管制图两大类，此两类各有优缺点与适用时机。计量值管制图由于能提供较多的品质信息且所需样本数较小，故广受使用者所喜好。本章中我们将介绍平均数与全距管制图、平均数与标准差管制图、个别值与移动全距管制图、群组管制图、批量管制图、多变量管制图、短期制程管制图与制程能力分析。至于计数值管制图，则将于下一章中再做介绍。

第一节　计量值与计数值管制图

若依品质特性属于计量值或计数值区分，管制图可分为计量值管制图与计数值管制图两大类。

最常见的计量值管制图有下列三种：

（1）平均数与全距管制图。

（2）平均数与标准差管制图。

（3）个别值与移动全距管制图。

最常见的计数值管制图则有下列四种：

（1）不合格率管制图。

（2）不合格数管制图。

（3）不合格点数管制图。

（4）单位不合格点数管制图。

一般而言，计量值管制图适用于以下时机：

（1）希望获得比较明确的品质特性信息，以利品质改善的进行时。

（2）希望在进行制程管制之余，也能对制程能力与测量不确定度进行了解时。

（3）希望能以较少的样本数进行对制程的管制时。

至于计数值管制图的适用时机则如下：

（1）当品质特性无法测量而需以感官或目测的方式鉴别品质时。

（2）当品质检验采用全数检验时。

（3）当品质是以 GO/NOGO 的方式判定时。

（4）当品质特性过多，可能导致计量值管制图太多，而希望仅以一张管制图来管制制程时。

由于管制图是以侦测制程中是否存在非机遇原因并避免大量不

合格品的出现为目的，因此管制图的绘制应尽可能即时化（Real Time），以迅速反应制程状态，也就是在任何一样本点出现后就应将其绘于管制图上，并立即判别制程中是否存在非机遇原因，而不应等待至取得一定批量（Batch）的样本点后，才绘制管制图。

为达到实时反应，检测自动化是最常使用的手段。具备自动化检测的仪器设备常能将所搜集到的资料传回计算机，在经过计算机绘制管制图后判定制程是否有异常存在，当异常可能存在时会发出警讯而通知相关人员。

第二节 平均数与全距管制图

平均数与全距管制图（$\bar{x} - R$ Control Charts）是应用最为广泛的管制图之一，它包含了分析品质特性集中趋势变化的平均数管制图以及分析品质特性离中趋势变化的全距管制图。

平均数与全距管制图的基本假设为品质特性 x 来自于常态分配，若该常态分配的平均数为 μ，标准差为 σ，即：

平均数与全距管制图的基本假设为品质特性 x 来自于常态分配。

$$f(x) = \frac{1}{\sqrt{2}\,\pi\sigma} e^{-\frac{1}{2}(\frac{x-u}{\sigma})^2}, \quad -\infty < x < \infty$$

一、平均数管制图

回顾第八章中我们曾经介绍三倍标准差管制图管制界限的基本公式，如公式（9-1）所示。

$CL = \mu_w$

$UCL = \mu_w + 3\sigma_w$

$LCL = \mu_w - 3\sigma_w$ （9-1）

式中，w 代表样本统计量；μ_w 代表样本统计量的平均数；σ_w 代表样本统计量的标准差。

就平均数管制图而言，公式（9-1）中的 $w = \bar{x}$。故若 x_1，x_2，x_3，…，x_n 来自于常态分配且样本大小为 n，则样本平均数为：

$$\bar{x} = \frac{\sum x}{n}$$

为一平均数为 $\mu_{\bar{x}} = \mu$、标准差为 $\sigma_{\bar{x}} = \sigma/\sqrt{n}$ 的常态分配。故式
(9-1) 可改写为公式 (9-2)：

$$CL_{\bar{x}} = \mu_{\bar{x}} = \mu$$

$$UCL_{\bar{x}} = \mu_{\bar{x}} + 3\sigma_{\bar{x}} = \mu + 3\frac{\sigma}{\sqrt{n}}$$

$$LCL_{\bar{x}} = \mu_{\bar{x}} - 3\sigma_{\bar{x}} = \mu - 3\frac{\sigma}{\sqrt{n}} \tag{9-2}$$

由于实务上我们一般都不知道 μ 与 σ 为多少，故必须从管制
内的制程中抽样，以获得的样本组来估计 μ 与 σ。为求得估计时
的不偏，一般样本组的个数至少应在 20~25 组以上。假设目前已
取得 m 个样本组，且每一个样本组都含有 n 个观测值，则每一个
样本组的平均数 $\bar{x}_1$，$\bar{x}_2$，…，$\bar{x}_m$ 都可获得，由于总平均数 $\bar{\bar{x}}$（如公式
(9-3) 所示）是 μ 的最佳估计值，故 $\bar{\bar{x}}$ 可作为平均数管制图的中
心线 CL。

$$\bar{\bar{x}} = \frac{\bar{x}_1 + \bar{x}_2 + \bar{x}_3 + \cdots + \bar{x}_m}{m} \tag{9-3}$$

统计学中的全距 R，代表一组资料中最大值与最小值间的差，如
公式 (9-4) 所示。从 m 个样本组中，我们可得到每一个样本组 的全
距 R_1，R_2，…，R_m，以及全距的平均数 $\bar{R}$，如公式 (9-5) 所示：

$$R = X_{max} - X_{min} \tag{9-4}$$

$$\bar{R} = \frac{R_1 + R_2 + R_3 + \cdots + R_m}{m} \tag{9-5}$$

由于 R/d_2 是 σ 的一个很好的估计值，其中 d_2 是一个视 n 的不
同而不同的常数（请参见附录）；又，我们可以 $\bar{R}$ 取代 R，故可得：

$$3\frac{\sigma}{\sqrt{n}} = 3\frac{\bar{R}/d_2}{\sqrt{n}} = \frac{3}{d_2\sqrt{n}}\bar{R}$$

若令 $A_2 = \dfrac{3}{d_2\sqrt{n}}$，则：

$$3\frac{\sigma}{\sqrt{n}} = A_2\bar{R}$$

式中，A_2 可由 d_2 求得，它也是一个视 n 的不同而不同的常数
（请参见附录）。

综上所言，我们可得平均数管制图的管制界限如公式 (9-6)

所示：

平均数管制图的管制界限：

$CL_{\bar{x}} = \bar{\bar{x}}$

$UCL_{\bar{x}} = \bar{\bar{x}} + A_2\bar{R}$

$LCL_{\bar{x}} = \bar{\bar{x}} - A_2\bar{R}$

$$CL_{\bar{x}} = \bar{\bar{x}}$$

$$UCL_{\bar{x}} = \bar{\bar{x}} + A_2\bar{R}$$

$$LCL_{\bar{x}} = \bar{\bar{x}} - A_2\bar{R} \tag{9-6}$$

二、全距管制图

就全距管制图而言，公式（9-1）中的 w = R，故公式（9-1）可写成：

$$CL_R = \mu_R$$
$$UCL_R = \mu_R + 3\sigma_R$$
$$LCL_R = \mu_R - 3\sigma_R$$

由于全距平均数 $\bar{R}$ 是 R 的最佳估计值，故 $\bar{R}$ 可作为全距管制图的中心线 CL。

由于 $d_3\bar{R}/d_2$ 是 σ_R 的一个很好的估计值，其中 d_3 是一个视 n 的不同而不同的常数（请参见附录），故可得：

$$UCL_R = \bar{R} + 3\frac{d_3\bar{R}}{d_2} = (1 + \frac{3d_3}{d_2})\bar{R} = D_4\bar{R}$$

$$LCL_R = \bar{R} - 3\frac{d_3\bar{R}}{d_2} = (1 - \frac{3d_3}{d_2})\bar{R} = D_3\bar{R}$$

式中，$D_4 = 1 + 3d_3/d_2$，$D_3 = 1 - 3d_3/d_2$，其值可参见附录。

综上所言，我们可得全距管制图的管制界限如公式（9-7）所示：

全距管制图的管制界限：

$CL_R = \bar{R}$

$UCL_R = D_4\bar{R}$

$LCL_R = D_3\bar{R}$

$$CL_R = \bar{R}$$

$$UCL_R = D_4\bar{R}$$

$$LCL_R = D_3\bar{R} \tag{9-7}$$

范例 9-1

某钢铁厂生产钢筋，现为建立管制图，自生产线上每隔 1 小时抽取 5 件样本，共获得 25 组样本组，经测量并记录其拉力后如表

9–1 所示（单位为 Lbs），试求平均数与全距管制图的管制界限。

表 9–1　某钢铁厂钢筋拉力试验记录

样本组	观测值					平均数	全距
1	2237	2227	2231	2225	2213	2227	24
2	2239	2225	2236	2233	2226	2232	14
3	2223	2247	2236	2222	2233	2232	25
4	2219	2221	2214	2229	2238	2224	24
5	2222	2227	2229	2222	2217	2223	12
6	2227	2247	2245	2221	2225	2233	26
7	2222	2217	2216	2219	2235	2222	19
8	2219	2210	2255	2234	2235	2231	45
9	2222	2233	2226	2239	2236	2231	17
10	2243	2224	2211	2230	2244	2230	33
11	2224	2226	2239	2214	2241	2229	27
12	2207	2229	2235	2216	2241	2226	34
13	2214	2227	2228	2233	2234	2227	20
14	2220	2241	2241	2225	2231	2232	21
15	2224	2226	2230	2226	2233	2228	9
16	2224	2228	2247	2218	2242	2232	29
17	2221	2229	2239	2216	2210	2223	29
18	2225	2222	2231	2235	2246	2232	24
19	2225	2228	2217	2221	2229	2224	12
20	2237	2238	2229	2233	2235	2234	9
21	2247	2233	2235	2236	2244	2239	14
22	2238	2244	2246	2218	2214	2232	32
23	2220	2220	2228	2238	2246	2230	26
24	2216	2243	2210	2231	2220	2224	33
25	2220	2215	2240	2229	2224	2226	25
总平均						2229	23

解答：

1. 计算平均数管制图的管制界限。

查表当 $n = 5$ 时，$A_2 = 0.577$，依式（9–6）计算平均数管制图的管制界限如下：

$$CL_{\bar{x}} = \bar{\bar{x}} = 2229$$

$$UCL_{\bar{x}} = \bar{\bar{x}} + A_2\bar{R} = 2229 + 0.577 \times 23 = 2242$$

$$LCL_{\bar{x}} = \bar{\bar{x}} - A_2\bar{R} = 2229 - 0.577 \times 23 = 2216$$

绘制平均数管制图如图 9-1 所示。

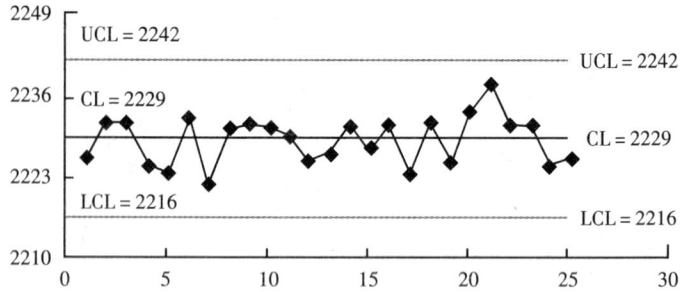

图 9-1 钢筋拉力平均数管制图

由图 9-1 判断平均数管制图应无非机遇原因存在。

2. 计算全距管制图的管制界限。

查表得当 n = 5 时，D_4 = 2.114，D_3 = 0，依公式（9-7）计算全距管制图的管制界限如下：

$$CL_R = \bar{R} = 23$$

$$UCL_R = D_4\bar{R} = 2.114 \times 23 = 49$$

$$LCL_R = D_3\bar{R} = 0 \times 23 = 0$$

绘制全距管制图如图 9-2 所示。

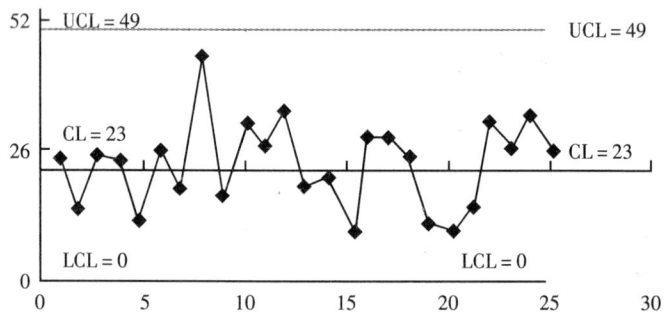

图 9-2 钢筋拉力全距管制图平均数管制图

由图 9-2 判断全距管制图应也无非机遇原因存在。

前述管制界限皆无修正的必要，可作为管制用管制图的管制界限。

范例 9-2

若范例 9-1 的工厂已开始以管制图管制其制程，并自制程中取得表 9-2 的资料，试问该制程资料中是否存在非机遇原因。

表 9-2　某工厂制程记录

样本组	观测值					平均数	全距
1	2233	2222	2239	2221	2229	2229	18
2	2234	2240	2236	2233	2222	2233	18
3	2242	2241	2234	2252	2234	2240	18
4	2218	2238	2244	2234	2232	2233	26
5	2215	2210	2225	2233	2230	2223	22
6	2239	2238	2226	2223	2238	2233	16
7	2236	2212	2236	2211	2232	2225	25
8	2247	2260	2250	2270	2250	2255	23
9	2217	2243	2225	2234	2245	2233	28
10	2224	2244	2221	2217	2229	2227	27
11	2222	2238	2227	2221	2220	2226	18
12	2239	2225	2235	2236	2239	2235	15
13	2234	2244	2243	2229	2240	2238	15
14	2225	2233	2226	2218	2219	2224	15
15	2241	2217	2217	2232	2231	2228	25
16	2219	2280	2230	2215	2250	2239	65
17	2228	2220	2238	2232	2238	2231	18
18	2225	2214	2241	2246	2199	2225	47
19	2225	2227	2222	2216	2206	2219	21
20	2221	2238	2231	2225	2234	2230	17

解答：

依范例 9-1 所建立的管制界限，将上述样本点绘制平均数管制图如图 9-3 所示。

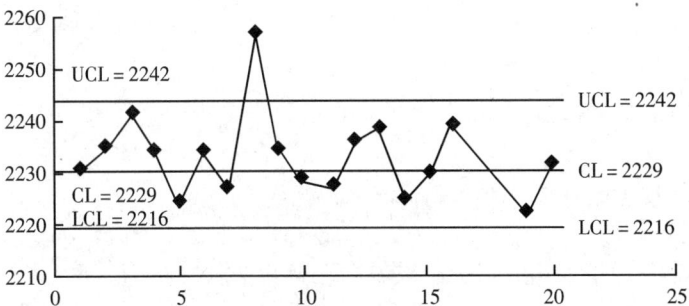

图 9-3　某工厂平均数管制图

图 9-3 中第 8 点平均数出现非机遇变异现象。

同样将上述样本点绘制全距管制图如图 9-4 所示。

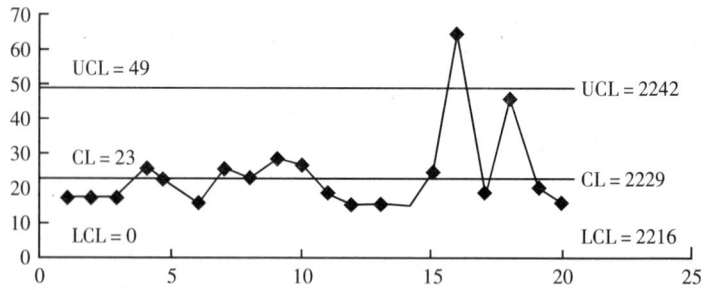

图 9-4 某工厂全距管制图

图 9-4 中第 16 点全距出现非机遇变异现象。

三、样本大小不同时的平均数与全距管制图

平均数与全距管制图各样本点的样本大小不同时，就全距管制图而言，样本愈大，全距愈大，全距管制图的中心线就会愈大。全距管制图中心线的不断变动，对大部分使用者而言非常难以理解或解释其意义，故一般而言，平均数与全距管制图并不会采取这种设计法。

除了上述情形外，有时平均数与全距管制图的样本大小并非大大小小随时在变动，而是一旦变更，样本大小就会维持一段相当长的时间。这时候，全距管制图中心线的变更只会发生一次，使用者也就比较不会发生难以理解或解释其意义的状况。当样本大小变更时，平均数管制图新的管制界限可以通过公式（9-8）获得，全距管制图新的管制界限可以通过公式（9-9）获得，而不需要重新经历基础期。

$$CL_{\bar{x}} = \bar{\bar{x}}_{old}$$

$$UCL_{\bar{x}} = \bar{\bar{x}}_{old} + A_2(new) \left[\frac{d_{2(new)}}{d_{2(old)}} \right] \bar{R}_{old}$$

$$LCL_{\bar{x}} = \bar{\bar{x}}_{old} - A_2(new) \left[\frac{d_{2(new)}}{d_{2(old)}} \right] \bar{R}_{old} \tag{9-8}$$

式中，$\bar{\bar{x}}_{old}$、$\bar{R}_{old}$、$d_{2(old)}$ 代表旧的样本大小下的 $\bar{\bar{x}}$、$\bar{R}$、d_2；$d_{2(new)}$ 代表新的样本大小下的 d_2。

$$CL_R = \overline{R}_{new} = \left[\frac{d_{2\,(new)}}{d_{2\,(old)}} \right] \overline{R}_{old}$$

$$UCL_R = D_{4\,(new)} \left[\frac{d_{2\,(new)}}{d_{2\,(old)}} \right] \overline{R}_{old}$$

$$LCL_R = D_{3\,(new)} \left[\frac{d_{2\,(new)}}{d_{2\,(old)}} \right] \overline{R}_{old} \tag{9-9}$$

式中，$\overline{R}_{old}$、$d_{2\,(old)}$ 代表旧的样本大小下的 $\overline{R}$、d_2；$\overline{R}_{new}$、$d_{2\,(new)}$、$D_{4\,(new)}$、$D_{3\,(new)}$ 代表新的样本大小下的 $\overline{R}$、d_2、D_4、D_3。

范例 9-3

若范例 9-1 的工厂欲将其平均数与全距管制图的样本大小由 5 变更为 3，试求平均数与全距管制图新的管制界限。

解答：

查附录，当：

n = 5 时，$d_2 = 2.326$

n = 3 时，$A_2 = 1.023$，$d_2 = 1.693$，$D_4 = 2.574$，$D_3 = 0$

$$CL_{\bar{x}} = \bar{\bar{x}}_{old} = 2229$$

$$UCL_{\bar{x}} = \bar{\bar{x}}_{old} + A_{2(new)} \left[\frac{d_{2\,(new)}}{d_{2\,(old)}} \right] \overline{R}_{old} = 2229 + 1.023 \times \left[\frac{1.693}{2.326} \right] \times 23$$
$$= 2246$$

$$UCL_{\bar{x}} = \bar{\bar{x}}_{old} - A_{2(new)} \left[\frac{d_{2\,(new)}}{d_{2\,(old)}} \right] \overline{R}_{old} = 2229 - 1.023 \times \left[\frac{1.693}{2.326} \right] \times 23$$
$$= 2212$$

$$CL_R = \overline{R}_{new} = \left[\frac{d_{2\,(new)}}{d_{2\,(old)}} \right] \overline{R}_{old} = \left[\frac{1.693}{2.326} \right] \times 23 = 17$$

$$UCL_R = D_{4\,(new)} \left[\frac{d_{2\,(new)}}{d_{2\,(old)}} \right] \overline{R}_{old} = 2.574 \times \left[\frac{1.693}{2.326} \right] \times 23 = 43$$

$$LCL_R = D_{3\,(new)} \left[\frac{d_{2\,(new)}}{d_{2\,(old)}} \right] \overline{R}_{old} = 0$$

四、具有趋势特性的管制图

当品质特性在正常情形下有持续上升或下降的情形时，例如刀具磨耗，维持一个不变的管制界限反而可能会提供管理者错误的讯息，管制界限随着时间序列而变动此时乃为必要。

针对上述情形的处理方式，以稳定制程中的样本组品质特性平均数为因变量，时间为自变量，利用回归分析求出此两变量间的线性模式。若要求取某一时点的管制界限中心值，只需将该时间值代入上述模式中就可获得，至于管制上下限的计算则仍可依照公式（9-6）与公式（9-7）求得，由于此时管制界限中心值会随着时间而变动，故管制上下限也会等幅度变动。此种情形下的管制图可参见图9-5。

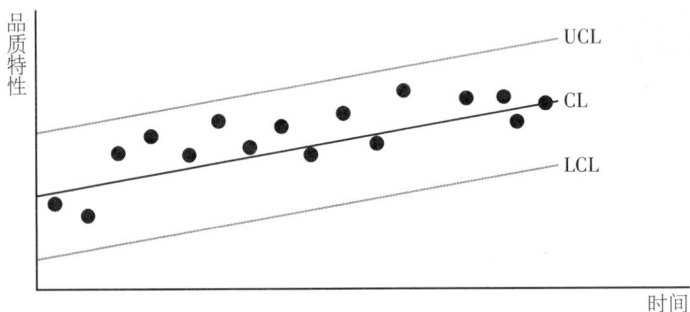

图 9-5　具有趋势势特性的管制图

第三节　平均数与标准差管制图

平均数与标准差管制图（x̄ – s Control Charts）包含了分析品质特性集中趋势变化的平均数管制图以及分析品质特性离中趋势变化的标准差管制图。平均数与标准差管制图如同平均数与全距管制图一样皆假设品质特性来自于常态分配。

平均数与标准差管制图若与平均数与全距管制图相比较，两者之间有以下两点差异：

（1）平均数与全距管制图较适合在 n ≤ 10 时，而平均数与标准差管制图则较适合运用于 n > 10 时。

（2）平均数与全距管制图的计算较为方便，但误差较大；而平均数与标准差管制图则因计算较为繁复，故常有赖计算器的协助，但其误差会较小。

平均数与标准差管制图假设品质特性 x 来自于常态分配。

254

一、平均数管制图

提及平均数与标准差管制图，一般人首先会想到的是以 s（如式 (9–10) 所示）来估计 σ。然而，虽然 s^2 是 σ^2 的不偏估计值，但 s 却并非 σ 的不偏估计值，故我们无法直接将 s 代入公式 (9–2) 中以取代 σ。

$$s = \sqrt{\frac{\sum_{i=1}^{n}(x_i - \bar{x})^2}{n-1}} \qquad (9\text{–}10)$$

公式 (9–2) 中的 σ 除了以 R/d_2 估计外，另一种方法是以 s/c_4 估计，其中 c_4 是一个视 n 的不同而不同的常数（请参见附录）；又，我们可以 $\bar{s}$ 取代 s，故：

$$UCL_{\bar{x}} = \bar{\bar{x}} + 3\frac{\bar{s}/c_4}{\sqrt{n}} = \bar{\bar{x}} + \frac{3}{c_4\sqrt{n}}\bar{s} = \bar{\bar{x}} + A_3\bar{s}$$

$$LCL_{\bar{x}} = \bar{\bar{x}} - 3\frac{\bar{s}/c_4}{\sqrt{n}} = \bar{\bar{x}} - \frac{3}{c_4\sqrt{n}}\bar{s} = \bar{\bar{x}} - A_3\bar{s}$$

式中，$A_3 = 3/c_4\sqrt{n}$，其值可参见附录。

综上所言，最后我们可得平均数管制图的管制界限如 (9–11) 所示：

$$CL_{\bar{x}} = \bar{\bar{x}}$$

$$UCL_{\bar{x}} = \bar{\bar{x}} + A_3\bar{s} \qquad (9\text{–}11)$$

$$LCL_{\bar{x}} = \bar{\bar{x}} - A_3\bar{s}$$

> 平均数管制图的管制界限：
> $$CL_{\bar{x}} = \bar{\bar{x}}$$
> $$UCL_{\bar{x}} = \bar{\bar{x}} + A_3\bar{s}$$
> $$LCL_{\bar{x}} = \bar{\bar{x}} - A_3\bar{s}$$

二、标准差管制图

就标准差管制图而言，公式 (9–1) 中的 $w = s$，故公式 (9–1) 可写成：

$$CL_s = \mu_s$$

$$UCL_s = \mu_s + 3\sigma_s$$

$$LCL_s = \mu_s - 3\sigma_s$$

由于标准差平均数 $\bar{s}$ 是 μ_s 的最佳估计值，故 $\bar{s}$ 可作为标准差管制图的中心线 CL。

由于 $\bar{s}\sqrt{1-c_4^2}/c_4$ 是 σ_s 的一个很好的估计值，其中 c_4 是一个视 n

的不同而不同的常数（请参见附录），故可得：

$$UCL_s = \bar{s} + 3\frac{\bar{s}\sqrt{1-c_4^2}}{c_4} = (1 + \frac{3\sqrt{1-c_4^2}}{c_4}\bar{s}) = B_4\bar{s}$$

$$LCL_s = \bar{s} - 3\frac{\bar{s}\sqrt{1-c_4^2}}{c_4} = (1 - \frac{3\sqrt{1-c_4^2}}{c_4})\bar{s} = B_3\bar{s}$$

式中，$B_4 = 1 + 3\sqrt{1-c_4^2}/c_4$，$B_3 = 1 - 3\sqrt{1-c_4^2}/c_4$，其值可参见附录。

综上所言，最后我们可得标准差管制图的管制界限如公式（9-12）所示：

标准差管制图的管制界限：
$CL_s = \bar{s}$
$UCL_s = B_4\bar{s}$
$LCL_s = B_3\bar{s}$

$$CL_s = \bar{s}$$
$$UCL_s = B_4\bar{s} \tag{9-12}$$
$$LCL_s = B_3\bar{s}$$

范例 9-4

大庆企业从事冲压钢板的工作，为建立平均数与标准差管制图，张工程师自生产线上抽出 20 组样本，每组 10 件，其数据如表 9-3 所示，试计算平均数与标准差管制图的管制界限。

表 9-3　大庆企业钢板制程记录

样本组	观测值										平均数	标准差
1	2.3	2.1	1.9	2.5	2.2	2.0	1.8	2.4	2.1	2.0	2.13	0.2214
2	2.1	1.9	2.5	2.2	2.0	1.9	2.5	2.2	2.0	2.1	2.14	0.2171
3	2.4	2.1	1.9	2.5	2.2	2.0	2.5	1.9	2.5	2.3	2.23	0.2452
4	2.0	2.5	2.2	2.0	1.9	2.5	2.2	1.8	2.4	2.3	2.18	0.2486
5	2.1	2.6	2.3	2.1	1.9	2.5	2.2	2.0	1.9	2.6	2.22	0.2700
6	2.5	1.8	2.5	2.2	2.0	2.1	1.9	2.5	2.6	2.3	2.24	0.2836
7	2.3	2.1	1.9	2.5	2.2	2.0	1.8	2.4	2.5	2.3	2.20	0.2449
8	1.9	1.9	2.5	2.2	2.0	1.8	2.4	2.1	1.8	2.5	2.11	0.2767
9	1.8	2.7	2.3	2.1	1.9	2.5	2.6	2.3	2.1	1.9	2.22	0.3120
10	2.1	2.3	2.1	1.9	2.5	2.2	2.0	2.0	1.8	2.5	2.14	0.2366
11	2.5	2.4	2.1	1.9	2.5	2.2	2.6	2.3	2.7	2.7	2.39	0.2644
12	2.2	2.2	2.0	1.8	2.4	2.4	1.9	2.5	2.2	2.5	2.21	0.2470
13	2.1	2.5	2.2	2.0	2.0	1.8	2.4	2.1	1.9	2.5	2.15	0.2461
14	2.3	2.1	1.9	2.5	2.2	2.0	2.6	2.3	2.1	1.9	2.19	0.2378
15	1.9	1.9	2.5	2.2	2.0	1.7	2.3	2.1	1.9	2.5	2.10	0.2708
16	2.1	1.8	2.4	2.1	1.9	2.5	2.2	2.0	2.6	1.8	2.14	0.2836
17	2.2	1.9	2.5	2.2	2.0	2.6	2.3	1.9	2.5	2.2	2.23	0.2497

续表

样本组	观测值										平均数	标准差
18	2.3	2.0	2.1	1.9	2.5	2.2	2.0	1.8	2.4	2.1	2.13	0.2214
19	2.4	2.0	2.4	2.1	1.9	2.5	2.2	2.0	1.8	2.4	2.17	0.2452
20	1.9	2.5	2.2	·2.0	2.0	1.8	2.4	2.1	1.9	2.5	2.13	0.2584
总平均											2.183	0.2540

解答：

由附录中得 n = 10 时，$A_3 = 0.975$、$B_4 = 1.716$ 与 $B_3 = 0.284$，故：

$$CL_{\bar{x}} = \bar{\bar{x}} = 2.183$$

$$UCL_{\bar{x}} = \bar{\bar{x}} + A_3\bar{s} = 2.183 + 0.975 \times 0.2540 = 2.431$$

$$LCL_{\bar{x}} = \bar{\bar{x}} - A_3\bar{s} = 2.183 - 0.975 \times 0.2540 = 1.935$$

$$CL_s = \bar{s} = 0.2540$$

$$UCL_s = B_4\bar{s} = 1.716 \times 0.2540 = 0.436$$

$$LCL_s = B_3\bar{s} = 0.284 \times 0.2540 = 0.072$$

将 20 组样本点的平均数绘制成平均数管制图，如图 9-6 所示。

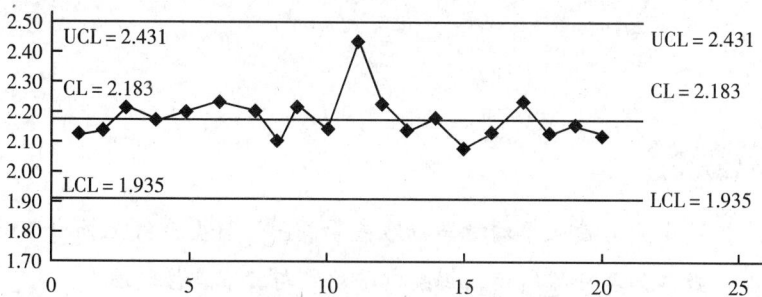

图 9-6　大庆企业钢板平均数管制图

将 20 组样本点的标准差绘制成标准差管制图，如图 9-7 所示。

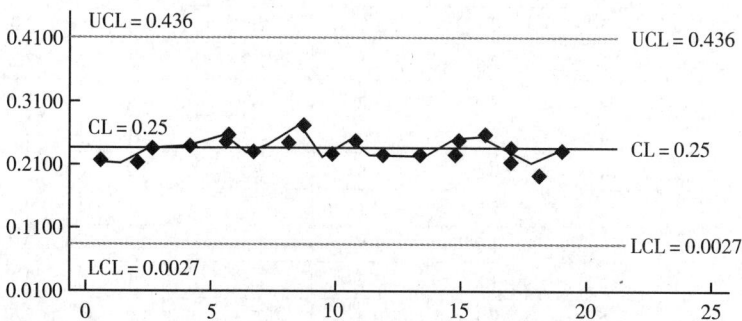

图 9-7　大庆企业钢板标准差管制图

以管制图判定准则观察以上平均数与标准差管制图皆无非机遇变异，故管制界限不需再作修正。

三、样本大小不同时的平均数与标准差管制图

平均数与标准差管制图比平均数与全距管制图更适合处理样本大小不同的情形。假设 n_i 是第 i 组样本的大小，则平均数与标准差管制图的管制界限公式（9-11）与公式（9-12）中的 $\bar{x}$ 与 $\bar{s}$，可以用公式（9-13）与公式（9-14）所求得的值代入；A_3、B_4 与 B_3，则需依新的样本大小而定。

$$\bar{\bar{x}} = \frac{\sum\limits_{i=1}^{m} n_i \bar{x}_i}{\sum\limits_{i=1}^{m} n_i} \tag{9-13}$$

$$\bar{s} = \left[\frac{\sum\limits_{i=1}^{m} (n_i - 1)s_i^2}{\sum\limits_{i=1}^{m} n_i - m} \right]^{1/2} \tag{9-14}$$

范例 9-5

田边企业为建立平均数与标准差管制图，自生产线上抽出 20 组样本，数据如表 9-4 所示，试绘制平均数与标准差管制图。

表 9-4　田边企业平均数与标准差管制图制程记录

样本组	样本大小	观测值				
1	4	2.3	2.1	1.9	2.5	
2	5	2.1	1.9	2.4	2.4	2.3
3	5	2.4	2.1	1.9	2.5	2.2
4	5	2.0	2.5	2.2	2.0	1.9
5	4	2.1	2.6	2.3	2.1	
6	4	2.5	1.8	2.3	2.2	
7	3	2.3	2.1	1.9		
8	5	1.9	1.9	2.5	2.2	2.0
9	5	1.8	2.7	2.3	2.1	2.2
10	5	2.1	2.3	2.1	1.9	2.5
11	5	2.5	2.4	2.1	1.9	2.2

续表

样本组	样本大小	观测值				
12	5	2.2	2.2	2.0	1.8	2.1
13	5	2.1	2.5	2.2	2.0	2.2
14	5	2.3	2.1	1.9	2.5	2.2
15	4	1.9	1.9	2.5	2.2	
16	3	2.1	1.8	2.4		
17	5	2.2	1.9	2.5	2.2	2.0
18	5	2.3	2.0	2.1	1.9	2.5
19	5	2.4	2.0	2.4	1.9	2.3
20	5	1.9	2.5	2.2	2.0	2.0

解答:

计算各样本组的平均数与标准差,并将查表所得的 A_3、B_4 与 B_3 列于表 9-5。计算公式(9-13)与公式(9-14)。

$$\bar{\bar{x}} = \frac{\sum\limits_{i=1}^{m} n_i \bar{x}_i}{\sum\limits_{i=1}^{m} n_i} = \frac{4 \times 2.20 + 5 \times 2.20 + \cdots}{4 + 5 + \cdots} = 2.1707$$

$$\bar{s} = \left[\frac{\sum\limits_{i=1}^{m} (n_i - 1)s_i^2}{\sum\limits_{i=1}^{m} n_i - m} \right]^{1/2} = \left[\frac{(4-1) \times 0.2582^2 + (5-1) \times 0.2168^2 + \cdots}{(4 + 5 + \cdots) - 20} \right]^{1/2}$$

$$= 0.2429$$

表 9-5 田边企业平均数与标准差管制图计算

样本组	样本大小	平均数	标准差	平均数管制图			标准差管制图			
				A_3	LCL	UCL	B_3	B_4	LCL	UCL
1	4	2.20	0.2582	1.628	1.78	2.57	0.000	2.266	0.000	0.55
2	5	2.22	0.2168	1.427	1.82	2.52	0.000	2.089	0.000	0.51
3	5	2.22	0.2387	1.427	1.82	2.52	0.000	2.089	0.000	0.51
4	5	2.12	0.2387	1.427	1.82	2.52	0.000	2.089	0.000	0.51
5	4	2.28	0.2363	1.628	1.78	2.57	0.000	2.266	0.000	0.55
6	4	2.20	0.2944	1.628	1.78	2.57	0.000	2.266	0.000	0.55
7	3	2.10	0.2000	1.954	1.70	2.65	0.000	2.568	0.000	0.62
8	5	2.10	0.2550	1.427	1.82	2.52	0.000	2.089	0.000	0.51
9	5	2.22	0.3271	1.427	1.82	2.52	0.000	2.089	0.000	0.51
10	5	2.18	0.2280	1.427	1.82	2.52	0.000	2.089	0.000	0.51
11	5	2.22	0.2387	1.427	1.82	2.52	0.000	2.089	0.000	0.51
12	5	2.06	0.1673	1.427	1.82	2.52	0.000	2.089	0.000	0.51
13	5	2.20	0.1871	1.427	1.82	2.52	0.000	2.089	0.000	0.51

续表

样本组	样本大小	平均数	标准差	平均数管制图			标准差管制图			
				A_3	LCL	UCL	B_3	B_4	LCL	UCL
14	5	2.20	0.2236	1.427	1.82	2.52	0.000	2.089	0.000	0.51
15	4	2.13	0.2872	1.628	1.78	2.57	0.000	2.266	0.000	0.55
16	3	2.10	0.3000	1.954	1.70	2.65	0.000	2.568	0.000	0.62
17	5	2.16	0.2302	1.427	1.82	2.52	0.000	2.089	0.000	0.51
18	5	2.16	0.2408	1.427	1.82	2.52	0.000	2.089	0.000	0.51
19	5	2.20	0.2345	1.427	1.82	2.52	0.000	2.089	0.000	0.51
20	5	2.12	0.2387	1.427	1.82	2.52	0.000	2.089	0.000	0.51

将公式（9-13）与公式（9-14）代入公式（9-11）与公式（9-12）求得平均数与标准差管制图的管制界限如表9-5所示。将表9-5绘制成管制图，如图9-8与图9-9所示。

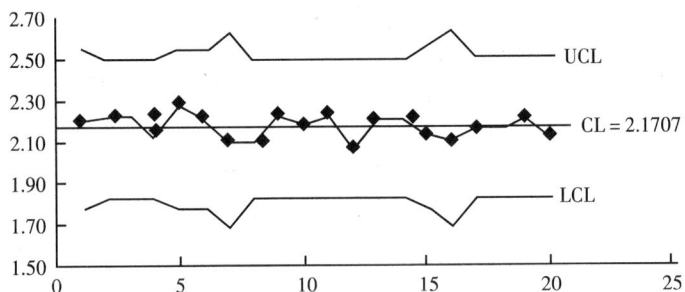

图9-8　田边企业平均数管制图

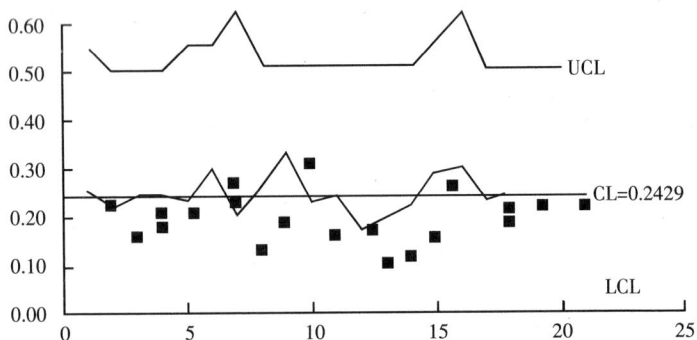

图9-9　田边企业标准差管制图

第四节 个别值与移动全距管制图

许多情形下我们无法像第三节中的对每一样本组取得多个样本，而仅能抽取一个样本作为侦测制程的依据，例如：

（1）许多自动化检测设备由于采取全数检验，故无法区隔样本组，此时任何一个产品都应视为一样本组。

（2）生产速率非常慢，累积一定数量的样本组不仅困难而且无法正确反映制程状态，例如工具机的生产。

（3）重复测量时的误差是来自于取样或仪器误差而非制程的变异，例如化学化工业重复自同一桶槽中只需取样一次即是。

（4）多次测量实际上都是针对同一个产品，此时测量值只需一个就足具代表，例如对同一片晶圆的不同位置所做的测量即是。

（5）只需针对一点进行测量就可看出制程全貌，此时没有必要浪费时间与成本，例如自人体抽血化验即是。

（6）产品检验非常昂贵、费时或是破坏性检验，例如家电产品的可靠度落地实验。

当以上情形出现时，个别值与移动全距管制图（$x - R_m$ Control Charts）就适合使用。个别值与移动全距管制图亦如前两节，假设品质特性是来自于常态分配。

个别值与移动全距管制图的管制界限如公式（9–15）所示。

$$CL_x = \bar{x}$$

$$UCL_x = \bar{x} + 3\frac{\overline{MR}}{d_2}$$

$$LCL_x = \bar{x} - 3\frac{\overline{MR}}{d_2} \qquad (9\text{--}15)$$

$$CL_{MR} = \overline{MR}$$

$$UCL_{MR} = D_4\overline{MR}$$

$$LCL_{MR} = D_3\overline{MR}$$

式中，$MR = |x_i - x_{i-1}|$；d_2、D_3 与 D_4 可由附录中查得（此处应查 $n = 2$）。

个别值与移动全距管制图假设品质特性 x 是来自于常态分配。

个别值与移动全距管制图的管制界限：

$$CL_x = \bar{x}$$

$$UCL_x = \bar{x} + 3\frac{\overline{MR}}{d_2}$$

$$LCL_x = \bar{x} - 3\frac{\overline{MR}}{d_2}$$

$$CL_{MR} = \overline{MR}$$

$$UCL_{MR} = D_4\overline{MR}$$

$$LCL_{MR} = D_3\overline{MR}$$

其中，$MR = |x_i - x_{i-1}|$

范例 9-6

某食品公司欲持续监控果酱的甜度并建立个别值与移动全距管制图，目前已收集到表9-6的数据，试计算管制界限。

表 9-6　果酱甜度记录

样本组	观测值	移动全距
1	32.1	
2	33.4	1.3
3	34.5	1.1
4	31.2	3.3
5	32.5	1.3
6	34.2	1.7
7	33.1	1.1
8	32.4	0.7
9	32.6	0.2
10	33.1	0.5
11	34.2	1.1
12	30.3	3.9
13	32.4	2.1
14	33.1	0.7
15	32.7	0.4
16	32.5	0.2
17	33.3	0.8
18	31.3	2.0
19	31.7	0.4
20	32.1	0.4
平均数	32.635	1.221

解答：

查附录 n = 2，得 $d_2 = 1.128$，$D_3 = 0$，$D_4 = 3.276$，故：

$CL_x = \bar{x} = 32.635$

$$UCL_x = \bar{x} + 3\frac{\overline{MR}}{d_2} = 32.635 + (1.221/1.128) = 35.882$$

$$LCL_x = \bar{x} - 3\frac{\overline{MR}}{d_2} = 32.635 - (1.221/1.128) = 29.388$$

$CL_{MR} = \overline{MR} = 1.221$

$UCL_{MR} = D_4\overline{MR} = 3.276 \times 1.221 = 4.000$

$LCL_{MR} = D_3\overline{MR} = 0 \times 1.221 = 0$

绘制解析用管制图如图9-10与图9-11所示。

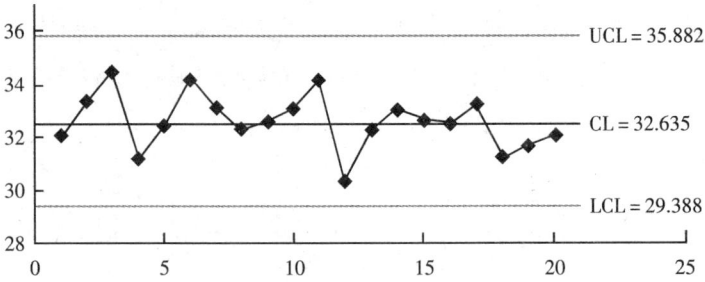

图 9-10 果酱甜度个别值管制图

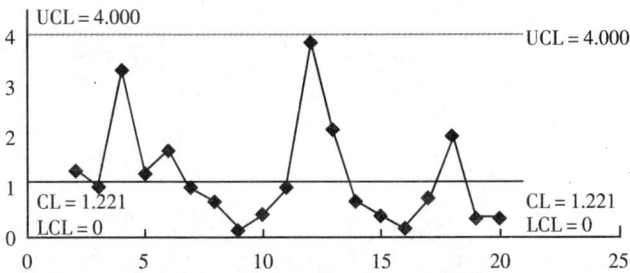

图 9-11 果酱甜度移动全距管制图

由图 9-10 和图 9-11 可判断无非机遇原因，故该管制界限可作为管制用管制图之用。

第五节 结论

计量值管制图最常使用到的是平均数与全距管制图、平均数与标准差管制图以及个别值与移动全距管制图。引用正确的计量值管制图，将对降低制程变异具有莫大的贡献。

个案研究

强大的 SPC 软件工具——MINITAB

MINITAB 是目前业界用来绘制管制图最常使用的工具。MINITAB 的优点包含安装快速、操作简易、教学训练普及与功能齐全等，故广受学术界用在 SPC 的教学与实务上。

本章范例 9-1 的平均数与全距管制图、范例 9-4 的平均数与标准差管制图以及范例

9-6 的个别值与移动全距管制图，利用 MINITAB 执行后的结果如图 9-12、图 9-13 与图 9-14 所示。图中计算结果与范例略有差异是因计算过程中对小数点有效位数的处理方式不同所致。

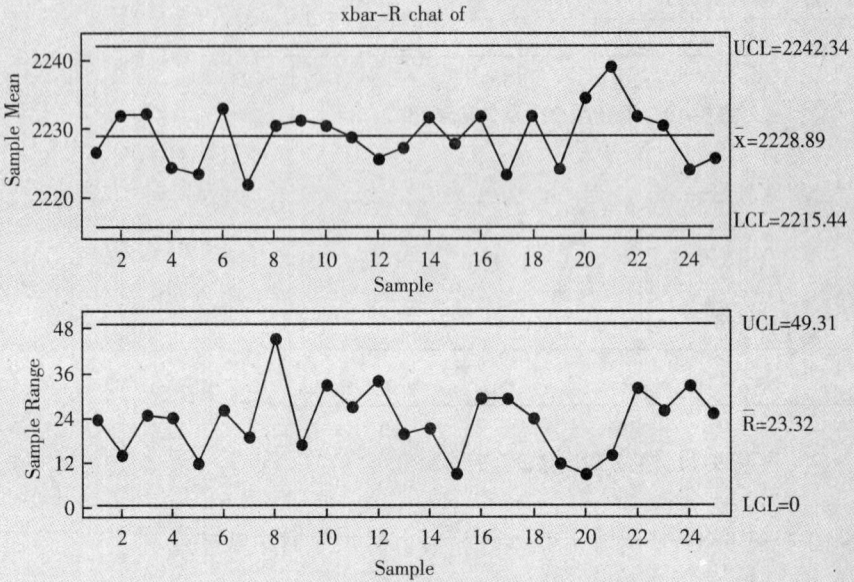

图 9-12　范例 9-1 用 MINITAB 执行的结果

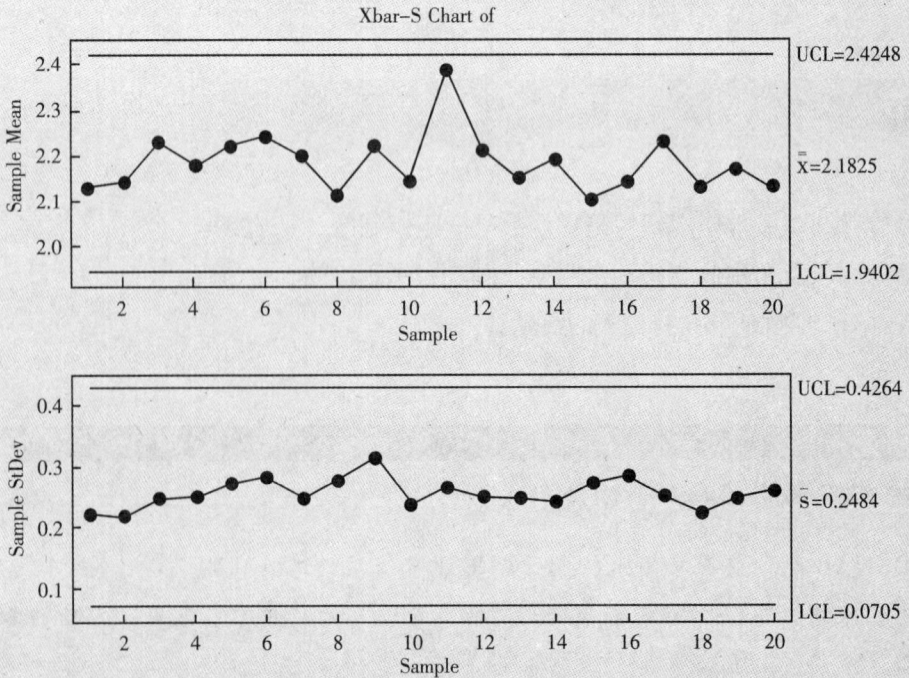

图 9-13　范例 9-4 用 MINITAB 执行的结果

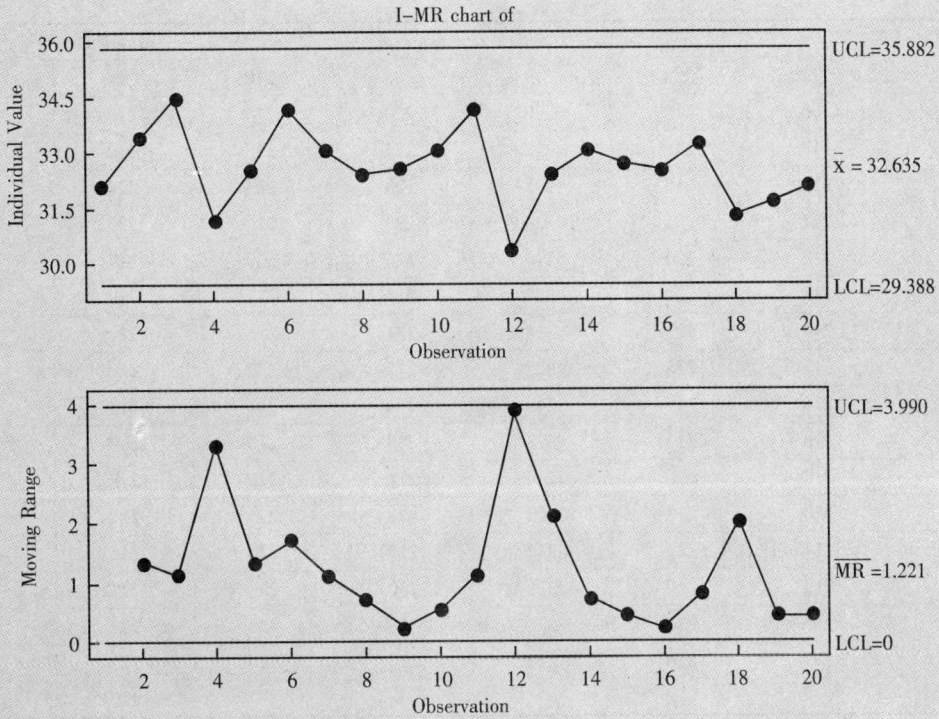

图 9-14 范例 9-6 用 MINITAB 执行的结果

问题讨论

试以 MINITAB 执行范例 9-2、范例 9-3 与范例 9-5。

习题

1. 试导出平均数与全距管制图的管制界限。

2. 某食品公司生产方便面，现为建立管制图，自生产线上每隔 1 小时抽取 5 件样本，总共获得 25 组样本组，经测量并记录其重量如下表所示（单位为 g），试求平均数与全距管制图的管制界限。

样本组	观测值					平均数	全距
1	217	222	218	220	216	218	7
2	205	218	216	223	216	216	18
3	226	222	224	214	220	221	11
4	230	220	220	221	233	225	13
5	213	226	215	217	219	218	13
6	213	217	219	217	221	217	7
7	221	229	219	224	227	224	11
8	217	217	219	222	214	218	9

样本组	观测值					平均数	全距
9	223	218	219	218	210	218	13
10	206	218	220	220	213	216	14
11	217	218	212	224	223	219	12
12	218	218	217	223	225	220	9
13	221	231	226	222	216	223	15
14	218	220	214	224	209	217	15
15	217	220	220	217	222	219	5
16	219	223	218	221	224	221	6
17	217	224	225	212	222	220	13
18	224	217	212	224	214	218	12
19	216	217	223	230	211	219	19
20	218	226	230	214	219	222	16
21	220	213	223	220	225	220	13
22	214	222	212	213	221	216	10
23	219	210	225	230	223	221	20
24	211	226	228	218	223	221	17
25	217	220	220	227	224	222	10
总平均						220	12

3. 请以下列基础期资料，求管制用平均数与全距管制图的管制界限。

样本组	观测值					平均数	全距
1	93	96	95	112	87	97	25
2	71	106	108	107	112	101	42
3	111	94	91	89	111	99	23
4	119	86	101	98	91	99	34
5	86	108	109	97	98	100	24
6	87	103	107	73	103	95	34
7	102	116	101	91	94	101	24
8	95	103	102	96	95	98	8
9	107	107	116	109	94	107	22
10	73	107	74	98	96	90	34
11	95	105	89	97	87	95	18
12	97	106	83	111	105	100	28
13	102	119	111	102	93	105	25
14	95	79	109	89	93	93	30
15	95	114	94	100	103	101	20
16	97	100	109	107	90	101	19
17	94	101	99	115	119	106	25
18	109	101	97	91	82	96	27
19	93	100	95	83	89	92	17

续表

样本组	观测值					平均数	全距
20	96	107	96	102	82	97	25
21	100	90	101	104	92	97	15
22	87	95	95	106	104	97	18
23	98	83	106	97	106	98	24
24	82	107	94	102	99	97	25
25	93	86	110	97	96	96	25
总平均						98	24

4. 为何平均数与全距管制图不适宜用于样本大小为变动的情形下？

5. 习题 2 的食品公司若欲将其管制图的样本大小由 5 变更为 3，试求新的平均数与全距管制图的管制界限。

6. 习题 3 的公司若欲将其管制图的样本大小由 5 变更为 4，试求新的平均数与全距管制图的管制界限。

7. 当品质特性在正常情形下有持续上升或下降的情形时，管制界限应如何求得？

8. 试导出平均数与标准差的管制界限。

9. "中华"公司为建立平均数与标准差管制图，自生产线上抽出 20 组样本，每组 10 件，其数据如下表，试计算平均数与标准差管制图的管制界限。

样本组	观测值										平均数	标准差
1	4.6	4.6	4.5	4.2	4.4	4.3	4.6	4.6	4.6	4.4	4.48	0.1476
2	4.2	4.5	4.3	4.3	4.4	4.4	4.6	4.3	4.4	4.5	4.39	0.1197
3	5.0	4.7	4.6	4.6	4.6	4.4	4.5	4.3	4.3	4.3	4.53	0.2214
4	4.5	4.3	4.4	4.5	4.3	4.5	4.2	4.6	4.6	4.5	4.44	0.1350
5	4.6	4.6	4.6	4.4	4.2	4.5	4.4	4.5	4.4	4.6	4.48	0.1317
6	5.0	4.2	4.5	4.5	4.5	4.2	5.0	4.2	4.5	4.5	4.51	0.2923
7	4.2	4.3	4.1	4.6	4.4	4.2	4.6	4.6	4.4	4.2	4.36	0.1897
8	4.3	4.5	4.6	4.7	4.5	4.3	4.5	4.5	4.5	4.2	4.46	0.1506
9	4.2	4.6	4.5	4.3	4.3	4.3	4.6	4.6	4.5	4.5	4.44	0.1506
10	4.3	4.4	4.5	4.4	4.6	4.6	4.6	4.2	4.5	4.3	4.44	0.1430
11	4.2	4.6	4.6	4.5	4.4	4.5	4.5	4.4	4.6	4.6	4.49	0.1287
12	4.9	4.5	4.4	4.2	4.5	4.7	4.6	4.6	4.5	4.5	4.54	0.1838
13	5.0	4.7	4.3	4.6	4.7	4.7	4.5	4.5	4.5	4.2	4.57	0.2263
14	4.3	4.3	4.5	4.7	4.7	4.5	4.5	4.4	4.6	4.6	4.51	0.1449
15	4.4	4.2	4.5	4.2	4.8	4.3	4.3	4.2	4.6	4.6	4.41	0.2079
16	4.7	4.5	4.5	4.3	4.3	4.6	4.6	4.6	4.7	4.7	4.55	0.1509
17	4.5	4.5	4.6	4.6	4.5	4.5	4.5	4.5	4.7	4.3	4.52	0.1033
18	4.7	4.6	4.4	4.5	4.2	4.5	4.7	4.2	4.5	4.3	4.46	0.1838
19	4.6	4.4	4.4	4.4	4.4	4.4	4.3	4.5	4.5	4.3	4.42	0.0919
20	4.8	4.8	4.5	4.4	4.3	4.2	4.8	5.0	4.7	4.6	4.61	0.2558
总平均											4.481	0.1679

10. 为建立平均数与标准差管制图，其数据如下表，试计算平均数与标准差管制图的管制界限。

样本组	观测值										平均数	标准差
1	8.7	8.5	8.2	8.4	8.4	8.4	8.5	8.7	8.4	9.0	8.52	0.2251
2	8.6	8.4	8.4	8.4	9.0	8.4	8.4	8.6	9.0	8.4	8.56	0.2459
3	8.2	8.4	8.5	9.0	8.4	9.0	8.4	8.2	8.4	8.6	8.51	0.2846
4	8.4	9.0	8.4	8.4	8.6	8.4	9.0	8.4	8.6	8.4	8.56	0.2459
5	8.5	8.4	8.4	8.6	8.4	8.6	8.4	8.5	8.4	8.4	8.46	0.0843
6	8.4	8.6	9.0	8.4	8.4	8.4	8.6	8.4	8.4	8.5	8.51	0.1912
7	8.4	8.4	8.4	8.4	8.5	8.4	8.4	8.4	8.5	8.6	8.44	0.0699
8	9.0	8.4	8.6	8.5	8.6	8.5	8.4	9.0	8.6	8.3	8.59	0.2378
9	8.4	8.5	8.4	8.6	8.7	8.6	8.5	8.4	8.7	8.7	8.55	0.1269
10	8.6	8.6	8.4	8.7	8.6	8.7	8.9	8.6	8.6	8.8	8.65	0.1289
11	8.4	8.7	8.4	8.4	8.4	8.4	8.4	8.5	9.0	8.4	8.50	0.2000
12	8.4	8.6	8.4	8.4	9.0	8.4	9.0	8.4	8.4	9.0	8.60	0.2828
13	8.5	8.2	9.0	9.0	8.4	9.0	8.4	8.4	8.6	8.4	8.59	0.2998
14	8.6	8.4	8.4	8.4	8.6	8.4	8.6	9.0	8.4	8.6	8.54	0.1897
15	8.3	8.5	8.6	8.6	8.4	8.6	8.4	8.4	8.4	8.4	8.46	0.1075
16	8.7	8.4	8.4	8.4	8.4	8.4	8.4	8.6	8.5	8.4	8.46	0.1075
17	8.8	8.4	8.4	8.4	8.5	8.4	8.5	8.4	8.6	8.5	8.49	0.1287
18	9.0	9.0	8.5	8.5	8.6	8.5	8.6	8.4	8.3	8.6	8.60	0.2309
19	8.6	8.4	8.6	8.7	8.7	8.6	8.7	8.5	8.7	8.7	8.62	0.1016
20	8.6	8.6	8.3	8.1	8.6	8.3	8.6	8.7	8.8	8.6	8.52	0.2060
总平均											8.536	0.1848

11. 上线企业为建立平均数与标准差管制图，自生产线上抽出20组样本，数据如下表所示，试绘制平均数与标准差管制图。

样本组	样本大小	观测值				
1	5	2.4	1.8	2.0	2.6	2.1
2	4	2.1	1.9	2.4	2.4	
3	4	2.4	1.5	1.9	2.1	
4	5	2.0	2.4	2.2	2.0	1.9
5	4	2.1	2.6	2.3	2.1	
6	4	2.2	1.8	2.3	2.2	
7	4	2.3	2.1	1.9	2.1	
8	4	1.9	1.9	2.5	2.2	
9	5	1.8	2.7	2.3	2.1	2.2
10	5	2.1	2.3	2.1	1.9	2.5
11	5	2.5	2.4	2.1	1.9	2.2

续表

样本组	样本大小	观测值				
12	5	2.2	2.2	2.0	1.8	2.1
13	5	2.1	2.5	2.2	2.0	2.2
14	5	2.3	2.1	1.9	2.5	2.2
15	3	1.9	1.9	2.5		
16	4	2.1	1.8	2.4	2.3	
17	5	1.8	1.9	2.5	2.2	2.0
18	5	2.0	2.0	2.1	1.9	2.5
19	4	2.4	2.0	2.4	1.9	
20	5	1.9	2.5	2.2	2.0	2.0

12. 持有企业为建立平均数与标准差管制图，自生产线上抽出20组样本，数据如下表所示，试绘制平均数与标准差管制图。

样本组	样本大小	观测值				
1	5	2.2	1.8	2.1	2.0	2.1
2	5	2.0	1.8	2.4	2.4	2.4
3	3	2.4	1.5	1.9		
4	5	2.0	2.4	2.2	2.0	1.9
5	5	2.1	2.6	2.3	2.1	2.5
6	5	2.2	1.8	2.3	2.2	2.4
7	4	2.3	2.1	1.9	2.1	
8	4	1.9	1.9	2.5	2.2	
9	5	1.8	2.5	2.2	2.1	2.2
10	5	2.1	2.3	2.1	1.9	2.5
11	5	2.1	2.4	2.1	1.9	2.2
12	5	2.2	2.2	2.0	1.8	2.1
13	4	2.1	2.5	2.2	2.0	2.0
14	5	2.3	2.1	1.9	2.5	2.2
15	4	1.9	1.9	2.2	2.4	
16	5	2.2	1.9	2.3	2.3	2.2
17	5	1.8	1.9	2.5	2.2	2.0
18	4	1.9	2.0	2.1	1.9	
19	5	2.3	2.0	2.4	1.9	2.0
20	5	1.9	2.5	2.2	2.0	2.0

13. 某公司欲建立个别值与移动全距管制图，目前已收集到下表数据，试计算管制界限。

样本组	观测值	移动全距
1	354	
2	365	11
3	354	11
4	336	18
5	334	2
6	348	14
7	367	19
8	375	8
9	345	30
10	352	7
11	364	12
12	356	8
13	346	10
14	364	18
15	350	14
16	363	13
17	342	21
18	342	0
19	364	22
20	335	29
平均数	352.800	14.053

14. 某公司欲建立个别值与移动全距管制图，目前已收集到下表数据，试计算管制界限。

样本组	观测值	移动全距
1	102	
2	105	3
3	120	15
4	119	1
5	110	9
6	104	6
7	118	14
8	120	2
9	121	1
10	113	8
11	117	4
12	103	14
13	121	18
14	116	5
15	115	1

续表

样本组	观测值	移动全距
16	102	13
17	107	5
18	116	9
19	117	1
20	105	12
平均数	112.550	7.421

15. 平均数与全距管制图、平均数与标准差管制图以及个别值与移动全距管制图都假设群体来自于什么分配?

第十章　计数值管制图

学习重点　在学习本章后，你将能够：

1. 了解并会计算不合格率管制图的管制界限。

2. 在每组样本大小不同情形下，了解并会计算不合格率管制图的管制界限。

3. 了解并会计算不合格数管制图的管制界限。

4. 了解并会计算不合格点数管制图的管制界限。

5. 了解并会计算单位不合格点数管制图的管制界限。

6. 在每组样本大小不同情形下，了解并会计算单位不合格点数管制图的管制界限。

7. 明了上述四种管制图的统计理论。

8. 明了上述四种管制图的使用时机。

9. 了解品质评分系统在计数值管制上的应用。

　　王顾问再度检查尊爵企业四个使用计数值管制图的制程。他发现尊爵企业在选用计数值管制图时几无规则可言，品管人员对为何选用这样的计数值管制图也说不出一个道理。王顾问要求品管部门彻底检验各个计数值管制图的选用是否得宜。3 天后报告出来了，品管经理将四个计数值管制图全部换新，因为他发现过去这些管制图都选用错误。

继前两章对管制图的介绍之后，本章我们将再继续介绍不合格率管制图、不合格数管制图、不合格点数管制图与单位不合格点数管制图四种计数值管制图。

品质园地

本田汽车与丰田汽车的现场品质管理

品质检验仅能阻挡不合格品，却无法提高产品品质，因此所有品质学者专家都鼓励企业应在产品设计与生产过程中建立适当的管理机制。

除了统计制程管制、制程能力分析、自主检查、顺序检查与源流检查等方法有助于制程品质的改善与提升外，"走动式管理"也是一种提高制程品质的有效管理方法。走动式管理强调管理者应常亲临现场，以带给部属无限的温馨并协助部属解决问题。

日本本田汽车公司长期以来所强调的"三现主义"，也可以算是一种典型的走动式管理。所谓的"三现"，是指现场、现物与现实。本田公司主管的办公桌与小孩用桌大小并无太大差异，其目的就在期望主管应尽量走出办公室，而不应总是待在办公桌前。

丰田汽车公司对于现场的品质管理也极为重视。丰田汽车公司的高阶管理者每年都必须巡视工厂数次，亲自查看生产线的实际执行状况，与员工交谈，丰田汽车公司认为这是另一种很重要的会议。

丰田公司认为没有标准就没有改善，因此致力于各种作业的标准化，通过 SDCA（Standard，Do，Check，Act）管理循环来进行日常改善活动。

丰田公司也提倡统计品质管制，其内容包含七大手法、新七大手法、统计制程管制、实验设计与多变量分析等，近年来更重视运用电脑软体来做统计分析。

资料来源：[1] 石清城，陈启光. 浅谈汽车零件品质保证现代化之观念与做法 [J]. 品质月刊，2003（5）.
[2] 苏朝墩. 日本丰田汽车公司现场见学纪要 [J]. 品质月刊，2003（12）.

第一节 不合格率管制图

不合格率是最常用来评价品质水准的指针之一，不合格率是否稳定或够低也是管理者最关心的课题之一。

不合格率管制图（p Control Charts）的基本假设为不合格数 x 来自于二项分配。假设群体不合格率为 p，今自群体中抽出一组大小

> 不合格率管制图的基本假设为不合格数 x 来自于二项分配。

为 n 的样本，则不合格数 x 的概率分配为：

$$f(x) = (x^n)p^x(1-p)^{n-x} \quad x = 0, 1, 2, \cdots, n$$

假设样本不合格率为 $\hat{p} = \dfrac{x}{n}$，今自一管制中的制程中抽出 m 组

样本，且各组样本的不合格率为 $\hat{p}_1, \hat{p}_2, \cdots, \hat{p}_m$，则平均不合格率：

$$\bar{p} = \sum \frac{\hat{p}_i}{m} = \frac{\sum x_i}{mn}$$

可作为群体不合格率 p 的估计值，$\sqrt{\dfrac{\bar{p}(1-\bar{p})}{n}}$ 可作为群体不合

格率 p 的标准差的估计值。

因此，不合格率管制图的管制界限如公式（10-1）所示：

$$CL_p = \bar{p}$$

$$UCL_p = \bar{p} + 3\sqrt{\frac{\bar{p}(1-\bar{p})}{n_i}}$$

$$LCL_p = \bar{p} - 3\sqrt{\frac{\bar{p}(1-\bar{p})}{n_i}} \tag{10-1}$$

式中，$\bar{p}$ 是解析用管制图中所有样本的平均不合格率；n_i 是每一样本组的样本大小，当每一样本组大小相同时，n_i 为 n。

不合格率管制图的管制界限：

$$CL_p = \bar{p}$$
$$UCL_p = \bar{p} + 3\sqrt{\frac{\bar{p}(1-\bar{p})}{n_i}}$$
$$LCL_p = \bar{p} - 3\sqrt{\frac{\bar{p}(1-\bar{p})}{n_i}}$$

范例 10-1

某玩具厂商以制出成型制造玩具，已知每批生产批量皆为 1000，今欲建立不合格率管制图且自现场收集到表 10-1 的数据，试求管制界限。

表 10-1　玩具不合格率记录

样本组	样本大小	不合格数	不合格率
1	1000	8	0.008
2	1000	7	0.007
3	1000	7	0.007
4	1000	6	0.006
5	1000	6	0.006
6	1000	7	0.007
7	1000	12	0.012
8	1000	6	0.006
9	1000	7	0.007

续表

样本组	样本大小	不合格数	不合格率
10	1000	6	0.006
11	1000	5	0.005
12	1000	8	0.008
13	1000	5	0.005
14	1000	6	0.006
15	1000	6	0.006
16	1000	8	0.008
17	1000	6	0.006
18	1000	6	0.006
19	1000	8	0.008
20	1000	8	0.008
平均数		6.9	0.0069

解答：

将上述资料代入公式（10-1）。

$$CL_p = \bar{p} = 0.0069$$

$$UCL_p = \bar{p} + 3\sqrt{\frac{\bar{p}(1-\bar{p})}{n_i}} = 0.0069 + 3\sqrt{\frac{0.0069 \times (1-0.0069)}{1000}}$$

$$= 0.01475$$

$$LCL_p = \bar{p} - 3\sqrt{\frac{\bar{p}(1-\bar{p})}{n_i}} = 0.0069 - 3\sqrt{\frac{0.0069 \times (1-0.0069)}{1000}}$$

$$= -0.00095 \ (应设为 0)$$

绘制解析用管制图如图 10-1 所示。

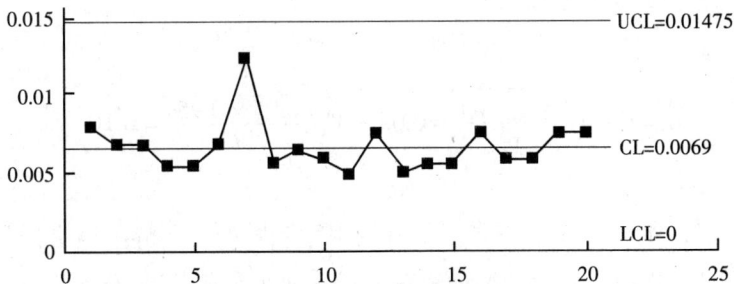

图 10-1　玩具不合格率管制图

经分析图 10-1 无非机遇原因，故管制界限可作为管制用管制图之用。

不合格率管制图常会因样本太小而形成管制界限太宽的情形，有时甚至管制下限为负，如果不希望有此现象发生，在进行管制图的规划时，就应先粗略估计不良率，再以该不良率估算样本大小。

范例 10-2

粗估平均不良率为 0.05，若 $n = 5$，试计算不合格率管制图的管制界限并解释。若希望 LCL_p 能大于等于零，则 n 应至少为多少？此时 UCL_p 为多少？

解答：

1.不合格率管制图的管制上下限为：

$$UCL_p = \bar{p} + 3\sqrt{\frac{\bar{p}(1-\bar{p})}{n_i}} = 0.05 + 3\sqrt{\frac{0.05 \times 0.95}{5}} = 0.342$$

$$LCL_p = \bar{p} - 3\sqrt{\frac{\bar{p}(1-\bar{p})}{n_i}} = 0.05 - 3\sqrt{\frac{0.05 \times 0.95}{5}} = -0.242$$

此管制界限为负值，在实务上不甚合理。

2. 若希望 LCL_p 能大于零，代表：

$$LCL_p = \bar{p} - 3\sqrt{\frac{\bar{p}(1-\bar{p})}{n_i}} \geq 0，即：$$

$$\bar{p} \geq \sqrt{\frac{\bar{p}(1-\bar{p})}{n_i}}$$

$$n \geq \frac{9\bar{p}(1-\bar{p})}{\bar{p}^2} = \frac{9 \times 0.55 \times 0.95}{0.05^2} = 171，即 n 至少要等于 171，$$

LCL_p 才会大于等于零。

此时：

$$UCL_p = \bar{p} + 3\sqrt{\frac{\bar{p}(1-\bar{p})}{n_i}} = 0.05 + 3\sqrt{\frac{0.05 \times 0.95}{171}} = 0.10$$

当每组样本大小不同，不合格率管制图的管制界限就会出现高高低低的现象，对此状况一般有下列三种处理方式：

1. 变动管制界限的宽度

此种方法对于无论是解析用管制图或管制用管制图，每一样本组都应重新个别计算其管制界限。由公式（10-1）可知，此时管制界限的宽度与 n_i 的大小成反比。

2. 使用平均样本大小

当样本大小的差异不会很大时，可以样本大小平均值 $\bar{n}$ 取代 n_i。

3. 将管制图标准化

即将各样本组依公式（10–2）重新计算，且管制中心线设为 0，管制上下限设为 ±3。

$$z_i = \frac{\bar{p}_i - \bar{p}}{\sqrt{\dfrac{\bar{p}(1 - \bar{p})}{n_i}}} \tag{10-2}$$

上述三种处理方式各有优点。就第一种方式而言，由于管制图纵坐标就是测量单位，故管理者较易理解。对后两种方式而言，由于管制界限为固定，故在判别制程是否存在非机遇原因时会较为清晰。

范例 10-3

若范例 10–1 的公司所获得的资料如表 10–2 所示，试以下列三种方法绘制管制图：

1. 变动管制界线的宽度。

2. 使用平均样本大小。

3. 将管制图标准化。

表 10–2　样本大小不一的玩具不合格率记录

样本组	样本大小	不合格数	不合格率
1	1100	8	0.0073
2	1000	7	0.0070
3	800	5	0.0063
4	1050	8	0.0076
5	1100	15	0.0136
6	900	5	0.0056
7	950	4	0.0042
8	1100	12	0.0109
9	1100	7	0.0064
10	900	6	0.0067
11	800	5	0.0063
12	1000	7	0.0070
13	1000	1	0.0010

样本组	样本大小	不合格数	不合格率
14	1000	6	0.0060
15	1000	8	0.0080
16	1100	8	0.0073
17	1000	6	0.0060
18	1000	11	0.0110
19	1100	8	0.0073
20	1050	8	0.0076
平均数	1002.5	7.25	0.0071

解答：

1. 以变动管制界限的宽度计算管制界限，如表 10-3 所示。

表 10-3　变动管制界限的宽度计算管制界限

样本数	样本大小	不合格数	不合格率	$\sqrt{\dfrac{\bar{p}(1-\bar{p})}{n_i}}$	LCL	UCL
1	1100	8	0.0073	0.0025	0.0000	0.0147
2	1000	7	0.0070	0.0027	0.0000	0.0151
3	800	5	0.0063	0.0030	0.0000	0.0160
4	1050	8	0.0076	0.0026	0.0000	0.0149
5	1100	15	0.0136	0.0025	0.0000	0.0147
6	900	5	0.0056	0.0028	0.0000	0.0155
7	950	4	0.0042	0.0027	0.0000	0.0153
8	1100	12	0.0109	0.0025	0.0000	0.0147
9	1100	7	0.0064	0.0025	0.0000	0.0147
10	900	6	0.0067	0.0028	0.0000	0.0155
11	800	5	0.0063	0.0030	0.0000	0.0160
12	1000	7	0.0070	0.0027	0.0000	0.0151
13	1000	1	0.0010	0.0027	0.0000	0.0151
14	1000	6	0.0060	0.0027	0.0000	0.0151
15	1000	8	0.0080	0.0027	0.0000	0.0151
16	1100	8	0.0073	0.0025	0.0000	0.0147
17	1000	6	0.0060	0.0027	0.0000	0.0151
18	1000	11	0.0110	0.0027	0.0000	0.0151
19	1100	8	0.0073	0.0025	0.0000	0.0147
20	1050	8	0.0076	0.0026	0.0000	0.0149
平均数	1002.5	7.25	0.0071			

不合格率管制图绘制如图 10-2 所示。

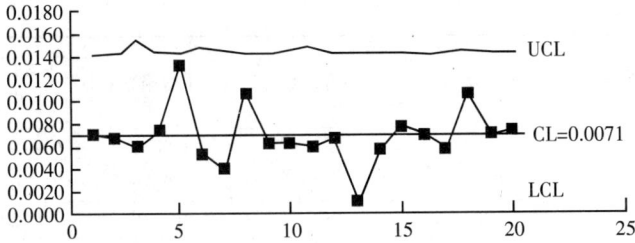

图10-2 变动管制界限的宽度的不合格率管制图

2.以平均样本大小计算管制界限。

$$CL_p = \bar{p} = 0.0071$$

$$UCL_p = \bar{p} + 3\sqrt{\frac{\bar{p}(1-\bar{p})}{\bar{n}}}$$

$$= 0.0071 + 3\sqrt{\frac{0.0071(1-0.0071)}{1002.5}}$$

$$= 0.0151$$

$$UCL_p = \bar{p} - 3\sqrt{\frac{\bar{p}(1-\bar{p})}{\bar{n}}}$$

$$= 0.0071 - 3\sqrt{\frac{0.0071(1-0.0071)}{1002.5}}$$

$$= -0.0009(\text{应视为 }0)$$

不合格率管制图绘制如图 10-3 所示。

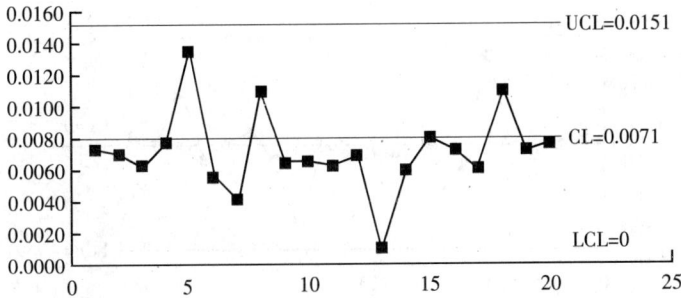

图10-3 以平均样本大小计算的不合格率管制图

3.将管制图标准化,重新计算各样本点如表10-4所示。

表10-4 变动管制界限的宽度计算管制界限

样本组	样本大小	不合格数	不合格率	$\dfrac{p_i - \bar{p}}{\sqrt{\dfrac{\bar{p}(1-\bar{p})}{n_i}}}$
1	1100	8	0.0073	0.0682
2	1000	7	0.0070	−0.0377

续表

样本组	样本大小	不合格数	不合格率	$\dfrac{p_i - \bar{p}}{\sqrt{\dfrac{\bar{p}(1-\bar{p})}{n_i}}}$
3	800	5	0.0063	−0.2863
4	1050	8	0.0076	0.2003
5	1100	15	0.0136	2.5820
6	900	5	0.0056	−0.5518
7	950	4	0.0042	−1.0607
8	1100	12	0.0109	1.5047
9	1100	7	0.0064	−0.2909
10	900	6	0.0067	−0.1548
11	800	5	0.0063	−0.2863
12	1000	7	0.0070	−0.0377
13	1000	1	0.0010	−2.2975
14	1000	6	0.0060	−0.4143
15	1000	8	0.0080	0.3390
16	1100	8	0.0073	0.0682
17	1000	6	0.0060	−0.4143
18	1000	11	0.0110	1.4689
19	1100	8	0.0073	0.0682
20	1050	8	0.0076	0.2003
平均数	1002.5	7.25	0.0071	

不合格率管制图绘制如图 10-4 所示。

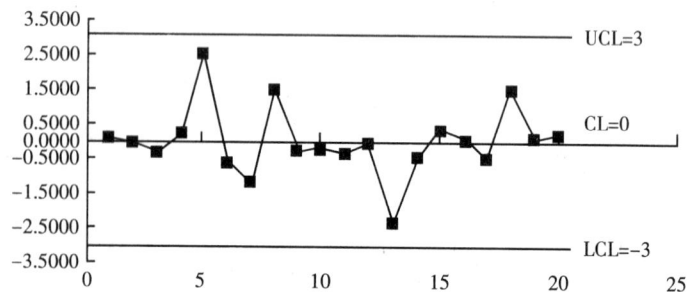

图 10-4 将管制图标准化的不合格率管制图

第二节 不合格数管制图

不合格数管制图的基本假设为不合格数 x 来自于二项分配。

不合格数管制图（np Control Charts）与不合格率管制图的基本假设相同，都是将不合格数 x 视为来自于二项分配。

当每一个样本组的样本大小相同时，不合格数管制图的计算会比不合格率管制图简易。不合格数管制图的管制界限计算如公式（10-3）所示。

$$CL_{np} = n\bar{p}$$ (10-3)

$$UCL_{np} = n\bar{p} + 3\sqrt{n\bar{p}(1-\bar{p})}$$

$$LCL_{np} = n\bar{p} - 3\sqrt{n\bar{p}(1-\bar{p})}$$

不合格数管制图的管制界限：

$$CL_{np} = n\bar{p}$$

$$UCL_{np} = n\bar{p} + 3\sqrt{n\bar{p}(1-\bar{p})}$$

$$LCL_{np} = n\bar{p} - 3\sqrt{n\bar{p}(1-\bar{p})}$$

范例 10-4

某脚踏车轮胎制造商以不合格数管制图管制制程，每生产 1000 条轮胎计算一次不合格数，并将结果记录如表 10-5 所示，试求不合格数管制图的管制界限。

表 10-5　脚踏车轮胎制造商的制程记录

样本组	1	2	3	4	5	6	7	8
不合格数	5	7	2	4	7	8	4	5
样本组	9	10	11	12	13	14	15	16
不合格数	8	3	10	3	6	3	8	6
样本组	17	18	19	20	平均数			
不合格数	5	11	2	9	5.8			

解答：

不合格数的平均数为 5.8 ，平均不合格率为 5.8/1000 = 0.0058，故管制界限为：

$$CL_{np} = n\bar{p} = 5.8$$

$$UCL_{np} = n\bar{p} + 3\sqrt{n\bar{p}(1-\bar{p})}$$

$$= 5.8 + 3\sqrt{5.8 \times (1-0.0058)} = 13$$

$$LCL_{np} = n\bar{p} - 3\sqrt{n\bar{p}(1-\bar{p})}$$

$$= 5.8 - 3\sqrt{5.8 \times (1-0.0058)} = -1.4 \text{（应视为 0）}$$

绘制管制图如图 10-5 所示。

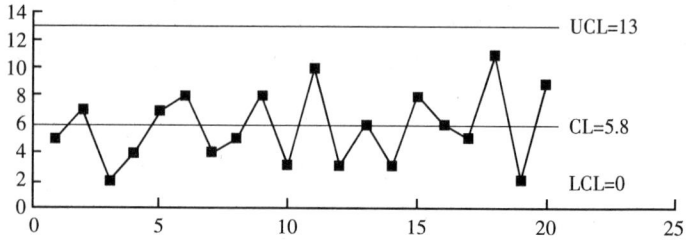

图 10-5　脚踏车轮胎制造商的不合格数管制图

由图 10-5 可判定无非机遇原因，管制界限可作为管制用管制界限。

第三节　不合格点数管制图

当单一产品出现多项不合格时，不合格率管制图与不合格数管制图都将其视是为不合格，而不区分不合格的严重程度。例如书籍中的某一页出现三个打字错误与出现一个打字错误，依不合格率管制图与不合格数管制图的算法皆视为相同的不合格，这种计算不合格的方法有时会因过于笼统而无法真正察觉制程中存在的非机遇原因，此时就应改用不合格点数管制图（c Control Charts）或单位不合格点数管制图。就不合格点数管制图而言，它更适用于固定检验单位下的情形，例如固定检查 1 开的纸张等。

不合格点数管制图的基本假设为不合格点数 x 来自于卜瓦松分配。

不合格点数管制图的基本假设为不合格点数 x 来自于卜瓦松分配。假设群体不合格点数的平均数为 c，今自群体中抽出一组大小为 n 的样本，则不合格点数 x 的概率分配为：

$$f(x) = \frac{e^{-c}c^x}{x!} \quad x = 0, 1, 2, \cdots, n$$

若从一管制中制程抽出 m 组样本，且各组样本的不合格点数为 c_1，c_2，$\cdots$，c_m，则平均不合格点数为：

不合格点数管制图的管制界限：

$CL_c = \bar{c}$

$UCL_c = \bar{c} + 3\sqrt{\bar{c}}$

$LCL_c = \bar{c} - 3\sqrt{\bar{c}}$

$$\bar{c} = \frac{\sum c_i}{m}$$

可作为群体不合格点数 c 的估计值，$\sqrt{\bar{c}}$ 可作为群体不合格点数 c 的标准差的估计值。

因此，不合格点数管制图的管制界限如公式（10-4）所示。

$$CL_c = \bar{c}$$

$$UCL_c = \bar{c} + 3\sqrt{\bar{c}}$$

$$LCL_c = \bar{c} - 3\sqrt{\bar{c}} \tag{10-4}$$

范例 10-5

某纸张生产厂商欲建立不合格点数管制图，自生产线上取得一定大小纸张的缺点数如表 10-6 所示，试求不合格点数管制图的管制界限。

表 10-6　纸张厂商的不合格点数记录

样本组	1	2	3	4	5	6	7	8
不合格数	2	4	1	5	3	4	1	0
样本组	9	10	11	12	13	14	15	16
不合格数	6	4	2	7	2	4	3	6
样本组	17	18	19	20	平均数			
不合格数	2	4	2	6	3.4			

解答：

$$CL_c = \bar{c} = 3.4$$

$$UCL_c = \bar{c} + 3\sqrt{\bar{c}} = 3.4 + 3\sqrt{3.4} = 8.93$$

$$LCL_c = \bar{c} - 3\sqrt{\bar{c}} = 3.4 - 3\sqrt{3.4} = -2.13 \text{（应视为 0）}$$

绘制不合格点数管制图如图 10-6 所示。

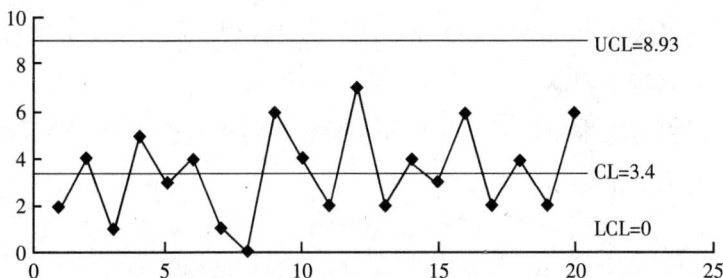

图 10-6　纸张生产厂商的不合格点数管制图

由图 10-6 可判定无非机遇原因，故管制界限可作为管制用管制图之用。

第四节 单位不合格点数管制图

在样本大小为固定时，可依第三节所述的方法以不合格点数管制图管制制程。但当样本大小不一时，例如制作的地毯大小不一，此时就应采用单位不合格点数管制图（u Control Charts）。

单位不合格点数管制图的基本假设与不合格点数管制图相同，均将不合格点数 x 视为来自于卜瓦松分配。因此，单位不合格点数管制图的管制界限如公式（10-5）所示。

$$CL_u = \bar{u}$$

$$UCL_u = \bar{u} + 3\sqrt{\frac{\bar{u}}{n_i}}$$

$$LCL_u = \bar{u} - 3\sqrt{\frac{\bar{u}}{n_i}} \tag{10-5}$$

式中，$\bar{u}$ 是解析用管制图中所有样本的平均不合格率；n_i 是每一样本组的样本大小，当每一样本组大小相同时，可令为 n。

当每组样本大小不同，单位不合格点数管制图的管制界限就会出现高高低低的现象，对此状况一般有下列三种处理方式：

1. 变动管制界限的宽度

此种方法对于无论是解析用管制图或管制用管制图，每一样本组都应重新个别计算其管制界限。由公式（10-5）可知，此时管制界限的宽度与 n_i 的大小成反比。

2. 使用平均样本大小

当样本大小的差异不会很大时，可以样本大小平均值 $\bar{n}$ 取代 n_i。

3. 将管制图标准化

即将各样本组依公式（10-6）重新计算，且管制中心线设为 0，管制上下限设为 ±3。

$$z_i = \frac{u_i - \bar{u}}{\sqrt{\frac{\bar{u}}{n_i}}} \tag{10-6}$$

上述三种处理方式各有优点。就第一种方式而言，由于管制图纵坐标就是测量单位，故管理者较易理解。对后两种方式而言，由于管制界限为固定，故在判别制程是否存在非机遇原因时会较为清晰。

范例 10-6

某公司生产大小不一的地毯，品管主管自生产线上取得一批数据如表 10-7 所示，试以下列三种方法绘制单位不合格点数管制图：

1. 变动管制界限的宽度。
2. 使用平均样本大小。
3. 将管制图标准化。

表 10-7 地毯单位不合格点数记录

样本组	1	2	3	4	5	6	7	8
不合格点数	3	4	1	5	2	3	4	2
样本大小	3.00	3.00	4.00	3.00	3.00	3.00	4.00	3.00
样本组	9	10	11	12	13	14	15	16
不合格点数	6	3	2	5	2	4	3	6
样本大小	4.00	4.00	3.00	4.00	3.00	4.00	3.00	3.00
样本组	17	18	19	20	平均数			
不合格点数	2	4	2	6	3.45			
样本大小	3.00	4.00	3.00	4.00	3.40			

解答：

1. 变动管制界限的宽度，计算如表 10-8 所示。

表 10-8 变动管制界限的宽度的地毯单位不合格点数记录

样本组	不合格点数	样本大小	单位不合格点数	$\sqrt{\bar{u}/n_i}$	UCL	LCL
1	3	3.00	1.0000	0.5809	2.7553	0.0000
2	4	3.00	1.3333	0.5809	2.7553	0.0000
3	1	4.00	0.2500	0.5031	2.5218	0.0000
4	5	3.00	1.6667	0.5809	2.7553	0.0000
5	2	3.00	0.6667	0.5809	2.7553	0.0000
6	3	3.00	1.0000	0.5809	2.7553	0.0000
7	4	4.00	1.0000	0.5031	2.5218	0.0000
8	2	3.00	0.6667	0.5809	2.7553	0.0000
9	6	4.00	1.5000	0.5031	2.5218	0.0000
10	3	4.00	0.7500	0.5031	2.5218	0.0000
11	2	3.00	0.6667	0.5809	2.7553	0.0000
12	5	4.00	1.2500	0.5031	2.5218	0.0000

样本组	不合格点数	样本大小	单位不合格点数	$\sqrt{\bar{u}/n_i}$	UCL	LCL
13	2	3.00	0.6667	0.5809	2.7553	0.0000
14	4	4.00	1.0000	0.5031	2.5218	0.0000
15	3	3.00	1.0000	0.5809	2.7553	0.0000
16	6	3.00	2.0000	0.5809	2.7553	0.0000
17	2	3.00	0.6667	0.5809	2.7553	0.0000
18	4	4.00	1.0000	0.5031	2.5218	0.0000
19	2	3.00	0.6667	0.5809	2.7553	0.0000
20	6	4.00	1.5000	0.5031	2.5218	0.0000
平均数	3.45	3.40	1.0125			

绘制单位不合格点数管制图如图 10-7 所示。

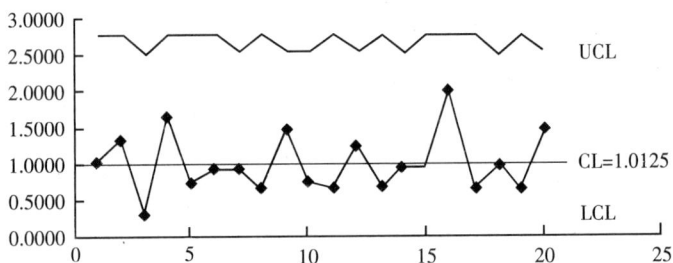

图 10-7　变动管制界限的宽度的地毯单位不合格点数管制图

2. 使用平均样本大小。

$\bar{n} = 3.4$

$CL_u = \bar{u} = 1.0125$

$UCL_u = \bar{u} + 3\sqrt{\dfrac{\bar{u}}{\bar{n}}} = 1.0125 + 3\sqrt{1.0125/3.4} = 2.6496$

$LCL_u = \bar{u} - 3\sqrt{\dfrac{\bar{u}}{\bar{n}}} = 1.0125 - 3\sqrt{1.0125/3.4} = -0.6246$（应视为 0）

绘制单位不合格点数管制图如图 10-8 所示。

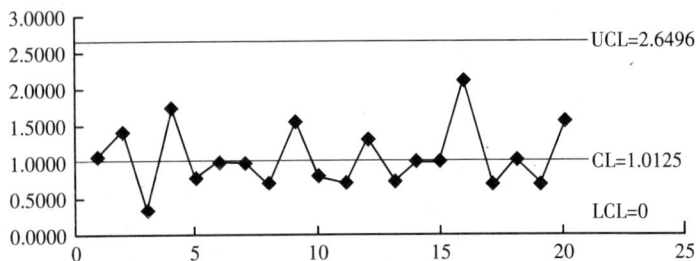

图 10-8　使用平均样本大小的地毯单位不合格点数管制图

3. 将管制图标准化，其计算如表 10-9 所示。

表 10-9　将管制图标准化地毯单位不合格点数记录

样本组	不合格点数	样本大小	单位不合格点数	$(u_i-\bar{u})/\sqrt{\bar{u}/n_i}$
1	3	3.00	1.0000	−0.0215
2	4	3.00	1.3333	0.5523
3	1	4.00	0.2500	−1.5156
4	5	3.00	1.6667	1.1260
5	2	3.00	0.6667	−0.5953
6	3	3.00	1.0000	−0.0215
7	4	4.00	1.0000	−0.0248
8	2	3.00	0.6667	−0.5953
9	6	4.00	1.5000	0.9690
10	3	4.00	0.7500	−0.5217
11	2	3.00	0.6667	−0.5953
12	5	4.00	1.2500	0.4721
13	2	3.00	0.6667	−0.5953
14	4	4.00	1.0000	−0.0248
15	3	3.00	1.0000	−0.0215
16	6	3.00	2.0000	1.6998
17	2	3.00	0.6667	−0.5953
18	4	4.00	1.0000	−0.0248
19	2	3.00	0.6667	−0.5953
20	6	4.00	1.5000	0.9690
平均数	3.45	3.40	1.0125	

绘制单位不合格点数管制图如图 10-9 所示。

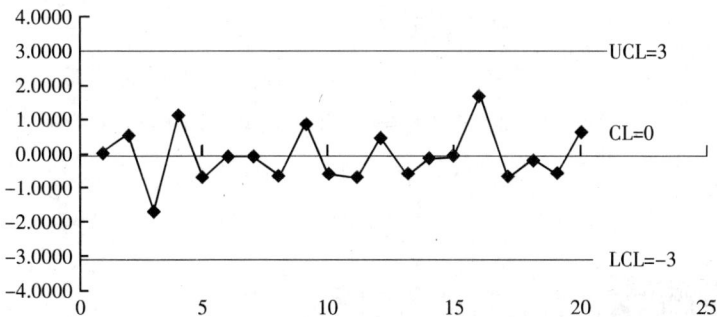

图 10-9　将管制图标准化的地毯单位不合格点数管制图

第五节 品质评分系统的应用

不合格点数管制图与单位不合格点数管制图虽然改善了不合格率管制图与不合格数管制图的缺点，能以不合格的个数区别不合格的严重性，但是当产品具备多重品质特性时，不合格点数管制图与单位不合格点数管制图就应再作修正，以求更精确地反映此现象。例如，某本书籍中有打字错误与段落编排错误，前者的影响明显不及后者，此时就应将这两种错误的不同严重性以不同的方式处理。

当我们想要将多种不同的品质特性归纳成一种品质特性时，最常使用的方式就是品质评分系统（Quality Rating System），将品质不合格的现象区分为数个等级，然后以加权计算的方式汇总成一个指针。目前业界最常见的不合格分级方式为严重不合格、主要不合格、次要不合格三类：

1. 严重不合格

严重（Critical）不合格是指该不合格可能影响使用者安全或使产品功能丧失。例如电器产品绝缘不佳会引起使用者触电、电视音量无法调节等。

2. 主要不合格

主要（Major）不合格是指该不合格会使产品功能不如预期。例如圆珠笔出水量太小造成字迹模糊等。

3. 次要不合格

次要（Minor）不合格是指不会造成产品功能不如预期的不合格。例如产品外包装出现污损等。

将各种不合格现象分别给予不同的权数，然后进行加总以获得单一指针，最后再以此指针绘制不合格点数管制图或单位不合格点数管制图，就是品质评分系统在管制图上的应用。

> 品质评分系统就是将品质不合格的现象区分为数个等级，然后以加权计算的方式汇总成一个指针。目前业界最常见的不合格分级方式为严重不合格、主要不合格、次要不合格三类。

范例 10-7

某公司生产大小不一的地毯，品管主管自生产线上取得一批数据如表 10-10 所示，若严重不合格、主要不合格与次要不合格的权数分别为 0.5、0.3 与 0.2，试以下列三种方法绘制单位不合格点数管制图：

  1. 变动管制界限的宽度。

  2. 使用平均样本大小。

  3. 将管制图标准化。

表 10-10　品质评分系统不合格点数记录

样本组	严重不合格点数 (c_1)	主要不合格点数 (c_2)	次要不合格点数 (c_3)	样本大小
1	1	3	5	2.00
2	1	2	6	3.00
3	0	5	8	4.00
4	1	4	5	2.00
5	0	4	4	3.00
6	1	2	5	3.00
7	1	3	6	4.00
8	0	4	6	3.00
9	2	2	5	4.00
10	1	3	5	4.00
11	0	3	8	2.00
12	2	2	4	2.00
13	1	3	2	5.00
14	2	2	4	4.00
15	0	4	6	3.00
16	1	2	5	2.00
17	1	3	5	2.00
18	1	2	6	4.00
19	2	1	3	3.00
20	0	5	6	5.00

解答：

  1. 变动管制界限的宽度，其计算如表 10-11 所示。

表 10-11　变动管制界限的宽度品质评分系统不合格点数记录

样本组	严重不合格点数 (c_1)	主要不合格点数 (c_2)	次要不合格点数 (c_3)	样本大小 (n_i)	$u_i = (0.5 \times c_1 + 0.3 \times c_2 + 0.2 \times c_3)/n_i$	$\sqrt{\dfrac{\bar{u}}{n_i}}$	UCL	LCL
1	1	3	5	2.00	1.2000	0.6396	2.7372	0
2	1	2	6	3.00	0.7667	0.5223	2.3851	0
3	0	5	8	4.00	0.7750	0.4523	2.1752	0
4	1	4	5	2.00	1.3500	0.6396	2.7372	0
5	0	4	4	3.00	0.6667	0.5223	2.3851	0
6	1	2	5	3.00	0.7000	0.5223	2.3851	0

样本组	严重不合格点数（c_1）	主要不合格点数（c_2）	次要不合格点数（c_3）	样本大小（n_i）	$u_i = (0.5 \times c_1 + 0.3 \times c_2 + 0.2 \times c_3)/n_i$	$\sqrt{\dfrac{\bar{u}}{n_i}}$	UCL	LCL
7	1	3	6	4.00	0.6500	0.4523	2.1752	0
8	0	4	6	3.00	0.8000	0.5223	2.3851	0
9	2	2	5	4.00	0.6500	0.4523	2.1752	0
10	1	3	5	4.00	0.6000	0.4523	2.1752	0
11	0	3	8	2.00	1.2500	0.6396	2.7372	0
12	2	2	4	2.00	1.2000	0.6396	2.7372	0
13	1	3	2	5.00	0.3600	0.4045	2.0319	0
14	2	2	4	4.00	0.6000	0.4523	2.1752	0
15	0	4	6	3.00	0.8000	0.5223	2.3851	0
16	1	2	5	2.00	1.0500	0.6396	2.7372	0
17	1	3	5	2.00	1.2000	0.6396	2.7372	0
18	1	2	6	4.00	0.5750	0.4523	2.1752	0
19	2	1	3	3.00	0.6333	0.5223	2.3851	0
20	0	5	6	5.00	0.5400	0.4045	2.0319	0
平均数							3.20	0.8183

绘制单位不合格点数管制图如图 10-10 所示。

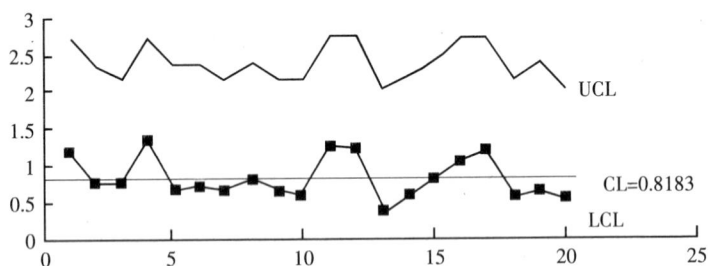

图 10-10 变动管制界限宽度的品质评分系统不合格点数管制图

2. 使用平均样本大小。

$\bar{n} = 3.2$

$CL_u = \bar{u} = 0.8183$

$CL_u = \bar{u} + 3\sqrt{\dfrac{\bar{u}}{\bar{n}}} = 0.8183 + 3\sqrt{0.8183/3.2} = 2.3353$

$LCL_u = \bar{u} - 3\sqrt{\dfrac{\bar{u}}{\bar{n}}} = 0.8183 - 3\sqrt{0.8183/3.2} = -0.6987$（应视为 0）

绘制单位不合格点数管制图如图 10-11 所示。

3. 将管制图标准化，其计算如表 10-12 所示。

绘制单位不合格点数管制图如图 10-12 所示。

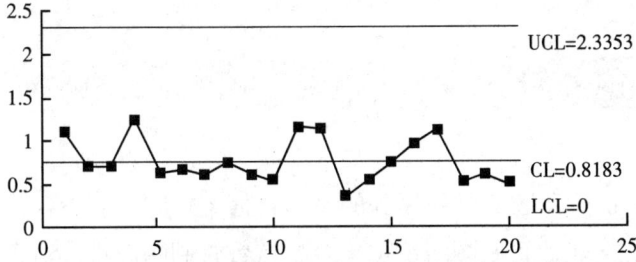

图 10-11 使用平均样本大小的品质评分系统不合格点数管制图

表 10-12 将管制图标准化品质评分系统不合格点数记录

样本组	严重不合格点数 (c_1)	主要不合格点数 (c_2)	次要不合格点数 (c_3)	样本大小 (n_i)	$u_i = (0.5 \times c_1 + 0.3 \times c_2 + 0.2 \times c_3)/n_i$	$(u_i - \bar{u})/\sqrt{\bar{u}/n_i}$
1	1	3	5	2.00	1.2000	0.5967
2	1	2	6	3.00	0.7667	−0.0989
3	0	5	8	4.00	0.7750	−0.0957
4	1	4	5	2.00	1.3500	0.8312
5	0	4	4	3.00	0.6667	−0.2903
6	1	2	5	3.00	0.7000	−0.2265
7	1	3	6	4.00	0.6500	−0.3721
8	0	4	6	3.00	0.8000	−0.0350
9	2	2	5	4.00	0.6500	−0.3721
10	1	3	5	4.00	0.6000	−0.4826
11	0	3	8	2.00	1.2500	0.6749
12	2	2	4	2.00	1.2000	0.5967
13	1	3	2	5.00	0.3600	−1.1329
14	2	2	4	4.00	0.600	−0.4826
15	0	4	6	3.00	0.8000	−0.0350
16	1	2	5	2.00	1.0500	0.3622
17	1	3	5	2.00	1.2000	0.5967
18	1	2	6	4.00	0.5750	−0.5379
19	2	1	3	3.00	0.6333	−0.3542
20	0	5	6	5.00	0.5400	−0.6879
平均数				3.20	0.8183	

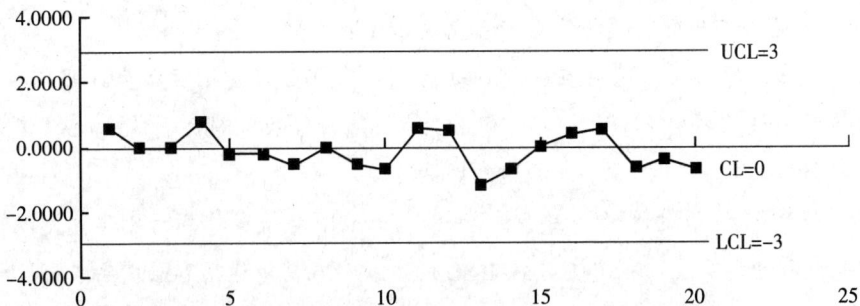

图 10-12 将管制图标准化品质评分系统不合格点数管制图

　　计数值管制图最常使用到的是不合格率管制图、不合格数管制图、不合格点数管制图与单位不合格点数管制图。当面对多个品质特性时，不合格点数管制图与单位不合格点数管制图常会以品质评分系统为工具，将严重性不同的不合格现象整合为一个指针。

个案研究

中国台湾积电公司以福特汽车 8D 步骤进行各种品质改善活动

　　晶圆代工制造，对于客户最重要的保证就是良率的稳定和交货时间的准确。晶圆从投产到出货，要经过 300 多道的制造程序，而每一道的制造程序都会影响晶圆的良率和交货时间，所以一个成功的晶圆厂除了要不断加强技术研发外，如何改善线上制程的稳定性及生产效率更是不可或缺。改善制程稳定性及生产效率的方法，除了生产流程的改进外，最直接也最重要的就是生产机台的改良。本案例就是中国台湾积电公司半导体生产线上生产机台的改善过程。

　　半导体晶圆生产制造过程，大约可区分为蚀刻、黄光、离子植入和薄膜四大部分，而蚀刻又可区分为金属蚀刻、氧化层蚀刻和多晶硅蚀刻等。不同种类的蚀刻，各由不同种类的机台负责。但金属蚀刻往往为了产品的需要会同时使用不同厂牌的金属蚀刻机台进行生产。本案例的金属蚀刻机台，在光阻残留及 Particle 方面的性能较另一种机台差，而光阻残留和 Particle 会造成晶圆报废及良率降低，且无法量产 0.25um 金属蚀刻，因而使得生产成本提高和客户抱怨增加。为此，中国台湾积电公司成立了 CIT（Continuous Improvement Team）来解决上述的问题。

　　改善的内容分成三个子题：光阻残留的解决、机台 Particle 量的降低、0.25um 金属蚀刻制程的开发。这三个子题的改善内容简述如下：

　　（1）光阻残留的解决。芯片在金属蚀刻后，如有光阻残留则往往会造成芯片的报废。问题解决流程是使用福特 8D 的方式，有效率地将问题解决及预防再次发生。其中运用到层别法、特性要因图及田口方法来加速真因的发现。

　　（2）机台 Particle 量的降低。由于机台内的 Particle 会造成芯片的良率损失以及客户的抱怨。而此问题的解决流程亦是使用福特 8D 的方式，在其中运用到层别法与特性要因图。

　　（3）0.25um 金属蚀刻制程的开发。0.25um 逻辑产品在正常情形下所使用到的生产机台无法满足客户所需求的量，中国台湾积电公司乃考量在另一种机型上开发出 0.25um 金属蚀刻制程，以增加 0.25um 金属蚀刻制程的产量，在开发的过程中运用 PDCA 的精神来确保开发成果。

在对以上三个子题进行改善后，制程良率已明显提升，顾客抱怨率亦随之下降。改善前后的比较如表 10-13 所示。

表 10-13　改善前后的对比

	光阻残留	良率	0.25um 金属蚀刻产能	客户抱怨
改善前	平均每月报废 20 片芯片	较 Type A Machine 少 5%	0	制程整合部抱怨良率降低 制造部抱怨产能不够
改善后	0 Scrap	和 Type A Machine 相当	每日增加 1000 片	制程整合和制造部均满意

中国台湾积电对于组织内的任何改善，包含本个案，均要求同人应依照福特汽车 8D 的改善步骤进行，并制定了一份标准作业程序供同人遵行。福特汽车 8D 改善步骤在国内实务界中可说是声名远播，但在各大专院校所使用的教科书中则甚少提及，故较少为一般学子所知。由于福特汽车公司强制要求其供货商在品质改善过程中应使用 8D，且提供其供货商有关 8D 的训练辅导与制式表格，故在六标准差 DMAIC 盛行以前相当长的一段时间里，即使企业不是福特汽车的供货商，但也常会以 8D 作为品质改善步骤的依据。简言之，所谓的 8D 代表福特汽车与其供货商在进行品质改善时应遵循的步骤，其内容如下：

D1：主题选定及团队形成（Use Team Approach）。

D2：描述问题及现况掌握（Describe The Problem）。

D3：执行及验证暂时防堵措施（Implement and Verify Interim Containment Action）。

D4：定义及验证真因（Define and Verify Root Cause）。

D5：列出、选定及验证永久对策（Choose and Verify Permanent Correct Action）。

D6：执行永久对策及效果确认（Implement Permanent Corrective Action）。

D7：预防再发生及标准化（Prevent Recurrence）。

D8：恭贺团队及未来方向（Congratulation Your Team）。除了福特汽车将品质改善的步骤标准化外，事实上许多国际级企业也大多具有类似的标准，且均与福特汽车相同会要求其供货商配合办理，但福特汽车的 8D 无疑是其中最具影响力与普及率的系统化工具。

问题讨论

1. 试比较福特汽车 8D 与 PDCA 的相同处。

2. 试就中国台湾积电案例，归纳其共采用几种品质改善工具。

资料来源：中国台湾地区 http://proj.moeaidb.gov.tw/nqpp，中国台湾集成电路制造股份有限公司金属蚀刻机台良率及产能提升。

1. 不合格率管制图的基本假设是什么？

2. 已知每批生产批量皆为 500，今欲建立不合格率管制图且自现场搜集到下列数据，试求管制界限。

样本组	样本大小	不合格数	不合格率
1	500	4	0.0080
2	500	5	0.0100
3	500	6	0.0120
4	500	4	0.0080
5	500	5	0.0100
6	500	4	0.0080
7	500	7	0.0140
8	500	2	0.0040
9	500	3	0.0060
10	500	4	0.0080
11	500	7	0.0140
12	500	4	0.0080
13	500	5	0.0100
14	500	6	0.0120
15	500	3	0.0060
16	500	6	0.0120
17	500	2	0.0040
18	500	2	0.0040
19	500	3	0.0060
20	500	4	0.0080
平均数		4.3	0.0086

3. 已知每批生产批量皆为 1500，今欲建立不合格率管制图且自现场搜集到下列数据，试求管制界限。

样本组	样本大小	不合格数	不合格率
1	1500	5	0.0033
2	1500	3	0.0020
3	1500	7	0.0047
4	1500	8	0.0053
5	1500	6	0.0040
6	1500	9	0.0060
7	1500	6	0.0040

续表

样本组	样本大小	不合格数	不合格率
8	1500	8	0.0053
9	1500	4	0.0027
10	1500	5	0.0033
11	1500	6	0.0040
12	1500	9	0.0060
13	1500	7	0.0047
14	1500	6	0.0040
15	1500	4	0.0027
16	1500	5	0.0033
17	1500	4	0.0027
18	1500	6	0.0040
19	1500	9	0.0060
20	1500	8	0.0053
平均数		6.25	0.0042

4. 若粗估平均不良率为 0.03，若 n = 10，试计算不合格率管制图的管制界限并解释之。若希望 LCL_p 能大于 0，n 应至少为多少，此时 UCL_p 为多少？

5. 试以下表资料建立"变动管制界限的宽度"不合格率管制图。

样本组	样本大小	不合格数	不合格率
1	1300	4	0.0031
2	1500	5	0.0033
3	1400	5	0.0036
4	1400	6	0.0043
5	1500	6	0.0040
6	1300	3	0.0023
7	1350	4	0.0030
8	1400	7	0.0050
9	1450	7	0.0048
10	1300	5	0.0038
11	1500	8	0.0053
12	1500	6	0.0040
13	1450	7	0.0048
14	1300	6	0.0046
15	1500	4	0.0027
16	1500	5	0.0033
17	1450	4	0.0028
18	1450	6	0.0041
19	1500	8	0.0053
20	1300	6	0.0046
平均数		5.6	0.0039

6. 试以第5题的数据建立"使用平均样本大小"的不合格率管制图。

7. 试以第5题的资料建立"将管制图标准化"的不合格率管制图。

8. 试以下表资料建立"变动管制界限的宽度"不合格率管制图。

样本组	样本大小	不合格数	不合格率
1	2000	8	0.0040
2	2100	6	0.0029
3	2200	8	0.0036
4	2300	5	0.0022
5	2300	9	0.0039
6	2100	5	0.0024
7	2200	7	0.0032
8	2200	8	0.0036
9	2200	6	0.0027
10	2300	5	0.0022
11	2100	7	0.0033
12	2100	8	0.0038
13	2300	6	0.0026
14	2200	8	0.0036
15	2200	9	0.0041
16	2200	4	0.0018
17	2200	6	0.0027
18	2300	8	0.0035
19	2200	5	0.0023
20	2100	9	0.0043
平均数	2190	6.85	0.0031

9. 试以第8题的数据建立"使用平均样本大小"的不合格率管制图。

10. 试以第8题的资料建立"将管制图标准化"的不合格率管制图。

11. 不合格数管制图的基本假设是什么?

12. 不合格数管制图与不合格率管制图比较之下有何优点。

13. 样本大小为1000,试绘制下表资料的不合格数管制图。

样本组	1	2	3	4	5	6	7	8	9	10	
不合格数	8	9	5	4	7	5	9	5	9	7	
样本组	11	12	13	14	15	16	17	18	19	20	平均数
不合格数	10	9	6	3	8	6	5	11	3	9	6.9

14. 样本大小为1000,试绘制下表资料的不合格数管制图。

样本组	1	2	3	4	5	6	7	8	9	10	
不合格数	11	15	16	20	13	16	18	14	16	19	
样本组	11	12	13	14	15	16	17	18	19	20	平均数
不合格数	17	15	11	17	4	16	17	14	15	18	15.1

15. 不合格点数管制图适合使用的时机为何？

16. 不合格点数管制图的基本假设为何？

17. 绘制下表资料的不合格点数管制图。

样本组	1	2	3	4	5	6	7	8	9	10	
不合格数	6	4	8	4	5	8	6	4	3	9	
样本组	11	12	13	14	15	16	17	18	19	20	平均数
不合格数	5	6	4	7	4	5	4	8	6	7	5.65

18. 试绘制下表资料的不合格点数管制图。

样本组	1	2	3	4	5	6	7	8	9	10	
不合格数	11	6	10	7	4	8	6	7	9	5	
样本组	11	12	13	14	15	16	17	18	19	20	平均数
不合格数	8	6	9	10	4	7	8	7	5	6	7.15

19. 单位不合格点数管制图的适用时机为何？

20. 单位不合格点数管制图的基本假设为何？

21. 试以下表资料建立"变动管制界限的宽度"单位不合格点数管制图。

样本组	不合格点数	样本大小	单位不合格点数
1	3	100.00	0.0300
2	4	110.00	0.0364
3	1	110.00	0.0091
4	5	100.00	0.0500
5	2	100.00	0.0200
6	3	110.00	0.0273
7	4	120.00	0.0333
8	2	110.00	0.0182
9	6	120.00	0.0500
10	3	120.00	0.0250
11	2	110.00	0.0182
12	5	100.00	0.0500
13	2	100.00	0.0200
14	4	110.00	0.0364
15	3	120.00	0.0250
16	6	110.00	0.0545
17	2	120.00	0.0167
18	4	110.00	0.0364
19	2	120.00	0.0167
20	6	120.00	0.0500
平均数	3.45	111.00	0.0312

22. 试以第21题的资料建立"使用平均样本大小"的单位不合格点数管制图。

23. 试以第21题的资料建立"将管制图标准化"的单位不合格点数管制图。

第十一章　制程与测量系统能力分析

学习重点 在学习本章后，你将能够：

1. 明了制程与测量系统能力的准确性与精密性的含义。

2. 说明管制界限、自然允差界限与规格界限的不同。

3. 学得运用直方图分析制程能力。

4. 学得三种制程能力指标的计算与应用。

5. 明了制程能力比的意义。

6. 明了测量系统再现性分析的方法。

7. 明了测量系统再生性分析的方法。

　　尊爵企业的产品最近连续出现一种奇怪现象，虽出货检验没问题，但客户的检验却过不了，退货后尊爵企业再度检验仍没问题，双方各说各话、莫衷一是，客户觉得尊爵不愿意为品质负责，气得想要将尊爵列入拒绝往来客户。王顾问在确认尊爵与客户的检验过程都没有任何问题后，将怀疑转移到测量系统上。他请尊爵品管部门对测量系统的能力做出一份分析报告，报告显示尊爵的测量系统也没问题。这份报告随即送交客户，等了一周，客户回了一封信，内容大致是说他们依同样的方法也作了一次测量系统的能力分析，结果竟然发现他们的测量系统能力不足，并向尊爵企业致上歉意与谢意。尊爵企业除了获得客户的敬意外，也发现客户正逐步增加对尊爵的下单量。

本章包含两大主题：制程能力分析与测量系统能力分析。此两大主题，近些年来，由于许多国际品质标准，如 ISO/TS16949 的要求，而受到愈来愈多的重视。对于制程能力分析，本章将介绍直方图分析与制程能力指标分析两种方法。对于测量系统能力分析，本章将介绍测量系统的再现性与再生性分析。

第一节 制程与测量系统能力的基本概念

一、准确性与精密性

任何制程都希望生产出品质特性命中目标的产品，所以我们可以用品质特性与目标之间的差距当作衡量制程能力的依据。当产品品质特性偏离目标值较远，我们就可以说此制程的能力较差。

衡量产品品质的好坏常需借助各种量规仪器为工具，我们也希望量规仪器的测量结果能表示实际值，所以我们也可以用测量结果与实际值的差距当作衡量测量系统能力的依据。如果测量结果偏离实际值愈远，我们就可以说此测量系统的能力愈差。

无论是制程能力或是量测系统能力的分析，都涉及准确性（Accuracy）与精密性（Precision）的问题。准确性是平均数与目标值的差距，精密性是变异数的大小，如图 11-1 所示。有时，我们须同时衡量制程的准确性与精密性，一般称此为精准性（Accuracy and Precision）。

> 准确性是平均数与目标值的差距，精密性是变异数的大小。

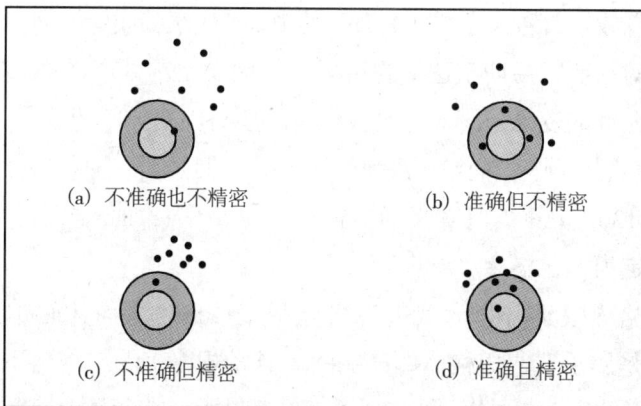

图 11-1 准确性与精密性

(a) 不准确也不精密 (b) 准确但不精密
(c) 不准确但精密 (d) 准确且精密

二、自然允差界限、管制界限与规格界限

进行制程能力与测量系统能力的分析时，另一个需要先行建立的概念是管制界限、规格界限与自然允差界限的不同。

（一）自然允差界限

假设品质特性 X 为一平均数 μ、标准差 σ 的常态分配，且 μ 与 σ 为已知，则 μ ± 3σ 称为该品质特性 X 的自然允差界限（Natural Tolerance Limit，NTL）。自然允差界限又可分为自然允差上限（Upper Natural Tolerance Limit，UNTL）与自然允差下限（Lower Natural Tolerance Limit，LNTL），如公式（11-1）所示。

$$UNTL = \mu + 3\sigma$$
$$LNTL = \mu - 3\sigma \tag{11-1}$$

（二）管制界限

有关管制界限的议题，在本书的第八、第九、第十章中已有介绍，在此仅简述之。若 x_1，x_2，$\cdots$，x_n 是一组来自于前述常态分配且样本大小为 n 的样本，则样本平均数 $\bar{x}$ 为一平均数 μ 标准差 $\sigma/\sqrt{n}$ 的常态分配，其平均数管制图的管制界限应为：

$$UCL = \mu + 3\sigma/\sqrt{n}$$
$$LCL = \mu - 3\sigma/\sqrt{n}$$

（三）规格界限

规格界限是用来判定产品是否合格的标准，当产品品质特性低于规格下限（Lower Specification Limit，LSL）或高于规格上限（Upper Specification Limit，USL）时，该产品即被判定为不合格。规格界限常以数学符号表示成 T ± △，其中，T 代表品质特性目标值，它是我们对品质特性期望达成的目标；△代表允差（Tolerance），即品质特性允许的变动范围，它是我们对品质特性变异所能容忍的界限，T - △为规格下限，而 T + △为规格上限。例如某一轴承外径的规格界限为 130 ± 1mm，其意义为当轴承外径大于 131mm 或小于 129mm 时应判定为不合格品。

规格界限又可分为双边规格与单边规格。以前述轴承之例而言，它是属于双边规格，即产品同时具备规格上限与规格下限。双边规格并非永远都是以目标值为中心，例如另一轴承的外径规格界限

为 $130^{+1.0}_{-0.5}$，其意义为当轴承外径大于 131.0mm 或小于 129.5mm 时应判定为不合格品。双边规格的规格中心值一般常以 m 表示，即 m = (USL + LSL)/2，只有在双边规格的正负允差相同时，品质特性的目标值才会等于规格中心值。当产品的品质特性落到规格外时，该部分产品所占的比例即为不合格率，如图 11-2 所示。

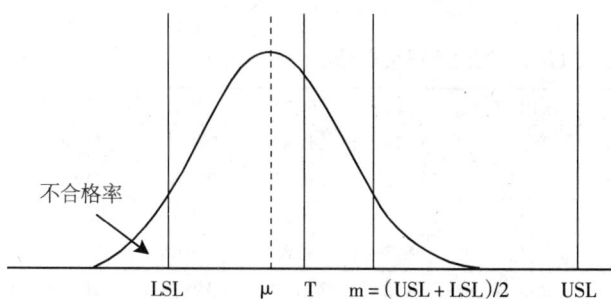

图 11-2 规格界限、品质特性目标值与规格中心值

当产品只具备规格上限或规格下限其中之一时，该产品规格即属单边规格，例如，某马达出力的规格设定为 150_{-2}hps，代表该马达的出力至少应为 148hps。

第二节 制程能力分析

在进行制程能力分析（Process Capability Analysis）时，由于此时关注的是制程能力，故须将其他各种可能影响品质变异的变量固定或剔除其影响，如操作人员、抽样时间、操作方法或生产批号等若有所不同，都可能会高估制程变异，从而影响到制程能力分析的结果。

制程能力的分析最常采用的手法为直方图与制程能力指标。

以直方图分析制程能力的优点是计算过程较为简单，且由所观察的图形中能获得许多极有价值的信息，故常作为制程能力的初步分析工具。

检视直方图，可从以下几个角度来分析制程能力：

（1）比较品质特性平均数与目标值以获知制程的准确性。

（2）比较品质特性标准差与规格界限以获知制程的精密性。

（3）比较自然允差界限与规格界限以获知制程的精准性。

制程能力的分析最常采用的手法为直方图与制程能力指标。

305

范例 11-1

某运动饮料制造商欲了解其饮料充填机的制程能力，已知该饮料所充填的目标量为 250.00g，规格为 249.00~251.00g，今自线上取样 100 件产品，测量其充填量如表 11-1 所示。试分析该充填机的制程能力。

表 11-1　运动饮料填充量

250.08	250.11	249.97	250.10	249.97	250.09	250.17	250.02	250.01	249.72
250.11	249.73	250.13	249.90	250.03	250.14	249.99	249.80	249.85	250.15
249.74	250.07	249.61	250.09	249.89	249.66	250.00	249.83	249.88	250.14
250.01	250.12	249.98	249.84	249.86	249.91	249.99	250.12	250.11	250.07
249.88	250.06	250.13	249.97	249.65	249.93	250.05	250.05	250.44	250.10
249.86	250.18	250.07	249.54	250.27	250.22	249.88	250.28	249.89	250.06
250.13	250.19	250.03	250.15	249.96	250.04	250.01	250.28	250.35	249.88
250.10	250.08	250.18	249.91	250.07	250.05	249.90	249.97	250.05	250.07
250.31	250.04	250.07	250.11	250.01	249.76	250.14	249.86	249.79	250.14
250.11	249.90	250.06	250.44	250.09	249.58	250.06	250.07	250.09	250.16

解答：

计算表 11-1 中所列数据的样本平均数 = 250.02，样本标准差为 0.17。由于样本平均数（250.02）与目标量（250.00）差距极为有限，故该制程的准确性极佳。

由于规格界限（249.00，251.00）为样本标准差（0.17）的 12 倍左右，故该制程的精密性亦极佳。

自然允差界限为 $\bar{x} \pm 3s = 250.02 \pm 3 \times 0.17 = (249.51，250.53)$，处于规格界限（249.00，251.00）之内，且与规格界限仍保有相当一段的距离，故制程精准性亦极佳。

将表 11-1 制作成次数分布，如表 11-2 所示。

表 11-2　运动饮料填充量次数分布

分布区间	次数
x < 249.7	5
249.7 ≤ x < 249.8	10
249.8 ≤ x < 249.9	17
249.9 ≤ x < 250.0	19
250.0 ≤ x < 250.1	24
250.1 ≤ x < 250.2	12

续表

分布区间	次数
$250.2 \leqslant x < 250.3$	8
$250.3 \leqslant x < 250.4$	3
$250.4 \leqslant x$	2
合计	100

将表 11-2 绘制成直方图，如图 11-3 所示。由图 11-3 可看出，该制程不仅精准性很好，而且品质特性也大致呈现常态分配，这将有助于后续更进一步的分析。

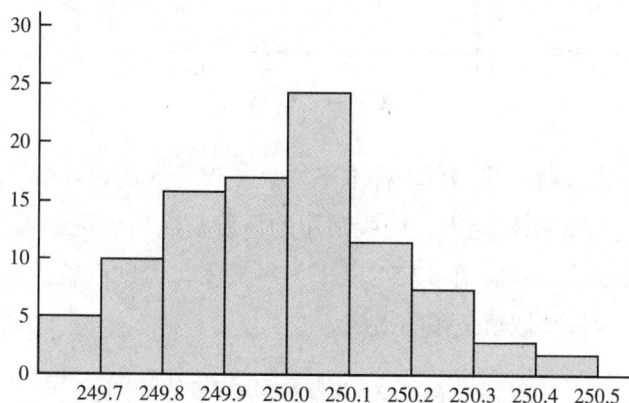

图 11-3 充填量分布次数直方图

第三节 制程能力指标

制程能力指标（Process Capability Ratio，PCR）是用来评估制程所生产出的产品能符合规格要求的能力。常见的制程能力指标有 C_a、C_p 与 C_{pk} 等。

制程能力指标是用来评估制程所生产出的产品能符合规格要求的能力。常见的制程能力指标有 C_a、C_p 与 C_{pk} 等。

一、C_a

当品质特性平均数较接近目标值时，制程准确性较佳，故我们若以图 11-4 中的 $\mu - T$ 除以 $\min\{T - LSL, USL - T\}$，就能获得一评估制程准确性的指标，如公式（11-2）所示。

$$C_a = \frac{\mu - T}{\min\{T - LSL, \ USL - T\}} \tag{11-2}$$

$$C_a = \frac{\mu - T}{\min\{T - LSL, \ USL - T\}}$$

当 T = m 时，$\min\{T - LSL, \ USL - T\} = T - LSL = USL - T = (USL - LSL)/2$，此时公式（11-2）可写成公式（11-3）。

$$C_a = \frac{\mu - m}{\dfrac{USL-LSL}{2}} \tag{11-3}$$

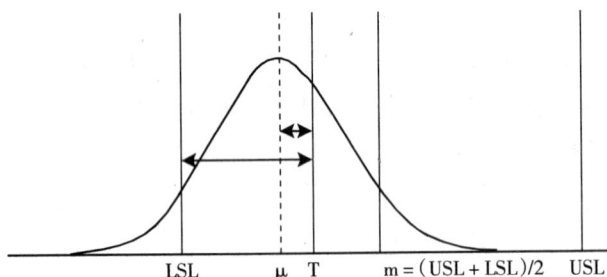

图 11-4 C_a 值

当 μ 未知时，我们可以样本平均数 $\bar{x}$ 作为 μ 的估计值。

以 C_a 评价制程能力，一般常用的评价基准与对策如表 11-3 所示。综合而言，$|C_a|$ 在 12.5%以下为可接受，否则应视为制程准确性不佳，而应采取矫正预防措施。

表 11-3 评价基准与对策

等级	C_a	制程评价与对策
A	$0 \leqslant C_a < 6.25\%$	制程稳定，应设法维持
B	$6.25\% \leqslant C_a < 12.5\%$	可能操作疏忽或机器调整不佳，应设法提醒人员操作重点或调整机台
C	$12.5\% \leqslant C_a < 25\%$	可能操作不熟练或作业标准不明确，应设法加强人员训练或修正作业标准
D	$25\% \leqslant C_a < 50\%$	制程或规格有严重瑕疵，应立即检讨，必要时停止生产
E	$50\% \leqslant C_a$	应立即停止生产，全面性检讨并采取紧急改善措施

范例 11-2

某轮胎制造商生产轮胎的沟深 $\bar{x} = 8.01$mm，试问当下列三种情况时，制程能力 C_a 值为多少？

1. 当规格要求为 $8.00 \pm {}^{0.10}_{0.05}$ mm。

2. 当规格要求为 $8.00 - {}_{0.05}$ mm。

3. 当规格要求为 8.00 ± 0.10 mm。

解答：

1. T ≠ m，故：

$$C_a = \frac{\bar{x} - T}{\min\{T - LSL, \ USL - T\}} = \frac{8.01 - 8.00}{\min\{0.05, \ 0.01\}} = 0.2$$

2. T ≠ m，故：

$$C_a = \frac{\bar{x} - T}{\min\{T - LSL, \ USL - T\}} = \frac{8.01 - 8.00}{\min\{0.05, \ \infty\}} = 0.2$$

3. T = m，故：

$$C_a = \frac{\bar{x} - m}{\frac{USL - LSL}{2}} = \frac{8.01 - 8.00}{\frac{8.10 - 7.90}{2}} = 0.1$$

二、C_p

当品质特性标准差愈小，制程精密性愈佳，故我们若以图 11-5 中的 $\min\{T - LSL, \ USL - T\}$ 除以 3σ，就能获得一评估制程精密性 的指标 C_p，如公式（11-4）所示。

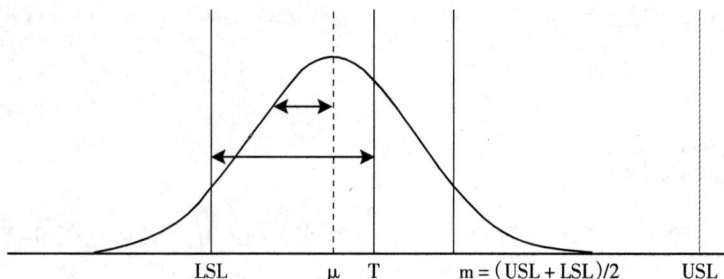

图 11-5　C_p 值

$$C_p = \min\left\{\frac{T - LSL}{3\sigma}, \ \frac{USL - T}{3\sigma}\right\} \tag{11-4}$$

$$C_p = \min\left\{\frac{T - LSL}{3\sigma}, \ \frac{USL - T}{3\sigma}\right\}$$

当 T = m 时，$\min\{T - LSL, \ USL - T\} = T - LSL = USL - T = (USL - LSL)/2$，此时公式（11-4）可写成公式（11-5）。

$$C_p = \frac{USL - LSL}{6\sigma} \tag{11-5}$$

当 σ 未知时，我们可以 $\hat{\sigma}$ 估计 σ。

为求得 $\hat{\sigma}$，以平均数与全距管制图的 $\bar{R}/d_2$，或平均数与标准差管制图的 $\bar{s}/c_4$ 作为 σ 的估计值（即$\hat{\sigma}$）是较佳的选择（参阅第九章所述），这主要是基于以下三点理由：首先，$\bar{R}/d_2$ 与 $\bar{s}/c_4$ 都是 σ 的不偏估计值，故估计效果较佳；其次，在运用平均数与全距管制图或平均数与标准差管制图的过程中，异常的样本点在被剔除后，该制程可被视为是稳定的，在稳定的制程下分析制程能力将较为恰当；最后，平均数与全距管制图或平均数与标准差管制图中的 $\bar{R}/d_2$ 或 $\bar{s}/c_4$ 代表的是纯粹的制程变异，它已不包含样本点之间的变异。基于以上理由，计算制程能力指标常接续在管制图分析之后进行，也就顺理成章了。

以 s 作为 σ 的估计值时的 C_p 称为 P_p。

若干书籍或作者在论及制程能力指标时，直接以 s 作为 σ 的估计值，这种做法是值得争议的。回忆本书第九章曾说，虽然 s^2 是 σ^2 的不偏估计值，但 s 却不是 σ 的不偏估计值，故我们无法以 s 作为 σ 的估计值。为此，有一些学者将以 s 估计 σ 时的 C_p 称为 P_p，如公式（11-6）与公式（11-7）所示。

$$P_p = \min\left\{ \frac{T - LSL}{3s}, \frac{USL - T}{3s} \right\} \tag{11-6}$$

当 $T = m$ 时，

$$P_p = \frac{USL - LSL}{6s} \tag{11-7}$$

范例 11-3

范例 9-1 中的钢筋拉力规格若为 2225 ± 50，试求范例 9-1 的 C_p 值。

解答：

由于范例 9-1 已显示制程稳定，且 $\bar{R} = 23$，经查表得 $d_2 = 2.326$，故以 $\bar{R}/d_2 = 23/2.326 = 9.89$ 估计 σ 当属恰当。

$$C_p = \min\left\{ \frac{T - LSL}{3\hat{\sigma}}, \frac{USL - T}{3\hat{\sigma}} \right\}$$

$$= \min\left\{ \frac{2225 - 2175}{3 \times 9.89}, \frac{2275 - 2225}{3 \times 9.89} \right\} = 1.685$$

C_p 值的倒数以百分比表示时，被称为制程能力比。

C_p 值的倒数以百分比表示时，称为制程能力比（Capability Ratio），如公式（11-8）所示。制程能力比代表制程占据规格范围的百分比，当此百分比较大时，代表制程占据了较大的规格范围，而很有可能生产出超出规格的产品；当此百分比较小时，代表制程若稍有异于往常的变异，生产出超出规格产品的概率会较小。

$$CR = \frac{1}{C_p} \times 100\% \qquad\qquad (11-8)$$

范例 11-4

某轮胎制造商生产轮胎的沟深 $s = 0.01mm$，试问：

1. 当规格要求为 $8.00 \pm^{0.10}_{0.05} mm$ 时，制程能力 P_p 值为多少？

2. 当规格要求为 $8.00 \pm 0.05mm$ 时，制程能力 P_p 值为多少？

3. 当规格要求为 $8.00 \pm 0.10mm$ 时，制程能力 P_p 值为多少？

4. 第 3 题的制程能力比为多少？

解答：

1. $T \neq m$，故：

$$P_p = \min\{ \frac{T - LSL}{3s}, \frac{USL - T}{3s} \} = \min\{ \frac{0.05}{3 \times 0.01}, \frac{0.10}{3 \times 0.01} \} = 1.67$$

2. $T \neq m$，故：

$$P_p = \min\{ \frac{T - LSL}{3s}, \frac{USL - T}{3s} \} = \min\{ \frac{0.05}{3 \times 0.01}, \infty \} = 1.67$$

3. $T = m$，故：

$$P_p = \frac{USL - LSL}{6s} = \frac{0.20}{6 \times 0.01} = 3.33$$

4. $CR = \frac{1}{P_p} \times 100\% = \frac{1}{3.33} \times 100\% = 30\%$

C_p 值一定为正，且愈大愈好。以 C_p 评价制程能力，一般常用的评价基准与对策如表 11-4 所示。综合而言，C_p 在 1.33 以上为可接受，否则应视为制程精密性不佳，而应采取矫正预防措施。

表 11-4　C_p 评价基准与对策

等级	C_p	制程评价与对策
A	$2 \leq C_p$	制程稳定，可考虑缩小规格以胜任更精密的工作
B	$1.33 \leq C_p < 2$	制程尚佳，应设法维持
C	$1.00 \leq C_p < 1.33$	制程能力不足，应进行改善
D	$C_p < 1.00$	应立即采取紧急改善措施，必要时停止生产

三、C_{pk}

当品质特性平均数较接近目标值且标准差愈小，制程精准性愈佳，故我们能将 C_a 与 C_p 合并成一个用以评估制程精准性的指针 C_{pk}，如公式（11-9）所示。

$$C_{pk} = (1 - |C_a|)C_p \qquad (11-9)$$

当 T = m 时，$\min\{T - LSL, \ USL - T\} = T - LSL = USL - T = (USL - LSL)/2$，此时公式（11-9）可写成公式（11-10）。

$$C_{pk} = \min\{C_{pu}, \ C_{pl}\} \qquad (11-10)$$

式中，$C_{pu} = \dfrac{USL - \mu}{3\sigma}$；$C_{pl} = \dfrac{\mu - LSL}{3\sigma}$。

当 μ 或 σ 未知时，我们可以 $\bar{x}$ 或 $\bar{\bar{x}}$ 估计 μ，以 $\bar{R}/d_2$ 或 s/c_4 估计 σ。

同理，某些学者将以 s 作为 σ 的估计值时的 C_{pk} 改称为 P_{pk}，如公式（11-11）与（11-12）所示。

$$P_{pk} = (1 - |C_a|)P_p \qquad (11-11)$$

当 T = m 时，

$$P_{pk} = \min\{P_{pu}, \ P_{pl}\} \qquad (11-12)$$

式中，$P_{pu} = \dfrac{USL - \bar{x}}{3s}$；$P_{pl} = \dfrac{\bar{x} - LSL}{3s}$

左栏批注：
$C_{pk} = (1 - |C_a|)C_p$

以 s 作为 σ 的估计值时的 C_{pk} 改称为 P_{pk}。

范例 11-5

范例 9-4 中的钢板规格若为 2.300 ± 0.500，试求 C_{pk} 值。

解答：

由于范例 9-4 已显示制程稳定，且 $\bar{\bar{x}} = 2.183$，$\bar{s} = 0.2540$，经查表得 $c_4 = 0.9727$，故以 $\bar{s}/c_4 = 0.2540/0.9727 = 0.2611$ 估计 σ 当属恰当。

T = m，故：

$$C_{pu} = \frac{USL - \bar{\bar{x}}}{3\hat{\sigma}} = \frac{2.800 - 2.183}{3 \times 0.2611} = 0.8515$$

$$C_{pl} = \frac{\bar{\bar{x}} - LSL}{3\hat{\sigma}} = \frac{2.183 - 1.800}{3 \times 0.2611} = 0.4890$$

$$C_{pk} = \min\{C_{pu}, \ C_{pl}\} = \min\{0.8515, 0.4890\} = 0.4890$$

范例 11-6

某轮胎制造商生产轮胎的沟深 $\bar{x} = 8.01\,mm$，$s = 0.01\,mm$，试问：

1. 当规格要求为 $8.00 \pm^{0.10}_{0.05}\,mm$ 时，制程能力 P_{pk} 值为多少？

2. 当规格要求为 $8.00 \pm 0.05\,mm$ 时，制程能力 P_{pk} 值为多少？

3. 当规格要求为 $8.00 \pm 0.10\,mm$ 时，制程能力 P_{pk} 值为多少？

解答：

1. $T \neq m$，故：

$$C_a = \frac{\bar{x} - T}{\min\{T - LSL,\ USL - T\}} = \frac{8.01 - 8.00}{\min\{0.05,\ 0.10\}} = 0.2$$

$$P_p = \min\left\{\frac{T - LSL}{3s},\ \frac{USL - T}{3s}\right\} = \min\left\{\frac{0.05}{3 \times 0.01},\ \frac{0.10}{3 \times 0.01}\right\} = 1.67$$

$$P_{pk} = (1 - |C_a|)P_p = (1 - 0.2) \times 1.67 = 1.34$$

2. $T \neq m$，故：

$$C_a = \frac{\bar{x} - T}{\min\{T - LSL,\ USL - T\}} = \frac{8.01 - 8.00}{\min\{0.05,\ \infty\}} = 0.2$$

$$P_p = \min\left\{\frac{T - LSL}{3s},\ \frac{USL - T}{3s}\right\} = \min\left\{\frac{0.05}{3 \times 0.01},\ \infty\right\} = 1.67$$

$$P_{pk} = (1 - |C_a|)P_p = (1 - 0.2) \times 1.67 = 1.34$$

3. $T = m$，故：

$$P_{pk} = \min\{P_{pu},\ P_{pl}\}$$

$$= \min\left\{\frac{USL - \bar{x}}{3s},\ \frac{\bar{x} - LSL}{3s}\right\} = \min\left\{\frac{8.1 - 8.01}{3 \times 0.01},\ \frac{8.01 - 7.9}{3 \times 0.01}\right\}$$

$$= 3.33$$

P_{pk} 值一定为正，且愈大愈好。以 C_{pk} 评价制程能力，一般常用的评价基准与对策如表 11-5 所示。综合而言，C_{pk} 在 1.25 以上为可接受，否则应视为制程精准性不佳，而应采取矫正预防措施。

表 11-5　C_{pk} 评价基准与对策

等级	C_{pk}	制程评价与对策
A	$1.5 \leqslant C_{pk}$	制程稳定，可考虑缩小规格以胜任更精密的工作
B	$1.25 \leqslant C_{pk} < 1.5$	制程尚佳，应设法维持
C	$1.00 \leqslant C_{pk} < 1.25$	制程能力不足，应进一步分析问题是出自于 C_a 或 C_p 的问题，并进行改善
D	$C_{pk} < 1.00$	应立即采取紧急改善措施，必要时停止生产

C_p 值可视为是制程的潜在能力（Potential Capability），而 C_{pk} 值则为制程的实际能力（Actual Capability）。C_{pk} 大部分情形下都小于 C_p，但当制程平均数调整到目标值时，$C_a = 0$，$C_{pk} = C_p$。

就 C_a、C_p 与 C_{pk} 三者而言，事实上只要知道后两者就能同时掌握住制程的准确性与精密性，因此许多企业未必会同时计算这三个制程能力指标。就台湾企业的习性而言，同时计算出三个指标是较常见到的做法。

第四节　测量系统的再现性与再生性

一、测量系统的准确性

测量系统的准确性分析可分为偏移（Bias）分析与线性（Linearity）分析两种。

（一）偏移分析

所谓的偏移，指的是测量值与实际值之间的差距，此差距若够小，常可忽略，但若此差距大到不可忽略，则该测量系统就应予以校正或补正。校正是指调整测量系统，使测量值与实际值一致，若测量系统无法校正或校正成本过高，此时就应建立补正值。例如，以 10.000kg 砝码经为标准件检验磅秤，将砝码置于磅秤上得读数为 10.030，则该磅秤的补正值应为 10.000 − 10.030 = −0.030kg，今若有一物置于该磅秤上，读数为 12.150kg，则实际值应为 12.150 − 0.030 = 10.120kg。

（二）线性分析

优良的测量系统，在连续的测量区间，所有的测量值与实际值之间的差距都应够小。也就是说，在一连续测量区间内，从小到大进行多次测量后，若将测量结果绘制于以测量值为横轴、实际值为纵轴的坐标图上，理想的结果是这些点会形成一条与横轴成 45 度角的直线。

若以测量值为自变量，实际值为因变量，运用线性回归分析能求出一条解释能力够高的线性方程式，那么未来只需将某一测量值代入这条线性方程式就能求得实际值的估计值，测量系统的偏移问题就能

校正是指调整测量系统，使测量值与实际值一致，若测量系统无法校正或校正成本过高，此时就应建立补正值。

获得解决。但若运用线性回归分析无法求出一条解释能力够高的线性方程式，这时候测量系统的偏移问题就比较不容易解决了。

二、测量系统的精密性

测量系统的精密性分析可分为再现性（Repeatabity）分析与再生性（Reproducibility）分析两种。若同时进行这两种分析，则称为量具再现性与再生性（Gage Repeatability and Reproducibility，GR&R）分析。

测量系统的精密性分析可分为再现性分析与再生性分析两种。若同时进行这两种分析，则称为量具再现性与再生性分析。

（一）再现性分析

测量系统的变异来源很多，但最主要的是来自于随机误差与人员造成的误差两种。

测量系统的变异来源很多，但最主要的是来自于随机误差与人员造成的误差两种。测量系统的再现性代表测量结果来自于随机误差的变异。

测量系统的再现性代表测量结果来自于随机误差的变异，一般表示为 $\sigma_{\text{repeatability}}$。为估计这一变异，普遍的做法是将测量过程中的所有条件（例如人员或产品等）予以固定不变，只由某一位作业人员，针对某一项产品的某一种特性进行多次重复测量，然后以测量结果的 $\hat{\sigma}$ 估计 $\sigma_{\text{repeatability}}$。

由第三节中得知，运用样本标准差估计群体标准差不是一个好的方法。所以，一般常会先以管制图检视制程是否仍存在其他变异来源，当制程无其他变异来源时，就可以 $\bar{R}/d_2$ 或 $\bar{s}/c_4$ 作为 $\hat{\sigma}_{\text{repeatability}}$。

精密度与允差比（Precision-to-Tolerance Ratio，P/T）是衡量测量系统能力的常用标准，其计算方式如公式（11-13）所示。

$$\frac{P}{T} = \frac{6\hat{\sigma}_{\text{gage}}}{USL - LSL} \tag{11-13}$$

当只考虑测量系统的再现性时，$\hat{\sigma}_{\text{gage}} = \hat{\sigma}_{\text{repeatability}}$。当精密度与允差比小于 0.1 时，该测量系统的能力将被视为是可以接受。

范例 11-7

某公司为了解其游标卡尺的再现性，品管员张三对某产品共 20 件的长度各测量了 2 次，结果如表 11-6 所示，已知该产品长度的 LSL = 12.20mm，USL = 12.30mm，试求该游标卡尺的 P/T 值。

表 11-6 以某游标卡尺测量产品长度结果

产品编号	测量值		$\bar{x}$	R
1	12.25	12.25	12.250	0.000
2	12.24	12.25	12.245	0.010
3	12.25	12.25	12.250	0.000
4	12.25	12.25	12.250	0.000
5	12.25	12.25	12.250	0.000
6	12.25	12.25	12.250	0.000
7	12.24	12.24	12.240	0.000
8	12.24	12.25	12.245	0.010
9	12.24	12.25	12.245	0.010
10	12.25	12.24	12.245	0.010
11	12.24	12.24	12.240	0.000
12	12.25	12.25	12.250	0.000
13	12.25	12.24	12.245	0.010
14	12.24	12.25	12.245	0.010
15	12.24	12.25	12.245	0.010
16	12.25	12.25	12.250	0.000
17	12.24	12.25	12.245	0.010
18	12.25	12.25	12.250	0.000
19	12.25	12.24	12.245	0.010
20	12.24	12.24	12.240	0.000
			$\bar{\bar{x}} = 12.246$	$\bar{R} = 0.0045$

解答：

绘制平均数与全距管制图，发觉 20 个样本点呈现在统计管制内（此图形省略）。

n = 2，查表 $d_2 = 1.128$

$$\hat{\sigma}_{\text{repeatability}} = \frac{\bar{R}}{d_2} = \frac{0.0045}{1.128} = 0.004$$

$$\frac{P}{T} = \frac{6\hat{\sigma}_{\text{gage}}}{\text{USL} - \text{LSL}} = \frac{6\hat{\sigma}_{\text{repeatability}}}{\text{USL} - \text{LSL}} = \frac{6 \times 0.004}{12.30 - 12.20} = 0.246$$

由于精密度与允差比大于 0.1，该测量系统的能力不被接受。

（二）再生性分析

当测量系统日常由不同的人员来操作时，测量系统的变异除了来自于测量系统的再现性外，还会有来自于作业人员之间的变异。测量系统的再生性代表测量结果来自于测量人员的变异，一般表示

为 $\sigma_{reproducibility}$。为估计此变异，一般的做法是除了作业人员不同外，将其他所有测量条件（例如产品等）予以固定不变，由多位作业人员对某一项产品的某一种特性进行多次重复测量。由于有多位作业人员进行重复测量，所以我们除了能获知测量系统来自于随机误差的变异（$\sigma_{repeatability}$）之外，还能获知测量系统来自于作业人员之间的变异（$\sigma_{reproducibility}$）。

测量系统的再生性代表测量结果来自于测量人员的变异。

测量系统的再生性分析一般伴随着再现性分析同步实施。也就是说，一般不会只作测量系统的再生性分析，而不作再现性分析。同步实施再现性与再生性分析时，不同作业人员都会各有一个类似表 11-6 的测量结果，$\bar{x}$ 或 $\bar{R}$ 也就不止一个，我们就可以 $\bar{R}/d_2$ 作为 $\hat{\sigma}_{repeatability}$，以 $R_{\bar{x}}/d_2$ 作为 $\hat{\sigma}_{reproducibility}$，此时 $\hat{\sigma}_{gage}^2 = \hat{\sigma}_{repeatability}^2 + \hat{\sigma}_{reproducibility}^2$。

范例 11-8

续范例 11-7，但此时由三位品管员对该产品共 20 件的长度各测量了 2 次，结果如表 11-7 所示，已知该产品长度的 LSL = 12.10mm，USL = 12.45mm，试求该游标卡尺的 P/T 值。

表 11-7 以某游标卡尺测量产品长度结果

产品编号	作业人员 1		$\bar{x}$	R	作业人员 2		$\bar{x}$	R	作业人员 3		$\bar{x}$	R
	测量值				测量值				测量值			
1	12.25	12.25	12.250	0.000	12.25	12.25	12.250	0.000	12.25	12.24	12.245	0.010
2	12.24	12.25	12.245	0.010	12.25	12.25	12.250	0.000	12.24	12.25	12.245	0.010
3	12.25	12.25	12.250	0.000	12.25	12.25	12.250	0.000	12.25	12.25	12.250	0.000
4	12.25	12.25	12.250	0.000	12.25	12.26	12.255	0.010	12.25	12.25	12.250	0.000
5	12.25	12.25	12.250	0.000	12.25	12.25	12.250	0.000	12.25	12.24	12.245	0.010
6	12.25	12.25	12.250	0.000	12.25	12.25	12.250	0.000	12.25	12.25	12.250	0.000
7	12.24	12.24	12.240	0.000	12.24	12.25	12.245	0.010	12.24	12.25	12.245	0.010
8	12.24	12.25	12.245	0.010	12.25	12.25	12.250	0.000	12.24	12.25	12.245	0.010
9	12.24	12.25	12.245	0.010	12.24	12.25	12.245	0.010	12.24	12.25	12.245	0.010
10	12.25	12.24	12.245	0.010	12.26	12.25	12.255	0.010	12.25	12.24	12.245	0.010
11	12.24	12.24	12.240	0.000	12.24	12.24	12.240	0.000	12.24	12.25	12.245	0.010
12	12.25	12.25	12.250	0.000	12.25	12.25	12.250	0.000	12.25	12.25	12.250	0.000
13	12.25	12.24	12.245	0.010	12.25	12.25	12.250	0.000	12.25	12.25	12.250	0.000
14	12.24	12.25	12.245	0.010	12.24	12.25	12.245	0.010	12.24	12.25	12.245	0.010

产品编号	作业人员 1				作业人员 2				作业人员 3			
	测量值		$\bar{x}$	R	测量值		$\bar{x}$	R	测量值		$\bar{x}$	R
15	12.24	12.25	12.245	0.010	12.24	12.24	12.245	0.010	12.24	12.25	12.245	0.010
16	12.25	12.25	12.250	0.000	12.25	12.25	12.250	0.000	12.25	12.25	12.250	0.000
17	12.24	12.25	12.245	0.010	12.24	12.25	12.245	0.010	12.24	12.25	12.245	0.010
18	12.25	12.25	12.250	0.000	12.25	12.25	12.250	0.000	12.25	12.25	12.250	0.000
19	12.25	12.24	12.245	0.010	12.24	12.26	12.250	0.020	12.25	12.25	12.250	0.000
20	12.24	12.24	12.240	0.000	12.25	12.24	12.245	0.010	12.24	12.25	12.245	0.000
			$\bar{\bar{x}}_1 = 12.246$	$\bar{R}_1 = 0.0045$			$\bar{\bar{x}}_2 = 12.249$	$\bar{R}_2 = 0.0050$			$\bar{\bar{x}}_3 = 12.247$	$\bar{R}_3 = 0.0060$
	$\bar{\bar{R}} = 0.0052$			$\bar{\bar{x}}_{max} = 12.249$			$\bar{\bar{x}}_{min} = 12.246$			$R_{\bar{x}} = 0.003$		

解答：

绘制平均数与全距管制图，发觉 60 个样本点呈现在统计管制内（此图形省略）。

n = 2，查表 $d_2 = 1.128$

$$\hat{\sigma}_{repeatability} = \frac{\bar{\bar{R}}}{d_2} = \frac{0.0045}{1.128} = 0.0046$$

$$\hat{\sigma}_{reproducibility} = \frac{R_{\bar{x}}}{d_2} = \frac{0.003}{1.128} = 0.0027$$

$$\hat{\sigma}_{gage} = \sqrt{\hat{\sigma}_{repeatability}^2 + \hat{\sigma}_{reproducibility}^2} = \sqrt{0.0046^2 + 0.0027^2} = 0.0053$$

$$\frac{P}{T} = \frac{6\hat{\sigma}_{gage}}{USL - LSL} = \frac{6 \times 0.053}{12.45 - 12.10} = 0.091$$

由于精密度与允差比小于 0.1 ，该测量系统的能力可以被接受。

第五节　结论

当制程能力不足时，产品品质必然较差；当测量系统能力不足时，测量与检验的品质亦会较差。因此，当今企业与许多国际品质管理标准都相当重视制程与测量系统的能力分析。

个案研究

以 MINITAB 快速分析制程能力

以 MINITAB 计算制程能力指标既方便又快速，更亦普受实务界的欢迎采用。以表 11-8 为例，已知规格要求为 11.00 ± 3.00，则制程能力指标以 MINITAB 计算的结果如图 11-6 所示。

表 11-8 数据

9.9079	9.2687	9.2972	12.526	10.1476
10.0846	12.2861	9.5945	8.2245	8.116
9.7046	10.8578	10.49	10.7931	9.0564
9.1679	11.3382	12.7927	9.9947	9.1988
8.6909	9.557	8.481	10.1749	10.4502
10.3912	8.8651	8.9039	9.355	7.5177
10.0478	8.1982	9.6483	8.896	10.0137
10.0062	9.1632	9.7333	9.1661	9.5454
8.2569	8.4192	9.82	11.9453	10.1337
10.7593	10.5492	8.129	10.7122	11.3672

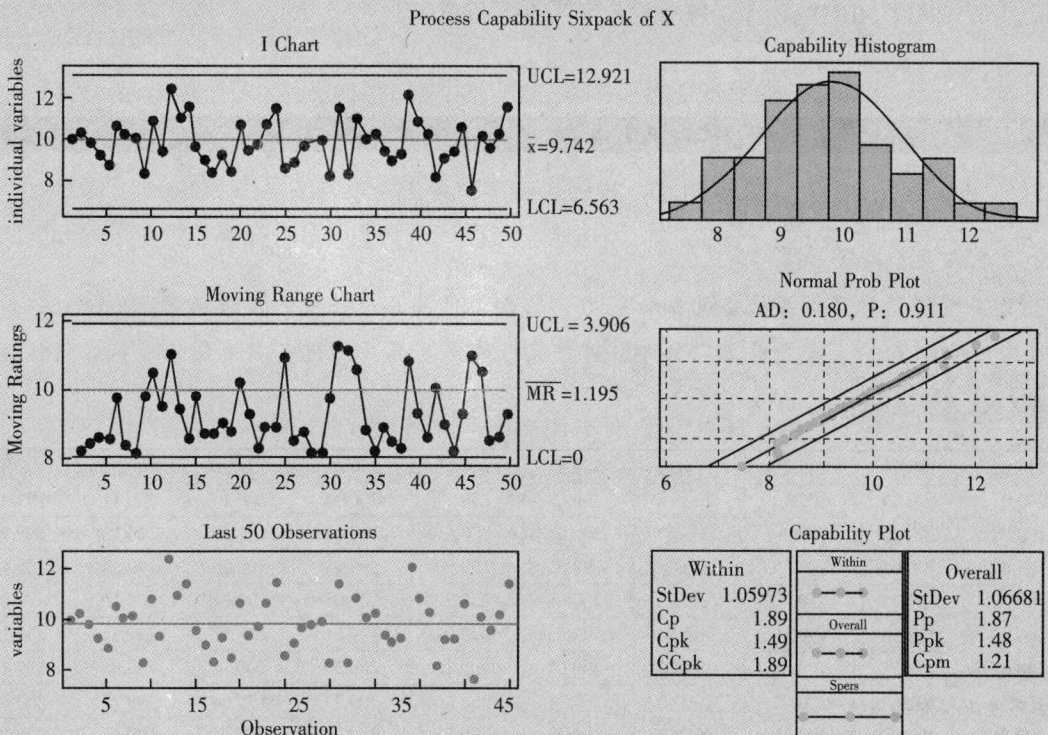

图 11-6 以 MINITAB 计算表 11-8 的制程能力指标

本章范例 11-7 的平均数与全距管制图，也可以 MINITAB 绘制如图 11-7 所示。

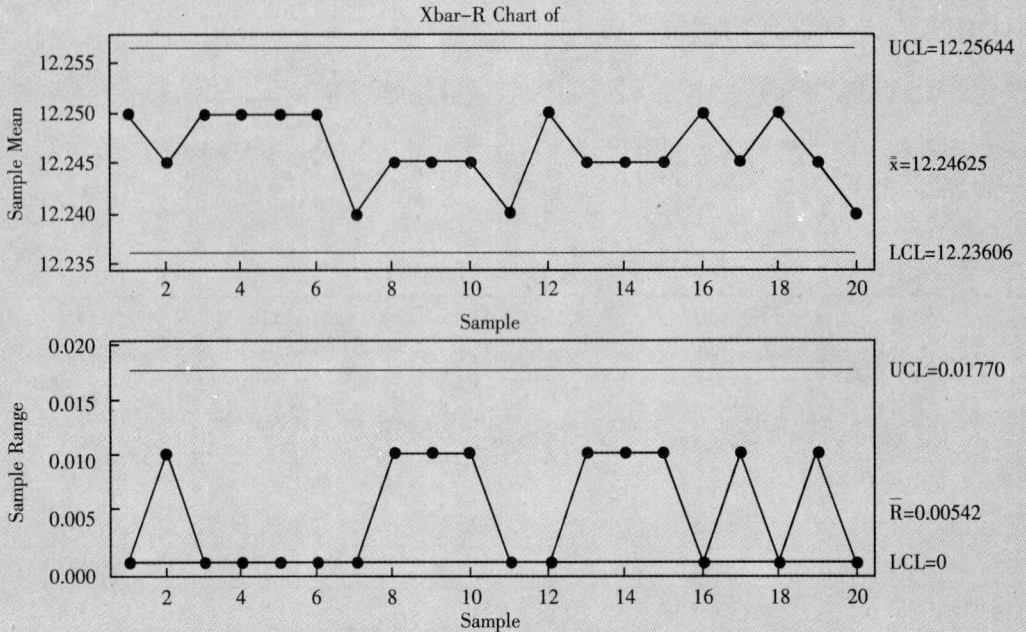

图 11-7　范例 11-7 的平均数与全距管制图

问题讨论

请试试看 MINITAB 在分析测量系统能力上的功能。

习题

1. 试述准确性与精密性的含义。

2. 何为自然允差界限？

3. 某制造商欲了解某设备的制程能力，已知该产品品质特性的目标值为 200.00kg，规格为 199.00~201.00kg，今自线上取样 100 件产品，测量其品质特性如下表所示。试分析该设备的制程能力。

199.92	199.96	199.70	199.98	200.33	200.10	200.02	199.98	199.89	199.98
200.07	199.87	200.14	200.18	199.62	199.71	200.14	200.19	200.11	199.91
199.88	200.22	199.99	200.20	200.06	200.03	200.10	199.89	200.18	199.96
199.92	200.04	200.35	200.08	199.59	199.99	199.79	200.25	199.54	200.41
200.07	199.95	200.30	200.03	200.04	200.20	200.05	199.84	200.16	199.87
200.13	199.56	199.88	199.84	199.55	199.94	199.96	200.42	200.33	200.12
200.06	200.32	199.84	199.85	200.04	200.12	200.29	200.11	200.05	199.83
199.80	200.22	200.05	199.62	200.01	200.06	199.71	199.68	199.77	200.38
199.86	200.02	199.75	200.16	199.77	200.32	200.23	200.08	199.95	200.18
199.98	199.78	200.08	199.88	200.19	199.72	200.03	200.12	199.97	200.27

4. 某制造商欲了解某设备的制程能力，已知该产品品质特性的目标值为 150.00cm，规格为 148.00~152.00cm，今自线上取样 70 件产品，测量其品质特性如下表所示。试分析该设备的制程能力。

149.76	149.72	149.32	149.80	149.81	149.64	149.90	149.34	149.52	149.90
149.32	149.50	149.30	149.82	149.59	149.55	149.58	149.41	149.80	149.52
149.70	149.34	149.86	149.50	149.46	149.73	149.09	149.40	149.09	149.75
149.59	149.61	149.97	149.24	149.17	149.89	149.30	149.60	149.88	149.29
149.39	149.72	149.68	149.16	149.53	149.63	149.09	149.63	149.67	149.44
149.62	148.86	149.44	149.56	149.70	149.18	149.81	149.46	149.72	149.62
149.54	149.21	149.25	149.56	149.69	149.58	149.34	149.36	149.36	149.68

5. 某产品抽样结果 $\bar{x} = 6.33$mm，试问：

（1）当规格要求为 $6.20 \pm^{0.30}_{0.20}$ mm 时，制程能力 C_a 值为多少？

（2）当规格要求为 6.20 ± 0.15mm 时，制程能力 C_a 值为多少？

（3）当规格要求为 6.20 ± 0.20mm 时，制程能力 C_a 值为多少？

6. 某产品抽样结果 $\bar{x} = 122$g，试问：

（1）当规格要求为 $120 \pm^4_2$ g 时，制程能力 C_a 值为多少？

（2）当规格要求为 120 ± 3g 时，制程能力 C_a 值为多少？

（3）当规格要求为 120 ± 5g 时，制程能力 C_a 值为多少？

7. 第九章习题 2 的规格要求为 $222 \pm^{30}_{20}$ g 时，其 C_p 值为多少？

8. 第九章习题 3 的规格要求为 $100 \pm^{30}_{20}$ g 时，其 C_p 值为多少？

9. 第九章习题 9 的规格要求为 $4.500 \pm^{0.300}_{0.400}$ g 时，其 C_p 值为多少？

10. 第九章习题 10 的规格要求为 $8.550 \pm^{0.300}_{0.400}$ g 时，其 C_p 值为多少？

11. 何为制程能力比？

12. 某产品抽样结果 $s = 0.2$mm，试问：

（1）当规格要求为 $20.0 \pm^{1.0}_{0.5}$ mm 时，制程能力 P_p 值为多少？

（2）当规格要求为 20.0 ± 0.5mm 时，制程能力 P_p 值为多少？

（3）当规格要求为 20.0 ± 0.6mm 时，制程能力 P_p 值为多少？

（4）第（3）题的制程能力比为多少？

13. 某产品抽样结果 $s = 0.5$g，试问：

（1）当规格要求为 $20.0 \pm^{1.0}_{0.5}$ g 时，制程能力 P_p 值为多少？

（2）当规格要求为 20.0 ± 1.0g 时，制程能力 P_p 值为多少？

（3）当规格要求为 20.0 ± 0.8g 时，制程能力 P_p 值为多少？

（4）第（3）题的制程能力比为多少？

14. 试求第 7 题的 C_{pk} 值。

15. 试求第 8 题的 C_{pk} 值。

16. 试求第 9 题的 C_{pk} 值。

17. 试求第 10 题的 C_{pk} 值。

18. 某轮胎制造商生产轮胎的沟深 $\bar{x} = 10.20mm$，$s = 0.02mm$，试问：

（1）当规格要求为 $10.22 \pm _{0.06}^{0.04} mm$ 时，制程能力 P_{pk} 值为多少？

（2）当规格要求为 $10.22 \pm 0.05mm$ 时，制程能力 P_{pk} 值为多少？

（3）当规格要求为 $10.22 \pm 0.05mm$ 时，制程能力 P_{pk} 值为多少？

19. 某轮胎制造商生产轮胎的沟深 $\bar{x} = 212mm$，$s = 2mm$，试问：

（1）当规格要求为 $210 \pm _{2}^{6} mm$ 时，制程能力 P_{pk} 值为多少？

（2）当规格要求为 $210 \pm 1mm$ 时，制程能力 P_{pk} 值为多少？

（3）当规格要求为 $210 \pm 4mm$ 时，制程能力 P_{pk} 值为多少？

20. 测量系统的准确性分析可分为哪两种？

21. 一般如何处理测量系统的偏移问题？

22. 如何进行测量系统的与线性分析？

23. 某公司为了解其游标卡尺的再现性，品管员对某产品共 20 件的长度各测量了 2 次，结果如下表所示，已知该产品长度的 $LSL = 12.15mm$，$USL = 12.45mm$，试求该游标卡尺的 P/T 值。

产品编号	测量值		$\bar{x}$	R
1	12.28	12.29	12.285	0.010
2	12.31	12.30	12.305	0.010
3	12.30	12.30	12.300	0.000
4	12.30	12.30	12.300	0.000
5	12.30	12.30	12.300	0.000
6	12.29	12.29	12.290	0.000
7	12.30	12.30	12.300	0.000
8	12.30	12.31	12.305	0.010
9	12.31	12.31	12.310	0.000
10	12.30	12.30	12.300	0.000
11	12.30	12.30	12.300	0.000
12	12.29	12.30	12.295	0.010
13	12.30	12.30	12.300	0.000
14	12.30	12.30	12.300	0.000
15	12.30	12.29	12.295	0.010

续表

产品编号	量测值		$\bar{x}$	R
16	12.29	12.31	12.300	0.020
17	12.28	12.29	12.285	0.010
18	12.31	12.30	12.305	0.010
19	12.30	12.30	12.300	0.000
20	12.30	12.31	12.305	0.010
			$\bar{\bar{x}} = 12.299$	$\bar{R} = 0.0050$

24. 某公司为了解其游标卡尺的再现性，品管员对某产品共20件的长度各测量了2次，结果如下表所示，已知该产品长度的 LSL = 11.50mm，USL = 11.70mm，试求该游标卡尺的 P/T 值。

产品编号	测量值		$\bar{x}$	R
1	11.61	11.61	11.610	0.000
2	11.62	11.61	11.615	0.010
3	11.60	11.59	11.595	0.010
4	11.60	11.60	11.600	0.000
5	11.59	11.59	11.590	0.000
6	11.60	11.59	11.595	0.010
7	11.61	11.60	11.605	0.010
8	11.59	11.60	11.595	0.010
9	11.60	11.60	11.600	0.000
10	11.60	11.60	11.600	0.000
11	11.60	11.59	11.595	0.010
12	11.60	11.60	11.600	0.000
13	11.60	11.60	11.600	0.000
14	11.60	11.59	11.595	0.010
15	11.61	11.60	11.605	0.010
16	11.62	11.62	11.620	0.000
17	11.60	11.60	11.600	0.000
18	11.61	11.61	11.610	0.000
19	11.59	11.58	11.585	0.010
20	11.60	11.60	11.600	0.000
			$\bar{\bar{x}} = 11.601$	$\bar{R} = 0.0045$

25. 续第23题，但此时由三位品管员对该产品共20件的长度各测量了2次，结果如下表所示，试求该游标卡尺的 P/T 值。

产品编号	测量员 1		测量员 2		测量员 3	
1	12.28	12.29	12.29	12.29	12.29	12.29
2	12.31	12.30	12.30	12.30	12.31	12.30
3	12.30	12.30	12.30	12.30	12.30	12.30
4	12.30	12.30	12.30	12.30	12.30	12.30
5	12.30	12.30	12.29	12.29	12.30	12.30
6	12.29	12.29	12.30	12.30	12.29	12.29
7	12.30	12.30	12.30	12.31	12.30	12.29
8	12.30	12.31	12.31	12.31	12.30	12.31
9	12.31	12.31	12.30	12.30	12.31	12.31
10	12.30	12.30	12.30	12.30	12.30	12.30
11	12.30	12.30	12.30	12.31	12.31	12.30
12	12.29	12.30	12.29	12.30	12.30	12.30
13	12.30	12.30	12.30	12.29	12.30	12.30
14	12.30	12.30	12.30	12.30	12.30	12.30
15	12.30	12.29	12.30	12.30	12.29	12.30
16	12.29	12.31	12.29	12.31	12.30	12.29
17	12.28	12.29	12.28	12.29	12.28	12.29
18	12.31	12.30	12.31	12.30	12.31	12.30
19	12.30	12.30	12.30	12.30	12.30	12.30
20	12.30	12.31	12.31	12.31	12.30	12.31

26. 续第 24 题，但此时由三位品管员对该产品共 20 件的长度各测量了 2 次，结果如下表所示，试求该游标卡尺的 P/T 值。

产品编号	测量员 1		测量员 2		测量员 3	
1	11.61	11.61	11.61	11.61	11.61	11.60
2	11.62	11.61	11.62	11.62	11.62	11.61
3	11.60	11.59	11.60	11.60	11.60	11.60
4	11.60	11.60	11.60	11.60	11.60	11.60
5	11.59	11.59	11.59	11.59	11.59	11.60
6	11.60	11.59	11.60	11.59	11.60	11.59
7	11.61	11.60	11.61	11.60	11.61	11.60
8	11.59	11.60	11.59	11.60	11.59	11.60
9	11.60	11.60	11.60	11.60	11.60	11.60
10	11.60	11.60	11.60	11.60	11.60	11.60
11	11.60	11.59	11.60	11.59	11.60	11.59
12	11.60	11.60	11.60	11.60	11.60	11.60
13	11.60	11.60	11.60	11.61	11.60	11.59
14	11.60	11.59	11.60	11.59	11.60	11.59
15	11.61	11.60	11.61	11.60	11.61	11.60
16	11.62	11.62	11.62	11.61	11.62	11.62
17	11.60	11.60	11.60	11.60	11.60	11.60
18	11.61	11.61	11.61	11.61	11.61	11.61
19	11.59	11.58	11.59	11.59	11.59	11.58
20	11.60	11.60	11.60	11.60	11.60	11.60

第十二章 其他统计制程管制方法

学习重点 在学习本章后，你将能够：

1. 明了累积和管制图的做法。

2. 明了指数加权移动平均数管制图的做法。

3. 明了工程制程管制的做法。

4. 明了群组管制图的做法。

5. 明了批量管制图的做法。

6. 明了多变量管制图的做法。

7. 明了短期制程管制图的做法。

　　王顾问辅导尊爵企业已有9个月了，尊爵的品质改善可以用突飞猛进来形容。最近尊爵购入新机台，制程参数是依照王顾问所教导的使用稳健性设计调整出来的，起初良率很高，但3个月后，品质特性明显地离目标值愈来愈远，最后终于到了不可忍受的地步。王顾问判断制程有了漂移问题，这个问题是无法以管制图来解决的。几经思索，王顾问决定展现他的压箱宝，亲自下海带领一个团队导入工程制程管制，在历经两周的奋战后，终于展现成绩。王顾问建立了一套制程回馈系统，借由分析产品品质特性偏离目标的程度，来决定制程参数该如何调整，以使品质特性只会在目标值附近小幅度地随机跳动。以人工计算证实该回馈机制可行后，王顾问请自动控制部门编写一套程序安装程序在设备内，以后尊爵企业再也不用担心制程漂移的问题了。

自修华特提出管制图的概念与做法迄今，管制图的发展已极为完备。本章之前所介绍的各种管制图，都是由修华特所提出的，故一般统称为修华特管制图。修华特管制图较适用于重复性生产，但当今生产形态极为多样化，为适应不同生产形态的需求，许多学者陆续发展出其他有别于修华特的各类管制图，本章就针对常用的这几种管制图加以介绍。

第一节　累积和管制图

修华特管制图依赖最近一期或几期的样本点判断制程是否存在异常，这种做法的最大缺点就是对于制程小幅度偏移的侦测能力较弱。累积和管制图（Cumulative Sum Control Chart，CUSUM Control Chart）与指数加权移动平均数管制图（Exponential Weighted Moving Average Control Chart，EWMA Control Chart）对于侦测制程小幅度的偏移，提供了较佳的做法。

一、累积和管制图的原理

假设有一制程，其品质特性的平均数已偏离一倍标准差，让我们看看修华特管制图的侦测能力。表 12-1 中的观察值 1~20，是用 Excel 产生的一组以 10.00 为平均数，1.00 为标准差的样本；观察值 21~30，是另一组以 11.00 为平均数，1.00 为标准差的样本。若将表 12-1 的资料绘制成个别值与移动全距管制图，可得图 12-1 与图 12-2。

表 12-1　来自于不同平均数的两组样本数据

期间	1	2	3	4	5	6	7	8	9	10
观察值	8.87	9.74	10.10	11.21	9.45	11.20	9.76	9.48	9.59	9.49
移动全距		0.87	0.35	1.11	1.76	1.75	1.43	0.28	0.11	0.12
期间	11	12	13	14	15	16	17	18	19	20
观察值	9.31	11.05	10.40	9.82	10.15	10.52	9.74	9.01	11.05	10.10
移动全距	0.15	1.74	0.65	0.58	0.33	0.37	0.78	0.73	2.04	0.95
期间	21	22	23	24	25	26	27	28	29	30
观察值	11.39	11.78	12.87	11.54	10.30	10.21	10.95	10.10	11.13	10.05
移动全距	1.29	0.39	1.09	1.33	1.24	0.09	0.74	0.85	1.03	1.08

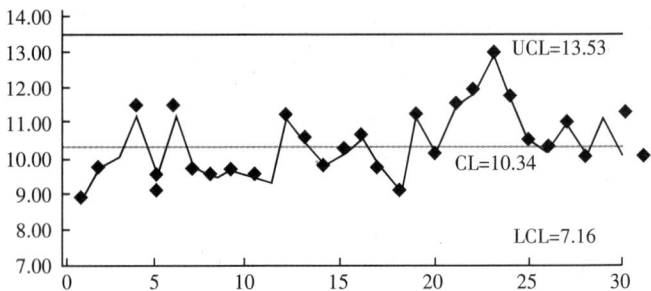

图 12-1　来自于不同平均数的两组样本的个别值管制图

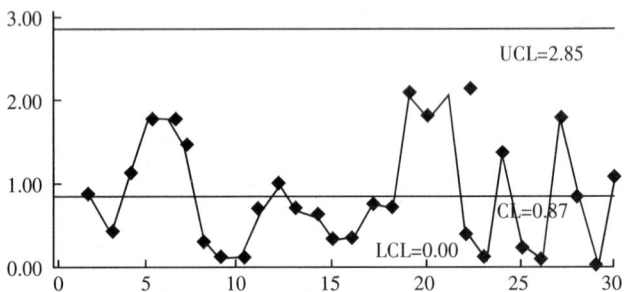

图 12-2　来自于不同平均数的两组样本的移动全距管制图

以管制图判定准则检视图 12-1 与图 12-2 并无异常，然而事实上制程却已偏移，故可证实修华特管制图对于制程小幅度偏移的侦测能力较弱。上述状况主要是因为修华特管制图只是以最近一期或几期的样本点而判断制程是否存在异常，先天上就有误判的可能，尤其是在品质特性偏移 1.5 倍标准差以下时更为严重。

对于表 12-1，假设品质特性目标值为 10.00，如果我们不绘制个别值管制图，而改为绘制制程偏离目标（观察值-10.00）的累积和 $[\sum(观察值-10.00)]$，则累积和的计算如表 12-2 所示，相对应的图形如图 12-3 所示。由图 12-3 可看出，制程约在第 20~21 点开始产生偏移。运用累积和的观念，就可以侦测出制程小幅度的偏移。

表 12-2　来自于不同平均数的两组样本的累积和数据

期间	1	2	3	4	5	6	7	8	9	10
观察值	8.87	9.74	10.10	11.21	9.45	11.20	9.76	9.48	9.59	9.46
目标偏离量	−1.13	−0.26	0.10	1.21	−0.55	1.20	−0.24	−0.52	−0.41	−0.54
累积和	−1.13	−1.39	−1.29	−0.09	−0.64	0.56	0.32	−0.20	−0.61	−1.15
期间	11	12	13	14	15	16	17	18	19	20
观察值	9.31	11.05	10.40	9.82	10.15	10.52	9.74	9.01	11.05	10.10
目标偏离量	−0.69	1.05	0.40	−0.18	0.15	0.52	0.26	−0.99	1.05	0.10
累积和	−1.84	−0.79	−0.39	−0.57	−0.42	0.10	−0.16	−1.15	−0.10	0.00

期间	21	22	23	24	25	26	27	28	29	30
观察值	11.39	11.78	12.87	11.54	10.30	10.21	10.95	10.10	11.13	10.05
目标偏离量	1.39	1.78	2.87	1.54	0.30	0.21	0.95	0.10	1.13	0.05
累积和	1.39	3.17	6.04	7.58	7.88	8.09	9.04	9.14	10.27	10.32

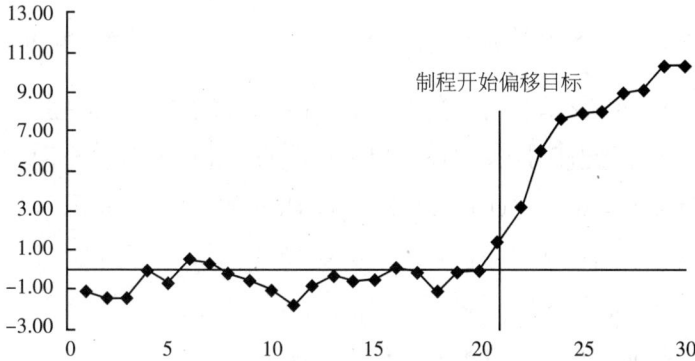

图 12-3　表 12-2 的累积和图形

二、以累积和管制图监控平均数

累积和管制图与指数加权移动平均数管制图，对于制程的小幅度偏移，都有比修华特管制图更好的侦测能力。

累积和管制图是以制程偏离目标的累积和为观察对象，最适合用于化学化工与材料等行业、样本大小经常为 1，或是对每一产品自动测量以进行线上实时监控的制程管制。

累积和管制图同样可用来监控制程的平均数与变异程度。

以累积和管制图监控平均数前，以下事项须先确定：

1. 品质特性目标值（Target）

品质特性目标值本书以 T 表示。

2. 参考值（Reference Value）

制作累积和管制图前，须先确定制程偏移量达到多少才应被计入，此称为参考值，一般以 K 代表。为避免将不显著的"制程偏离目标值"计算进入累积和中，造成累积和的高估，一般会采取较为保守的做法，只将"制程偏离目标值"与参考值的差计入累积和中。有时为了方便解释，我们会将参考值以标准差的倍数方式表示，即 $k = \dfrac{K}{\sigma}$。例如，品质特性目标值为 20.50mm，标准差为 0.4mm，其参考值 k 就可设为 0.5 倍标准差，或是 k = 0.20mm。

3. 决策区间 （Decision Interval）

当累积和达到多少时，代表制程偏移，此值称为决策区间，一般以 H 表示，其意义与管制界限相同。当累积和超过决策区间时，代表制程偏移。H 值最常采用的是 4 或 5 倍标准差。有时为了方便解释，我们也会将决策区间以标准差的倍数方式表示，即 $h = \dfrac{H}{\sigma}$。例如，前例的 H 值就可设为 1.6mm （h = 4） 或 2.0mm （h = 5）。

累积和管制图用来监控制程平均数的变化的统计量有两个，其一为单边上累积和 （One-sided Upper CUSUM），一般表示为 C^+；其二为单边下累积和 （One-sided Lower CUSUM），一般表示为 C^-。C^+ 与 C^- 如公式 （12-1） 所示。

> 单边上累积和，一般表示为 C^+；单边下累积和，一般表示为 C^-。
> $C_i^+ = \max[\,0,\ x_i - (T+K) + C_{i-1}^+\,]$
> $C_i^- = \max[\,0,\ (T-K) - x_i + C_{i-1}^-\,]$

$$C_i^+ = \max[\,0,\ x_i - (T+K) + C_{i-1}^+\,]$$
$$C_i^- = \max[\,0,\ (T-K) - x_i + C_{i-1}^-\,] \tag{12-1}$$

式中，$C_0^+ = C_0^- = 0$。

当 C^+ 或 C^- 超出决策区间时，即可判断制程已偏移；若是 C^+ 超出决策区间，制程平均数有变大倾向，为向上偏移；若是 C^- 超出决策区间，制程平均数有变小倾向，为向下偏移。至于何时开始偏移，则可以 C^+ 或 C^- 的起升点或起降点来做判断。

范例 12-1

已知品质特性目标值为 10.00，参考值 K = 0.50，决策区间 H = 4.00。试以累积和管制图监控表 12-1 的制程平均数的变化。

解答：

依公式 （12-1） 得：

$C_i^+ = \max[\,0,\ x_i - (T+K) + C_{i-1}^+\,] = \max[\,0,\ x_i - 10.50 + C_{i-1}^+\,]$

$C_i^- = \max[\,0,\ (T-K) - x_i + C_{i-1}^-\,] = \max[\,0,\ 9.50 - x_i + C_{i-1}^-\,]$

式中，$C_0^+ = C_0^- = 0$。

故：

$C_1^+ = \max[\,0,\ x_i - 10.50 + C_{i-1}^+\,] = \max[\,0,\ 8.87 - 10.50 + 0.00\,] = 0.00$

$C_1^- = \max[\,0,\ 9.50 - x_i + C_{i-1}^-\,] = \max[\,0,\ 9.50 - 8.87 + 0.00\,] = 0.63$

$$C_2^+ = \max[0,\ x_i - 10.50 + C_{i-1}^+] = \max[0,\ 9.74 - 10.50 + 0.00] = 0.00$$

$$C_2^- = \max[0,\ 9.50 - x_i + C_{i-1}^-] = \max[0,\ 9.50 - 9.74 + 0.63] = 0.39$$

依此类推，可得表 12-3。

表 12-3　范例 12-1 累积和计算

期间	观察值	单边上累积和		单边下累积和	
		$x_i - 10.5$	C_i^+	$9.5 - x_i$	C_i^-
1	8.87	−1.63	0.00	0.63	0.63
2	9.74	−0.76	0.00	−0.24	0.39
3	10.10	−0.40	0.00	−0.60	0.00
4	11.21	0.71	0.71	−1.71	0.00
5	9.45	−1.05	0.00	0.05	0.05
6	11.20	0.70	0.70	−1.70	0.00
7	9.76	−0.74	0.00	−0.26	0.00
8	9.48	−1.02	0.00	0.02	0.02
9	9.59	−0.91	0.00	−0.09	0.00
10	9.01	−1.49	0.00	0.49	0.49
11	9.31	−1.19	0.00	0.19	0.68
12	11.05	0.55	0.55	−1.55	0.00
13	10.40	−0.10	0.45	−0.90	0.00
14	9.82	−0.68	0.00	−0.32	0.00
15	10.15	−0.35	0.00	−0.65	0.00
16	10.52	0.02	0.02	−1.02	0.00
17	9.74	−0.76	0.00	−0.24	0.00
18	9.01	−1.49	0.00	0.49	0.49
19	11.05	0.55	0.55	−1.55	0.00
20	10.10	−0.40	0.15	−0.60	0.00
21	11.39	0.89	1.04	−1.89	0.00
22	11.78	1.28	2.32	−2.28	0.00
23	12.87	2.37	4.69	−3.37	0.00
24	11.54	1.04	5.73	−2.04	0.00
25	10.30	−0.20	5.53	−0.80	0.00
26	10.21	−0.29	5.24	−0.71	0.00
27	10.95	0.45	5.69	−1.45	0.00
28	10.10	−0.40	5.29	−0.60	0.00
29	11.13	0.063	5.92	−1.63	0.00
30	10.05	−0.46	5.47	−0.55	0.00

将表 12-3 绘成图形，可得图 12-4。

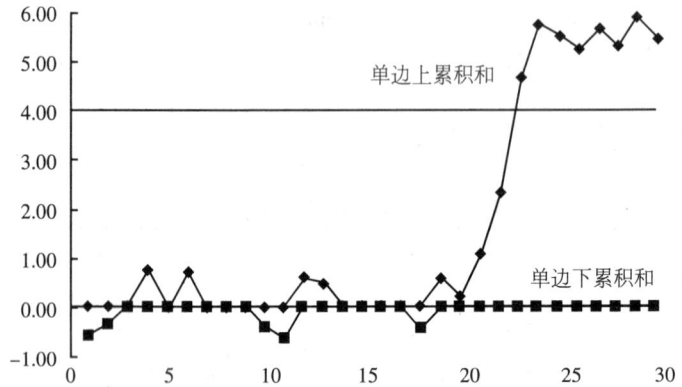

图 12-4　范例 12-1 累积和管制图

由图 12-4 可看出第 23 期的累积和已超出决策区间，显现出该制程偏移的警示。由于单边上累积和为正，故制程为向上偏移。另因单边上累积和是从第 20 期开始累积，故可判断制程的偏移应约在第 20 期与第 21 期开始发生。

三、以累积和管制图监控变异

累积和管制图亦能用来监控制程变异，但此时的计算将更为繁复。有兴趣的读者请自行参考 D. C. Montgomery 所著的 Introduction to Statistical Quality Control。

第二节　指数加权移动平均数管制图

针对修华特管制图无法侦测出制程小幅度偏移的改善，除了可采用累积和管制图外，指数加权移动平均数管制图，又称为几何移动平均数（Geometric Moving Average，GMA）管制图，是另外一种极佳的选择。

一、指数加权移动平均数管制图的原理

在时间序列的预测中，指数平滑法（Exponential Smoothing Method）是最常使用的方法之一，其公式如（12-2）所示。

$$z_i = \lambda x_i + (1 - \lambda)z_{i-1} \tag{12-2}$$

此处 λ = 平滑常数，且 $0 < \lambda \leq 1$。

由于管制图的资料属于时间序列的一种，故可运用指数平滑法来预测制程的未来变化，进而达到制程管制的目的。

运用指数平滑的预测公式来制作管制图，被称为指数加权移动平均数管制图，此时一般多以品质特性目标值作为第一个估计值，即 $z_0 = T$。

以范例 12-1 的资料为例，假设 $\lambda = 0.25$，则可预测制程平均数的变化如下：

$z_1 = \lambda x_1 + (1 - \lambda)z_0 = 0.25 \times 8.87 + 0.75 \times 10.00 = 9.72$

$z_2 = \lambda x_2 + (1 - \lambda)z_1 = 0.25 \times 9.74 + 0.75 \times 9.72 = 9.72$

依此类推，可得表 12-4。

表 12-4　范例 12-2 预测制程平均数变化的计算

期间	观察值	预测值
1	8.87	9.72
2	9.74	9.72
3	10.10	9.82
4	11.21	10.17
5	9.45	9.99
6	11.20	10.29
7	9.76	10.16
8	9.48	9.99
9	9.59	9.89
10	9.01	9.67
11	9.31	9.58
12	11.05	9.95
13	10.40	10.06
14	9.82	10.00
15	10.15	10.04
16	10.52	10.16
17	9.74	10.05
18	9.01	9.79
19	11.05	10.11
20	10.10	10.11
21	11.39	10.43
22	11.78	10.76
23	12.87	11.29
24	11.54	11.35
25	10.30	11.09

期间	观察值	预测值
26	10.21	10.87
27	10.95	10.89
28	10.10	10.69
29	11.13	10.80
30	10.05	10.61

若将表 12-4 绘成图形，可得图 12-5。

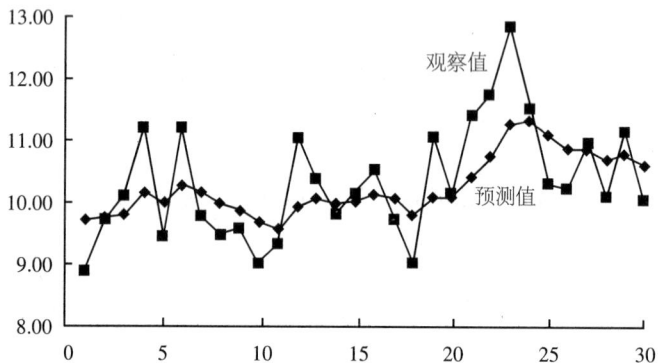

图 12-5　范例 12-2 观察值与预测值的变化

由图 12-5 可看出，原先看似随机跳动的观察值，如今从预测值来看却已呈现明显上升。指数加权移动平均数管制图也同样可用来监控制程的平均数与变异程度。

二、以指数加权移动平均数管制图监控平均数

对制程小幅度偏移的侦测能力，指数加权移动平均数管制图与累积和管制图皆优于修华特管制图；至于对制程大幅度偏移的侦测能力，指数加权移动平均数管制图与修华特管制图皆优于累积和管制图。

对制程小幅度偏移的侦测能力，指数加权移动平均数管制图与累积和管制图皆优于修华特管制图；至于对制程大幅度偏移的侦测能力，指数加权移动平均数管制图与修华特管制图皆优于累积和管制图。

指数加权移动平均数管制图是以品质特性的预测值为观察对象，它同样最适合用于化学化工与材料等行业、样本大小经常为 1，或是对每一产品自动测量以进行线上实时监控的制程管制。

以指数加权移动平均数管制图监控平均数前，以下事项须先确定：

1. 品质特性目标值（Target）

品质特性目标值本书以 T 表示。

2. 平滑常数（λ）

平滑常数一般是由尝试错误法获得，预测误差愈小的平滑常数，愈为我们所喜爱。一般最常采用的平滑常数介于 0.05~0.25。

3. 管制界限因子

指数加权移动平均数管制图的管制界限因子的意义与修华特管制图相同，本书以 l 代表，在三倍标准差的考虑下，l = 3；但由于指数加权移动平均数管制图大多用于侦测制程小幅度的偏移，故大多数学者建议管制界限因子可适度减小，以提高侦测能力，例如 l = 2.6 至 2.8 即为非常适当的选择。

指数加权移动平均数管制图的管制界限随着期数的不同而异，如公式（12-3）所示。

$$UCL_i = T + l\sigma\sqrt{\frac{\lambda}{(2-\lambda)}\left[1-(1-\lambda)^{2i}\right]}$$

$$CL = T$$

$$LCL_i = T - l\sigma\sqrt{\frac{\lambda}{(2-\lambda)}\left[1-(1-\lambda)^{2i}\right]} \tag{12-3}$$

指数加权移动平均数管制图的管制界限
$UCL_i = T + l\sigma\sqrt{\frac{\lambda}{(2-\lambda)}\left[1-(1-\lambda)^{2i}\right]}$
$CL = T$
$LCL_i = T - l\sigma\sqrt{\frac{\lambda}{(2-\lambda)}\left[1-(1-\lambda)^{2i}\right]}$

范例 12-2

已知品质特性目标值为 10.00，标准差为 1.00，平滑常数 λ = 0.25，管制界限因子 l = 2.6。试以指数加权移动平均数管制图监控表 12-4 的制程平均数的变化。

解答：

依公式（12-3），得：

$$UCL_i = T + l\sigma\sqrt{\frac{\lambda}{(2-\lambda)}\left[1-(1-\lambda)^{2i}\right]}$$

$$= 10.00 + 2.6 \times 1.00 \times \sqrt{\frac{0.25}{(2-0.25)}\left[1-(1-0.25)^{2i}\right]}$$

$$CL = T = 10.00$$

$$LCL_i = T - l\sigma\sqrt{\frac{\lambda}{(2-\lambda)}\left[1-(1-\lambda)^{2i}\right]}$$

$$= 10.00 - 2.6 \times 1.00 \times \sqrt{\frac{0.25}{(2-0.25)}\left[1-(1-0.25)^{2i}\right]}$$

故：

$$UCL_1 = 10.00 + 2.6 \times 1.00 \times \sqrt{\frac{0.25}{(2-0.25)}\left[1-(1-0.25)^{2\times 1}\right]} = 11.071$$

$$LCL_1 = 10.00 - 2.6 \times 1.00 \times \sqrt{\frac{0.25}{(2-0.25)}\left[1-(1-0.25)^{2\times 1}\right]} = 8.929$$

依此类推，可得表 12–5。

表 12–5　范例 12–2 指数加权移动平均数管制图管制界限的计算

期间	观察值	预测值	UCL	LCL
1	8.87	9.72	11.071	8.929
2	9.74	9.72	11.177	8.823
3	10.10	9.82	11.232	8.768
4	11.21	10.17	11.262	8.738
5	9.45	9.99	11.279	8.721
6	11.20	10.29	11.288	8.712
7	9.76	10.16	11.293	8.707
8	9.48	9.99	11.296	8.704
9	9.59	9.89	11.298	8.702
10	9.01	9.67	11.299	8.701
11	9.31	9.58	11.299	8.701
12	11.05	9.95	11.300	8.700
13	10.40	10.06	11.300	8.700
14	9.82	10.00	11.300	8.700
15	10.15	10.04	11.300	8.700
16	10.52	10.16	11.300	8.700
17	9.74	10.05	11.300	8.700
18	9.01	9.79	11.300	8.700
19	11.05	10.11	11.300	8.700
20	10.10	10.11	11.300	8.700
21	11.39	10.43	11.300	8.700
22	11.78	10.76	11.300	8.700
23	12.87	11.29	11.300	8.700
24	11.54	11.35	11.300	8.700
25	10.30	11.09	11.300	8.700
26	10.21	10.87	11.300	8.700
27	10.95	10.89	11.300	8.700
28	10.10	10.69	11.300	8.700
29	11.13	10.80	11.300	8.700
30	10.05	10.61	11.300	8.700

将预测值与管制界限绘成图 12–6，可发现第 24 期出现警示。

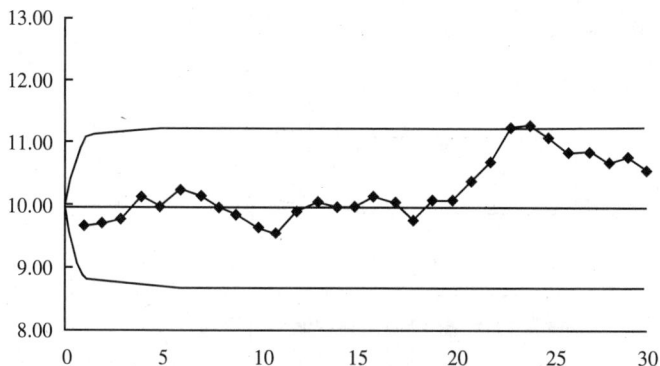

图 12-6　范例 12-2 指数加权移动平均数管制图

三、以指数加权移动平均数管制图监控变异

指数加权移动平均数管制图亦能用来监控制程变异，但此时的计算亦较为繁复。有兴趣的读者请自行参考 D. C. Montgomery 所著的 Introduction to Statistical Quality Control。

第三节　工程制程管制

要降低制程中的变异，除可运用统计制程管制外，另外一种方法就是工程制程管制（Engineering Process Control，EPC）。统计制程管制是运用统计原理发觉制程中的非机遇原因，加以检讨并去除该原因，以降低制程的变异。至于工程制程管制，则是运用制程中的可操作变量（Manipulatible Variable）调整品质特性，使品质特性尽量接近目标值，以降低制程的变异。由于工程制程管制是依据品质特性与目标值之间的差，回推可操作变量应该做何调整，故有时又被称为随机控制（Stochastic Control）或回馈控制（Feedback Control）。

统计制程管制一般是用来处理制程偏移（Shift）的问题，工程制程管制则是用来处理制程漂移（Drift）的问题。偏移是平均数或变异一次性地偏离，漂移则是平均数或变异逐渐性地偏离，如图 12-7 所示。

最常采用的工程制程管制模式有积分控制、比例积分控制与比例积分微分控制三种。

> 统计制程管制是运用统计原理发觉制程中的非机遇原因，加以检讨并去除该原因，以降低制程的变异。工程制程管制则是运用制程中的可操作变量调整品质特性，使品质特性尽量接近目标值，以降低制程的变异。

> 统计制程管制一般是用来处理制程偏移的问题，工程制程管制则是用来处理制程漂移的问题。

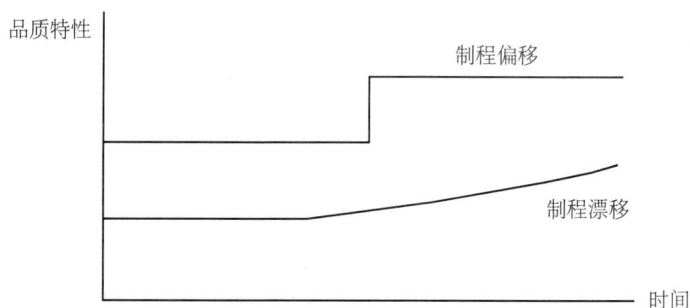

图 12-7 制程偏移与漂移

一、积分控制

积分控制（Integral Control）是工程制程管制中最基本的一种模式。

假设品质特性为 Y，品质特性的目标值为 T，则时间 t + 1 的制程变异在未调整前，可表示成公式（12-4）。

$$y_{t+1} - T = N_{t+1} \qquad (12-4)$$

N_{t+1} 在此称为干扰（Disturbance），可运用指数平滑法或 EWMA 管制图加以预测获得，如公式（12-5）所示。

$$\hat{N}_{t+1} = \hat{N}_t + \lambda(N_t - \hat{N}_t)$$

$$= \hat{N}_t + \lambda e_t \qquad (12-5)$$

式中，$e_t = N_t - \hat{N}_t$，为预测误差；λ = EWMA 中的加权因子，$0 < \lambda \leqslant 1$。

若制程中的可操作变数为 X，且调整一单位的 X，会造成 g 单位 Y 的变化，则为了降低时间 t + 1 的制程变异，在时间 t 的时候，我们就应调整可操作变量，使得品质特性命中目标值，如公式（12-6）所示。

$$y_{t+1} - T = gx_t \qquad (12-6)$$

公式（12-6）中的 x 称为设定值（Set-point），g 称为制程增益（Process Gain），一般可运用回归分析获得。

由于实务上，调整可操作变量未必会使得品质特性命中目标值，故公式（12-6）改写成公式（12-7）会更为恰当。

$$y_{t+1} - T = N_{t+1} + g_{xt} \qquad (12-7)$$

将公式（12-5）代入公式（12-7），可得公式（12-8）。

$$y_{t+1} - T = \hat{N}_{t+1} + gx_t + e_{t+1} \qquad (12\text{-}8)$$

为去除干扰，可令 $gx_t = -\hat{N}_{t+1}$，即 $x_t = -(1/g)\hat{N}_{t+1}$，公式 (12-9) 与公式 (12-10) 即可获得。

$$\begin{aligned}
x_t - x_{t-1} &= -\frac{1}{g}(\hat{N}_{t+1} - \hat{N}_t) \\
&= -\frac{1}{g}\left[\hat{N}_t + \lambda(N_t - \hat{N}_t) - \hat{N}_t\right] \\
&= -\frac{1}{g}\lambda(N_t - \hat{N}_t) \\
&= -\frac{1}{g}e_t \qquad (12\text{-}9)
\end{aligned}$$

$$\begin{aligned}
x_t &= x_{t-1} - \frac{\lambda}{g}e_t \\
&= x_{t-2} - \frac{\lambda}{g}e_{t-1} - \frac{\lambda}{g}e_t \\
&\ \ \vdots \\
&= -\frac{\lambda}{g}\sum e_i \qquad (12\text{-}10)
\end{aligned}$$

公式 (12-9) 与公式 (12-10) 中的预测误差 $e_t = N_t - \hat{N}_t$ 计算起来还是太麻烦，可以再简化。公式 (12-8) 令 $gx_t = -\hat{N}_{t+1}$ 后，公式 (12-8) 成为 $y_{t+1} - T = e_{t+1}$，故公式 (12-9) 与公式 (12-10) 中的预测误差可用公式 (12-11) 取代。

$$e_t = y_t - T \qquad (12\text{-}11)$$

综合上述，最后即可得到积分控制可操作变数的设定值，如公式 (12-12) 所示。

$$x_t = -\frac{\lambda}{g}\sum_{i=1}^{t} e_i \qquad (12\text{-}12)$$

式中，$e_i = y_i - T$。

积分控制可操作变量的设定值：

$$x_t = -\frac{\lambda}{g}\sum_{i=1}^{t} e_i$$

范例 12-3

假设某制程品质特性的目标值为 1000，今仿真制程有漂移现象，漂移所造成的干扰与随机误差如表 12-6 所示，故测量到的观察值 (y_t) ＝目标值 (1000) ＋干扰 (N_t) ＋随机误差 (ε_t)。已知 EWMA 管制

图的 $\lambda = 0.2$，可操作变数对品质特性的增益为4，试决定EPC可操作变数的设定值 (x_t)。

表 12-6　范例 12-3 工程制程管制观察值

期数	1	2	3	4	5	6	7	8	9
干扰（N）	5	10	15	20	25	30	35	40	45
随机误差	-1	0	2	3	-2	1	0	-3	0
观察值	1004	1010	1017	1023	1023	1031	1035	1037	1045
期数	10	11	12	13	14	15	16	17	18
干扰（N）	50	55	55	55	55	55	60	65	70
随机误差	-1	-2	1	0	2	3	-1	-1	0
观察值	1049	1053	1056	1055	1057	1058	1059	1064	1070
期数	19	20	21	22	23	24	25	26	27
干扰（N）	75	80	75	75	75	75	75	70	65
随机误差	2	-3	-2	0	0	1	1	-1	0
观察值	1077	1077	1073	1075	1075	1076	1076	1069	1065
期数	28	29	30	31	32	33	34	35	36
干扰（N）	60	55	50	45	45	45	45	45	40
随机误差	2	-1	-3	0	0	1	-2	-3	4
观察值	1062	1054	1047	1045	1045	1046	1043	1042	1044
期数	37	38	39	40	41	42	43	44	45
干扰（N）	40	40	40	40	35	30	25	20	15
随机误差	-2	-1	0	2	-1	0	-3	1	1
观察值	1038	1039	1040	1042	1034	1030	1022	1021	1016

解答：

将表 12-5 重新制作成表 12-6，其中第1行为期数，第2行为干扰，第3行为随机误差，第4行为原观察值，第5行为以EPC调整可操作变量后的观察值，第6行为预测误差，第7行为累积预测误差，第8行为可操作变量的调整值，第9行为可操作变量的设定值。

由于第1期尚未进行调整，故：

调整后 $y_1 = y_1 = 1004.00$

$e_1 = y_1 - T = 1004.00 - 1000.00 = 4.00$

$$x_1 = -\frac{\lambda}{g}\sum_{i=1}^{t}e_i = -\frac{0.2}{4} \times 0.4 = -0.20$$

第1期末开始进行调整，由于可操作变量对品质特性的增益为4，假设第2期的干扰与随机误差仍不变，故第2期的观察值应改变为：

调整后 $y_2 = y_2 + gx_1 = 1010.00 + 4 \times (-0.20) = 1009.2$

$e_2 = $ 调整后 $y_2 - T = 1009.2 - 1000.00 = 9.20$

$x_2 = -\dfrac{\lambda}{g} \displaystyle\sum_{i=1}^{2} e_i = -\dfrac{0.2}{4} \times 13.20 = -0.66$

依此类推，可得表 12-7。

表 12-7 范例 12-3 工程制程管制计算

t	N_t	ε_t	y_t	调整后 y_t	$e_t = y_t - T$	$\sum e$	$x_t = -\lambda \sum e_t / g$
1	5	−1	1004.00	1004.00	4.00	4.00	−0.20
2	10	0	1010.00	1009.20	9.20	13.20	−0.66
3	15	2	1017.00	1014.36	14.36	27.56	−1.38
4	20	3	1023.00	1017.49	17.49	45.05	−2.25
5	25	−2	1023.00	1013.99	13.99	59.04	−2.95
6	30	1	1031.00	1019.19	19.19	78.23	−3.91
7	35	0	1035.00	1019.35	19.35	97.58	−4.88
8	40	−3	1037.00	1017.48	17.48	115.07	−5.75
9	45	0	1045.00	1021.99	21.99	137.05	−6.85
10	50	−1	1049.00	1021.59	21.59	158.64	−7.93
11	55	−2	1053.00	1021.27	21.27	179.91	−9.00
12	55	1	1056.00	1020.02	20.02	199.93	−10.00
13	55	0	1055.00	1015.01	15.01	214.95	−10.75
14	55	2	1057.00	1014.01	14.01	228.96	−11.45
15	55	3	1058.00	1012.21	12.21	241.17	−12.06
16	60	−1	1059.00	1010.77	10.77	251.93	−12.60
17	65	−1	1064.00	1013.61	13.61	265.55	−13.28
18	70	0	1070.00	1016.89	16.89	282.44	−14.12
19	75	2	1077.00	1020.51	20.51	302.95	−15.15
20	80	−3	1077.00	1016.41	16.41	319.36	−15.97
21	75	−2	1073.00	1009.13	9.13	328.49	−16.42
22	75	0	1075.00	1009.30	9.30	337.79	−16.89
23	75	0	1075.00	1007.44	7.44	345.23	−17.26
24	75	1	1076.00	1006.95	6.95	352.19	−17.61
25	75	1	1076.00	1005.56	5.56	357.75	−17.89
26	70	−1	1069.00	997.45	−2.55	355.20	−17.76
27	65	0	1065.00	993.96	−6.04	349.16	−17.46
28	60	2	1062.00	992.17	−7.83	341.33	−17.07
29	55	−1	1054.00	985.73	−14.27	327.06	−16.35
30	50	−3	1047.00	981.59	−18.41	308.65	−15.43
31	45	0	1045.00	983.27	−16.73	291.92	−14.60
32	45	0	1045.00	986.62	−13.38	278.54	−13.93
33	45	1	1046.00	990.29	−9.71	268.83	−13.44

t	N_t	ε_t	y_t	调整后 y_t	$e_t = y_t - T$	$\sum e$	$x_t = -\lambda \sum e_t/g$
34	45	-2	1043.00	989.23	-10.77	258.06	-12.90
35	45	-3	1042.00	990.39	-9.61	248.45	-12.42
36	40	4	1044.00	994.31	-5.69	242.76	-12.14
37	40	-2	1038.00	989.45	-10.55	232.21	-11.61
38	40	-1	1039.00	992.56	-7.44	224.77	-11.24
39	40	0	1040.00	995.05	-4.95	219.81	-10.99
40	40	2	1042.00	998.04	-1.96	217.85	-10.89
41	35	-1	1034.00	990.43	-9.57	208.28	-10.41
42	30	0	1030.00	988.34	-11.66	196.62	-9.83
43	25	-3	1022.00	982.68	-17.32	179.30	-8.96
44	20	1	1021.00	985.14	-14.86	164.44	-8.22
45	15	1	1016.00	983.11	-16.89	147.55	-7.38

若将范例 12-3 调整前后的观察值绘制成图 12-8，我们就能很明显地看出 EPC 的功效。在图 12-8 中，原观察值与目标间的差距较远，即变异较大，但经过 EPC 调整后，调整后观察值与目标间的差距已明显缩小，变异已获降低。

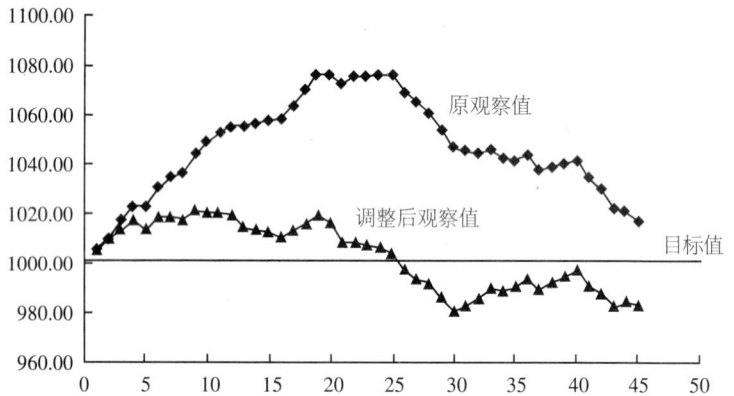

图 12-8　范例 12-3 工程制程管制的调整效果

为即时监控并调整制程，以使品质特性接近目标值，EPC 经常与自动控制结合，此称为自动化制程控制。

为即时监控并调整制程，以使品质特性接近目标值，EPC 经常与自动控制结合，此称为自动化制程控制（Automatic Process Control，APC）。APC 利用线上自动测量系统获得观察值，传回计算机计算可操作变量的设定值，再将此设定值传输至制程设备上，修正制程参数，即可达到降低制程变异的目的。以范例 12-3 为例，APC 设定值的变化如图 12-9 所示。

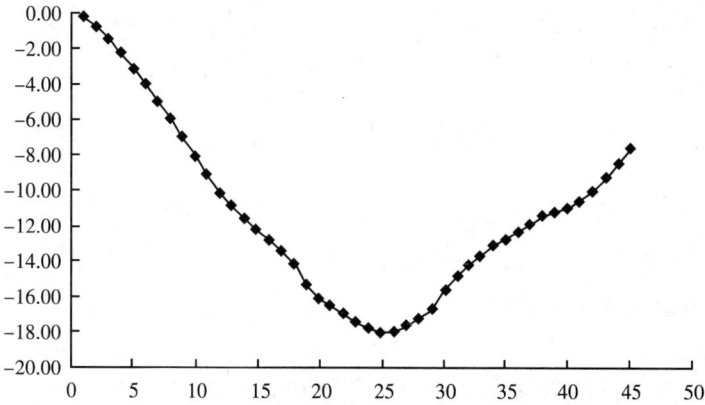

图 12-9　范例 12-3 工程制程管制设定值的变化

二、比例积分控制与比例积分微分控制

当时间序列非仅为随机变异，而且还具有趋势变异时，指数平滑法的预测效果往往会大打折扣，这时采用双指数平滑法（Double Exponential Smoothing Method）作为预测的工具会有更好的效果。同样的，当品质特性与时间呈现线性关系，而逐渐漂移远离目标值时，以指数平滑法为基础的积分控制模型也会发生控制不佳的状况，此时就应改用比例积分（Proportional Integral，PI）控制，其设定值如公式（12-13）所示。

$$x_t = k_P e_t + k_I \sum_{i=1}^{t} e_i \tag{12-13}$$

式中，k_P 与 k_I 为比例参数与积分参数。

公式（12-13）中的比例参数与积分参数须运用统计方法获得，在此不再叙述。

当品质特性与时间呈现非线性关系，而逐渐漂移远离目标值时，以双指数平滑法为基础的比例积分控制模型也会发生控制不佳的状况，此时就应改用比例积分微分（Proportional Integral Derivative，PID）控制，其设定值如公式（12-14）所示。

$$x_t = k_P e_t + k_I \sum_{i=1}^{t} e_i + k_D(e_t - e_{t-1}) \tag{12-14}$$

式中，k_D 为微分参数。

公式（12-14）中的微分参数亦须运用统计方法获得，在此亦不再叙述。

比例积分控制，其设定值：

$$x_t = k_P e_t + k_I \sum_{i=1}^{t} e_i$$

比例积分微分控制，其设定值：

$$x_t = k_P e_t + k_I \sum_{i=1}^{t} e_i + k_D(e_t - e_{t-1})$$

以图 12-8 为例，品质特性与时间呈现非线性关系，而逐渐漂移远离目标值，此时采用比例积分微分控制，若已知：

$$x_t = -0.2e_t + (-0.09\sum_{i=1}^{t} e_i) + 0.05(e_t - e_{t-1}) \qquad (12\text{-}15)$$

则设定值的计算过程如表 12-8 所示。将表 12-8 绘制成图 12-10，可看出图 12-10 的制程变异比图 12-8 更小，图 12-10 设定值的变化则如图 12-11 所示。

表 12-8　范例 12-3 工程制程管制比例积分微分控制计算表

t	y_t	调整后 y_t	$e_t = y_t - T$	$-0.2e_t$	$\sum e$	$-0.09\sum e_t$	$e_t - e_{t-1}$	$0.05(e_t - e_{t-1})$	x_t
1	1004.00	1004.00	4.00	-0.80	4.00	-0.36	4.00	0.20	-0.96
2	1010.00	1006.16	6.16	-1.23	10.16	-0.91	2.16	0.11	-2.04
3	1017.00	1008.85	8.85	-1.77	19.01	-1.71	2.69	0.13	-3.35
4	1023.00	1009.62	9.62	-1.92	28.62	-2.58	0.77	0.04	-4.46
5	1023.00	1005.16	5.16	-1.03	33.78	-3.04	-4.46	-0.22	-4.29
6	1031.00	1013.82	13.82	-2.76	47.60	-4.28	8.67	0.43	-6.62
7	1035.00	1008.54	8.54	-1.71	56.14	-5.05	-5.28	-0.26	-7.02
8	1037.00	1008.90	8.90	-1.78	65.04	-5.85	0.36	0.02	-7.62
9	1045.00	1014.54	14.54	-2.91	79.58	-7.16	5.63	0.28	-9.79
10	1049.00	1009.85	9.85	-1.97	89.43	-8.05	-4.69	-0.23	-10.25
11	1053.00	1011.99	11.99	-2.40	101.42	-9.13	2.14	0.11	-11.42
12	1056.00	1010.33	10.33	-2.07	111.74	-10.06	-1.66	-0.08	-12.21
13	1055.00	1006.18	6.18	-1.24	117.92	-10.61	-4.15	-0.21	-12.06
14	1057.00	1008.78	8.78	-1.76	126.70	-11.40	2.60	0.13	-13.03
15	1058.00	1005.89	5.89	-1.18	132.59	-11.93	-2.89	-0.14	-13.25
16	1059.00	1005.98	5.98	-1.20	138.57	-12.47	0.09	0.00	-13.66
17	1064.00	1009.35	9.35	-1.87	147.92	-13.31	3.37	0.17	-15.01
18	1070.00	1009.94	9.94	-1.99	157.86	-14.21	0.59	0.03	-16.17
19	1077.00	1012.33	12.33	-2.47	170.19	-15.32	2.39	0.12	-17.66
20	1077.00	1006.34	6.34	-1.27	176.54	-15.89	-5.99	-0.30	-17.46
21	1073.00	1003.18	3.18	-0.64	179.71	-16.17	-3.16	-0.16	-16.97
22	1075.00	1007.13	7.13	-1.43	186.84	-16.82	3.95	0.20	-18.04
23	1075.00	1002.82	2.82	-0.56	189.67	-17.07	-4.31	-0.22	-17.85
24	1076.00	1004.60	4.60	-0.92	194.27	-17.48	1.78	0.09	-18.32
25	1076.00	1002.74	2.74	-0.55	197.00	-17.73	-1.86	-0.09	-18.37
26	1069.00	995.51	-4.49	0.90	192.52	-17.33	-7.23	-0.36	-16.79
27	1065.00	997.84	-2.16	0.43	190.36	-17.13	2.32	0.12	-16.58
28	1062.00	995.67	-4.33	0.87	186.02	-16.74	-2.17	-0.11	-15.98
29	1054.00	990.06	-9.94	1.99	176.09	-15.85	-5.60	-0.28	-14.14
30	1047.00	990.44	-9.56	1.91	166.52	-14.99	0.37	0.02	-13.06
31	1045.00	992.78	-7.22	1.44	159.30	-14.34	2.34	0.12	-12.78

t	y_t	调整后 y_t	$e_t = y_t - T$	$-0.2e_t$	$\sum e$	$-0.09\sum e_t$	$e_t - e_{t-1}$	$0.05(e_t - e_{t-1})$	x_t
32	1045.00	993.90	−6.10	1.22	153.20	−13.79	1.12	0.06	−12.51
33	1046.00	995.95	−4.05	0.81	149.15	−13.42	2.06	0.10	−12.51
34	1043.00	992.95	−7.05	1.41	142.11	−12.79	−3.00	−0.15	−11.53
35	1042.00	995.88	−4.12	0.82	137.99	−12.42	2.93	0.15	−11.45
36	1044.00	998.21	−1.79	0.36	136.19	−12.26	2.33	0.12	−11.78
37	1038.00	990.87	−9.13	1.83	127.06	−11.44	−7.34	−0.37	−9.98
38	1039.00	999.09	−0.91	0.18	126.16	−11.35	8.22	0.41	−10.76
39	1040.00	996.95	−3.05	0.61	123.11	−11.08	−2.14	−0.11	−10.58
40	1042.00	999.69	−0.31	0.06	122.80	−11.05	2.74	0.14	−10.85
41	1034.00	990.59	−9.41	1.88	113.39	−10.20	−9.10	−0.46	−8.78
42	1030.00	994.89	−5.11	1.02	108.28	−9.74	4.30	0.22	−8.51
43	1022.00	987.97	−12.03	2.41	96.25	−8.66	−6.92	−0.35	−6.60
44	1021.00	994.59	−5.41	1.08	90.84	−8.18	6.62	0.33	−6.76
45	1016.00	988.95	−11.05	2.21	79.79	−7.18	−5.64	−0.28	−5.25

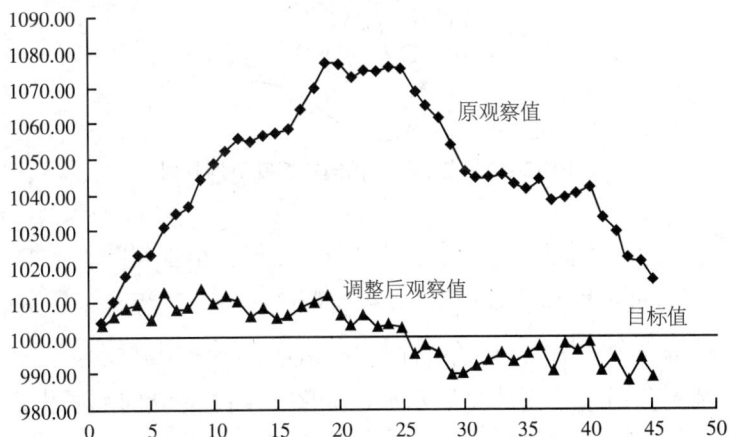

图 12-10 范例 12-3 工程制程管制的比例积分微分控制调整效果

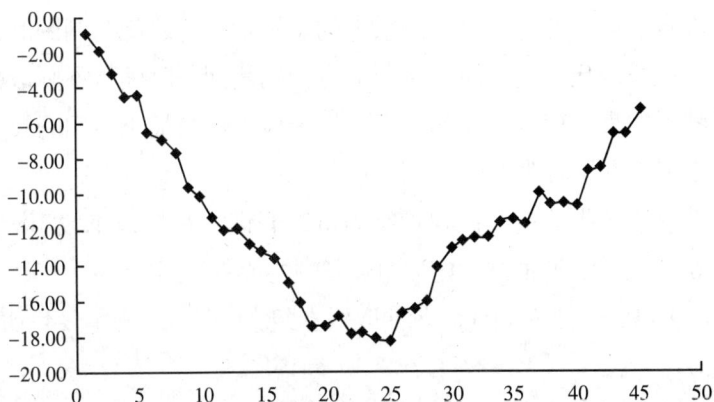

图 12-11 范例 12-3 工程制程管制的比例积分微分控制设定值的变化

第四节 群组管制图

在连续性生产形态下，常见以大规模的自动化设备来生产，这些自动化设备在同一制程中往往具备多个功能相同的控制机构，例如造纸业为控制纸浆的含水率能够达到均匀，就会在同一制程中列多个活塞，如图 12-12 所示。

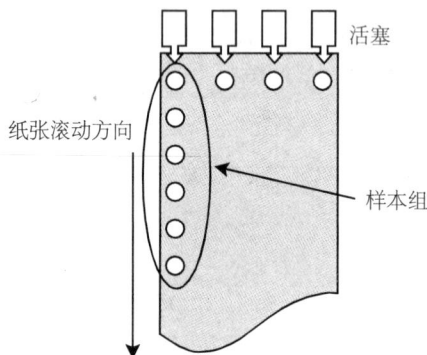

图 12-12　多个功能相同的控制机构并列

如果此时我们以之前所介绍的平均数与全距管制图、平均数与标准差管制图或个别值与移动全距管制图来管制制程，正确做法是应针对每一个活塞绘制一组管制图。这样，不仅困难度高，而且只能管制到各活塞个别的品质水准，即图 12-12 的纵向品质稳定度，至于活塞间的问题，即图 12-12 的横向品质稳定度就很难确保了，此时群组管制图（Group Chart）提供了一种更好的选择。群组管制图和本章之前所介绍的管制图最大的差别是集中趋势管制图的样本点以一线段取代，此线段的两个端点分别是同一时间下不同取样点品质特性的最大值与最小值，至于介于最大值与最小值间的其他观测值则因不具代表性，故不需探讨。

以前述纸张制造的制程管制为例，假设活塞数为 4，样本组大小为 6，共分 15 群抽样，则群组管制图的绘制步骤如下：

（1）自四个活塞制程后各抽取样本组大小为 6，共计 24 个的样本点。

（2）计算四个样本组的平均数 $\bar{x}_i$ 与全距 R_i，$i = 1\sim4$。

（3）求得 $\bar{x}_i(i=1\sim4)$ 中的最大值 $\bar{x}_h$ 与最小值 $\bar{x}_l$。

（4）求得全距 $R_i(i=1\sim4)$ 中的最大值 R_h。

（5）同步骤 1~4，共进行 15 群的抽样。

（6）计算每一群的平均数与全距。

（7）计算 15 群的总平均数与全距平均数。

（8）以步骤（7）的结果，依平均数与全距管制图法求得平均数与全距管制图的管制界限。

（9）将各 $\bar{x}_h$ 与 $\bar{x}_l$ 描点于平均数管制图中并注记其为哪一活塞，并将该两点联机。

（10）将 R_h 描点于全距管制图中并注记其为哪一活塞，将各点连线。

（11）依管制图判定准则判定管制图是否存在非机遇原因。

范例 12-4

依前述制程中抽样得表 12-9 的数据，试以群组管制图解析该制程是否有非机遇原因存在？

表 12-9　某造纸厂含水率制程记录

群	观测值											
	活塞 1			活塞 2			活塞 3			活塞 4		
1	3.21	3.22	3.24	3.25	3.32	3.31	3.32	3.24	3.22	3.21	3.22	3.26
	3.23	3.24	3.25	3.26	3.21	3.24	3.26	3.25	3.22	3.24	3.27	3.31
2	3.26	3.21	3.31	3.28	3.27	3.33	3.26	3.27	3.24	3.25	3.21	3.30
	3.24	3.26	3.27	3.36	3.25	3.29	3.26	3.24	3.30	3.27	3.30	3.31
3	3.31	3.24	3.28	3.30	3.31	3.31	3.25	3.26	3.22	3.24	3.27	3.27
	3.27	3.24	3.26	3.24	3.35	3.32	3.24	3.32	3.24	3.22	3.21	3.24
4	3.25	3.29	3.26	3.34	3.31	3.21	3.24	3.26	3.25	3.22	3.24	3.31
	3.26	3.24	3.25	3.26	3.27	3.27	3.24	3.21	3.25	3.24	3.25	3.27
5	3.24	3.31	3.27	3.34	3.26	3.30	3.30	3.26	3.24	3.30	3.27	3.24
	3.27	3.30	3.27	3.30	3.34	3.26	3.24	3.25	3.26	3.22	3.24	3.28
6	3.26	3.21	3.31	3.21	3.31	3.29	3.26	3.21	3.31	3.32	3.24	3.22
	3.25	3.26	3.27	3.27	3.34	3.29	3.25	3.26	3.27	3.26	3.25	3.22
7	3.27	3.24	3.28	3.25	3.30	3.31	3.27	3.24	3.28	3.21	3.25	3.24
	3.27	3.26	3.21	3.28	3.27	3.30	3.27	3.26	3.21	3.26	3.24	3.30
8	3.31	3.31	3.28	3.35	3.30	3.31	3.31	3.21	3.24	3.25	3.26	3.22
	3.30	3.25	3.24	3.25	3.26	3.24	3.25	3.26	3.22	3.21	3.31	3.21
9	3.24	3.29	3.22	3.29	3.30	3.31	3.24	3.32	3.24	3.26	3.27	3.27
	3.28	3.27	3.24	3.26	3.27	3.27	3.24	3.26	3.25	3.24	3.28	3.25

群	观测值											
	活塞 1			活塞 2			活塞 3			活塞 4		
10	3.35	3.25	3.29	3.26	3.32	3.30	3.27	3.22	3.27	3.26	3.21	3.26
	3.25	3.26	3.24	3.31	3.26	3.27	3.31	3.21	3.24	3.26	3.30	3.21
11	3.24	3.25	3.24	3.30	3.32	3.28	3.27	3.27	3.24	3.21	3.28	3.27
	3.21	3.31	3.21	3.29	3.26	3.31	3.28	3.25	3.30	3.26	3.21	3.24
12	3.27	3.24	3.28	3.29	3.30	3.27	3.24	3.30	3.24	3.26	3.27	3.26
	3.27	3.26	3.21	3.26	3.29	3.31	3.26	3.22	3.25	3.24	3.28	3.21
13	3.31	3.21	3.24	3.29	3.26	3.34	3.31	3.20	3.25	3.26	3.21	3.26
	3.27	3.27	3.24	3.31	3.31	3.31	3.27	3.27	3.26	3.21	3.24	3.25
14	3.28	3.25	3.30	3.31	3.27	3.27	3.28	3.25	3.30	3.26	3.22	3.21
	3.21	3.28	3.27	3.30	3.27	3.34	3.21	3.26	3.22	3.32	3.24	3.26
15	3.31	3.27	3.28	3.27	3.30	3.31	3.27	3.26	3.24	3.26	3.25	3.24
	3.24	3.27	3.27	3.27	3.31	3.26	3.21	3.20	3.31	3.30	3.24	3.27

解答：

先计算各样本组的平均数与全距，再计算各群的总平均数、全距平均数、平均数最大值、平均数最小值以及全距最大值，如表12-10所示。

表12-10 某造纸厂含水率管制图计算表

群	平均数				全距				总平均数	全距平均数	平均数最大值	平均数最小值	全距最大值
	活塞1	活塞2	活塞3	活塞4	活塞1	活塞2	活塞3	活塞4					
1	3.232	3.265	3.252	3.252	0.04	0.11	0.10	0.10	3.250	0.087	3.265	3.232	0.11
2	3.258	3.297	3.262	3.273	0.10	0.11	0.06	0.10	3.273	0.092	3.297	3.258	0.11
3	3.267	3.305	3.255	3.242	0.10	0.11	0.10	0.06	3.267	0.092	3.305	3.242	0.11
4	3.258	3.277	3.242	3.255	0.05	0.13	0.05	0.09	3.258	0.080	3.277	3.242	0.13
5	3.277	3.300	3.258	3.258	0.07	0.08	0.06	0.08	3.273	0.072	3.300	3.258	0.08
6	3.260	3.285	3.260	3.252	0.10	0.13	0.10	0.10	3.264	0.108	3.285	3.252	0.13
7	3.255	3.285	3.255	3.250	0.07	0.06	0.07	0.09	3.261	0.072	3.285	3.250	0.09
8	3.282	3.285	3.248	3.243	0.07	0.11	0.10	0.10	3.265	0.095	3.285	3.243	0.11
9	3.257	3.283	3.258	3.262	0.07	0.05	0.08	0.04	3.265	0.060	3.283	3.257	0.08
10	3.273	3.287	3.253	3.250	0.11	0.06	0.10	0.09	3.266	0.090	3.287	3.250	0.11
11	3.243	3.293	3.268	3.245	0.10	0.06	0.06	0.07	3.263	0.072	3.293	3.243	0.10
12	3.255	3.287	3.252	3.253	0.07	0.05	0.08	0.07	3.263	0.067	3.287	3.252	0.08
13	3.257	3.303	3.260	3.238	0.10	0.08	0.11	0.05	3.265	0.085	3.303	3.238	0.11
14	3.265	3.293	3.253	3.252	0.09	0.07	0.09	0.11	3.266	0.090	3.293	3.252	0.11
15	3.273	3.287	3.248	3.260	0.07	0.05	0.11	0.06	3.267	0.072	3.287	3.248	0.11
								CL =	3.264	0.082			

平均数管制图的中心线 $CL_{\bar{x}} = 3.246$，全距管制图的中心线 $CL_R = 0.082$。

查表，当 n = 4 时，$A_2 = 0.729$，$D_4 = 2.282$，$D_3 = 0$，故计算平均

数管制图：

$$UCL_x = 3.246 + 0.729 \times 0.082 = 3.324$$

$$LCL_x = 3.246 - 0.729 \times 0.082 = 3.204$$

全距管制图：

$$UCL_R = 2.282 \times 0.082 = 0.188$$

$$LCL_R = 0 \times 0.082 = 0$$

将各群中的平均数最大值与平均数最小值描绘于平均数管制图上，加以联机，并注记活塞编号，如图 12-13 所示。将全距最大值描绘于全距管制图上，并注记活塞编号，如图 12-14 所示。

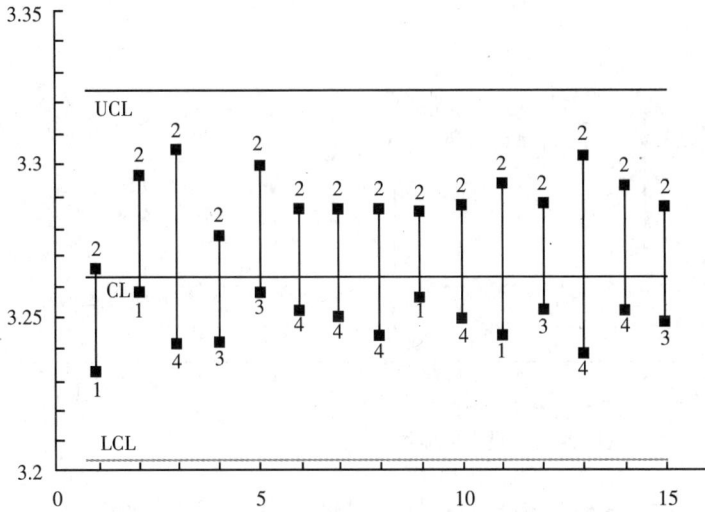

图 12-13　某造纸厂含水率平均数管制图

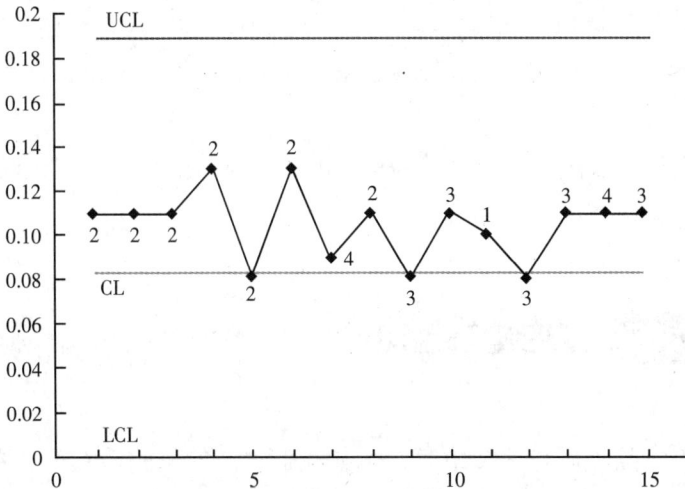

图 12-14　某造纸厂含水率全距管制图

由图 12-13 可看出，活塞 2 的含水率偏高，且其中应该受到非机遇原因的影响。

第五节 批量管制图

少量多样生产形态下，产品种类极多但每批产量较少，若要对每一产品绘制一张管制图是不可能的事，此时可将不同产品或不同生产批抽样所得的品质特性值绘于同一张批量管制图（Batch Chart）中，如图 12-15 所示。

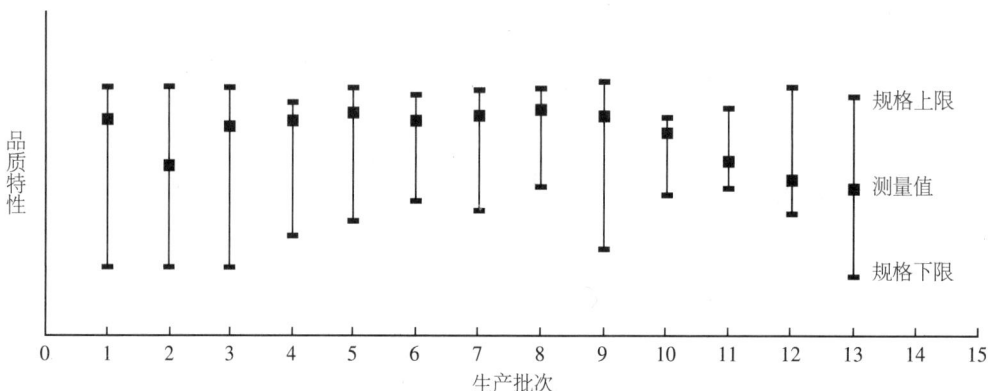

图 12-15　批量管制图

图 12-15 纵轴为品质特性，横轴为生产批次，图中的直线代表规格界限，其端点分别为规格上下限，方点是某一批抽样所获得的品质特性测量值。由图 12-15 可得知，前 10 批的品质特性值皆过高，若能适当地调整使其较接近规格中心值，则产品不合格率当能降低。

批量管制图事实上称其为推移图的一种可能更为恰当，以管制图名之稍嫌牵强。

第六节 多变量管制图

当产品品质特性多重时，例如我们关心的是瓷砖左上、左下、右上、右下与中心点的厚度，此时就可以使用多变量管制图（Multi-

Vari Chart)。

多变量管制图能同时显现下列三种变异来源：

（1）产品内的变异。

（2）产品间的变异。

（3）时间的变异。

所谓产品内的变异，意指产品内多个不同测量点之间的变异，例如一片钢板在不同测量点的厚度或布匹在不同测量点的色泽等。

产品间的变异，可以是产品与产品之间、生产批量与生产批量之间或是制造命令与制造命令之间的变异，例如前后几炉铁水的成分有所不同或是前后施工的焊点强度有所不同等。

时间的变异，可以是早中晚班、周一到周五或是一年的四季等。

多变量管制图的绘制步骤为先自制程中随机抽样，测量单一产品不同测量点的品质特性，然后将这些测量值中的最大值与最小值描绘在图上并做联机，依此类推，每隔一段时间就再随机抽样、计算、描绘一次。当图形出现如图 12-16(a) 所示时，代表产品内的变异较强；当图形出现如图 12-16（b）所示时，代表产品间的变异较强；当图形出现如图 12-16(c) 所示时，代表时间的变异较强。

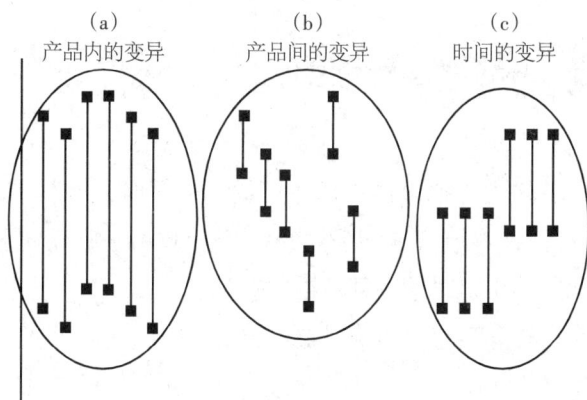

图 12-16　多变量管制图

品质园地

时空轮抽样的奥秘

Multi-Vari Chart 有时翻译为"时空轮"抽样技术，它是由美国品管大师夏宁（Shainin）所创造出的品质改善手法。

夏宁将品质变异分为三大来源：时间面、空间面与轮回面。时间变异大多可用日常管理来消除，空间变异大多运用固有技术来因应，至于轮回变异较棘手，需视变易的原因采取不同的对策。为求改善品质的抽样应针对时、空、轮三面同时进行。

夏宁学派的人士认为，实验设计或是田口方法虽是改善品质的很好方法，但对于现场问题的改善则常缓不济急，所以一般比较适用在产品设计阶段。但 Multi-Vari Chart 并不需要规划实验，而只需从生产现场抽样就能获得有用的信息，故其成本较低且能以较快速的方式达成改善的目的。

近年来，夏宁学派甚受美国企业界敬重，他们提出了一系列比较简易的统计技术，普受六标准差黑带的欢迎，而其中又以 Multi-Vari Chart 为最。

资料来源：陈文魁. 时空轮抽样的奥秘 [J]. 品质月刊，2003（10）.

多变量管制图在找出变异来源后，应再进一步深入探讨造成该种变异的原因。虽然多变量管制图不像实验设计与田口方法般可直接找出影响品质特性的因子，并求得各因子的最佳条件。但是多变量管制图若与以上两种方法相比，却简易许多，因此近年来在实务界大受欢迎，若干学者更将其视为是一种运用在生产阶段上为寻找变异来源时最简易的实验设计法。

第七节　短期制程管制图

当某产品的生产批量过小或生产期间过短时，要为该产品单独绘制管制图，往往在实务上不太可行。此时，短期制程管制图（Short Run SPC Chart）是一种不错的选择。

由平均数与全距管制图中得知：

$$CL_{\bar{x}} = \bar{\bar{x}}$$

$$UCL_{\bar{x}} = \bar{\bar{x}} + A_2\bar{R}$$

$$LCL_{\bar{x}} = \bar{\bar{x}} - A_2\bar{R}$$

$$CL_R = \bar{R}$$

$$UCL_R = D_4\bar{R}$$

$$LCL_R = D_3\bar{R}$$

对于平均数管制图而言，若我们将样本点 $\bar{x}$ 与管制界限都减去

常数 $\bar{\bar{x}}$，再除以 $\bar{R}$，则样本点在平均数管制图中的相对位置并不会改变，平均数管制图的功能就不会受到影响，如公式（12-16）所示。

$$\bar{z} = \frac{\bar{x} - \bar{\bar{x}}}{\bar{R}}$$

$$CL_{\bar{z}} = \frac{\bar{\bar{x}} - \bar{\bar{x}}}{\bar{R}} = 0$$

$$UCL_{\bar{z}} = \frac{\bar{\bar{x}} + A_2\bar{R} - \bar{\bar{x}}}{\bar{R}} = A_2$$

$$LCL_{\bar{z}} = \frac{\bar{\bar{x}} - A_2\bar{R} - \bar{\bar{x}}}{\bar{R}} = -A_2 \qquad (12-16)$$

同理，对于全距管制图而言，若我们将样本点与管制界限都除以 $\bar{R}$，则样本点在全距管制中的相对位置也不会改变，全距管制图的功能也就不会受到影响，如公式（12-17）所示。

$$w = \frac{R}{\bar{R}}$$

$$CL_w = \frac{\bar{R}}{\bar{R}} = 1$$

$$UCL_w = \frac{D_4\bar{R}}{\bar{R}} = D_4$$

$$UCL_w = \frac{D_3\bar{R}}{\bar{R}} = D_3 \qquad (12-17)$$

公式（12-16）意指只要我们令 $\bar{z} = \dfrac{\bar{x} - \bar{\bar{x}}}{\bar{R}}$，原平均数管制图可以改变为以 0 为中心线、$\pm A_2$ 为管制上下限的平均数管制图了。同理，公式（12-17）意指只要我们令 $w = \dfrac{R}{\bar{R}}$，原全距管制图就也可以改变为以 1 为中心线，D_3 与 D_4 为管制上下限的全距管制图。

由于短期制程管制图的管制界限不会因产品的不同而改变，它的管制界限永远都是定值，因此我们就能将不同产品的样本点绘制在同一张管制图中，这解决了因产品批量太少，管制界限计算不及的问题。

为了要固定短期制程管制图的管制界限，每一样本组的样本数应固定且完全相同。此外，$\bar{\bar{x}}$ 与 $\bar{R}$ 一般可借由过去的历史数据或其他估计方法求得。短期制程管制图的最大缺点是计算较为繁复，此外一般人员在检视该管制图时，由于所有数据都已经过重新处理，故阅读与分析起来也较缺乏实际感。

第八节　结论

本章介绍了累积和管制图、指数加权移动平均数管制图、工程制程管制、群组管制图、批量管制图、多变量管制图与短期制程管制图。这些管制图虽都有别于修华特管制图，但毕竟大多以修华特管制图为理论基础。据作者的观察，台湾近些年来已有愈来愈多的企业开始导入这些管制图。

个案研究

中国台湾积电大力推动制程管制并获得三项美国专利权

根据 NTRS（National Technology Roadmap for Semiconductors）对半导体产业的预测，未来只在生产绩效良好的厂商，将难以再借由传统以扩张芯片尺寸大小或改善良率的做法来大幅降低成本，但另一方面试图提升制程操作监控技术、改善设备的即时状态监视系统，以稳定并提升机台的生产操作效率，却可获得超过 9%~15% 的生产成本降低效益，此效益并将随着芯片线宽尺寸的下降，而愈加显著。

传统的统计制程管制系统只能侦测制程的异常，却无法自动采取适当的矫正措施，而回馈控制（Feedback Control）虽能不断地调整输入的制程参数，使测量值和目标值的差距逐渐缩小，但却可能造成过度控制，反而增加了制程的变异。

SPC 与回馈控制的结合，利用过去制程的资料来预测下一批制程的参数设定，可以降低因为机台老化、化学品的消耗、周围环境条件的改变（如温度、湿度）所造成的制程变异，因此被认为是未来制程管制的发展趋势。

简单来说，SPC 是一个侦测制程问题的系统，而回馈控制是一个侦测制程问题并加以解决的系统。

中国台湾积电在推行此一计划时，面临下列的困难：

（1）观念很新，有许多突破传统制程管制的做法，不易为工程师所接受，例如自动地更改机台制程参数。

（2）成功的案例只局限于整合组件制造厂（Integrated Device Manufacturers, IDM；本

身包含 IC 设计及制造，如 Intel）所发展的单机单产品模块（Single Product-Single Tool），但是针对晶圆代工的生产方式——多机多产品模块（Multiple Product for Multiple Tools）则尚无成功的案例，工程师信心不足。

（3）中国台湾积电所开发的系统需与本身的竞争优势相结合，除了制程品质的提升外，必须具有生产的效率与弹性，也就是说需针对晶圆代工的特性来设计。

因此，项目小组运用 SWOT 分析来制定策略及拟定短、中、长期计划，如图 12-17 所示。

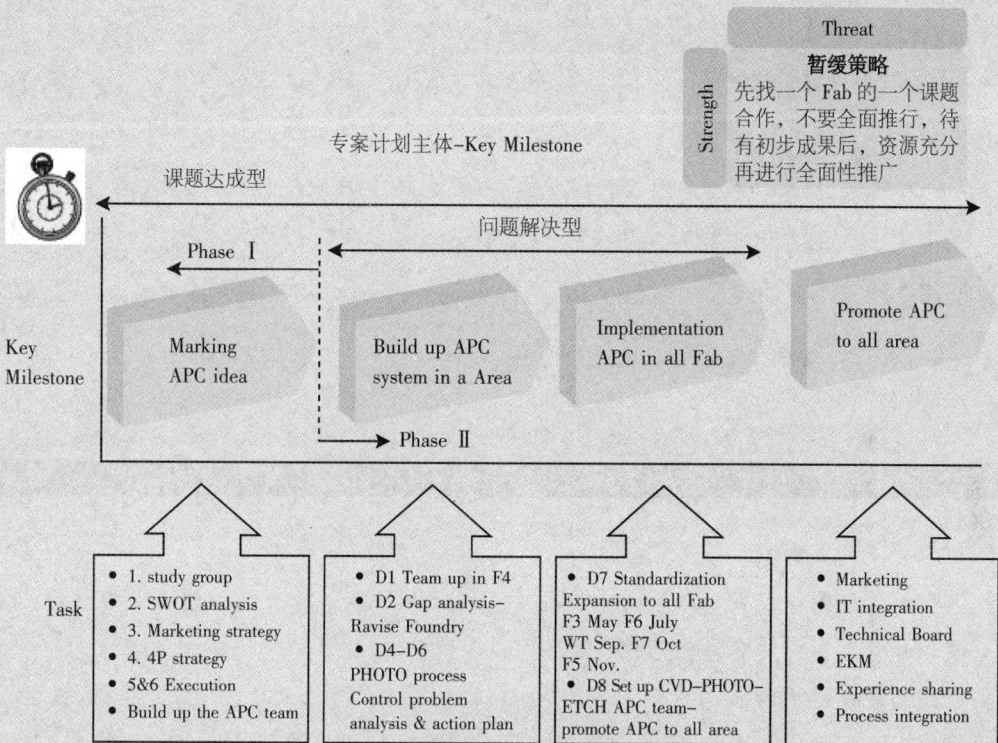

图 12-17　计划

第一阶段：导入观念，争取高级主管的支持，以获得项目所需的资源，其主要的目标在行销观念。

第二阶段：因资源有限，此采取阶段性的做法如下：

（1）寻找合作意愿高的工厂以其中一个区域试行。

（2）水平推行至所有工厂。

（3）应用在中国台湾积电所有工厂的所有区域。

整个专案的目的在取代原有的 SPC，是一种舍弃原有做法，引进新的手段，以打破现状，创造魅力品质的课题达成型项目。在经历过项目小组数个月的努力后，其成果如下：

（1）短期目标的达成与成果。试行在 0.18L OD，C_{pk} 明显改善 23%，0.13L Poly C_{pk} 改善 20%，另外三厂从 0.35L Poly 逐一上线，三厂 C_{pk} 目标达标率也从 60% 进步到 84%。经过公司 IE 部门的公证，本项目帮公司节省了 7800 万元，另外也取得了 3 项专利。

（2）中期目标的达成及水平展开。在水平展开至各三、五、六、七…厂后，C_{pk} 改善幅度在 20%~50%，重工率降低 30%~80%，人力节省 50%~80%，并因此杰出的表现，获得了 TSMC TQE Award 第一名、知识管理——杰出知识应用奖 Q 和 R Spotlight Award、Lithography Technical Board 年度项目票选第一名。

问题讨论

1. 本文中提到"传统的统计制程管制系统只会侦测制程的异常，却不会自动采取适当的矫正措施，而回馈控制不断地调整输入的制程参数，使测量值和目标值的差距逐渐缩小，但却可能造成过度控制，反而增加制程的变异"，依你所见是否认同。

2. 文中中国台湾积电的工程师在将一个全新的概念导入组织时所采取的循序渐进手法给你什么样的启示？

资料来源：中国台湾地区经济部工业局品质优良案例得奖案例介绍，http://proj.moeaidb.gov.tw/nqpp，台湾集成电路制造股份有限公司半导体先进制程管制在晶圆代工业之开发与应用。

习题

1. 何为修华特管制图？
2. 累积和管制图与指数加权移动平均数管制图改善了修华特管制图什么样的缺点？
3. 累积和管制图中的参考值为何含义？
4. 累积和管制图中的 K 与 k 有何关系？
5. 累积和管制图中的 H 与 h 有何关系？自制程中取样得下表，试据以回答第 6~11 题：

期间	1	2	3	4	5	6	7	8	9	10
观察值	9.21	9.35	10.51	10.04	8.56	9.27	11.32	12.10	9.41	9.15
期间	11	12	13	14	15	16	17	18	19	20
观察值	8.53	9.48	10.24	10.95	11.26	8.50	9.74	11.01	10.21	10.17
期间	21	22	23	24	25	26	27	28	29	30
观察值	12.31	10.54	11.38	11.79	12.34	10.57	10.79	11.67	11.28	12.64

6. 已知品质特性目标值为 10.00，参考值 K = 0.50，决策区间 H = 4.00。试以累积和管制图监控制程平均数的变化。

7. 已知品质特性目标值为 10.00，标准差为 1.0，平滑常数 $\lambda = 0.2$，管制界限因子 l = 2.6。

试以指数加权移动平均数管制图监控制程平均数的变化。

8. 已知品质特性目标值为 10.00，标准差为 0.80，参考值 k = 0.50，决策区间 h = 5.00。试以累积和管制图监控制程平均数的变化。

9. 已知品质特性目标值为 10.00，标准差为 0.50，平滑常数 λ = 0.25，管制界限因子 l = 2.8。试以指数加权移动平均数管制图监控制程平均数的变化。

10. 已知品质特性目标值为 10.00，标准差为 0.80，参考值 k = 0.50，决策区间 h = 4.00。以累积和管制图监控制程平均数的变化。

11. 已知品质特性目标值为 10.00，标准差为 0.80，平滑常数 λ = 0.20，管制界限因子 l = 2.6。试以指数加权移动平均数管制图监控制程平均数的变化。自制程中取样得下表，试回答第 12~17 题：

期间	1	2	3	4	5	6	7	8	9	10
观察值	9.21	9.35	10.51	10.04	8.56	9.27	11.32	12.10	9.41	9.15
期间	11	12	13	14	15	16	17	18	19	20
观察值	8.53	9.48	10.24	10.95	11.26	8.50	9.74	11.01	10.21	9.51
期间	21	22	23	24	25	26	27	28	29	30
观察值	8.76	8.04	9.18	8.24	9.25	8.56	7.85	8.02	8.24	9.02

12. 已知品质特性目标值为 10.00，参考值 K = 0.50，决策区间 H = 4.00。试以累积和管制图监控制程平均数的变化。

13. 已知品质特性目标值为 10.00，标准差为 1.00，平滑常数 λ = 0.2，管制界限因子 l = 2.6。试以指数加权移动平均数管制图监控制程平均数的变化。

14. 已知品质特性目标值为 10.00，标准差为 0.80，参考值 k = 0.50，决策区间 h = 5.00。试以累积和管制图监控制程平均数的变化。

15. 已知品质特性目标值为 10.00，标准差为 0.50，平滑常数 λ = 0.25，管制界限因子 l = 2.8。试以指数加权移动平均数管制图监控制程平均数的变化。

16. 已知品质特性目标值为 10.00，标准差为 0.80，参考值 k = 0.50，决策区间 h = 4.00。试以累积和管制图监控制程平均数的变化。

17. 已知品质特性目标值为 10.00，标准差为 0.80，平滑常数 λ = 0.20，管制界限因子 l = 2.6。试以指数加权移动平均数管制图监控制程平均数的变化。

18. 试说明工程制程管制的意义。

19. 试比较偏移与漂移。

假设某制程品质特性之目标值为 1000，今仿真制程有漂移现象，漂移所造成的干扰与随机误差如下表所示。请回答第 20~22 题。

t	N_t	ε_t	y_t
1	5	0	1005.00
2	6	−1	1005.00
3	8	2	1010.00
4	10	3	1013.00
5	10	−2	1008.00
6	12	−1	1011.00
7	14	0	1014.00
8	15	−3	1012.00
9	16	0	1016.00
10	20	−1	1019.00
11	20	−2	1018.00
12	20	2	1022.00
13	20	−1	1019.00
14	21	0	1021.00
15	22	0	1022.00
16	25	−1	1024.00
17	27	−1	1026.00
18	27	0	1027.00
19	28	−1	1027.00
20	29	−3	1026.00
21	30	−2	1028.00
22	30	−1	1029.00
23	30	0	1030.00
24	32	2	1034.00
25	32	1	1033.00
26	35	−1	1034.00
27	35	0	1035.00
28	36	2	1038.00
29	36	−1	1035.00
30	40	−3	1037.00
31	40	1	1041.00
32	40	0	1040.00
33	40	1	1041.00
34	42	−2	1040.00
35	42	1	1043.00
36	42	3	1045.00
37	45	−2	1043.00
38	45	−1	1044.00
39	46	0	1046.00
40	50	2	1052.00
41	50	−1	1049.00

续表

t	N_t	ε_t	y_t
42	51	0	1051.00
43	51	0	1051.00
44	50	1	1051.00
45	52	1	1053.00

20. 已知 EWMA 管制图的 $\lambda = 0.25$，可操作变量对品质特性的增益为 6，试决定 EPC 可操作变量的设定值 (x_t)。

21. 已知 EWMA 管制图的 $\lambda = 0.2$，可操作变量对品质特性的增益为 8，试决定 EPC 可操作变量的设定值 (x_t)。

22. 已知 EWMA 管制图的 $\lambda = 0.15$，可操作变量对品质特性的增益为 6，试决定 EPC 可操作变量的设定值 (x_t)。

假设某制程品质特性之目标值为 1000，今仿真制程有漂移现象，漂移所造成的干扰与随机误差如下表所示。请回答第 23~25 题。

t	N_t	ε_t	y_t
1	−2	0	998.00
2	−2	−1	997.00
3	−3	2	999.00
4	−3	3	1000.00
5	−4	−2	994.00
6	−4	−1	995.00
7	−5	0	995.00
8	−5	−3	992.00
9	−6	0	994.00
10	−6	−1	993.00
11	−6	−2	992.00
12	−6	2	996.00
13	−6	−1	993.00
14	−7	0	993.00
15	−7	0	993.00
16	−7	−1	992.00
17	−9	−1	990.00
18	−9	0	991.00
19	−9	−1	990.00
20	−10	−3	987.00
21	−10	−2	988.00
22	−10	−1	989.00
23	−10	0	990.00
24	−12	2	990.00

t	N_t	ε_t	y_t
25	−12	1	989.00
26	−12	−1	987.00
27	−13	0	987.00
28	−14	2	988.00
29	−14	−1	985.00
30	−15	−3	982.00
31	−16	1	985.00
32	−18	0	982.00
33	−20	1	981.00
34	−24	−2	974.00
35	−26	1	975.00
36	−28	3	975.00
37	−30	−2	968.00
38	−35	−1	964.00
39	−36	0	964.00
40	−40	2	962.00
41	−40	−1	959.00
42	−40	0	960.00
43	−40	0	960.00
44	−45	1	956.00
45	52	1	1053.00

23. 已知 EWMA 管制图的 $\lambda = 0.25$，可操作变量对品质特性的增益为 6，试决定 EPC 可操作变量的设定值 (x_t)。

24. 已知 EWMA 管制图的 $\lambda = 0.2$，可操作变量对品质特性的增益为 8，试决定 EPC 可操作变量的设定值 (x_t)。

25. 已知 EWMA 管制图的 $\lambda = 0.15$，可操作变量对品质特性的增益为 6，试决定 EPC 可操作变量的设定值 (x_t)。

26. 试解释自动化制程控制。

27. 试解释群组管制图。

28. 试解释批量管制图。

29. 试解释多变量管制图。

30. 试解释短期制程管制图。

第十三章　允收抽样概论

学习重点 在学习本章后，你将能够：

1. 了解何为允收抽样。

2. 说明拒收批的处理方式。

3. 明了单次抽样计划、双次抽样计划与多次抽样计划的意义。

4. 了解何为允收概率。

5. 了解何为操作特性曲线。

6. 了解不同抽样计划下的 OC 曲线的差异。

7. 明了允收品质水准与拒收品质水准的意义。

8. 明了平均出厂品质与平均出厂品质界限的意义。

9. 明了平均样本数与平均总检验数的意义。

10.明了抽样计划设计的原理。

尊爵最大的客户两周前传了一份抽样计划给尊爵企业，并告知下个月开始要以该抽样计划抽验尊爵企业的产品。客户宣称有鉴于尊爵最近在品质上有显著的提升，所以新的抽样计划将抽取的样本数减少，这对尊爵应无任何影响。由于该客户是尊爵的大客户，新的抽样计划又与过去迥异，所以张总经理希望品管部门评估这份抽样计划对尊爵的影响为何。品管部门伤透了脑筋不知从何下手，问题就丢给了王顾问。王顾问知道尊爵品管大多是技术出身，对于统计方法不是很熟，所以他决定亲自研究研究这份抽样计划。过了3天，王顾问在会议上提出他的见解："这是新抽样计划的 OC 曲线，由图形中可看出，新的抽样计划虽然将样本数减少，但在本公司现阶段的不合格率下，未来的允收概率却会下降约5%。而若要维持目前同样的允收概率，不合格率至少应再降低3%。"张总经理听完分析后下达指示："请业务部门继续与客户磋商是否能维持原抽样计划，另外，请王顾问协助品管部门尽快拟定新的品质改善计划。看来，品质的持续改善真是一条不归路啊。"

检验活动可分为全检、抽检与免检。全检虽最能确保品质，但检验成本过大。免检的检验成本虽低，但若非产品品质已达相当水准，企业将面临极高的风险。抽检则期望以较低的检验成本，保证起码的品质水准，并将企业的风险降至一定程度以下。抽检的理论基础为何，这是本章将介绍的主题。

第一节　允收抽样基本概念

所谓允收抽样（Acceptance Sampling）是指从送验批中随机抽取事先预定好的个数的样本进行检验，如果不合格数小于预先规定的数值则全批允收，如果不合格数大于预先规定的数值则全批拒收的技术。

允收抽样是一种以概率与统计为基础的系统化的抽样程序，其目的为判定送验批是否该允收。允收抽样不全等于抽样检验，一般所说的抽样检验，其目的不一定是为了判定送验批是否该允收，有时抽样检验的目的是为了了解制程状态，例如对管制图中样本点的取得与检验、品管人员对制程的巡回检查、品质稽核时对产品的临时抽验等都是抽样检验，但它们都不是允收抽样。抽样检验也不一定会以概率或统计理论为基础，例如前述的巡回检查与品质稽核就无关概率与统计的问题。

在介绍允收抽样的理论基础前，我们先对几个相关的名词与概念作说明。

一、送验批

送验批（Lot）指的是待判定允收或拒收的群体。送验批必须具备同构型，也就是送验批中的每一个产品应来自于同一个作业员、同一台机器、同一批原物料或同一生产时段。同构型愈高的送验批，其样本的代表性愈高，做出错误判断的概率愈低，当判定拒收时，后续的矫正预防行动也愈能对症下药。

二、随机抽样

自送验批中取样应以随机抽样（Random Sampling）的方式进行。

> 允收抽样是指从送验批中随机抽取事先预定好的个数的样本进行检验，如果不合格数小于预先规定的数值则全批允收，如果不合格数大于预先规定的数值则全批拒收的技术。

> 送验批指的是待判定允收或拒收的群体。

随机抽样简言之即是让每一产品被抽中的概率相同。随机抽样的目的也是要让样本具有代表性，例如卖方如果将品质较好的产品置于容易抽取处，将品质较差的产品置于不易抽取处，买方若不以随机抽样的方式取样，则将极易造成应拒收但却允收的结果。

理论上，将产品编号后制作相对应的号码球，然后以所抽中的号码球将其所对应的产品取出是最正确的随机抽样。一般常见到因产品体积、重量、包装或堆栈等因素导致随机抽样不易实施，而使得抽样人员便宜行事，抽出了一组不具代表性的样本并做出错误的判断，其解决之道为要求供货商改善包装或堆栈方式，以使随机抽样得以进行；检验人员直接驻厂或到供应商处，在包装或堆栈前随机抽样；或以分层随机抽样的方式取代随机抽样，例如进料十个栈板，若发觉供货商有可能将合格品置于每一栈板的最上方，则可随机抽取其中的一个栈板进行检验。

> 随机抽样简言之即是让每一产品被抽中的概率相同。

三、拒收批的处理

送验批若经判定为拒收（Reject），一般会视情形采取选别、重工、退货或报废四种处理对策。

> 送验批若经判定为拒收，一般会视情形采取选别、重工、退货或报废四种处理对策。

1. 选别

选别（Screen）即是将送验批全检，以分出合格品与不合格品。

2. 重工

重工（Rework）即是对不合格品进行再加工或修理。

3. 退货

退货（Return）即是将产品退回供货商。

4. 报废

报废（Scrap）即是将产品废弃不使用。

以上四种处理对策一般均采综合运用，例如先选别该批产品，然后针对不合格品重工，重工后对仍无法符合要求的产品则进行退货。

四、抽样计划

以书面的方式描述抽样应采行的准则称为抽样计划（Sampling Plan）。抽样计划的内容一般至少包含送验批批量大小（N）（一般简称批量）、样本数（n）、允收数（Ac 或 c 值）与/或拒收数（Re）。

抽样计划若依品质特性的性质区分，可分为计数值抽样计划与计

> 以书面的方式描述抽样应采行的准则称为抽样计划。

量值抽样计划两种，本章为求说理畅达，皆以计数值抽样计划为例。

抽样计划若依次数区分，则可分为单次抽样计划、双次抽样计划与多次抽样计划三种。

1. 单次抽样计划

单次抽样计划（Single Sampling Plan）是指一次抽样检验后就可做出允收或拒收之决策的计划。以表 13-1 的单次抽样计划为例，今若有一批送验批的批量为 8000，则依表 13-1 应随机抽样 150 个样本进行检验，若检验结果后得到不合格数为 2，则该批产品应判定为允收，若不合格品数为 3，则该批产品应判定为拒收。

抽样计划若依品质特性的性质区分，可分为计数值抽样计划与计量值抽样计划两种。

单次抽样计划是指一次抽样检验后就可做出允收或拒收之决策的计划。

表 13-1 单次抽样计划例

批量（N）	样本数（n）	允收数（Ac）
100～1000	20	0
1001～5000	80	1
5001～10000	150	2
10001 以上	250	3

2. 双次抽样计划

双次抽样计划（Double Sampling Plan）是指最多两次抽样检验后就可做出允收或拒收之决策的计划。以表 13-2 的双次抽样计划为例，今若有一批送验批批量为 8000，则第一次应随机抽样 75 个样本送验，若不合格数为 2，则该批产品应判定为允收；若不合格数为 4，则该批产品应判定为拒收；但若不合格数为 3，则应进行第二次抽样，第一次抽样的不合格数加上第二次抽样的不合格数若小于等于 4，则该批产品应判定为允收，第一次抽样的不合格数加上第二次抽样的不合格数若大于等于 5，则该批产品仍应判定为拒收。

双次抽样计划是指最多两次抽样检验后就可做出允收或拒收之决策的计划。

表 13-2 双次抽样计划例

批量（N）	样本	样本数（n）	累积样本数	允收数（Ac）	拒收数（Re）
100～1000	第一次抽样	10	10	0	2
	第二次抽样	10	20	1	2
1001～5000	第一次抽样	40	40	1	3
	第二次抽样	40	80	2	3
5001～10000	第一次抽样	75	75	2	4
	第二次抽样	75	150	4	5
10001 以上	第一次抽样	125	125	3	5
	第二次抽样	125	250	6	7

3. 多次抽样计划

多次抽样计划指可能超过两次以上的抽样检验才能做出允收或拒收之决策的计划。

多次抽样计划（Multiple Sampling Plan）指可能超过两次以上的抽样检验才能做出允收或拒收之决策的计划，例如表 13-3 即为一多次抽样计划。多次抽样计划可视为是双次抽样计划的延伸应用，其道理与双次抽样计划相同，故在此不多赘述。

表 13-3　多次抽样计划例

批量（N）	样本	样本数（n）	累积样本数	允收数（Ac）	拒收数（Re）
100~1000	第一次抽样	7	7	#	2
	第二次抽样	7	14	0	2
	第三次抽样	7	21	1	2
1001~5000	第一次抽样	30	30	0	2
	第二次抽样	30	60	1	3
	第三次抽样	30	90	2	3
5001~10000	第一次抽样	50	50	0	3
	第二次抽样	50	100	2	4
	第三次抽样	50	150	4	5
10001 以上	第一次抽样	85	85	1	4
	第二次抽样	85	170	3	5
	第三次抽样	85	255	5	6

注：# 代表此样本大小下不准允收。

本章与第十四章中有关允收抽样的探讨，我们都尽量以单次抽样计划为主。之所以进行这样的安排主要是基于两种因素：其一是允收抽样并不能真正提升产品品质，故没有必要述说过于复杂的抽样计划，以免初学者过度钻研于此，反而忽略了品质管理的重点；其二则是因为抽样计划的标准，已有朝向单次抽样计划，而废除掉双次抽样计划与多次抽样计划的方向前进。

第二节　允收概率与操作特性曲线

由于允收抽样是以抽样方法判定送验批是否该允收的技巧，故即使送验批的不合格率已经低至可接受状态，但仍有可能因抽样方法与概率因素而被拒收。同样的道理，当送验批的不合格率已高至不可接受的状态，也有可能因抽样方法与概率因素而被允收。因此本书中介绍管制图原理时所谈及的型 I 误差（代表应该接受送验批但却拒绝的概率）与型 Ⅱ 误差（代表应该拒绝送验批但却接受的概率），同样会存在于允收抽样中。

一、允收概率

由前所述可知，只要是抽样，就存在风险，这种风险在允收抽样中被称为允收概率（Acceptance Probability，Pa）。允收概率代表某送验批在某种抽样方法下被允收的概率值，其计算方式如范例 13–1、范例 13–2 与范例 13–3 所示。

> 允收概率代表某送验批在某种抽样方法下被允收的概率值。

范例 13–1

假设批量 N = 500，不合格数为 10。今某公司的单次抽样计划规定样本数 n = 50，Ac = 1 与 Re = 2，试问允收概率为多少？

解答：

N = 500，c = 10，n = 50，Ac = 1 与 Re = 2

依该公司的抽样计划，送验批会被允收的情形为样本中的不合格数为 0 或 1，即允收概率为样本中出现不合格数为 0 与 1 的概率的总和。而样本中出现不合格数为 0 或 1 的概率为一典型的超几何分配，故允收概率应为：

$$P_a = \sum_{x=0,1} H(x,\ n,\ c,\ N)$$
$$= H(0,\ 50,\ 10,\ 500) + H(1,\ 50,\ 10,\ 500)$$
$$= \frac{C_0^{10} \times C_{50}^{490}}{C_{50}^{500}} + \frac{C_1^{10} \times C_{49}^{490}}{C_{50}^{500}}$$
$$= 0.3452 + 0.3913$$
$$= 0.7365$$

范例 13–1 是以超几何分配计算允收概率。当 n/N 很小时，以 p = c/N（此处 p 代表不合格率，c 代表群体不合格数）为参数的二项分配会逼近超几何分配，故范例 13–1 也可以二项分配来求其允收概率。

范例 13-2

试以二项分配求范例 13-1 的允收概率。

解答：

$N = 500$，$c = 10$，$n = 50$，$Ac = 1$ 与 $Re = 2$

由于 $p = \dfrac{c}{N} = \dfrac{10}{500} = 0.02$

故允收概率应为：

$$P_a = \sum_{x=0,1} B(x,\ n,\ p)$$

$$= B(0,\ 50,\ 0.02) + B(1,\ 50,\ 0.02)$$

$$= C_0^{50} \times 0.02^0 \times 0.98^{50} + C_1^{50} \times 0.02^1 \times 0.98^{49}$$

$$= 0.3642 + 0.3716$$

$$= 0.7358$$

此值与范例 13-1 近似。

当 p 很小且 n 够大时，以 $\lambda = np$ 为参数的卜瓦松分配会逼近二项分配，故范例 13-2 也可以卜瓦松分配求其允收概率。

范例 13-3

试以卜瓦松分配求范例 13-2 的允收概率。

解答：

$p = 0.02$，$n = 50$，$Ac = 1$ 与 $Re = 2$

由于 $\lambda = np = 50 \times 0.02 = 1$

故允收概率应为：

$$P_a = \sum_{x=0,1} p(x,\ \lambda)$$

$$= P(0,\ 1) + P(1,\ 1)$$

$$= \frac{e^{-1} \times 1^0}{0!} + \frac{e^{-1} \times 1^1}{1!}$$

$$= 0.3679 + 0.3679$$

$$= 0.7358$$

此值与范例 13-2 近似。

范例 13-1、范例 13-2 与范例 13-3 的计算除可借助查表方式获得外。目前，Excel 软件也提供统计函数的运算功能，而且在学习与使用上极为简易，是读者可尝试运用的工具。

二、操作特性曲线

操作特性曲线（Operating Characteristic Curve，OC Curve）是允收抽样中最为重要的内容之一。

（一）操作特性曲线的定义

允收概率的大小取决于抽样方法与送验批的品质，但由于送验批的品质为未知，故在某一固定的抽样方法下，给予送验批一个假设的不合格率就能求出一个允收概率，给予送验批一组假设的不合格率也就能求出一组允收概率。以送验批的不合格率作为横轴，允收概率作为纵轴，绘出送验批允收概率与不合格率间的曲线关系，就是所谓的操作特性曲线。

> 送验批允收概率与不合格率间的曲线关系，就是所谓的操作特性曲线。

范例 13-4

假设批量 N = 500，单次抽样计划 n = 50，Ac = 1 与 Re = 2，试绘制操作特性曲线。

解答：

N = 500，n = 50，Ac = 1 与 Re = 2，c 值可自 0 仿真至 20。

依范例 13-1 的方式，以超几何分配求得送验批在各种不合格数（c）下的允收概率，如表 13-4 所示。

表 13-4　范例 13-4 的操作特性曲线记录

送验批不合格数	送验批不合格率	允收概率
0	0	1.0000
1	0.002	1.0000
2	0.004	0.9902
3	0.006	0.9724
4	0.008	0.9484
5	0.01	0.9194
6	0.012	0.8867
7	0.014	0.8513
8	0.016	0.8140
9	0.018	0.7755

送验批不合格数	送验批不合格率	允收概率
10	0.02	0.7365
11	0.022	0.6974
12	0.024	0.6585
13	0.026	0.6204
14	0.028	0.5831
15	0.03	0.5469
16	0.032	0.5119
17	0.034	0.4784
18	0.036	0.4462
19	0.038	0.4156
20	0.04	0.3865

将表13-4的数据绘成操作特性曲线，如图13-1所示。

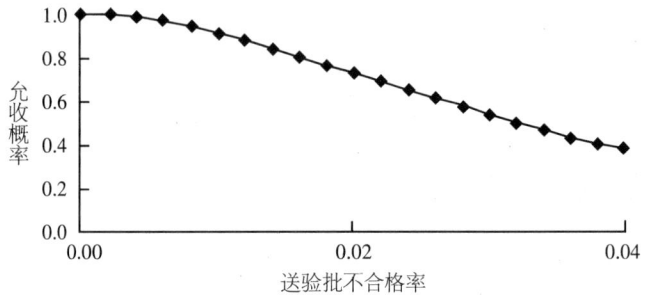

图13-1　范例13-4的操作特性曲线

范例 13-5

假设范例13-2的送验批不合格数为未知，抽样计划仍为 n = 50，Ac = 1 与 Re = 2，试绘制操作特性曲线。

解答：

依范例13-2的方式，以二项分配求得送验批在各种不合格率下的允收概率，如表13-5所示。

表13-5　范例13-5的操作特性曲线记录

送验批不合格率	允收概率
0	1.0000
0.001	0.9988
0.005	0.9739
0.01	0.9106

送验批不合格率	允收概率
0.02	0.7358
0.03	0.5553
0.04	0.4005
0.05	0.2794
0.06	0.1900
0.07	0.1265
0.08	0.0827
0.09	0.0532
0.1	0.0338

将表 13-5 的数据绘成操作特性曲线，如图 13-2 示。

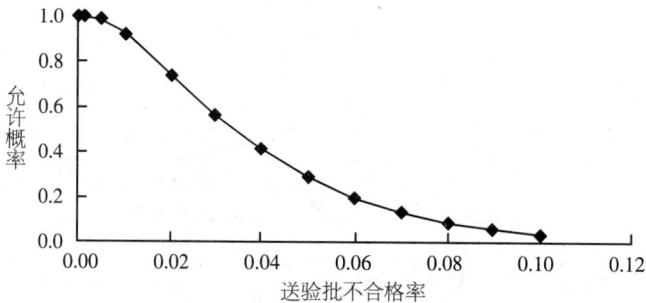

图 13-2 范例 13-5 的操作特性曲线

范例 13-4 与范例 13-5 都是以 Excel 工具进行计算与绘图，既方便又精准，足供读者参考。以间断型分配（例如超几何分配）为假设所求出的操作特性曲线，称为 A 型 OC 曲线（Type A OC Curve），例如范例 13-4。以连续型分配（例如常态分配）为假设所求出的操作特性曲线，称为 B 型 OC 曲线（Type B OC Curve）。

以间断型分配为假设所求出的操作特性曲线，称为 A 型 OC 曲线。以连续型分配为假设所求出的操作特性曲线，称为 B 型 OC 曲线。

（二）允收品质水准与拒收品质水准

在允收抽样中，我们称买方能接受的送验批最高不合格率为允收品质水准（Acceptable Quality Level，AQL）。当送验批不合格率低于允收品质水准时，买方理应允收该送验批，但由于是否允收是由样本决定，故买方仍可能误判为拒收，此时型 I 误差（$\alpha = 1 -$ 允收概率）就会存在。以范例 13-5 为例，若买方能接受的送验批最高不合格率为 0.005，则该送验批被判定为拒收的概率为 $\alpha = 1 -$ 允收概率（0.9739）$= 0.0261$。

在允收抽样中，买方能接受的送验批最高不合格率为允收品质水准。

同理，我们称买方不能接受的送验批最低不合格率为拒收品质水准（Lot Tolerance Percent Defective，LTPD）。当送验批不合格率

买方不能接受的送验批最低不合格率为拒收品质水准。

高于拒收品质水准时，买方理应拒收该送验批，但由于是否允收同样是由样本决定，故买方仍可能误判为允收，此时型 II 误差（β = 允收概率）就会存在。以范例 13-5 为例，若买方不能接受的送验批最低不合格率为 0.07，则该送验批被判定为允收的概率为 β = 允收概率 = 0.1265。

在实务作业上，α 最常使用的值约为 0.05，β 最常使用的值约为 0.10。

综合前述，AQL、LTPD、α 与 β 的关系如图 13-3 所示。

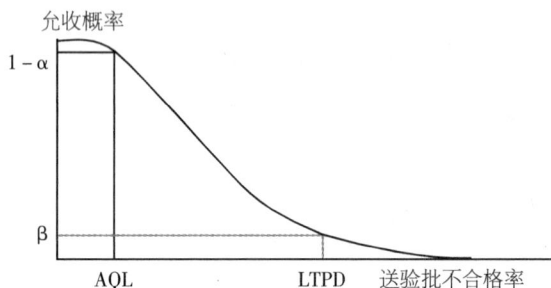

图 13-3　AQL、LTPD、α 与 β 的关系

（三）不同抽样计划下的 OC 曲线

OC 曲线是设计与评估抽样计划的重要依据，所以要了解抽样计划就应对 OC 曲线有进一步的认识。兹介绍五种 OC 曲线如下：

1. 理想的 OC 曲线

不同的抽样计划就有不同的 OC 曲线，理想的 OC 曲线应是 α 与 β 都为 0，但这种 OC 曲线只有在实施全检时才会存在，如图 13-4 所示。

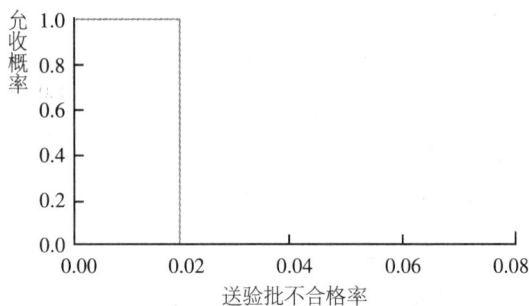

图 13-4　理想的 OC 曲线

理想的 OC 曲线能对生产者与消费者同时提供最高程度的保障，它是一种理想。在允收抽样中虽不可得，但我们若退而求其次，以

较接近理想的 OC 曲线取而代之，则亦不失为一良好的方案。也就是说，愈接近理想的 OC 曲线，其所对应 的抽样计划就愈能提供较高的保障。

2. 允收比例固定下的 OC 曲线

当 Ac 与 n 的比值固定时，n 愈大，OC 曲线就愈接近理想的 OC 曲线。例如图 13-5 中的 n = 400、Ac = 8 抽样计划的 OC 曲线就会比 n = 100、Ac = 2 抽样计划的 OC 曲线接近理想。从另一个角度来看，当 Ac 与 n 的比值固定时，欲接近理想的 OC 曲线，就必须以增大样本数为代价。

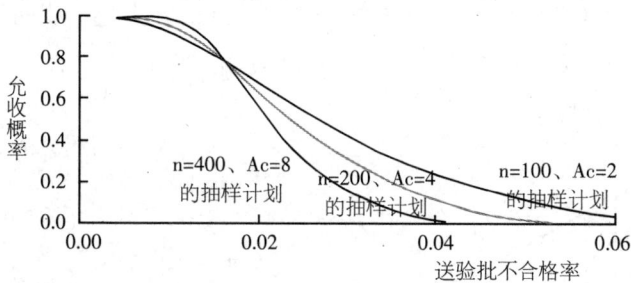

图 13-5　允收比例固定下的 OC 曲线

3. 不同允收数下的 OC 曲线

当样本数固定时，Ac 愈小，OC 曲线就愈偏左。例如图 13-6 中的 n = 100、Ac = 0 抽样计划 OC 曲线就会在 n = 100、Ac = 2 抽样计划 OC 曲线的左方。

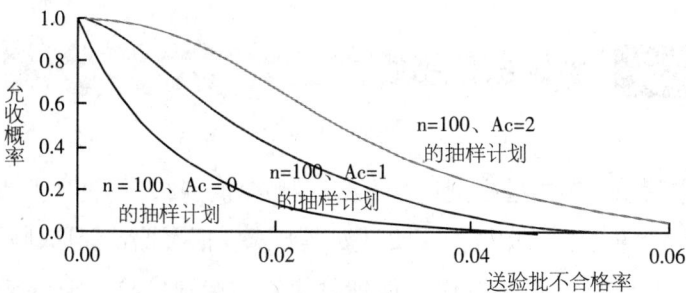

图 13-6　不同允收数下的 OC 曲线

4. 不同样本数下的 OC 曲线

当允收数固定时，样本数愈大，OC 曲线就愈偏左。例如图 13-7 中的 n = 400、Ac = 2 抽样计划 OC 曲线就会在 n = 100、Ac = 2 抽样计划 OC 曲线的左方。

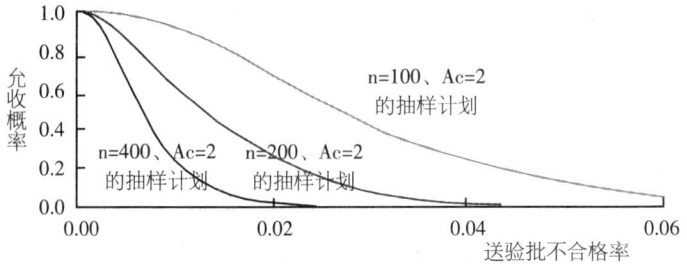

图 13-7 不同样本数下的 OC 曲线

5. A 型与 B 型的 OC 曲线

由于 n/N 很小时，二项分配会逼近超几何分配，故此时 A 型 OC 曲线与 B 型 OC 曲线差异不大。例如图 13-8 中 A 型 OC 曲线 N = 250、n = 30、Ac = 0 的抽样计划与 B 型 OC 曲线 n = 30、Ac = 0 的抽样计划就极为接近。

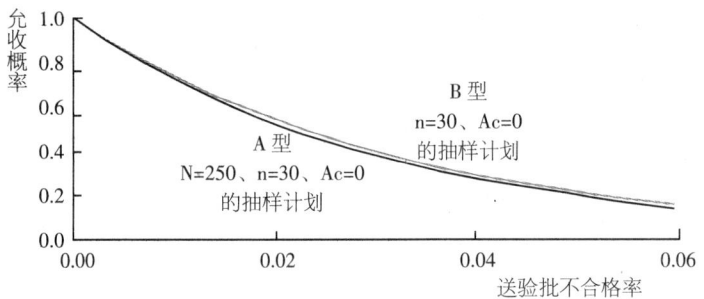

图 13-8 A 型与 B 型的 OC 曲线

第三节 平均出厂品质

拒收批若经选别后将不合格品全数以合格品取代，这种检验称为选别检验。

本章第一节中曾提到送验批若经判定为拒收，一般会视情形采取选别、重工、退货或报废四种处理方式。拒收批若经选别后将不合格品全数以合格品取代，这种检验称为选别检验（Screening Inspection）。

一、平均出厂品质的意义

选别检验允收或拒收的不合格数会有所不同：

（1）送验批允收时，样本中的不合格品会被剔除，故不合格品仅存在于扣除掉样本后的送验批中，假设送验批不合格率为 p，此时的不合格数应为 $(N-n) \times p$。

（2）送验批拒收时，送验批将以全检方式将所有不合格品以合格品取代，故此时不合格数应为 0。

假设允收概率为 P_a，选别检验不合格数的期望值应如公式（13-1）所示。

$(N-n) \times p \times P_a + 0 \times (1-P_a)$

$= P_a p(N-n)$ (13-1)

选别检验下的产品平均不合格率称为平均出厂品质（Average Outgoing Quality，AOQ），AOQ 可以公式（13-2）表示。

$$AOQ = \frac{P_a p(N-n)}{N}$$ (13-2)

选别检验下的产品平均不合格率称为平均出厂品质。

范例 13-6

试求范例 13-4 下，选别检验 n = 50 的不合格数的期望值与 AOQ。

解答：

表 13-6 的左方两栏取自于表 13-4，以此往下计算不合格数的期望值与 AOQ，如表 13-6 所示。

表 13-6 范例 13-6 的不合格品数量的期望值与 AOQ

送验批不合格数	送验批不合格率	允收概率	不合格数的期望值 = $P_a p(N-n)$	AOQ = $P_a p(N-n)/N$
0	0	1.0000	0.00	0.0000
1	0.002	1.0000	0.90	0.0018
2	0.004	0.9902	1.78	0.0036
3	0.006	0.9724	2.63	0.0053
4	0.008	0.9484	3.41	0.0068
5	0.01	0.9194	4.14	0.0083
6	0.012	0.8867	4.79	0.0096
7	0.014	0.8513	5.36	0.0107
8	0.016	0.8140	5.86	0.0117
9	0.018	0.7755	6.28	0.0126
10	0.02	0.7365	6.63	0.0133
11	0.022	0.6974	6.90	0.0138

送验批不合格数	送验批不合格率	允收概率	不合格数的 期望值 $= P_a p(N-n)$	$AOQ = P_a p(N-n)/N$
12	0.024	0.6585	7.11	0.0142
13	0.026	0.6204	7.26	0.0145
14	0.028	0.5831	7.35	0.0147
15	0.03	0.5469	7.38	0.0148
16	0.032	0.5119	7.37	0.0147
17	0.034	0.4784	7.32	0.0146
18	0.036	0.4462	7.23	0.0145
19	0.038	0.4156	7.11	0.0142
20	0.04	0.3865	6.96	0.0139

公式（13-2）中，若 N 远大于 n，则 AOQ 可改写为公式（13-3）。

$$AOQ \cong P_a p \qquad (13-3)$$

由上述可知，送验批的平均不合格率 p，经选别检验后会降为 $P_a p$。

二、平均出厂品质界限

AOQ 的最大值称为平均出厂品质界限，此值代表选别检验下的产品最高平均不合格率。

由于 AOQ 是送验批不合格率的函数，因此我们可以绘制出 AOQ 与 p 之间的函数图形如范例 13-7 中的图 13-11 所示。在图 13-11 中，AOQ 的最大值称为平均出厂品质界限（Average Outgoing Quality Level，AOQL），此值代表选别检验下的产品最高平均不合格率。

范例 13-7

试求 n = 200，Ac = 2 的抽样计划下的 AOQL 值。

解答：

依范例 13-2 的方式，以二项分配求得送验批在各种不合格率下的 AOQL 值，如表 13-7 所示。

将表 13-7 的数据绘制成图 13-9，由图中显示 AOQL 约为 0.00685。

表 13-7 范例 13-7 的 AOQL 值

这验批不合格率（P）	允收概率（P$_a$）	AOQ = P$_a$ × P
0.000	1.0000	0.0000
0.001	0.9989	0.0010
0.005	0.9202	0.0046
0.006	0.8800	0.0053
0.007	0.8340	0.0058
0.008	0.7838	0.0063
0.009	0.7309	0.0066
0.010	0.6767	0.0068
0.011	0.6224	0.0068
0.012	0.5691	0.0068
0.013	0.5174	0.0067
0.014	0.4681	0.0066
0.015	0.4215	0.0063
0.020	0.2351	0.0047
0.022	0.1820	0.0040
0.024	0.1393	0.0033
0.026	0.1057	0.0027
0.028	0.0795	0.0022
0.030	0.0593	0.0018
0.032	0.0439	0.0014
0.034	0.0323	0.0011
0.036	0.0237	0.0009
0.038	0.0172	0.0007
0.040	0.0125	0.0005
0.050	0.0023	0.0001
0.060	0.0004	0.0000
0.070	0.0001	0.0000

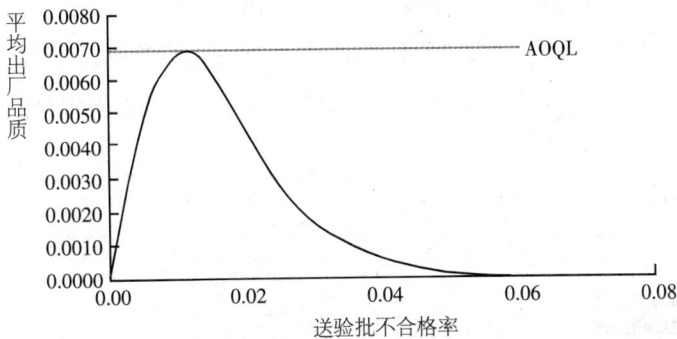

图 13-9 AOQ 与 AOQL 曲线

第四节 有关允收抽样的进一步讨论

前三节中，我们已将允收抽样的基本概念与较常运用到的名词加以介绍。本节中，我们再针对平均样本数、平均总检验数与抽样计划的设计三个主题概述。

一、平均样本数

允收抽样中所谓的平均样本数是指抽样检验时，为做出允收或拒收之决策所需要的平均样本大小。

允收抽样中所谓的平均样本数（Average Sample Number，ASN）是指抽样检验时，为做出允收或拒收之决策所需要的平均样本大小。

在单次抽样计划中，由于经由对一组样本的检验就能做出是否允收的决策，故 ASN 等于该组样本的大小 n。

但若是采双次抽样计划或多次抽样计划，则有时能在第一次抽样检验后就做出是否允收的决策，但也有可能要在第二次或第二次以后的抽样检验中才能做出是否允收的决策，故双次抽样计划或多次抽样计划的 ASN 与每一次抽样检验后无法做出决策的概率有关，其计算较为复杂。

对同样的 OC 曲线而言，单次抽样计划的 ASN 较双次抽样计划的 ASN 大，双次抽样计划的 ASN 较多次抽样计划的 ASN 大。

二、平均总检验数

允收抽样中所谓的平均总检验数是指抽样检验时，送验批检验总数的平均值。

允收抽样中所谓的平均总检验数（Average Total Inspection，ATI）是指抽样检验时，送验批检验总数的平均值。

就单次抽样计划的选别检验而言，若送验批允收，则其总检验数为 n，但送验批若为拒收，则其总检验数为 N，故平均总检验数会如公式（13-4）所示。

$$ATI = n \times P_a + N \times (1 - P_a) \tag{13-4}$$

范例 13-8

试求范例 13-6 的 ATI。

解答：

表 13-8 的左方三栏取自于表 13-6，以此往下计算 ATI 值，如表 13-8 所示。

表 13-8　范例 13-8 的 ATI 值

送验批不合格数	送验批不合格率	允收概率	$ATI = nP_a + N(1 - P_a)$
0	0	1.0000	50.0
1	0.002	1.0000	50.0
2	0.004	0.9902	54.4
3	0.006	0.9724	62.4
4	0.008	0.9484	73.2
5	0.01	0.9194	86.3
6	0.012	0.8867	101.0
7	0.014	0.8513	116.9
8	0.016	0.8140	133.7
9	0.018	0.7755	151.0
10	0.02	0.7365	168.6
11	0.022	0.6974	186.2
12	0.024	0.6585	203.7
13	0.026	0.6204	220.8
14	0.028	0.5831	237.6
15	0.03	0.5469	253.9
16	0.032	0.5119	269.6
17	0.034	0.4784	284.7
18	0.036	0.4462	299.2
19	0.038	0.4156	313.0
20	0.04	0.3865	326.1

对同样的 OC 曲线而言，单次抽样计划的 ATI 较双次抽样计划的 ATI 大，双次抽样计划的 ATI 较多次抽样计划的 ATI 大。

三、抽样计划的设计

由于针对同一送验批，我们可设计出多种不同的抽样计划，故何种抽样计划对买方或卖方最有利，就成了我们关心的话题。

一般我们可以考虑以 AQL 与生产者风险（型 I 误差）、LTPD 与消费者风险（型 II 误差）、AOQL 或是以 ASN 或 ATI 来决定抽样计划，这些方法大多相互搭配使用，以求得买卖双方或不同立场者之间风险的平衡。

1. 以 AQL 与生产者风险（型 I 误差）决定抽样计划

当决定了 AQL 与生产者风险时，仍然会有多种抽样计划符合要求，故此时应再搭配其他方法，例如 LTPD 与消费者风险，以决定抽样计划。例如图 13-10 中的两种抽样计划都具有相同的 AQL 与生产者风险，此时应再利用其他方法以决定采用哪一个抽样计划。

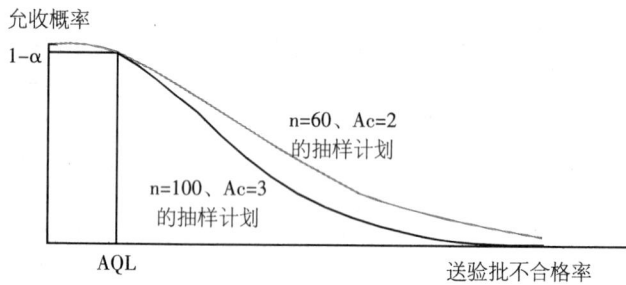

图 13-10　以 AQL 与生产者风险（型 I 误差）决定抽样计划

2. 以 LTPD 与消费者风险（型 II 误差）决定抽样计划

当决定了 LTPD 与消费者风险时，同样仍然会有多种抽样计划符合要求，故此时也应再搭配其他方法，例如 AQL 与生产者风险，以决定抽样计划。例如图 13-11 中的两种抽样计划都具有相同的 LTPD 与消费者风险，此时应再利用其他方法以决定采用哪一种抽样计划。

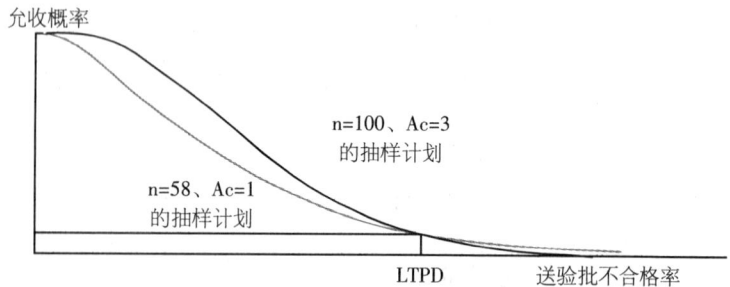

图 13-11　以 LTPD 与消费者风险（型 II 误差）决定抽样计划

3. 以 AOQL 决定抽样计划

当决定了 AOQL 时，同样仍然会有多种抽样计划符合要求，故此时亦应再搭配其他方法，以决定出最后的抽样计划。例如图 13-12 中的两种抽样计划就都具有相同的 AOQL。

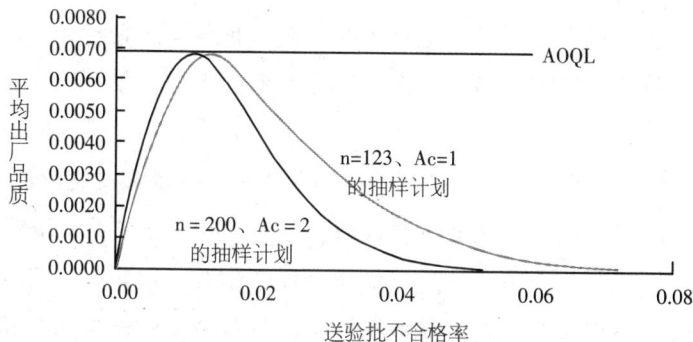

图13-12 以AOQL决定抽样计划

4. 以 ASN 或 ATI 决定抽样计划

较小的 ASN 与 ATI 能降低检验成本，故也常作为设计或评估抽样计划的方法，但较小的 ASN 与 ATI 常伴随着较为复杂的抽样计划，故使用者需考量自身能力是否足以应付这样的设计。

第五节 结论

允收抽样的统计基础早在 20 世纪初就已建立完善，时至今日，允收抽样却仍是品管人员最常使用的技术之一。专业的品管人士必须建立允收抽样的统计基础，才能确保买卖双方的最佳权益。

个案研究

中国台湾积电晶圆代工机台需求与采购流程再造工程

由于客户对产能需求的多寡差距变化越来越大，以及全球经济景气循环的周期越来越短，因此中国台湾积电晶圆厂目前除了面临客户需求快速变化的市场外，同时也承受着经济景气快速循环，产能需求大幅起落所引起的机台折旧成本压力。因此如何反应对市场需求的变化，调整机台采购需求，减少机台折旧成本，并提供不虞匮乏的产能给客户，成了所有晶圆代工业者的重要课题。

由于机台采购作业时间过长，远超过反应景气转向的时间。当面对经济衰退所造成的产能需求急速下降时，将会使组织除了必须致力于客户关系的强化外，对先前下给供货商的订单也必须紧急处理，以免产生更多的资本支出及成本压力。但订单取消引起的供货商抱怨，却影响了组织与供货商之间的合作关系。

如何缩短景气变化的反应时间，以便在景气上扬时提供充足的产能，满足客户需求，在景气衰退时及时减少扩充产能的资本支出，以免产生过大成本积压与产能闲置，快速反应客户对产能的需求，以缩短产品上市时间并提高市场占有率，生产机台采购作业时间的长短将有重大的影响。

为使改善项目得以顺利进行，中国台湾积电建构了一个完整的执行团队及查核组织，包含由总经理、各区域副总经理以及相关厂处长所组成的指导委员会，来指导及查核专案执行进度与成效；而主要的执行团队是由资材协理担任项目领导人、采购部经理担任项目经理、营运效率部担任项目协调人及作业流程顾问、其他参与单位包含工业工程部与各厂工程部门等共 100 多位项目成员。

为能厘清与生产机台采购相关的各项问题，并了解各相关单位的需求与困难，本项目将生产机台采购作业，区分为四个阶段，一一进行检视，并辅以各阶段所收集到的数据资料来判断各阶段所发生的问题及其严重程度。这四个阶段分别是产能需求规划阶段、机台规格评估阶段、议价阶段、订单签核与寄出阶段。改善前生产机台采购作业共分为12 个步骤，平均需时 54 天才能完成一个采购案。

完成了各阶段的现况了解后，接着依据可能影响的五个层面来加以分析，以作为项目改善的方向。经过这些初步分析估计可以减少约 30 天的作业时间。这五个层面如下：

（1）公司的政策。

（2）上下游客户的抱怨。

（3）市场的变动所可能造成的影响。

（4）供应商与公司的争议。

（5）财务操作的考量。

经项目小组公司研讨后的改善方式如下：

1. 同步工程

利用同步工程的手法，改变原有循序式的采购作业流程，以减少大量的等待与重工时间，重新设计的原则为相互等待但却无顺序性要求的步骤即可以同步方式执行，例如议价所需时间长，若加上等待签核则时间更长。因此，利用使用单位签核时的等待时间来进行议价。当工程部门使用者在与供货商讨论机台规格时，采购人员即可介入一起讨论，在完成规格讨论后，由使用者进行评估报告与技术文件的准备与签核，采购则可利用这段时间进行议价。大幅减少采购等待时间的浪费。

2. 整合式采购作业

经过改善后的整合式采购作业方式（通过机台采购清单及签核清单），提供了充分整合的技术、资本支出、产能变化及商业信息，提供高层主管作为决策的依据，不再需要额外的信息收集才能做成决策，可立即针对产能扩充进度、资本支出总额、预算、景气等信息，进行公司其他的决策与计划。其对策有，例如将权责单位一致化，使负责产能规划及购买机台的权力与责任由 IE 决定，取代原来由使用者开出采购需求，再由 IE 审查产能的顺序。如此，使用者只负责规格确认，回归其技术上的专业，减少使用者对产能不足的误解、开错采购需求及文件重复往返的时间浪费。

3. 流程瓶颈与附加价值分析

通过对作业流程中各个步骤所需的处理时间的分析，以及了解其是否具有附加价值，可以发现在 12 个步骤中，采购需求及订单（PR/PO）的审查及签核等动作不但花费时间最长，总共费时约 18 天，同时产生的附加价值不是没有就是不高；而另外一个费时的步骤就是议价，这个步骤也是整个作业流程的瓶颈所在，需要 7~14 天，经过小组成员对作业流程进行检视及深入分析后，这些瓶颈步骤及无附加价值作业成为改善的重点所在。另外，为减少重复进出同一部门及没有附加价值的步骤，根据对每个步骤加以分析后，将没有附加价值的动作（如第二次确认动作）取消。

4. 标杆学习

通过标杆学习的方式，了解国内各友厂的采购作业流程，同时搜集国外各大半导体领导厂商，如 Intel、TI、IBM 等资料后（如图 13–13 所示），本案设定以成为机台采购作业流程之最佳典范为目标。

完成新作业流程的仿真与检讨后，项目成员开始进行新系统需求的搜集，同时完成基本使用者功能及画面设计，并交由信息技术人员进行系统设计与建构。系统在进行建构的过程中，为使系统能完全符合使用者的需求，有具亲和性的使用者接口。同时，开放系统账号给使用者随时上系统去试用，以发掘更多问题供系统发展人员参考，并加以除错，让系统可以顺利在预定的进度及时程内完成并上线。

Company	Process	Decision Process	Administration Process	Cycle Time (Days)
Intel	Sequential	Central Tool Procurement Commitee		55
IBM	Sequential		PR→PO Subbudget	60
Motorola	Sequential		PR→PO	70
TI	Sequential			75
AMD	Sequential	Central Tool Procurement Commitee		70
TSMC（AS–IS）	Sequential		PR→PO	54
TSMC（TO–BE）	Concurrently		Batch Approval EL→AL	20

图 13–13　Major Semiconductor Company Benchmarking
（World Class–Best Practice）

在投入 10 个月的努力后,新的采购作业流程及系统获得了下列令人骄傲的成果:

(1)缩短生产机台采购作业时间 60%,由原先的平均 54 天缩短为平均 22 天,如图 13-14 所示。

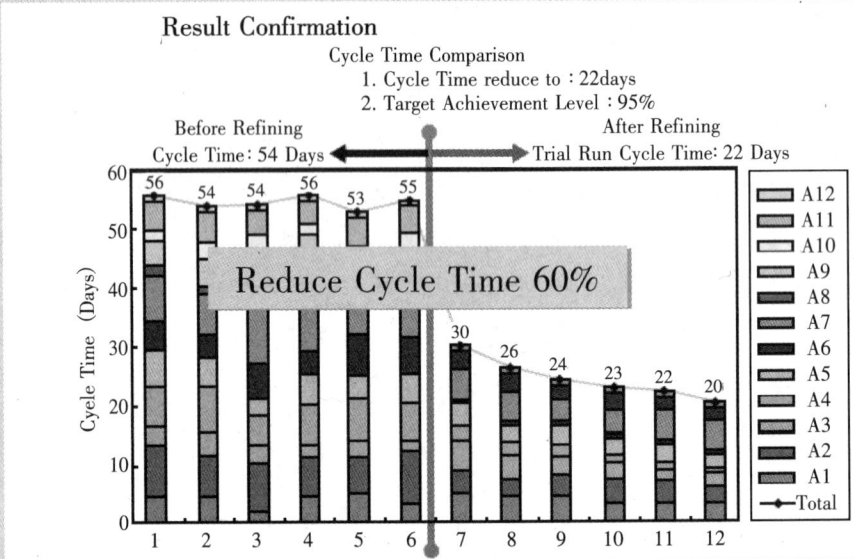

Result Confirmation

Cycle Time Comparison
1. Cycle Time reduce to:22days
2. Target Achievement Level:95%

Before Refining　　　　　　　　　　　　　　After Refining
Cycle Time: 54 Days ◄———————► Trial Run Cycle Time: 22 Days

Reduce Cycle Time 60%

图 13-14　时间缩短

(2)应用同步工程手法,同时进行可并行不悖的作业,减少相互等待的时间。

(3)快速反应市场及景气的变化,在最适当的时机取得最需要的机台和产能。

(4)提供高层主管充分资讯,做出最佳的机台采购决策。

(5)修正生产机台采购预测系统,以确实掌握全公司各类机台采购时机及数量,同时向供货商预定所需机台,以确保机台供应的适时与适量。

(6)因为订单的准确而与供应商成为最佳的伙伴。

问题讨论

试在互联网寻找资料解释何谓同步工程。

资料来源:中国台湾地区经济部工业局品质优良案例得奖案例介绍,http://proj.moeaidb.gov.tw/nqpp,台湾集成电路制造股份有限公司晶圆代工机台需求与采购流程再造工程。

习题

1. 试述何为允收抽样。

2. 为何送验批必须具备同构型?

3. 何为随机抽样?其目的何在?

4. 一般对拒收批如何处理?

5. 何为单次抽样计划、双次抽样计划与多次抽样计划?

6. 何为允收概率?

7. 假设批量 N = 5000，不合格数为 20。今某公司的单次抽样计划规定样本数 n = 100、Ac = 2 与 Re = 3，试问允收概率为多少?

8. 试以二项分配求第 7 题的允收概率。

9. 试以卜瓦松分配求第 7 题的允收概率。

10. 假设批量 N = 3000，不合格数为 15。今某公司的单次抽样计划规定样本数 n = 80、Ac = 1 与 Re = 2，试问允收概率为多少?

11. 试以二项分配求第 10 题的允收概率。

12. 试以卜瓦松分配求第 10 题的允收概率。

13. 何为操作特性曲线?

14. 假设抽样计划 n = 100、Ac = 1 与 Re = 2，试绘制操作特性曲线。

15. 假设抽样计划 n = 200、Ac = 2 与 Re = 3，试绘制操作特性曲线。

16. 试解释 A 型 OC 曲线与 B 型 OC 曲线。

17. 何为允收品质水准与拒收品质水准?

18. 何为理想的 OC 曲线? 何时其会存在?

19. 何为选别检验?

20. 为何选别检验能改善产品出厂品质?

21. 何为平均出厂品质界限?

22. 试求 n = 300、Ac = 3 的抽样计划下的 AOQL 值。

23. 试求 n = 500、Ac = 4 的抽样计划下的 AOQL 值。

24. 允收抽样中的平均样本数含义是什么?

25. 允收抽样中的平均总检验数含义是什么?

第十四章　抽样计划

学习重点 在学习本章后，你将能够：

1. 了解计数值与计量值抽样计划的适用时机。

2. 了解 MIL-STD-105E 的 AQL 与样本代字的意义。

3. 明了 MIL-STD-105E 不同检验水准对消费者的保障有何差异。

4. 认识 MIL-STD-105E 的正常检验、加严检验或减量检验。

5. 以 MIL-STD-105E 设计抽样计划。

6. 处理 MIL-STD-105E 多重品质特性的抽样计划。

7. 懂得如何选择 MIL-STD-414 计划表。

8. 以 MIL-STD-414 设计抽样计划。

9. 以 MIL-STD-1916 设计抽样计划。

　　在经过一年的持续改善后，尊爵终于脱胎换骨，当初的理想一一实现，尊爵现在已将品质管理的重点放在设计、制程与管理上，且制程能力指标 C_{pk} 已远超过 2.0，检验活动看似已不具备任何意义，长久以来借以支撑信心的 MIL-STD-105E 与 MIL-STD-414 抽样计划也早已交付给公司里的老弱残兵去执行。这天，张总经理神情严肃地说："王顾问，你也知道本公司目前已不再依赖允收抽样来保证品质，我们早已建立起了各种预防措施，以避免不合格品的产生。依您看，我们是否可以取消或简化允收抽样，但却又不至于减损客户对我们的信赖。"王顾问笑了："张总，您的想法与当今品管的趋势完全一致，可见得您真的出师了。我的建议是将允收抽样改用 MIL-STD-1916 标准。这个标准强调企业若能证明其品质已达某一水准以上，就不一定仍须采用允收抽样。就算是仍采用允收抽样，它也提供了一个更简易的抽样计划，非常适合像尊爵这种品质水准的企业采用。"

第十三章中我们曾述及抽样计划可分为计数值与计量值抽样计划，也曾经提到我们可以从不同的考量角度来进行抽样计划的设计。由于抽样计划的设计极为复杂且非一般使用者能力所及，因此许多机构与专家从这些不同的角度，针对计数值或计量值的品质特性，设计出了各种不同的抽样计划供使用者查阅，以免除使用者自行设计抽样计划的困扰。本章从众多的抽样计划中，挑选出应用最为广泛的抽样计划 MIL-STD-105E、MIL-STD-414 以及 MIL-STD-1916 加以介绍。

第一节　计数值与计量值抽样计划

计数值抽样计划与计量值抽样计划的适用时机，与本书第十一章中曾经介绍过计数值管制图与计量值管制图的适用时机有许多类似之处。

一般而言，计数值抽样计划的适用时机如下：

（1）当品质特性无法测量而需以感官或目测的方式鉴别品质时。

（2）当品质是以 GO/NOGO 的方式判定时。

（3）当品质特性为多重时。

（4）当无法确认计量值品质特性为常态分配时。

至于计量值抽样计划则适用于以下情形：

（1）希望获得较明确的品质特性信息，以利品质改善的进行时。

（2）希望能以较少的样本数进行对送验批的进一步了解时。

目前应用最为广泛的计数值抽样计划为 MIL-STD-105E，计量值抽样计划为 MIL STD-414。

> 目前应用最为广泛的计数值抽样计划为 MIL-STD-105E，计量值抽样计划为 MIL-STD-414。

第二节　MIL-STD-105E 抽样计划简介

MIL-STD-105E 抽样计划的前身为美军在 1950 年所颁布的 MIL-STD-105A 抽样计划，其后历经修改而成为今日的形态。MIL-STD-105 系列是目前全球应用最为普遍的抽样计划，也是国际、各国家与各企业内部抽样计划标准建立时最重要的依据之一。由 MIL-STD-105 系列所转订的抽样计划标准较出名的有美国、英国与加拿大共享的 ABC-STD-105 抽样计划标准、美国 ANSI/ASQC Z1.4 抽样计划标准、日本 JIS Z9015 抽样计划标准、中国台湾的标准 CNS 2779 与国际标准组织所颁布的 ISO2859 抽样计划标准等。

一、MIL-STD-105E 的 AQL 与样本代字

MIL-STD-105E 是一个经整理归纳完成的抽样计划表，使用者不需学习复杂的统计与允收抽样理论，仅需依规定程序逐步操作就能获得符合其所需要的抽样计划。

MIL-STD-105E 在使用前需先由买卖双方订定共同能接受的允收品质水准 AQL 与代表消费者风险程度的样本代字。

（一）AQL

AQL 在允收抽样中的意义已如第十三章所述，它代表买方能接受的送验批最高不合格率，MIL-STD-105E 在查表前需先确定 AQL 值，因此 MIL-STD-105E 可视为是为确保送验批最高不合格率在一定程度之下的抽样计划。

由于 AQL 必须搭配生产者风险（α）才能决定抽样计划，因此 MIL-STD-105E 将生产者风险（α）固定在 0.01~0.10。至于为何不将 α 固定在 0.05，此主要是因为计数值品质特性属间断型概率分配，在 AQL 已经确定下，未必找得到完全符合 $\alpha = 0.05$ 的 OC 曲线，因此必须将 $\alpha = 0.05$ 放宽至 0.01~0.10，才能设计出可行的计数值抽样计划。

AQL 通常由买卖双方共同决定，并明文规范于合约中。就实务上而言，严重不合格项目的 AQL 一般大多订为 0.1% 或小于 0.1%，主要不合格项目的 AQL 一般大多订为 1.0% 或 0.65%，次要不合格项目的 AQL 一般大多订为 2.5% 或 4.0%。

（二）样本代字

MIL-STD-105E 在查表前需先确定的另一个项目是样本代字（Code Letter，CL），样本代字是由批量与检验水准所决定。

1. 批量

MIL-STD-105E 将批量分成 15 群，如表 14-1 的左半边所示。

（侧栏批注）

MIL-STD-105E 在使用前需先由买卖双方订定共同能接受的允收品质水准 AQL 与代表消费者风险程度的样本代字。

严重不合格项目的 AQL 一般大多订为 0.1%或小于 0.1%，主要不合格项目的 AQL 一般大多订为 1.0%或 0.65%，次要不合格项目的 AQL 一般大多订为 2.5%或 4.0%。

MIL-STD-105E 样本代字是由批量与检验水准与批量所决定。

表 14-1　MIL-STD-105E 样本代字

批量	特殊检验水准				一般检验水准		
	S-1	S-2	S-3	S-4	I	II	III
2 ~ 8	A	A	A	A	A	A	B
9 ~ 15	A	A	A	A	A	B	C
16 ~ 25	A	A	B	B	B	C	D
26 ~ 50	A	B	B	C	C	D	E
51 ~ 90	B	B	C	C	C	E	F
91 ~ 150	B	B	C	D	D	F	G
151 ~ 280	B	C	D	E	E	G	H
281 ~ 500	B	C	D	E	F	H	J
501 ~ 1200	C	C	E	F	G	J	K
1201 ~ 3200	C	D	E	G	H	K	L
3201 ~ 10000	C	D	F	G	J	L	M
10001 ~ 35000	C	D	F	H	K	M	N
35001 ~ 150000	D	E	G	J	L	N	P
150001 ~ 500000	D	E	G	J	M	P	Q
500000 以上	D	E	H	K	N	Q	R

2. 检验水准

由于 MIL-STD-105E 在查表前需先确定 AQL 值，且 α 介于 0.01~0.10，因此无论使用者最后选取的是哪一种抽样方法，都能为生产者提供大致相同的保障。

MIL-STD-105E 对消费者的保障（β）并非固定，一般是由买卖双方依欲对消费者保障的程度，共同决定要采取哪一种检验水准，并明文规范于合约中。

MIL-STD-105E 依对消费者的保障程度，将检验水准分为特殊检验水准（Special Inspection Level）与一般检验水准（General Inspection Level）两大类七个等级，如表 14-1 的右半边所示。特殊检验水准可分为 S-1、S-2、S-3 与 S-4 四级，一般检验水准可分为 I、II 与 III 三级，以上七种检验水准对消费者的保障依次递增，故 S-1 的 OC 曲线最平缓，III 的 OC 曲线最陡峭。至于抽样计划所需的样本大小也是依次递增，即 S-1 所需的样本最少，III 所需的样本最多。S-1 所需的样本最少但对消费者的保障最小，III 所需的样本最多但对消费者的保障最大，故检验水准的决定可视为是一种在样本大小与对消费者保障间求取风险平衡的过程。

MIL-STD-105E 依对消费者的保障程度，将检验水准分为特殊检验水准与一般检验水准两大类七个等级。

检验水准的决定可视为是一种在样本大小与对消费者保障间求取风险平衡的过程。

当单次检验成本较高时，例如昂贵的产品需实施破坏性检验；或消费者可容忍一定程度的风险时，例如产品发生故障时不会导致重大损失，此时常考虑采用特殊检验水准。

当每次检验的成本较低时，例如目视检验即能判定品质好坏；或消费者不能容忍风险时，例如低价的电容器爆炸将毁损整个昂贵的产品，此时常考虑采用一般检验水准。大多数产品均选用一般检验水准，尤其是被称为正常检验水准（Normal Inspection Level）的水准Ⅱ最为常用。在其他条件相同下，检验水准Ⅲ、Ⅱ与Ⅰ所需的样本大小大约为 4：2：1。

例如当批量在 1201~3200 时，检验水准Ⅰ、Ⅱ与Ⅲ的样本代字分别为 H、K 与 L，若 AQL 为 2.5%，则依据 MIL-STD-105E 正常检验单次抽样计划（第二节将再详述）显示样本大小应为 50、125 与 200，Ac 值分别为 3、7 与 10，其 OC 曲线如图 14-1 所示，读者当能发现在 AQL = 0.025 处，检验水准Ⅰ、Ⅱ与Ⅲ能对生产者提供大致相同的保障，三者的 α 值大致都介于 0.01~0.04，但三种不同检验水准的抽样计划对消费者的保障则差异甚大，其中以检验水准Ⅲ为最高、检验水准Ⅱ其次、检验水准Ⅰ则最低。

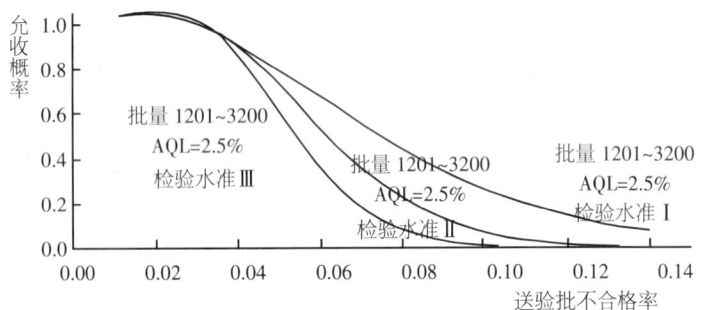

图 14-1 检验水准Ⅰ、Ⅱ与Ⅲ的 OC 曲线

二、MIL-STD-105E 计划表的选择

MIL-STD-105E 计划表的选择取决于两项因素：①抽样过程是采单次抽样、双次抽样或多次抽样；②抽样检验是采正常检验、加严检验或减量检验。

当 AQL 与样本代字决定后，接下来就应决定选用 MIL-STD-105E 的哪一个抽样计划表。MIL-STD-105E 计划表的选择取决于两项因素：①抽样过程是采单次抽样、双次抽样或多次抽样；②抽样检验是采正常检验、加严检验或减量检验。

1. 单次抽样、双次抽样或多次抽样

MIL-STD-105E 提供了单次抽样计划、双次抽样计划与多次抽样计划三种抽样计划供使用者查询。

2. 正常检验、加严检验或减量检验

MIL-STD-105E 将单次、双次与多次三种抽样计划的每一种抽样计划又分为正常检验、加严检验与减量检验。正常检验（Normal Inspection）适用于刚导入允收抽样或品质水准在正常情形下的抽样。加严检验（Tightened Inspection）适用于品质水准有所恶化情形下的抽样，此时消费者权益的保障较正常检验为高。减量检验（Reduced Inspection）则适用于品质水准有所改善情形下的抽样，此时消费者权益的保障较正常检验为低。

> 正常检验适用于刚导入允收抽样或品质水准在正常情形下的抽样。加严检验适用于品质水准有所恶化情形下的抽样，此时消费者权益的保障较正常检验为高。减量检验则适用于品质水准有所改善情形下的抽样，此时消费者权益的保障较正常检验低。

例如当批量在 1201~3200 时，检验水准 II 的样本代字为 K，若 AQL 为 2.5%，则依据 MIL-STD-105E 正常、加严与减量检验单次抽样计划（第三节将再详述）显示样本大小应为 125、125 与 50，允收数分别为 7、5 与 5，其 OC 曲线如图 14-2 所示，由图 14-2 中读者应能发现在 AQL = 0.025 处，正常、加严与减量检验仍能对生产者提供大致相同的保障，α 值大致介于 0.01~0.10，但对消费者的保障则差异甚大，其中以加严检验为最高、正常检验其次、减量检验最低。

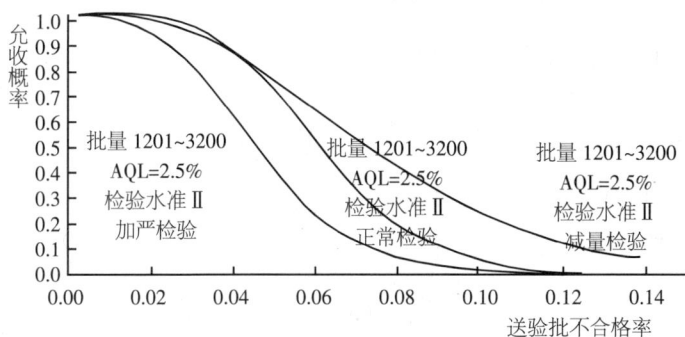

图 14-2　正常、加严与减量检验的 OC 曲线

三、MIL-STD-105E 计划表的转换

对于刚导入允收抽样者而言，其应采用正常检验，但随着品质水准的变动，亦有可能改采加严检验或减量检验，有关正常检验、加严检验或减量检验间的转换（如图 14-3 所示）。

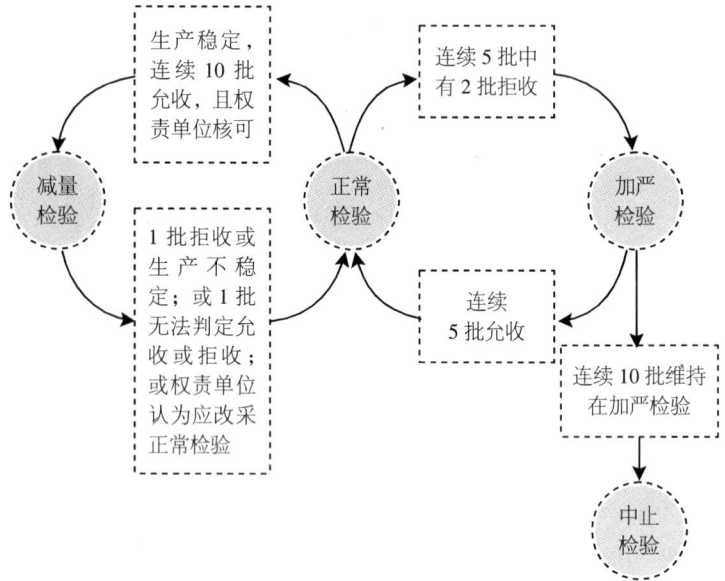

图 14-3 正常、加严检验与减量检验的转换

1. 正常检验转换为加严检验

当组织目前采正常检验，若连续 5 送验批中有 2 批拒收，则应转采加严检验。

2. 加严检验转换为正常检验

当组织目前采加严检验，若连续 5 批允收，则可转采正常检验。

3. 正常检验转换为减量检验当组织目前采正常检验，若下列三条件同时成立，则可转采减量检验：

（1）目前的生产或制程稳定；

（2）目前为止，送验批已有连续 10 批允收；

（3）经权责单位核可改采减量检验。

4. 减量检验转换为正常检验

当组织目前采减量检验，若下列四条件其中之一成立，则应转采正常检验：

（1）出现 1 送验批拒收；

（2）生产或制程呈现不稳定；

（3）出现 1 送验批无法判定允收或拒收；

（4）经权责单位认为应改采正常检验。

5. 加严检验转换为中止检验

当组织目前采加严检验，若连续 10 送验批维持在加严检验，则应中止抽样检验改采全数检验或其他对策。

第三节　MIL-STD-105E 的执行步骤

综合第二节对 MIL-STD-105E 的介绍，我们可归纳 MIL-STD-105E 的执行步骤如下：

（1）选择 AQL 值。

（2）选择检验水准。

（3）依据批量及检验水准，依据表 14-1 决定样本代字。

（4）决定采用单次、双次或多次抽样计划。

（5）决定采用正常、加严或减量检验。

（6）依据上述步骤（4）与（5）决定适当的抽样计划表，如表 14-2 至 14-10 所示。

（7）查阅上述步骤（6）的抽样计划表，找到步骤（1）的 AQL 值与步骤（3）的样本代字所对应的样本大小、Ac 值与 Re 值。

表 14-2　MIL-STD-105E 正常检验单次抽样计划

允收品质水准（AQL，%）。各格内数值为 Ac Re。

样本代字	样本数	0.010	0.015	0.025	0.040	0.065	0.10	0.15	0.25	0.40	0.65	1.0	1.5	2.5	4.0	6.5	10	15	25	40	65	100	150	250	400	650	1000
A	2																↓	0 1	1 2	2 3	3 4	5 6	7 8	10 11	14 15	21 22	30 31
B	3															↓	0 1	1 2	2 3	3 4	5 6	7 8	10 11	14 15	21 22	30 31	44 45
C	5														↓	0 1	1 2	2 3	3 4	5 6	7 8	10 11	14 15	21 22	30 31	44 45	↑
D	8													↓	0 1	1 2	2 3	3 4	5 6	7 8	10 11	14 15	21 22	30 31	44 45	↑	
E	13												↓	0 1	1 2	2 3	3 4	5 6	7 8	10 11	14 15	21 22	30 31	44 45	↑		
F	20											↓	0 1	1 2	2 3	3 4	5 6	7 8	10 11	14 15	21 22	30 31	44 45	↑			
G	32										↓	0 1	1 2	2 3	3 4	5 6	7 8	10 11	14 15	21 22	30 31	44 45	↑				
H	50									↓	0 1	1 2	2 3	3 4	5 6	7 8	10 11	14 15	21 22	30 31	44 45	↑					
J	80								↓	0 1	1 2	2 3	3 4	5 6	7 8	10 11	14 15	21 22	30 31	44 45	↑						
K	125							↓	0 1	1 2	2 3	3 4	5 6	7 8	10 11	14 15	21 22	30 31	44 45	↑							
L	200						↓	0 1	1 2	2 3	3 4	5 6	7 8	10 11	14 15	21 22	30 31	44 45	↑								
M	315					↓	0 1	1 2	2 3	3 4	5 6	7 8	10 11	14 15	21 22	30 31	44 45	↑									
N	500				↓	0 1	1 2	2 3	3 4	5 6	7 8	10 11	14 15	21 22	30 31	44 45	↑										
P	800			↓	0 1	1 2	2 3	3 4	5 6	7 8	10 11	14 15	21 22	30 31	44 45	↑											
Q	1250		↓	0 1	1 2	2 3	3 4	5 6	7 8	10 11	14 15	21 22	30 31	44 45	↑												
R	2000	↓	0 1	1 2	2 3	3 4	5 6	7 8	10 11	14 15	21 22	30 31	44 45	↑													

注：↓ = 采用箭头下第一个抽样计划，如样本大小等于或超过批量时，则用全数检验。

　　↑ = 采用箭头上第一个抽样计划。

　　Ac = 允收数、Re = 拒收数。

表 14-3　MIL-STD-105E 加严检验单次抽样计划

允收品质水准（AQL，%）　（每一 AQL 栏内为 Ac 允收数、Re 拒收数）

样本代字	样本数	0.010	0.015	0.025	0.040	0.065	0.10	0.15	0.25	0.40	0.65	1.0	1.5	2.5	4.0	6.5	10	15	25	40	65	100	150	250	400	650	1000
A	2	↓	↓	↓	↓	↓	↓	↓	↓	↓	↓	↓	↓	↓	↓	↓	0 1	1 2	2 3	3 4	5 6	8 9	12 13	18 19	27 28	41 42	↑
B	3	↓	↓	↓	↓	↓	↓	↓	↓	↓	↓	↓	↓	↓	↓	0 1	1 2	2 3	3 4	5 6	8 9	12 13	18 19	27 28	41 42	↑	↑
C	5	↓	↓	↓	↓	↓	↓	↓	↓	↓	↓	↓	↓	↓	0 1	1 2	2 3	3 4	5 6	8 9	12 13	18 19	27 28	41 42	↑	↑	↑
D	8	↓	↓	↓	↓	↓	↓	↓	↓	↓	↓	↓	↓	0 1	1 2	2 3	3 4	5 6	8 9	12 13	18 19	27 28	41 42	↑	↑	↑	↑
E	13	↓	↓	↓	↓	↓	↓	↓	↓	↓	↓	↓	0 1	1 2	2 3	3 4	5 6	8 9	12 13	18 19	27 28	41 42	↑	↑	↑	↑	↑
F	20	↓	↓	↓	↓	↓	↓	↓	↓	↓	↓	0 1	1 2	2 3	3 4	5 6	8 9	12 13	18 19	27 28	41 42	↑	↑	↑	↑	↑	↑
G	32	↓	↓	↓	↓	↓	↓	↓	↓	↓	0 1	1 2	2 3	3 4	5 6	8 9	12 13	18 19	27 28	41 42	↑	↑	↑	↑	↑	↑	↑
H	50	↓	↓	↓	↓	↓	↓	↓	↓	0 1	1 2	2 3	3 4	5 6	8 9	12 13	18 19	↑	↑	↑	↑	↑	↑	↑	↑	↑	↑
J	80	↓	↓	↓	↓	↓	↓	↓	0 1	1 2	2 3	3 4	5 6	8 9	12 13	18 19	↑	↑	↑	↑	↑	↑	↑	↑	↑	↑	↑
K	125	↓	↓	↓	↓	↓	↓	0 1	1 2	2 3	3 4	5 6	8 9	12 13	18 19	↑	↑	↑	↑	↑	↑	↑	↑	↑	↑	↑	↑
L	200	↓	↓	↓	↓	↓	0 1	1 2	2 3	3 4	5 6	8 9	12 13	18 19	↑	↑	↑	↑	↑	↑	↑	↑	↑	↑	↑	↑	↑
M	315	↓	↓	↓	↓	0 1	1 2	2 3	3 4	5 6	8 9	12 13	18 19	↑	↑	↑	↑	↑	↑	↑	↑	↑	↑	↑	↑	↑	↑
N	500	↓	↓	↓	0 1	1 2	2 3	3 4	5 6	8 9	12 13	18 19	↑	↑	↑	↑	↑	↑	↑	↑	↑	↑	↑	↑	↑	↑	↑
P	800	↓	↓	0 1	1 2	2 3	3 4	5 6	8 9	12 13	18 19	↑	↑	↑	↑	↑	↑	↑	↑	↑	↑	↑	↑	↑	↑	↑	↑
Q	1250	↓	0 1	1 2	2 3	3 4	5 6	8 9	12 13	18 19	↑	↑	↑	↑	↑	↑	↑	↑	↑	↑	↑	↑	↑	↑	↑	↑	↑
R	2000	0 1	1 2	2 3	3 4	5 6	8 9	12 13	18 19	↑	↑	↑	↑	↑	↑	↑	↑	↑	↑	↑	↑	↑	↑	↑	↑	↑	↑
S	3150	1 2	2 3	3 4	5 6	8 9	12 13	18 19	↑	↑	↑	↑	↑	↑	↑	↑	↑	↑	↑	↑	↑	↑	↑	↑	↑	↑	↑

注：↓ = 采用箭头下第一个抽样计划，如样本大小等于或超过批量时，则用全数检验。

　　↑ = 采用箭头上第一个抽样计划。

　　Ac = 允收数、Re = 拒收数。

表 14-4　MIL-STD-105E 减量检验单次抽样计划

允收品质水准（AQL，%）　（每一 AQL 栏内为 Ac 允收数、Re 拒收数）

样本代字	样本数	0.010	0.015	0.025	0.040	0.065	0.10	0.15	0.25	0.40	0.65	1.0	1.5	2.5	4.0	6.5	10	15	25	40	65	100	150	250	400	650	1000
A	2	↓	↓	↓	↓	↓	↓	↓	↓	↓	↓	↓	↓	↓	↓	↓	0 1	0 2	0 3	1 3	1 4	2 5	3 6	5 8	7 10	10 13	14 17
B	2	↓	↓	↓	↓	↓	↓	↓	↓	↓	↓	↓	↓	↓	↓	0 1	0 2	0 3	1 3	1 4	2 5	3 6	5 8	7 10	10 13	14 17	21 24
C	2	↓	↓	↓	↓	↓	↓	↓	↓	↓	↓	↓	↓	↓	0 1	0 2	0 3	1 3	1 4	2 5	3 6	5 8	7 10	10 13	14 17	21 24	30 31
D	3	↓	↓	↓	↓	↓	↓	↓	↓	↓	↓	↓	↓	0 1	0 2	0 3	1 3	1 4	2 5	3 6	5 8	7 10	10 13	14 17	21 24	30 31	↑
E	5	↓	↓	↓	↓	↓	↓	↓	↓	↓	↓	↓	0 1	0 2	0 3	1 3	1 4	2 5	3 6	5 8	7 10	10 13	14 17	21 24	30 31	↑	↑
F	8	↓	↓	↓	↓	↓	↓	↓	↓	↓	↓	0 1	0 2	0 3	1 3	1 4	2 5	3 6	5 8	7 10	10 13	14 17	21 24	30 31	↑	↑	↑
G	13	↓	↓	↓	↓	↓	↓	↓	↓	↓	0 1	0 2	0 3	1 3	1 4	2 5	3 6	5 8	7 10	10 13	14 17	21 24	30 31	↑	↑	↑	↑
H	20	↓	↓	↓	↓	↓	↓	↓	↓	0 1	0 2	0 3	1 3	1 4	2 5	3 6	5 8	7 10	10 13	↑	↑	↑	↑	↑	↑	↑	↑
J	32	↓	↓	↓	↓	↓	↓	↓	0 1	0 2	0 3	1 3	1 4	2 5	3 6	5 8	7 10	10 13	↑	↑	↑	↑	↑	↑	↑	↑	↑
K	50	↓	↓	↓	↓	↓	↓	0 1	0 2	0 3	1 3	1 4	2 5	3 6	5 8	7 10	10 13	↑	↑	↑	↑	↑	↑	↑	↑	↑	↑
L	80	↓	↓	↓	↓	↓	0 1	0 2	0 3	1 3	1 4	2 5	3 6	5 8	7 10	10 13	↑	↑	↑	↑	↑	↑	↑	↑	↑	↑	↑
M	125	↓	↓	↓	↓	0 1	0 2	0 3	1 3	1 4	2 5	3 6	5 8	7 10	10 13	↑	↑	↑	↑	↑	↑	↑	↑	↑	↑	↑	↑
N	200	↓	↓	↓	0 1	0 2	0 3	1 3	1 4	2 5	3 6	5 8	7 10	10 13	↑	↑	↑	↑	↑	↑	↑	↑	↑	↑	↑	↑	↑
P	315	↓	↓	0 1	0 2	0 3	1 3	1 4	2 5	3 6	5 8	7 10	10 13	↑	↑	↑	↑	↑	↑	↑	↑	↑	↑	↑	↑	↑	↑
Q	500	↓	0 1	0 2	0 3	1 3	1 4	2 5	3 6	5 8	7 10	10 13	↑	↑	↑	↑	↑	↑	↑	↑	↑	↑	↑	↑	↑	↑	↑
R	800	0 1	0 2	0 3	1 3	1 4	2 5	3 6	5 8	7 10	10 13	↑	↑	↑	↑	↑	↑	↑	↑	↑	↑	↑	↑	↑	↑	↑	↑

注：↓ = 采用箭头下第一个抽样计划，如样本大小等于或超过批量时，则用全数检验。

　　↑ = 采用箭头上第一个抽样计划。

　　Ac = 允收数、Re = 拒收数。

　　如不合格数超过允收数，但尚未达到拒收数时，可允收该批。唯以后须回复到正常检验。

表 14–5　MIL–STD–105E 正常检验双次抽样计划

样本代字	样本	样本数	累积样本数	0.010 Ac Re	0.015 Ac Re	0.025 Ac Re	0.040 Ac Re	0.065 Ac Re	0.10 Ac Re	0.15 Ac Re	0.25 Ac Re	0.40 Ac Re	0.65 Ac Re	1.0 Ac Re	1.5 Ac Re	2.5 Ac Re	4.0 Ac Re	6.5 Ac Re	10 Ac Re	15 Ac Re	25 Ac Re	40 Ac Re	65 Ac Re	100 Ac Re	150 Ac Re	250 Ac Re	400 Ac Re	650 Ac Re	1000 Ac Re
A	第一次																	•											
	第二次																												
B	第一次	2	2																	0 2	0 3	1 4	2 5	3 7	5 9	7 11	11 16	17 22	25 31
	第二次	2	4																	1 3	3 4	4 5	6 7	8 9	12 13	18 19	26 27	37 38	56 57
C	第一次	3	3																0 2	0 3	1 4	2 5	3 7	5 9	7 11	11 16	17 22	25 31	
	第二次	3	6																1 3	3 4	4 5	6 7	8 9	12 13	18 19	26 27	37 38	56 57	
D	第一次	5	5															0 2	0 3	1 4	2 5	3 7	5 9	7 11	11 16	17 22	25 31		
	第二次	5	10															1 3	3 4	4 5	6 7	8 9	12 13	18 19	26 27	37 38	56 57		
E	第一次	8	8														0 2	0 3	1 4	2 5	3 7	5 9	7 11	11 16	17 22	25 31			
	第二次	8	16														1 3	3 4	4 5	6 7	8 9	12 13	18 19	26 27	37 38	56 57			
F	第一次	13	13													0 2	0 3	1 4	2 5	3 7	5 9	7 11	11 16	17 22	25 31				
	第二次	13	26													1 3	3 4	4 5	6 7	8 9	12 13	18 19	26 27	37 38	56 57				
G	第一次	20	20												0 2	0 3	1 4	2 5	3 7	5 9	7 11	11 16	17 22	25 31					
	第二次	20	40												1 3	3 4	4 5	6 7	8 9	12 13	18 19	26 27	37 38	56 57					
H	第一次	32	32											0 2	0 3	1 4	2 5	3 7	5 9	7 11	11 16	17 22	25 31						
	第二次	32	64											1 3	3 4	4 5	6 7	8 9	12 13	18 19	26 27	37 38	56 57						
J	第一次	50	50										0 2	0 3	1 4	2 5	3 7	5 9	7 11	11 16	17 22	25 31							
	第二次	50	100										1 3	3 4	4 5	6 7	8 9	12 13	18 19	26 27	37 38	56 57							
K	第一次	80	80									0 2	0 3	1 4	2 5	3 7	5 9	7 11	11 16	17 22	25 31								
	第二次	80	160									1 3	3 4	4 5	6 7	8 9	12 13	18 19	26 27	37 38	56 57								
L	第一次	125	125								0 2	0 3	1 4	2 5	3 7	5 9	7 11	11 16	17 22	25 31									
	第二次	125	250								1 3	3 4	4 5	6 7	8 9	12 13	18 19	26 27	37 38	56 57									
M	第一次	200	200							0 2	0 3	1 4	2 5	3 7	5 9	7 11	11 16	17 22	25 31										
	第二次	200	400							1 3	3 4	4 5	6 7	8 9	12 13	18 19	26 27	37 38	56 57										
N	第一次	315	315						0 2	0 3	1 4	2 5	3 7	5 9	7 11	11 16	17 22	25 31											
	第二次	315	630						1 3	3 4	4 5	6 7	8 9	12 13	18 19	26 27	37 38	56 57											
P	第一次	500	500					0 2	0 3	1 4	2 5	3 7	5 9	7 11	11 16	17 22	25 31												
	第二次	500	1000					1 3	3 4	4 5	6 7	8 9	12 13	18 19	26 27	37 38	56 57												
Q	第一次	800	800				0 2	0 3	1 4	2 5	3 7	5 9	7 11	11 16	17 22	25 31													
	第二次	800	1600				1 3	3 4	4 5	6 7	8 9	12 13	18 19	26 27	37 38	56 57													
R	第一次	1250	1250			0 2	0 3	1 4	2 5	3 7	5 9	7 11	11 16	17 22	25 31														
	第二次	1250	2500			1 3	3 4	4 5	6 7	8 9	12 13	18 19	26 27	37 38	56 57														

注：↓ = 采用箭头下第一个抽样计划，如样本大小等于或超过批量时，则用全数检验。

↑ = 采用箭头上第一个抽样计划。

Ac = 允收数，Re = 拒收数。

• = 采用对应的单次抽样计划（或采用下面的双次抽样计划）。

表 14–6　MIL–STD–105E 加严检验双次抽样计划

样本代字	样本	样本数	累积样本数	0.010 Ac Re	0.015 Ac Re	0.025 Ac Re	0.040 Ac Re	0.065 Ac Re	0.10 Ac Re	0.15 Ac Re	0.25 Ac Re	0.40 Ac Re	0.65 Ac Re	1.0 Ac Re	1.5 Ac Re	2.5 Ac Re	4.0 Ac Re	6.5 Ac Re	10 Ac Re	15 Ac Re	25 Ac Re	40 Ac Re	65 Ac Re	100 Ac Re	150 Ac Re	250 Ac Re	400 Ac Re	650 Ac Re	1000 Ac Re
A																		•	•	•	•	•	•	•	•	•	•	
B	第一次	2	2																	0 2	0 3	1 4	2 5	3 7	5 9	6 10	9 14	15 20	23 29
	第二次	2	4																	1 2	3 4	4 5	6 7	8 9	12 13	15 16	23 24	34 35	52 53
C	第一次	3	3																0 2	0 3	1 4	2 5	3 7	5 9	6 10	9 14	15 20	23 29	
	第二次	3	6																1 2	3 4	4 5	6 7	8 9	12 13	15 16	23 24	34 35	52 53	
D	第一次	5	5															0 2	0 3	1 4	2 5	3 7	5 9	6 10	9 14	15 20	23 29		
	第二次	5	10															1 2	3 4	4 5	6 7	8 9	12 13	15 16	23 24	34 35	52 53		
E	第一次	8	8														0 2	0 3	1 4	2 5	3 7	5 9	6 10	9 14	15 20	23 29			
	第二次	8	16														1 2	3 4	4 5	6 7	8 9	12 13	15 16	23 24	34 35	52 53			
F	第一次	13	13													0 2	0 3	1 4	2 5	3 7	5 9	6 10	9 14	15 20	23 29				
	第二次	13	26													1 2	3 4	4 5	6 7	8 9	12 13	15 16	23 24	34 35	52 53				
G	第一次	20	20												0 2	0 3	1 4	2 5	3 7	5 9	6 10	9 14	15 20	23 29					
	第二次	20	40												1 2	3 4	4 5	6 7	8 9	12 13	15 16	23 24	34 35	52 53					
H	第一次	32	32											0 2	0 3	1 4	2 5	3 7	5 9	6 10	9 14	15 20	23 29						
	第二次	32	64											1 2	3 4	4 5	6 7	8 9	12 13	15 16	23 24	34 35	52 53						
J	第一次	50	50										0 2	0 3	1 4	2 5	3 7	5 9	6 10	9 14	15 20	23 29							
	第二次	50	100										1 2	3 4	4 5	6 7	8 9	12 13	15 16	23 24	34 35	52 53							
K	第一次	80	80									0 2	0 3	1 4	2 5	3 7	5 9	6 10	9 14	15 20	23 29								
	第二次	80	160									1 2	3 4	4 5	6 7	8 9	12 13	15 16	23 24	34 35	52 53								
L	第一次	125	125								0 2	0 3	1 4	2 5	3 7	5 9	6 10	9 14	15 20	23 29									
	第二次	125	250								1 2	3 4	4 5	6 7	8 9	12 13	15 16	23 24	34 35	52 53									
M	第一次	200	200							0 2	0 3	1 4	2 5	3 7	5 9	6 10	9 14	15 20	23 29										
	第二次	200	400							1 2	3 4	4 5	6 7	8 9	12 13	15 16	23 24	34 35	52 53										
N	第一次	315	315						0 2	0 3	1 4	2 5	3 7	5 9	6 10	9 14	15 20	23 29											
	第二次	315	630						1 2	3 4	4 5	6 7	8 9	12 13	15 16	23 24	34 35	52 53											
P	第一次	500	500					0 2	0 3	1 4	2 5	3 7	5 9	6 10	9 14	15 20	23 29												
	第二次	500	1000					1 2	3 4	4 5	6 7	8 9	12 13	15 16	23 24	34 35	52 53												
Q	第一次	800	800				0 2	0 3	1 4	2 5	3 7	5 9	6 10	9 14	15 20	23 29													
	第二次	800	1600				1 2	3 4	4 5	6 7	8 9	12 13	15 16	23 24	34 35	52 53													
R	第一次	1250	1250			0 2	0 3	1 4	2 5	3 7	5 9	6 10	9 14	15 20	23 29														
	第二次	1250	2500			1 2	3 4	4 5	6 7	8 9	12 13	15 16	23 24	34 35	52 53														
S	第一次	2000	2000		0 2																								
	第二次	2000	4000		1 2																								

注：↓ = 采用箭头下第一个抽样计划，如样本大小等于或超过批量时，则用全数检验。

↑ = 采用箭头上第一个抽样计划。

Ac = 允收数，Re = 拒收数。

• = 采用对应的单次抽样计划（或采用下面的双次抽样计划）。

表 14-7　MIL-STD-105E 减量检验双抽样计划

允收品质水准（AQL，%）

样本代字	样本	样本数	累积样本数
A			
B			
C	第一次	2	2
	第二次	2	4
D	第一次	3	3
	第二次	3	6
E	第一次	5	5
	第二次	5	10
F	第一次	8	8
	第二次	8	16
G	第一次	13	13
	第二次	13	26
H	第一次	20	20
	第二次	20	40
J	第一次	32	32
	第二次	32	64
K	第一次	50	50
	第二次	50	100
L	第一次	80	80
	第二次	80	160
M	第一次	125	125
	第二次	125	250
N	第一次	200	200
	第二次	200	400
P	第一次	315	315
	第二次	315	630
Q	第一次	500	500
	第二次	500	1000
R	第一次	1000	500
	第二次	1000	1500

注：⬇ = 采用箭头下第一个抽样计划，如样本大小等于或超过批量时，则用全数检验。

　　⬆ = 采用箭头上第一个抽样计划。

Ac = 允收数，Re = 拒收数。

☆ = 采用对应的单次抽样计划（或采用下面的双次抽样计划）。

● 第二次抽样，如不合格数超过允收数，但尚未达到拒收数时，可允收该批。唯以后须回复到正常检验。

表 14–8　MIL-STD-105E 正常检验多次抽样计划

允收品质水准（AQL，%）

样本代字	样本	样本数	累积样本数	0.010	0.015	0.025	0.040	0.065	0.10	0.15	0.25	0.40	0.65	1.0	1.5	2.5	4.0	6.5	10	15	25	40	65	100	150	250	400	650	1000

注：
- ⬇ = 采用箭头下第一个抽样计划，如样本大小等于或超过批量时，则用全数检验。
- ⬆ = 采用箭头上第一个抽样计划。
- * = 使用对应的单次抽样计划（或使用下面的多次抽样计划）。
- ++ = 使用对应的双次抽样计划（或使用下面的多次抽样计划）。

Ac = 允收数。
Re = 拒收数。
\# = 在此样本大小，不准允收。

样本代字及样本数：
- D：第一次～第七次，样本数各 2，累积样本数 2、4、6、8、10、12、14
- E：第一次～第七次，样本数各 3，累积样本数 3、6、9、12、15、18、21
- F：第一次～第七次，样本数各 5，累积样本数 5、10、15、20、25、30、35
- G：第一次～第七次，样本数各 8，累积样本数 8、16、24、32、40、48、56
- H：第一次～第七次，样本数各 13，累积样本数 13、26、39、52、65、78、91
- J：第一次～第七次，样本数各 20，累积样本数 20、40、60、80、100、120、140
- K：第一次～第七次，样本数各 32，累积样本数 32、64、96、128、160、192、224
- L：第一次～第七次，样本数各 50，累积样本数 50、100、150、200、250、300、350
- M：第一次～第七次，样本数各 80，累积样本数 80、160、240、320、400、480、560
- N：第一次～第七次，样本数各 125，累积样本数 125、250、375、500、625、750、875
- P：第一次～第七次，样本数各 200，累积样本数 200、400、600、800、1000、1200、1400
- Q：第一次～第七次，样本数各 315，累积样本数 315、630、945、1260、1575、1890、2205
- R：第一次～第七次，样本数各 500，累积样本数 500、1000、1500、2000、2500、3000、3500

表 14-9　MIL-STD-105E 加严检验多次抽样计划

表头（列）：样本代字 ｜ 样本 ｜ 样本数 ｜ 累积样本数 ｜ 允收品质水准（AQL，%）：0.010、0.015、0.025、0.040、0.065、0.10、0.15、0.25、0.40、0.65、1.0、1.5、2.5、4.0、6.5、10、15、25、40、65、100、150、250、400、650、1000（各栏为 Ac　Re）

样本代字	样本	样本数	累积样本数	主要符号/数据（按 AQL 栏自左至右）
A				箭头…（至 15）↓；40、65、100、150、250、400、650、1000 栏为 ＊
B				6.5 栏为 ＊；15、25、40、65、100、150、250、400、650、1000 栏为 ＋＋
C				10 栏为 ＊；15、25、40、65、100、150、250、400、650、1000 栏为 ＋＋

样本代字	样本	样本数	累积样本数
D	第一次	2	2
	第二次	2	4
	第三次	2	6
	第四次	2	8
	第五次	2	10
	第六次	2	12
	第七次	2	14
E	第一次	3	3
	第二次	3	6
	第三次	3	9
	第四次	3	12
	第五次	3	15
	第六次	3	18
	第七次	3	21
F	第一次	5	5
	第二次	5	10
	第三次	5	15
	第四次	5	20
	第五次	5	25
	第六次	5	30
	第七次	5	35
G	第一次	8	8
	第二次	8	16
	第三次	8	24
	第四次	8	32
	第五次	8	40
	第六次	8	48
	第七次	8	56
H	第一次	13	13
	第二次	13	26
	第三次	13	39
	第四次	13	52
	第五次	13	65
	第六次	13	78
	第七次	13	91
J	第一次	20	20
	第二次	20	40
	第三次	20	60
	第四次	20	80
	第五次	20	100
	第六次	20	120
	第七次	20	140
K	第一次	32	32
	第二次	32	64
	第三次	32	96
	第四次	32	128
	第五次	32	160
	第六次	32	192
	第七次	32	224
L	第一次	50	50
	第二次	50	100
	第三次	50	150
	第四次	50	200
	第五次	50	250
	第六次	50	300
	第七次	50	350
M	第一次	80	80
	第二次	80	160
	第三次	80	240
	第四次	80	320
	第五次	80	400
	第六次	80	480
	第七次	80	560
N	第一次	125	125
	第二次	125	250
	第三次	125	375
	第四次	125	500
	第五次	125	625
	第六次	125	750
	第七次	125	875
P	第一次	200	200
	第二次	200	400
	第三次	200	600
	第四次	200	800
	第五次	200	1000
	第六次	200	1200
	第七次	200	1400
Q	第一次	315	315
	第二次	315	630
	第三次	315	945
	第四次	315	1260
	第五次	315	1575
	第六次	315	1890
	第七次	315	2205
R	第一次	500	500
	第二次	500	1000
	第三次	500	1500
	第四次	500	2000
	第五次	500	2500
	第六次	500	3000
	第七次	500	3500
S	第一次	800	800
	第二次	800	1600
	第三次	800	2400
	第四次	800	3200
	第五次	800	4000
	第六次	800	4800
	第七次	800	5600

AQL 数据区（Ac　Re，每一抽样代字在对应 AQL 栏为七段累积允收/拒收数）说明：数据区为自左上向右下的斜向排布。标准七段数据块（Ac　Re）举例如下：

- 标准数据块（终段 9　10）：第一次 # 4 ｜ 第二次 1 5 ｜ 第三次 2 6 ｜ 第四次 3 7 ｜ 第五次 5 8 ｜ 第六次 7 9 ｜ 第七次 9 10
- 标准数据块（终段 14　15）：0 6 ｜ 3 9 ｜ 6 11 ｜ 8 13 ｜ 11 15 ｜ 14 17 ｜ 14 15
- 标准数据块（终段 21　22）：0 7 ｜ 3 10 ｜ 8 13 ｜ 12 17 ｜ 17 20 ｜ 21 23 ｜ 21 22
- 标准数据块（终段 32　33）：1 8 ｜ 6 12 ｜ 11 17 ｜ 16 22 ｜ 22 25 ｜ 27 29 ｜ 32 33
- 小数据块：# 2 ｜ 0 3 ｜ 0 3 ｜ 1 4 ｜ 2 5 ｜ 3 6 ｜ 4 7
- 大数据块（终段 72　73，如 D 代字 1000 栏）：6 15 ｜ 16 25 ｜ 26 36 ｜ 37 46 ｜ 49 55 ｜ 61 64 ｜ 72 73

各代字数据起始栏左侧的单一 ＊ 号：D 在 4.0 栏、E 在 2.5 栏、F 在 1.5 栏、G 在 1.0 栏、H 在 0.65 栏、J 在 0.40 栏、K 在 0.25 栏、L 在 0.15 栏、M 在 0.10 栏、N 在 0.065 栏、P 在 0.040 栏、Q 在 0.025 栏、S 在 0.025 栏。

注：
- ↓ ＝ 采用箭头下第一个抽样计划，如样本大小等于或超过批量时，则用全数检验。
- ↑ ＝ 采用箭头上第一个抽样计划。
- ＊ ＝ 使用对应的单次抽样计划（或使用下面的多次抽样计划）。
- ＋＋ ＝ 使用对应的双次抽样计划（或使用下面的多次抽样计划）。
- Ac ＝ 允收数。
- Re ＝ 拒收数。
- ＃ ＝ 在此样本大小，不准允收。

14–10 MIL-STD-105E 减量检验多次抽样计划

表头：各数据栏为「允收品质水准（AQL，%）」，自左至右为
0.010、0.015、0.025、0.040、0.065、0.10、0.15、0.25、0.40、0.65、1.0、1.5、2.5、4.0、6.5、10、15、25、40、65、100、150、250、400、650、1000，每一 AQL 下分 Ac、Re 两栏。

样本代字	样本	样本数	累积样本数	各 AQL 栏（Ac Re）
A				低 AQL 为 ↓；1.0 *；2.5 *；4.0/6.5 ↓；10–1000 为 *
B				1.5 *；其余多为 *
C				2.5 *；其余多为 *，高 AQL 为 ++
D				0.65 * / 1.5 *；高 AQL 为 ++
E				1.0 * / 1.5 *；高 AQL 为 ++

样本代字	样本	样本数	累积样本数
F	第一次	2	2
	第二次	2	4
	第三次	2	6
	第四次	2	8
	第五次	2	10
	第六次	2	12
	第七次	2	14
G	第一次	3	3
	第二次	3	6
	第三次	3	9
	第四次	3	12
	第五次	3	15
	第六次	3	18
	第七次	3	21
H	第一次	5	5
	第二次	5	10
	第三次	5	15
	第四次	5	20
	第五次	5	25
	第六次	5	30
	第七次	5	35
J	第一次	8	8
	第二次	8	16
	第三次	8	24
	第四次	8	32
	第五次	8	40
	第六次	8	48
	第七次	8	56
K	第一次	13	13
	第二次	13	26
	第三次	13	39
	第四次	13	52
	第五次	13	65
	第六次	13	78
	第七次	13	91
L	第一次	20	20
	第二次	20	40
	第三次	20	60
	第四次	20	80
	第五次	20	100
	第六次	20	120
	第七次	20	140
M	第一次	32	32
	第二次	32	64
	第三次	32	96
	第四次	32	128
	第五次	32	160
	第六次	32	192
	第七次	32	224
N	第一次	50	50
	第二次	50	100
	第三次	50	150
	第四次	50	200
	第五次	50	250
	第六次	50	300
	第七次	50	350
P	第一次	80	80
	第二次	80	160
	第三次	80	240
	第四次	80	320
	第五次	80	400
	第六次	80	480
	第七次	80	560
Q	第一次	125	125
	第二次	125	250
	第三次	125	375
	第四次	125	500
	第五次	125	625
	第六次	125	750
	第七次	125	875
R	第一次	200	200
	第二次	200	400
	第三次	200	600
	第四次	200	800
	第五次	200	1000
	第六次	200	1200
	第七次	200	1400

各 AQL 栏的多次抽样 Ac Re（每一方案含七次抽样的累积允收/拒收数），在表中沿对角线重复出现，主要数组（七次）如下：

- # 4 / 1 5 / 2 6 / 3 7 / 5 8 / 7 9 / 9 10
- 0 4 / 1 6 / 2 8 / 3 10 / 5 12 / 7 13 / 9 14
- 0 5 / 1 7 / 3 9 / 5 11 / 7 13 / 10 15 / 13 17
- 0 6 / 3 9 / 6 12 / 9 14 / 12 17 / 15 20 / 18 22

其余栏位以 *、#、↓、↑、++ 等符号表示（参见下列注解）。

注：
↓ = 采用箭头下第一个抽样计划，如样本大小等于或超过批量时，则用全数检验。
↑ = 采用箭头上第一个抽样计划。
* = 使用对应的单次抽样计划（或使用下面的多次抽样计划）。
++ = 使用对应的双次抽样计划（或使用下面的多次抽样计划）。
第七次抽样，如不合格数超过允收数，但尚未达到拒收数时，可允收该批。唯以后须回复到正常检验。

Ac = 允收数。
Re = 拒收数。
\# = 在此样本大小，不准允收。

范例 14-1

某公司以 MIL-STD-105E 执行进料检验，已知其采取的 AQL = 1%、一般检验水准 Ⅱ，今有一批 4500 颗的零件送验，试求：

1. 正常、加严与减量检验下的单次抽样计划。

2. 现有 15 批皆为 4500 颗零件的送验批依序到达，且各批的不合格数为 3、4、2、5、2、3、5、4、3、1、3、6、7、3、2，试问各批应允收或拒收？

解答：

1. 求正常、加严与减量检验下的单次抽样计划。

（1）选择 AQL 值→AQL = 1%。

（2）选择检验水准→一般检验水准 Ⅱ。

（3）依据批量及检验水准，由表 14-1 决定样本代字→批量 4500，一般检验水准 Ⅱ，查表 14-1 决定样本代字为 L。

（4）决定采用单次、双次或多次抽样计划→单次抽样计划。

（5）决定采用正常、加严或减量检验→正常、加严与减量检验。

（6）依据上述步骤（4）与步骤（5）决定适当的抽样计划表

→正常检验单次抽样计划应查表 14-2。

→加严检验单次抽样计划应查表 14-3。

→减量检验单次抽样计划应查表 14-4。

（7）查阅上述步骤（6）的抽样计划表，找到步骤（1）的 AQL 值与步骤的样本代字所对应的样本大小、Ac 值与 Re 值→经查表 14-2、表 14-3 与表 14-4 中的 AQL = 1% 与样本代字 L 得结果如下：

	正常检验	加严检验	减量检验
AQL	1%	1%	1%
检验水准	一般检验水准 Ⅱ	一般检验水准 Ⅱ	一般检验水准 Ⅱ
批量	4500	4500	4500
样本代字	L	L	L
抽样计划查表	表 14 -2	表 14 -3	表 14 -4
n	200	200	80
Ac	5	3	2
Re	6	4	5

注：如不合格数超过允收数但尚未达到拒收数时，可允收该批，但以后需回复到正常检验。

2. 判定是否允收或拒收，结果如下：

批次	检验方式	样本数	Ac/Re	不合格数	允收/拒收
1	正常检验	200	5/6	3	允收
2	正常检验	200	5/6	4	允收
3	正常检验	200	5/6	2	允收
4	正常检验	200	5/6	5	允收
5	正常检验	200	5/6	2	允收
6	正常检验	200	5/6	3	允收
7	正常检验	200	5/6	5	允收
8	正常检验	200	5/6	4	允收
9	正常检验	200	5/6	3	允收
10	正常检验	200	5/6	1	允收
11	减量检验	80	2/5	3	允收
12	正常检验	200	5/6	6	拒收
13	正常检验	200	5/6	7	拒收
14	加严检验	200	3/4	3	允收
15	加严检验	200	3/4	2	允收

范例 14-2

某公司以 MIL-STD-105E 执行进料检验，已知其采取的 AQL = 0.65%、一般检验水准Ⅲ今有一批 26500 颗的零件送验，试求正常、加严与减量检验下的双次抽样计划。

解答：

1. 选择 AQL 值→AQL = 0.65%。

2. 选择检验水准→一般检验水准Ⅲ。

3. 依据批量及检验水准，依据表 14-1 决定样本代字→批量 26500，一般检验水准Ⅲ，查表 14-1 决定样本代字为 N。

4. 决定采用单次、双次或多次抽样计划→双次抽样计划。

5. 决定采用正常、加严或减量检验→正常、加严与减量检验。

6. 依据上述步骤 4 与步骤 5 决定适当的抽样计划表
→正常检验双次抽样计划应查表 14-5。
→加严检验双次抽样计划应查表 14-6。
→减量检验双次抽样计划应查表 14-7。

7. 查阅上述步骤 6 的抽样计划表，找到步骤 1 的 AQL 值与步骤 3 的样本代字所对应的样本大小、Ac 值与 Re 值→经查表 14-5、

表 14-6 与表 14-7 中的 AQL = 0.65% 与样本代字 N 得结果如下：

		正常检验	加严检验	减量检验
AQL		0.65%	0.65%	0.65%
检验水准		一般检验水准Ⅲ	一般检验水准Ⅲ	一般检验水准Ⅲ
批量		26500	26500	26500
样本代字		N	N	N
抽样计划查表		表 14-5	表 14-6	表 14-7
第一次	n_1	315	315	125
	Ac_1	3	2	1
	Re_1	7	5	5
第二次	n_2	315	315	125
	Ac_2	8	6	4
	Re_2	9	7	7

注：如不合格数超过允收数但尚未达到拒收数时，可允收该批，但以后需回复到正常检验。

范例 14-3

某公司以 MIL-STD-105E 执行出货检验，已知其采取的 AQL = 2.5%、一般检验水准Ⅰ，今有一批 2000 件的产品送验，试求正常、加严与减量检验下的多次抽样计划。

解答：结果如下所示：

		正常检验	加严检验	减量检验
AQL		2.5%	2.5%	2.5%
检验水准		一般检验水准Ⅰ	一般检验水准Ⅰ	一般检验水准Ⅰ
批量		2000	2000	2000
样本代字		H	H	H
抽样计划查表		表 14-8	表 14-9	表 14-10
第一次	n_1	13	13	5
	Ac_1	#	#	#
	Re_1	3	2	3
第二次	n_2	13	13	5
	Ac_2	0	0	#
	Re_2	3	3	3
第三次	n_3	13	13	5
	Ac_3	1	0	0
	Re_3	4	3	4
第四次	n_4	13	13	5
	Ac_4	2	1	0
	Re_4	5	4	5

		正常检验	加严检验	减量检验
第五次	n_5	13	13	5
	Ac_5	3	2	1
	Re_5	6	4	6
第六次	n_6	13	13	5
	Ac_6	4	3	1
	Re_6	6	5	6
第七次	n_7	13	13	5
	Ac_7	6	4	2
	Re_7	7	5	7

注：#代表在此样本大小下，不准允收。

如不合格数超过允收数但尚未达到拒收数时，可允收该批，但以后需回复到正常检验。

第四节 MIL–STD–105E 多重品质特性的处理

当产品具备多重品质特性时，MIL–STD–105E 的运用常采下列两种方法之一：

1. 个别指定 AQL 值

先前介绍 AQL 时曾提及严重不合格项目的 AQL 一般大多定为 0.1%或小于 0.1%，主要不合格项目的 AQL 一般大多定为 1.0%或 0.65%，次要不合格项目的 AQL 一般大多定为 2.5%或 4.0%，此即为个别指定 AQL 值。当严重不合格、主要不合格与次要不合格三项均判定为允收时，送验批方得判定允收。

范例 14–4

某公司以 MIL–STD–105E 执行进料检验，已知其采取严重不合格项目的 AQL 为 0.1%，主要不合格项目的 AQL 为 0.65%，次要不合格项目的 AQL 为 2.5%，并使用一般检验水准Ⅱ，今有一批 6500 颗的零件送验：

1. 试求正常检验单次抽样计划。

2. 假设检验结果为严重不合格数等于 0，主要不合格数等于 3，次要不合格数等于 11，该送验批是否应予允收？

解答:

1. 经查表 14-2 得下列结果:

	严重不合格	主要不合格	次要不合格
AQL	0.1%	0.65%	2.5%
检验水准	一般检验水准Ⅱ	一般检验水准Ⅱ	一般检验水准Ⅱ
批量	6500	6500	6500
样本代字	L	L	L
抽样计划查表	表 14-2	表 14-2	表 14-2
n	200	200	200
Ac	0	3	10
Re	1	4	11

2. 由于检验结果严重不合格数等于 0, 小于等于 Ac = 0; 主要不合格数等于 3, 小于等于 Ac = 3; 次要不合格数等于 11, 大于等于 Re = 11, 故该送验批应拒收。

2. 品质评分系统

回忆本书第十章中对计数值管制图提及的品质评分系统的应用, 我们曾说, 当产品具备多个品质特性时, 想要将多个不同的品质特性归纳成一个品质特性时, 常使用的方法之一就是品质评分系统。品质评分系统中的权数应由买卖双方共同协议并明文订定。

范例 14-5

同范例 14-4, 但该公司与顾客协议以品质评分系统将严重不合格项目的权数定为 4, 主要不合格项目的权数定为 2, 次要不合格项目的权数定为 1, AQL = 4.0%, 并使用一般检验水准Ⅱ, 今同样有一批 6500 颗的零件送验。

1. 试求正常检验单次抽样计划。

2. 假设检验结果为严重不合格数等于 0, 主要不合格数等于 3, 次要不合格数等于 11, 该送验批是否应予允收?

解答：

1. 经查表 14-2 得结果如下：

AQL	4.0%
检验水准	一般检验水准 Ⅱ
批量	6500
样本代字	L
抽样计划查表	表 14-2
n	200
Ac	14
Re	15

2. 检验结果严重不合格数等于 0，主要不合格数等于 3，次要不合格数等于 11，以品质评分系统换算后为加权不合格数 $= 0 \times 4 + 3 \times 2 + 11 \times 1 = 17$，大于等于 Re = 15，故该送验批应拒收。

第五节 MIL-STD-414 抽样计划简介

MIL-STD-414 抽样计划是美军在 1957 年所颁布的抽样计划，美国国家标准局将其纳为编号 ANSI/ASQC Z1.9 的国家标准，国际标准组织将其纳为编号 ISO3951 的国际标准。

一、MIL-STD-414 的 AQL 与样本代字

MIL-STD-414 与 MIL-STD-105E 相同，在查表前需先订定 AQL 与样本代字。

（一）AQL

MIL-STD-414 在决定 AQL 后，应先依已决定的 AQL 值查表 14-11，将其转换成为采用的 AQL 值，尔后的其他查表都应以采用的 AQL 值为准。

MIL-STD-414 与 MIL-STD-105E 相同，在查表前需先订定 AQL 与样本代字。

表 14-11　AQL 值的转换头

AQL 的范围（%）	采用的 AQL 值（%）
<0.049	0.04
0.050~0.069	0.065
0.070~0.109	0.10

续表

AQL 的范围（%）	采用的 AQL 值（%）
0.110~0.164	0.15
0.165~0.279	0.25
0.280~0.439	0.40
0.440~0.699	0.65
0.700~1.09	1.0
1.10~1.64	1.5
1.65~2.79	2.5
2.80~4.39	4.0
4.40~6.99	6.5
7.00~10.9	10.0
11.00~16.4	15.0

（二）样本代字

MIL-STD-414 的样本代字也是由批量与检验水准决定。

1. 批量

MIL-STD-414 将批量分成 17 群，如表 14-12 的左半边所示。

2. 检验水准

MIL-STD-414 依对消费者的保障程度将检验水准分为Ⅰ、Ⅱ、Ⅲ、Ⅳ、Ⅴ五种等级，如表 14-12 的右半边所示。其中检验水准Ⅱ称为正常检验水准。不同的检验水准其对消费者的保障依次递增，即Ⅰ的 OC 曲线最平缓，Ⅴ的 OC 曲线最陡峭。至于抽样计划所需的样本大小也是依次递增，即Ⅰ所需的样本最小，Ⅴ所需的样本最大。

二、MIL-STD-414 计划表的选择

当 AQL 与样本代字决定后，接下来就应决定选用 MIL-STD-414 的哪一个抽样计划表，MIL-STD-414 计划表的选择取决于三项因素：①抽样检验是采正常检验、加严检验或减量检验；②品质特性的变异数为已知或未知；③品质特性为单边规格或双边规格以及形式 1 或形式 2。

MIL-STD-414 的样本代字也是由批量与检验水准决定。

MIL-STD-414 计划表的选择取决于三项因素：①抽样检验是采正常检验、加严检验或减量检验；②品质特性的变异数为已知或未知；③品质特性为单边规格或双边规格以及形式 1 或形式 2。

表 14–12　MIL–STD–414 样本代字

批量	检验水准				
	I	II	III	IV	V
3~8	B	B	B	B	C
9~15	B	B	B	B	D
16~25	B	B	B	C	E
26~40	B	B	B	D	F
41~65	B	B	C	E	G
66~110	B	B	D	F	H
111~180	B	C	E	G	I
181~300	B	D	F	H	J
301~500	C	E	G	I	K
501~800	D	F	H	J	L
801~1300	E	G	I	K	L
1301~3200	F	H	J	L	M
3201~8000	G	I	L	M	N
8001~22000	H	J	M	N	O
22001~110000	I	K	N	O	P
110001~550000	I	K	O	P	Q
550001 以上	I	K	P	Q	Q

1. 正常检验、加严检验或减量检验

MIL-STD-414 中的正常检验、加严检验与减量检验的意义与 MIL-STD-105E 相同，正常检验适用于刚导入允收抽样或品质水准在正常情形下的抽样。加严检验适用于品质水准有所恶化情形下的抽样，此时消费者权益的保障较正常检验高。减量检验则适用于品质水准有所改善情形下的抽样，此时消费者权益的保障较正常检验低。

2. 品质特性的变异为已知或未知

品质特性的变异为未知时，MIL-STD-414 提供标准差法与全距法两种抽样计划表；品质特性的变异为已知时，MIL-STD-414 提供变异已知抽样计划表。在对生产者提供同样的保障下，变异已知抽样计划表所需的样本数最少，标准差法所需的样本数其次，全距法所需的样本数最多。

3. 品质特性为单边规格或双边规格以及形式 1 或形式 2

MIL-STD-414 针对品质特性为单边规格或双边规格提供形式 1

与形式 2 两种抽样计划表。形式 1 又称为 k 法，适用于品质特性为单边规格的情形，该法是将品质特性的平均值标准化，再据以判定是否允收的方法。形式 2 又称为 M 法，适用于品质特性为单边或双边规格的情形，该法是将品质特性的平均值标准化，再换算成不合格率，再据以判定是否允收的方法。

三、MIL-STD-414 计划表的转换

与 MIL-STD-105E 相同，刚导入 MIL-STD-414 时应采用正常检验，但随着品质水准的变动，可能就需要改采加严检验或减量检验。本书不拟介绍此一部分的课题。

第六节　MIL-STD-414 的执行步骤

综合第五节对 MIL-STD-414 的介绍，我们可归纳 MIL-STD-414 的执行步骤如下：

（1）依据表 14-11，决定 AQL 值。

（2）选择检验水准。

（3）依据批量及检验水准，依据表 14-12 决定样本代字。

（4）决定采用正常、加严或减量检验。

（5）判定品质特性的变异为已知或未知。

（6）判定品质特性为单边规格及形式 1/2 或双边规格。

（7）若为单边规格形式 1 ，则：

1）查表 4-13 或表 4-14 决定样本大小与 k 值。

2）依样本（3）大小随机抽样并计算样本平均数（$\bar{x}$）与标准差（s）。

3）若 $Q_L = \dfrac{\bar{x} - L}{s}$（或 $Q_U = \dfrac{U - \bar{x}}{s}$）$\geq k$ 送验批允收，否则拒收。

式中，L 代表规格下限，U 代表规格上限。

表 14-13　正常检验与加严检验的抽样计划（变异数未知标准差法，单边规格形式 1）

样本代字	样本大小	AQL 允收品质水准（正常检验）													
		0.04	0.65	0.10	0.15	0.25	0.40	0.65	1.00	1.50	2.50	4.00	6.50	10.00	15.00
		k	k	k	k	k	k	k	k	k	k	k	k	k	k
B	3								↓	↓	1.12	0.958	0.765	0.566	0.341
C	4							↓	1.45	1.34	1.17	1.01	0.814	0.617	0.393
D	5							1.65	1.53	1.40	1.24	1.07	0.874	0.675	0.455
E	7				↓	2.00	1.88	1.75	1.62	1.50	1.33	1.15	0.955	0.755	0.536
F	10	↓	↓	↓	2.24	2.11	1.98	1.84	1.72	1.58	1.41	1.23	1.03	0.828	0.611
G	15	2.64	2.53	2.42	2.32	2.20	2.06	1.91	1.79	1.65	1.47	1.30	1.09	0.886	0.664
H	20	2.69	2.58	2.47	2.36	2.24	2.11	1.96	1.82	1.69	1.51	1.33	1.12	0.917	0.695
I	25	2.72	2.61	2.50	2.40	2.26	2.14	1.98	1.85	1.72	1.53	1.35	1.14	0.936	0.712
J	30	2.73	2.61	2.51	2.41	2.28	2.15	2.00	1.86	1.73	1.55	1.36	1.15	0.946	0.723
K	35	2.77	2.65	2.54	2.45	2.31	2.18	2.03	1.89	1.76	1.57	1.39	1.18	0.969	0.745
L	40	2.77	2.66	2.55	2.44	2.31	2.18	2.03	1.89	1.76	1.58	1.39	1.18	0.971	0.746
M	50	2.83	2.71	2.60	2.50	2.35	2.22	2.08	1.93	1.80	1.61	1.42	1.21	1.00	0.774
N	75	2.90	2.77	2.66	2.55	2.41	2.27	2.12	1.98	1.84	1.65	1.46	1.24	1.03	0.804
O	100	2.92	2.80	2.69	2.58	2.43	2.29	2.14	2.00	1.86	1.67	1.48	1.26	1.05	0.819
P	150	2.96	2.84	2.73	2.61	2.47	2.33	2.18	2.03	1.89	1.70	1.51	1.29	1.07	0.841
Q	200	2.97	2.85	2.73	2.62	2.47	2.33	2.18	2.04	1.89	1.70	1.51	1.29	1.07	0.845
		0.65	0.10	0.15	0.25	0.40	0.65	1.00	1.50	2.50	4.00	6.50	10.00	15.00	
		AQL 允收品质水准（加严检验）													

注：所有 AQL 值均为不合格百分率。

↓ 应使用箭头下第一个抽样计划，即样本大小及 k 值两者。当样本大小等于或超过批量时，必须检验批中的每一件产品。

（8）若为单边规格形式 2，则：

1）查表 14-15 或表 14-16 决定样本大小与 M 值。

2）依样本大小随机抽样并计算样本平均数（$\bar{x}$）与标准差（s）。

3）将，$Q_L = \dfrac{\bar{x} - L}{s}$（或 $Q_U = \dfrac{U - \bar{x}}{s}$），查表 14-17 换算成不合格率 p_L（或 p_u），若 p_L（或 p_u）≤ M，送验批允收，否则拒收。

式中，L 代表规格下限，U 代表规格上限。

（9）若为双边规格，则：

1）查表 14-15 或表 14-16 决定样本大小与 M 值。

2）依样本大小随机抽样并计算样本平均 数（$\bar{x}$）与标准差（s）。

表 14-14　减量检验的抽样计划（变异数未知标准差法，单边规格形式 1）

样本代字	样本大小	AQL 允收品质水准（正常检验）												
		0.04	0.065	0.10	0.15	0.25	0.40	0.65	1.00	1.50	2.50	4.00	6.50	10.00
		k	k	k	k	k	k	k	k	k	k	k	k	k
B	3									1.12	0.958	0.765	0.566	0.341
C	3									1.12	0.958	0.765	0.566	0.341
D	3									1.12	0.958	0.765	0.566	0.341
E	3									1.12	0.958	0.765	0.566	0.341
F	4							1.45	1.34	1.17	1.01	0.814	0.617	0.393
G	5						1.65	1.53	1.40	1.24	1.07	0.874	0.675	0.455
H	7				2.00	1.88	1.75	1.62	1.50	1.33	1.15	0.955	0.755	0.536
I	10			2.24	2.11	1.98	1.84	1.72	1.58	1.41	1.23	1.03	0.828	0.611
J	10			2.24	2.11	1.98	1.84	1.72	1.58	1.41	1.23	1.03	0.828	0.611
K	15	2.53	2.42	2.32	2.20	2.06	1.91	1.79	1.65	1.47	1.30	1.09	0.886	0.664
L	20	2.58	2.47	2.36	2.24	2.11	1.96	1.82	1.69	1.51	1.33	1.12	0.917	0.695
M	20	2.58	2.47	2.36	2.24	2.11	1.96	1.82	1.69	1.51	1.33	1.12	0.917	0.695
N	25	2.61	2.50	2.40	2.26	2.14	1.98	1.85	1.72	1.53	1.35	1.14	0.936	0.712
O	30	2.61	2.51	2.41	2.28	2.15	2.00	1.86	1.73	1.55	1.36	1.15	0.946	0.723
P	50	2.71	2.60	2.50	2.35	2.22	2.08	1.93	1.80	1.61	1.42	1.21	1.00	0.774
Q	75	2.77	2.66	2.55	2.41	2.27	2.12	1.98	1.84	1.65	1.46	1.24	1.03	0.804

注：所有 AQL 值均为不合格百分率。

↓应使用箭头下第一个抽样计划，即样本大小及 k 值两者。当样本大小等于或超过批量时，必须检验批中的每一件产品。

3）将 $Q_L = \dfrac{\bar{x} - L}{s}$ 与 $Q_U = \dfrac{U - \bar{x}}{s}$ 查表 14-17 换算成不合格率 p_L 与 p_U，式中，L 代表规格下限，U 代表规格上限。

①当 $AQL_L = AQL_U$，计算 $p = p_L + p_U$；若 $p \leqslant M$，送验批允收，否则拒收。

②当 $AQL_L \neq AQL_U$，计算 $p = p_L + p_U$；若 $p_L \leqslant M_L$ 且 $p_U \leqslant M_U$ 且 $p \leqslant \max(M_L, M_U)$，送验批允收，否则批拒收。

表 14–15　正常检验与加严检验的抽样计划（变异数未知标准差法，单边规格形式 2 或双边规格）

AQL 允收品质水准（正常检验）；表中各值为 M。

样本代字	样本大小	0.04	0.065	0.10	0.15	0.25	0.40	0.65	1.00	1.50	2.50	4.00	6.50	10.00	15.00
B	3										7.59	18.86	26.94	33.69	40.47
C	4								1.53	5.50	10.92	16.45	22.86	29.45	36.90
D	5							1.33	3.32	5.83	9.80	14.39	20.19	26.56	33.99
E	7					0.422	1.06	2.14	3.55	5.35	8.40	12.20	17.35	23.29	30.50
F	10				0.349	0.716	1.30	2.17	3.26	4.77	7.29	10.54	15.17	20.74	27.57
G	15	0.099	0.186	0.312	0.503	0.818	1.31	2.11	3.05	4.31	6.56	9.46	13.71	18.94	25.61
H	20	0.135	0.228	0.365	0.544	0.846	1.29	2.05	3.95	4.09	6.17	8.92	12.99	18.03	24.53
I	25	0.155	0.250	0.380	0.551	0.877	1.29	2.00	2.86	3.97	5.97	8.63	12.57	17.51	23.97
J	30	0.179	0.280	0.413	0.581	0.879	1.29	1.98	2.83	3.91	5.86	8.47	12.36	17.24	23.58
K	35	0.170	0.264	0.388	0.535	0.847	1.23	1.87	2.68	3.70	5.57	8.10	11.87	16.65	22.91
L	40	0.179	0.275	0.401	0.566	0.873	1.26	1.88	2.71	3.72	5.58	8.09	11.85	16.61	22.86
M	50	0.163	0.250	0.363	0.503	0.789	1.17	1.71	2.49	3.45	5.20	7.61	11.23	15.87	22.00
N	75	0.147	0.228	0.330	0.467	0.720	1.07	1.60	2.29	3.20	4.87	7.15	10.63	15.13	21.11
O	100	0.145	0.220	0.317	0.447	0.689	1.02	1.53	2.20	3.07	4.69	6.91	10.32	14.75	20.66
P	150	0.134	0.203	0.293	0.413	0.638	0.949	1.43	2.05	2.89	4.43	6.57	9.88	14.20	20.02
Q	200	0.135	0.204	0.294	0.414	0.637	0.945	1.42	2.04	2.87	4.40	6.53	9.81	14.12	19.92
		0.065	0.10	0.15	0.25	0.40	0.65	1.00	1.50	2.50	4.00	6.50	10.00	15.00	

AQL 允收品质水准（加严检验）

注：所有 AQL 值均为不合格百分率。

↓应使用箭头下第一个抽样计划，即样本大小及 M 值两者。当样本大小等于或超过批量时，必须检验批中的每一件产品。

表 14–16　减量检验的抽样计划（变异数未知标准差法，单边规格形式 2 或双边规格）

AQL 允收品质水准（正常检验）；表中各值为 M。

样本代字	样本大小	0.04	0.065	0.10	0.15	0.25	0.40	0.65	1.00	1.50	2.50	4.00	6.50	10.00
B	3									7.59	18.86	26.94	33.69	40.47
C	3									7.59	18.86	26.94	33.69	40.47
D	3									7.59	18.86	26.94	33.69	40.47
E	3									7.59	18.86	26.94	33.69	40.47
F	4							1.53	5.50	10.92	16.45	22.86	29.45	36.90
G	5						1.33	3.32	5.83	9.80	14.39	20.19	26.56	33.99
H	7				0.422	1.06	2.14	3.55	5.35	8.40	12.20	17.35	23.29	30.50
I	10			0.349	0.716	1.30	2.17	3.26	4.77	7.29	10.54	15.17	20.74	27.57
J	10			0.349	0.716	1.30	2.17	3.26	4.77	7.29	10.54	15.17	20.74	27.57
K	15	0.186	0.312	0.503	0.818	1.31	2.11	3.05	4.31	6.56	9.46	13.71	18.94	23.61
L	20	0.228	0.365	0.544	0.846	1.29	2.05	2.95	4.09	6.17	8.92	12.99	18.03	24.53
M	20	0.228	0.365	0.544	0.846	1.29	2.05	2.95	4.09	6.17	8.92	12.99	18.03	24.53
N	25	0.250	0.380	0.551	0.877	1.29	2.00	2.86	3.97	5.97	8.63	12.57	17.51	23.97
O	30	0.280	0.413	0.581	0.879	1.29	1.98	2.83	3.91	5.86	8.47	12.36	17.24	23.58
P	50	0.250	0.363	0.503	0.789	1.17	1.71	2.49	3.45	5.20	7.61	11.23	15.87	22.00
Q	75	0.228	0.330	0.467	0.720	1.07	1.60	2.29	3.20	4.87	7.15	10.63	15.13	21.11

注：所有 AQL 值均为不合格百分率。

↓应使用箭头下第一个抽样计划，即样本大小及 M 值两者。当样本大小等于或超过批量时，必须检验批中的每一件产品。

范例 14-6

某公司进料验收一批个数为 5000 颗的电阻，该公司采用 MIL-STD-414 抽样计划，已知 AQL = 0.65%，采检验水准 Ⅱ，正常检验，变异数未知标准差法，单边规格形式 1，试求样本大小与 k 值。

解答：

1. 依据表 14-11，决定 AQL 值→AQL = 0.65%。

2. 选择检验水准→检验水准 Ⅱ。

3. 依据批量及检验水准，依据表 14-12 决定样本代字→批量 5000，检验水准 Ⅱ，查表 14-12 得样本代字 Ⅰ。

4. 决定采用正常、加严或减量检验→采正常检验。

5. 判定品质特性的变异为已知或未知→品质特性的变异为未知，采变异数未知标准差法。

6. 判定品质特性为单边规格形式 1。

7. 查表 14-13 决定样本大小与 k 值→样本大小为 25，k 值为 1.98。

范例 14-7

续范例 14-6，已知电阻的规格为 $10_{-0.5}$ 欧姆，试问下列情形下送验批是否应允收？

1. 25 个样本的平均值为 9.90 欧姆，标准差为 0.25 欧姆。

2. 25 个样本的平均值为 10.00 欧姆，标准差为 0.20 欧姆。

解答：

1. $Q_L = \dfrac{\bar{x} - L}{s} = \dfrac{9.90 - 9.5}{0.25} = 1.6 < k = 1.98$，故送验批应拒收。

2. $Q_L = \dfrac{\bar{x} - L}{s} = \dfrac{10.00 - 9.5}{0.20} = 2.5 \geqslant k = 1.98$，故送验批应允收。

表 14-17 利用标准差法从 Q_L 或 Q_U 估计送验批不合格率

Q_L 或 Q_U	样本大小															
	3	4	5	7	10	15	20	25	30	35	40	50	75	100	150	200
0.00	50.00	50.00	50.00	50.00	50.00	50.00	50.00	50.00	50.00	50.00	50.00	50.00	50.00	50.00	50.00	50.00
0.10	47.24	46.67	46.44	46.26	46.16	46.10	46.08	46.06	46.05	46.05	46.04	46.04	46.03	46.03	46.02	46.02
0.20	44.46	43.33	42.90	42.54	42.35	42.24	42.19	42.16	42.15	42.13	42.13	42.11	42.10	42.09	42.08	42.08
0.30	41.63	40.00	39.37	38.87	38.60	38.44	38.37	38.33	38.31	38.29	38.28	38.27	38.25	38.24	38.22	38.22
0.31	41.35	39.67	39.02	38.50	38.23	38.06	37.99	37.95	37.93	37.91	39.09	37.89	37.87	37.86	37.84	37.84
0.32	41.06	39.33	38.67	38.14	37.86	37.69	37.62	37.58	37.55	37.54	37.52	37.51	37.49	37.48	37.46	37.46
0.33	40.77	39.00	38.32	37.78	37.49	37.31	37.24	37.20	37.18	37.16	37.15	37.13	37.11	37.10	37.09	37.08
0.34	40.49	38.67	37.97	37.42	37.12	36.94	36.87	36.83	36.80	36.78	36.77	36.75	36.73	36.72	36.71	36.71
0.35	40.20	38.33	37.62	37.06	36.75	36.57	36.49	36.45	36.43	36.41	36.40	36.38	36.36	36.35	36.33	36.33
0.36	39.91	38.00	37.28	36.69	36.3	36.20	36.12	36.08	36.05	36.04	36.02	36.01	35.98	35.97	35.96	35.96
0.37	39.62	37.67	36.93	36.33	36.02	35.83	35.75	35.71	35.68	35.66	35.65	35.63	35.61	35.60	35.59	35.58
0.38	39.33	37.33	36.58	35.98	35.65	35.46	35.38	35.34	35.31	35.29	35.28	35.26	35.24	35.23	35.22	35.21
0.39	39.03	37.00	36.23	35.62	35.29	35.10	35.01	34.97	34.94	34.93	34.91	34.89	34.87	34.86	34.85	34.84
0.40	38.74	36.67	35.88	35.26	34.93	34.73	34.65	34.60	34.58	34.56	34.54	34.53	34.50	34.49	34.48	34.47
0.41	38.45	36.33	35.54	34.90	34.57	34.37	34.28	34.24	34.21	34.19	34.18	34.16	34.16	34.12	34.11	34.10
0.42	38.15	36.00	35.19	34.55	34.12	34.00	33.92	33.87	33.85	33.83	33.81	33.79	33.77	33.76	33.74	33.74
0.43	37.85	35.67	34.85	34.19	33.85	33.64	33.56	33.51	33.48	33.46	33.45	33.43	33.40	33.39	33.38	33.37
0.44	37.56	35.33	34.50	33.84	33.49	33.28	33.20	33.15	33.12	33.10	33.09	33.07	33.04	33.03	33.02	33.01
0.45	37.26	35.00	34.16	33.49	33.23	32.92	32.84	32.79	32.76	32.74	32.73	32.72	32.68	32.67	32.66	32.65
0.46	36.96	34.67	33.82	33.13	32.78	32.57	32.48	32.43	32.40	32.38	32.37	32.35	32.32	32.31	32.30	31.29
0.47	36.66	34.33	33.47	32.78	32.42	32.21	32.12	32.07	32.04	32.02	32.01	31.99	31.96	31.95	31.94	31.93
0.48	36.35	34.00	33.12	32.43	32.07	31.85	31.77	32.72	31.69	31.67	31.65	31.63	31.61	31.60	31.58	31.58
0.49	36.05	33.67	32.78	32.08	31.72	31.50	31.41	31.36	31.33	31.31	31.30	31.28	31.25	31.24	31.23	31.22
0.50	35.75	33.33	32.44	31.74	31.37	31.15	31.06	31.01	30.98	30.96	30.95	30.93	30.90	30.89	30.87	30.87
0.51	35.44	33.00	32.10	31.39	31.02	30.80	30.71	30.66	30.63	30.61	30.60	30.57	30.55	30.54	30.52	30.52
0.52	35.13	32.67	31.76	31.04	30.67	30.45	30.36	30.31	30.28	30.26	30.25	30.23	30.20	30.19	30.17	30.17
0.53	34.82	32.33	31.42	30.70	30.32	30.10	32.01	29.96	29.93	29.91	29.90	29.88	29.85	29.84	29.83	29.82
0.54	34.51	32.00	31.08	30.36	29.98	29.76	29.67	29.62	29.59	29.57	29.53	29.53	29.51	29.48	29.48	29.48
0.55	34.20	31.67	30.74	30.01	29.64	29.41	29.32	29.27	29.24	29.22	29.21	29.19	29.16	29.15	29.14	29.13
0.56	33.88	31.33	30.40	29.67	29.29	29.07	28.98	28.93	28.90	28.88	28.87	28.85	28.82	28.81	28.79	28.79
0.57	33.57	31.00	30.06	29.33	28.95	28.73	28.64	28.59	28.56	25.54	25.53	28.51	28.48	28.13	28.45	28.45
0.58	33.25	30.67	29.73	28.99	28.61	28.39	28.30	28.25	28.22	28.20	28.19	28.17	28.14	28.13	28.12	28.11
0.59	32.93	30.33	29.39	28.66	28.28	28.05	27.96	27.92	27.89	28.87	27.85	27.83	27.81	27.79	27.78	27.77
0.60	32.61	30.00	29.05	28.32	27.94	27.72	27.63	27.58	27.55	27.53	27.52	27.50	27.47	27.46	27.45	27.44
0.61	32.28	29.67	28.72	27.96	27.60	27.39	27.30	27.25	27.22	27.20	27.18	27.16	27.14	27.13	27.11	27.11
0.62	31.96	29.33	28.39	27.65	27.27	27.05	26.96	26.92	26.89	26.87	26.85	26.83	26.81	26.80	26.78	26.78
0.63	31.63	29.00	28.05	27.32	26.94	26.72	26.63	26.59	26.56	26.54	26.52	26.50	26.48	26.47	26.45	26.45
0.64	31.30	28.67	27.72	26.99	26.61	26.39	26.31	26.26	26.23	26.21	26.20	26.18	26.15	26.14	26.13	26.12
0.65	30.97	28.33	27.39	26.66	26.28	26.07	25.98	25.93	25.90	25.88	25.87	25.85	25.83	25.82	25.80	25.80
0.66	30.63	28.00	27.06	26.33	25.96	25.74	25.66	25.61	25.58	25.56	25.55	25.53	25.51	25.49	25.48	25.48
0.67	30.30	27.67	26.73	26.00	25.63	25.42	25.33	25.29	25.26	25.24	25.23	25.21	25.19	25.17	25.16	25.16
0.68	29.96	27.33	26.40	25.68	25.31	25.20	25.01	24.97	24.94	24.92	24.91	24.89	24.87	24.86	24.84	24.84

Q_L 或 Q_U	样本大小															
	3	4	5	7	10	15	20	25	30	35	40	50	75	100	150	200
0.69	29.61	27.00	26.07	25.35	24.99	24.78	24.70	24.65	24.62	24.60	24.59	24.57	24.55	24.54	24.53	24.52
0.70	29.27	26.67	25.74	25.03	24.67	24.46	24.38	24.33	24.31	24.29	24.28	24.26	24.24	24.23	24.21	24.21
0.71	28.92	26.33	25.41	24.71	24.35	24.15	24.06	24.02	23.99	23.98	23.96	23.95	23.92	23.91	23.90	23.90
0.72	28.57	26.00	25.09	24.39	24.03	23.83	23.75	23.71	23.68	23.67	23.65	23.64	23.61	23.60	23.59	23.59
0.73	28.22	25.67	24.76	24.07	23.72	23.52	23.44	23.40	23.37	23.36	23.34	23.33	23.31	23.30	23.29	23.28
0.74	27.86	25.33	24.44	23.75	23.41	23.21	23.13	23.09	23.07	23.05	23.04	23.02	23.00	22.99	22.98	22.98
0.75	27.50	25.00	24.11	23.44	23.10	22.90	22.83	22.79	22.76	22.75	22.73	22.72	22.70	22.69	22.68	22.67
0.76	27.13	24.67	23.79	23.12	22.79	22.60	22.52	22.48	22.46	22.44	22.43	22.42	22.40	22.39	22.38	22.37
0.77	26.77	24.33	23.47	22.81	22.48	22.30	22.22	22.18	22.16	22.14	22.13	22.12	22.10	22.09	22.08	22.08
0.78	26.39	24.00	23.15	22.50	22.18	21.99	21.92	21.89	21.86	21.85	21.84	21.82	21.80	21.79	21.78	21.78
0.79	26.02	23.67	22.83	22.19	21.87	21.70	21.63	21.59	21.57	21.55	21.54	21.53	21.51	21.50	21.49	21.49
0.80	25.64	23.33	22.51	21.88	21.57	21.40	21.33	21.29	21.27	21.26	21.25	21.23	21.22	21.21	21.20	21.20
0.81	25.25	23.00	22.19	21.58	21.27	21.10	21.04	21.00	20.98	20.97	20.96	20.94	20.93	20.92	20.91	20.91
0.82	24.86	22.67	21.87	21.27	20.98	20.81	20.75	20.71	20.69	20.68	20.67	20.65	20.64	20.63	20.62	20.62
0.83	24.47	22.33	21.56	20.97	20.68	20.52	20.46	20.42	20.40	20.39	20.38	20.37	20.35	20.35	20.34	20.34
0.84	24.07	22.00	21.24	20.67	20.39	20.23	20.17	20.14	20.12	20.11	20.10	20.09	20.07	20.06	20.06	20.05
0.85	23.67	21.67	20.93	20.37	20.10	19.94	19.89	19.86	19.84	19.82	19.82	19.80	19.79	19.78	19.78	19.77
0.86	23.26	21.33	20.62	20.07	19.81	19.66	19.60	19.57	19.56	19.54	19.54	19.53	19.51	19.51	19.50	19.50
0.87	22.84	21.00	20.31	19.78	19.52	19.38	19.32	19.30	19.28	19.27	19.26	19.25	19.24	19.23	19.22	19.22
0.88	22.42	20.67	20.00	19.48	19.23	19.10	19.04	19.02	19.00	18.99	18.98	18.98	18.96	18.96	18.95	18.95
0.89	21.99	20.33	19.69	19.19	18.95	18.82	18.77	18.74	18.73	18.72	18.71	18.70	18.69	18.69	18.68	18.68
0.90	21.55	20.00	19.38	18.90	18.67	18.54	18.50	18.47	18.46	18.45	18.44	18.43	18.42	18.42	18.41	18.41
0.91	21.11	19.67	19.07	18.61	18.39	18.27	18.22	18.20	18.19	18.18	18.17	18.17	18.16	18.15	18.15	18.15
0.92	20.66	19.33	18.77	18.33	18.11	18.00	17.96	17.94	17.92	17.92	17.91	17.90	17.89	17.89	17.88	17.88
0.93	20.20	19.00	18.46	18.04	17.84	17.73	17.69	17.67	17.66	17.65	17.65	17.64	17.63	17.63	17.62	17.62
0.94	19.74	18.67	18.16	17.76	17.57	17.46	17.43	17.41	17.40	17.39	17.39	17.38	17.37	17.37	17.36	17.36
0.95	19.25	18.33	17.86	17.48	17.29	17.20	17.17	17.15	17.14	17.13	17.13	17.12	17.12	17.11	17.11	17.11
0.96	18.76	18.00	17.56	17.20	17.03	16.94	16.91	16.89	16.88	16.88	16.87	16.87	16.86	16.86	16.86	16.85
0.97	18.25	17.67	17.25	16.92	16.76	16.68	16.65	16.63	16.63	16.62	16.62	16.61	16.61	16.61	16.60	16.60
0.98	17.74	17.33	16.96	16.65	16.49	16.42	16.39	16.38	16.37	16.37	16.37	16.36	16.36	16.36	16.36	16.36
0.99	17.21	17.00	16.66	16.37	16.23	16.16	16.14	16.13	16.12	16.12	16.12	16.12	16.11	16.11	16.11	16.11
1.00	16.67	16.67	16.36	16.10	15.97	15.91	15.89	15.88	15.88	15.87	15.87	15.87	15.87	15.87	15.87	15.87
1.01	16.11	16.33	16.07	15.83	15.72	15.66	15.64	15.63	15.63	15.63	15.63	15.63	15.62	15.62	15.62	15.62
1.02	15.53	16.00	15.78	15.56	15.46	15.41	15.40	15.39	15.39	15.39	15.39	15.38	15.38	15.38	15.38	15.38
1.03	14.93	15.67	15.48	15.30	15.21	15.17	15.15	15.15	15.15	15.15	15.15	15.15	15.15	15.15	15.15	15.15
1.04	14.31	15.33	15.19	15.03	14.96	14.92	14.91	14.91	14.91	14.91	14.91	14.91	14.91	14.91	14.91	14.91
1.05	13.66	15.00	14.91	14.77	14.71	14.68	14.67	14.67	14.67	14.67	14.68	14.68	14.68	14.68	14.68	14.68
1.06	12.98	14.67	14.62	14.51	14.46	14.44	14.44	14.44	14.44	14.44	14.44	14.45	14.45	14.45	14.45	14.45
1.07	12.27	14.33	14.33	14.26	14.22	14.20	14.20	14.21	14.21	14.21	14.21	14.22	14.22	14.22	14.22	14.23
1.08	11.51	14.00	14.05	14.00	13.97	13.97	13.97	13.98	13.98	13.98	13.99	13.99	13.99	14.00	14.00	14.00
1.09	10.71	13.67	13.76	13.75	13.73	13.74	13.74	13.75	13.75	13.76	13.76	13.77	13.77	13.77	13.78	13.78
1.10	9.84	13.33	13.48	13.49	13.50	13.51	13.52	13.52	13.53	13.54	13.54	13.54	13.55	13.55	13.56	13.56

Q_L 或 Q_U	样本大小														
	3	4	5	7	10	15	20	25	30	35	40	50	75	100	150	200
1.11	8.89	13.00	13.20	13.25	13.26	13.28	13.29	13.30	13.31	13.31	13.32	13.32	13.33	13.34	13.34	13.34
1.12	7.82	12.67	12.93	13.00	13.03	13.05	13.07	13.08	13.09	13.10	13.10	13.11	13.12	13.12	13.12	13.13
1.13	6.60	12.33	12.65	12.75	12.80	12.83	12.85	12.86	12.87	12.88	12.89	12.89	12.90	12.91	12.91	12.92
1.14	5.08	12.00	12.37	12.51	12.57	12.61	12.63	12.65	12.66	12.67	12.67	12.68	12.69	12.70	12.70	12.70
1.15	0.29	11.67	12.10	12.27	12.34	12.39	12.42	12.44	12.45	12.46	12.46	12.47	12.48	12.49	12.49	12.50
1.16	0.00	11.33	11.83	12.03	12.12	12.18	12.21	12.22	12.24	12.25	12.25	12.26	12.28	12.28	12.29	12.29
1.17	0.00	11.00	11.56	11.79	11.90	11.96	12.00	12.02	12.03	12.04	12.05	12.06	12.07	12.08	12.08	12.09
1.18	0.00	10.67	11.29	11.56	11.68	11.75	11.79	11.81	11.82	11.84	11.84	11.85	11.87	11.88	11.88	11.89
1.19	0.00	10.33	11.02	11.33	11.46	11.54	11.58	11.61	11.62	11.63	11.64	11.65	11.67	11.68	11.69	11.69
1.20	0.00	10.00	10.76	11.10	11.24	11.34	11.38	11.41	11.42	11.43	11.44	11.46	11.47	11.48	11.49	11.49
1.21	0.00	9.67	10.50	10.87	11.03	11.13	11.18	11.21	11.22	11.24	11.25	11.26	11.28	11.29	11.30	11.30
1.22	0.00	9.33	10.23	10.65	10.82	10.93	10.98	11.01	11.03	11.04	11.05	11.07	11.09	11.09	11.10	11.11
1.23	0.00	9.00	9.97	10.42	10.61	10.73	10.78	10.81	10.84	10.85	10.86	10.88	10.90	10.91	10.91	10.92
1.24	0.00	8.67	9.72	10.20	10.41	10.53	10.59	10.62	10.64	10.66	10.67	10.69	10.71	10.72	10.73	10.73
1.25	0.00	8.33	9.46	9.98	10.21	10.34	10.40	10.43	10.46	10.47	10.48	10.50	10.52	10.53	10.54	10.55
1.26	0.00	8.00	9.21	9.77	10.00	10.15	10.21	10.25	10.27	10.29	10.30	10.32	10.34	10.35	10.36	10.37
1.27	0.00	7.67	8.96	9.55	9.81	9.96	10.02	10.06	10.09	10.10	10.12	10.13	10.16	10.17	10.18	10.19
1.28	0.00	7.33	8.71	9.34	9.61	9.77	9.84	9.88	9.90	9.92	9.94	9.95	9.98	9.99	10.00	10.01
1.29	0.00	7.00	8.46	9.13	9.42	9.58	9.65	9.70	9.72	9.74	9.76	9.78	9.80	9.82	9.83	9.83
1.30	0.00	6.67	8.21	8.93	9.22	9.40	9.48	9.52	9.55	9.57	9.58	9.60	9.63	9.64	9.65	9.66
1.31	0.00	6.33	7.97	8.72	9.03	9.22	9.30	9.34	9.37	9.39	9.41	9.43	9.46	9.47	9.48	9.49
1.32	0.00	6.00	7.73	8.52	8.85	9.04	9.12	9.17	9.20	9.22	9.24	9.26	9.29	9.30	9.31	9.32
1.33	0.00	5.67	7.49	8.32	8.66	8.86	8.95	9.00	9.03	9.05	9.07	9.09	9.12	9.13	9.15	9.15
1.34	0.00	5.33	7.25	8.12	8.48	8.69	8.78	8.83	8.86	8.88	8.90	8.92	8.95	8.97	8.98	8.99
1.35	0.00	5.00	7.02	7.92	8.30	8.52	8.61	8.66	8.69	8.72	8.74	8.76	8.79	8.81	8.82	8.83
1.36	0.00	4.67	6.79	7.73	8.12	8.35	8.44	8.50	8.53	8.55	8.57	8.60	8.63	8.65	8.66	8.67
1.37	0.00	4.33	6.56	7.54	7.95	8.18	8.28	8.33	8.37	8.39	8.41	8.44	8.47	8.49	8.50	8.51
1.38	0.00	4.00	6.33	7.35	7.77	8.01	8.12	8.17	8.21	8.24	8.25	8.28	8.31	8.33	8.35	8.35
1.39	0.00	3.67	6.10	7.17	7.60	7.85	7.96	8.01	8.05	8.08	8.10	8.12	8.16	8.18	8.19	8.20
1.40	0.00	3.33	5.88	6.98	7.44	7.69	7.80	7.86	7.90	7.92	7.94	7.97	8.01	8.02	8.04	8.05
1.41	0.00	3.00	5.66	6.80	7.27	7.53	7.64	7.70	7.74	7.77	7.79	7.82	7.86	7.87	7.89	7.90
1.42	0.00	2.67	5.44	6.62	7.10	7.37	7.49	7.55	7.59	7.62	7.64	7.67	7.71	7.73	7.74	7.75
1.43	0.00	2.33	5.23	6.45	6.94	7.22	7.34	7.40	7.44	7.47	7.50	7.52	7.56	7.58	7.60	7.61
1.44	0.00	2.00	5.01	6.27	6.78	7.07	7.19	7.26	7.30	7.33	7.35	7.38	7.42	7.44	7.46	7.47
1.45	0.00	1.67	4.81	6.10	6.63	6.92	7.04	7.11	7.15	7.18	7.21	7.24	7.28	7.30	7.31	7.33
1.46	0.00	1.33	4.60	5.93	6.47	6.77	6.90	6.97	7.01	7.04	7.07	7.10	7.14	7.16	7.18	7.19
1.47	0.00	1.00	4.39	5.77	6.32	6.63	6.75	6.83	6.87	6.90	6.93	6.96	7.00	7.02	7.04	7.05
1.48	0.00	0.67	4.19	5.60	6.17	6.48	6.61	6.69	6.73	6.77	6.79	6.82	6.86	6.88	6.90	6.91
1.49	0.00	0.33	3.99	5.44	6.02	6.34	6.48	6.55	6.60	6.63	6.65	6.69	6.73	6.75	6.77	6.78
1.50	0.00	0.00	3.80	5.28	5.87	6.20	6.34	6.41	6.46	6.50	6.52	6.55	6.60	6.62	6.64	6.65
1.51	0.00	0.00	3.61	5.13	5.73	6.06	6.20	6.28	6.33	6.36	6.39	6.42	6.47	6.49	6.51	6.52

Q_L 或 Q_U	样本大小															
	3	4	5	7	10	15	20	25	30	35	40	50	75	100	150	200
1.52	0.00	0.00	3.42	4.97	5.59	5.93	6.07	6.15	6.20	6.23	6.26	6.29	6.34	6.36	6.38	6.39
1.53	0.00	0.00	3.23	4.82	5.45	5.80	5.94	6.02	6.07	6.11	6.13	6.17	6.21	6.24	6.26	6.27
1.54	0.00	0.00	3.05	4.67	5.31	5.67	5.81	5.89	5.95	5.98	6.01	6.04	6.09	6.11	6.13	6.15
1.55	0.00	0.00	2.87	4.52	5.18	5.54	5.69	5.77	5.82	5.86	5.88	5.92	5.97	5.99	6.01	6.02
1.56	0.00	0.00	2.69	4.38	5.05	5.41	5.56	5.65	5.70	5.74	5.76	5.80	5.85	5.87	5.89	5.90
1.57	0.00	0.00	2.52	4.24	4.92	5.29	5.44	5.53	5.58	5.62	5.64	5.68	5.73	5.75	5.78	5.79
1.58	0.00	0.00	2.35	4.10	4.79	5.16	5.32	5.41	5.46	5.50	5.53	5.56	5.61	5.64	5.66	5.67
1.59	0.00	0.00	2.19	3.96	4.66	5.04	5.20	5.29	5.34	5.38	5.41	5.45	5.50	5.52	5.54	5.56
1.60	0.00	0.00	2.03	3.83	4.54	4.92	5.09	5.17	5.23	5.27	5.30	5.33	5.38	5.41	5.43	5.44
1.61	0.00	0.00	1.87	3.69	4.41	4.81	4.97	5.06	5.12	5.16	5.18	5.22	5.27	5.30	5.32	5.33
1.62	0.00	0.00	1.72	3.57	4.30	4.69	4.86	4.95	5.01	5.04	5.07	5.11	5.16	5.19	5.21	5.23
1.63	0.00	0.00	1.57	3.44	4.18	4.58	4.75	4.84	4.90	4.94	4.97	5.01	5.06	5.08	5.11	5.12
1.64	0.00	0.00	1.42	3.31	4.06	4.47	4.64	4.73	4.79	4.83	4.86	4.90	4.95	4.98	5.00	5.01
1.65	0.00	0.00	1.28	3.19	3.95	4.36	4.53	4.62	4.68	4.72	4.75	4.79	4.85	4.87	4.90	4.91
1.66	0.00	0.00	1.15	3.07	3.84	4.25	4.43	4.52	4.58	4.62	4.65	4.69	4.74	4.77	4.80	4.81
1.67	0.00	0.00	1.02	2.95	3.73	4.15	4.32	4.42	4.48	4.52	4.55	4.59	4.64	4.67	4.70	4.71
1.68	0.00	0.00	0.89	2.84	3.62	4.05	4.22	4.32	4.38	4.42	4.45	4.49	4.55	4.57	4.60	4.61
1.69	0.00	0.00	0.77	2.73	3.52	3.94	4.12	4.22	4.28	4.32	4.35	4.39	4.45	4.47	4.50	4.51
1.70	0.00	0.00	0.66	2.62	3.41	3.84	4.02	4.12	4.18	4.22	4.25	4.30	4.35	4.38	4.41	4.42
1.71	0.00	0.00	0.55	2.51	3.31	3.75	3.93	4.02	4.09	4.13	4.16	4.20	4.26	4.29	4.31	4.32
1.72	0.00	0.00	0.45	2.41	3.21	3.65	3.83	3.93	3.99	4.04	4.07	4.11	4.17	4.19	4.22	4.23
1.73	0.00	0.00	0.36	2.30	3.11	3.56	3.74	3.84	3.90	3.94	3.98	4.02	4.08	4.10	4.13	4.14
1.74	0.00	0.00	0.27	2.20	3.02	3.46	3.65	3.75	3.81	3.85	3.89	3.93	3.99	4.01	4.04	4.05
1.75	0.00	0.00	0.19	2.11	2.93	3.37	3.56	3.66	3.72	3.77	3.80	3.84	3.90	3.93	3.95	3.97
1.76	0.00	0.00	0.12	2.01	2.83	3.28	3.47	3.57	3.63	3.68	3.71	3.76	3.81	3.84	3.87	3.88
1.77	0.00	0.00	0.06	1.92	2.74	3.20	3.38	3.48	3.55	3.59	3.63	3.67	3.73	3.76	3.78	3.80
1.78	0.00	0.00	0.02	1.83	2.66	3.11	3.30	3.40	3.47	3.51	3.54	3.59	3.64	3.67	3.70	3.71
1.79	0.00	0.00	0.00	1.74	2.57	3.03	3.21	3.32	3.38	3.43	3.46	3.51	3.56	3.59	3.63	3.63
1.80	0.00	0.00	0.00	1.65	2.49	2.94	3.13	3.24	3.30	3.35	3.38	3.43	3.48	3.51	3.54	3.55
1.81	0.00	0.00	0.00	1.57	2.40	2.86	3.05	3.16	3.22	3.27	3.30	3.35	3.40	3.43	3.46	3.47
1.82	0.00	0.00	0.00	1.49	2.32	2.79	2.98	3.08	3.15	3.19	3.22	3.27	3.33	3.36	3.38	3.40
1.83	0.00	0.00	0.00	1.41	2.25	2.71	2.90	3.00	3.07	3.11	3.15	3.19	3.25	3.28	3.31	3.32
1.84	0.00	0.00	0.00	1.34	2.17	2.63	2.82	2.93	2.99	3.04	3.07	3.12	3.18	3.21	3.23	3.25
1.85	0.00	0.00	0.00	1.26	2.09	2.56	2.75	2.85	2.92	2.97	3.00	3.05	3.10	3.13	3.16	3.17
1.86	0.00	0.00	0.00	1.19	2.02	2.48	2.68	2.78	2.85	2.89	2.93	2.97	3.03	3.06	3.09	3.10
1.87	0.00	0.00	0.00	1.12	1.95	2.41	2.61	2.71	2.78	2.82	2.86	2.90	2.96	2.99	3.02	3.03
1.88	0.00	0.00	0.00	1.06	1.88	2.34	2.54	2.64	2.71	2.75	2.79	2.83	2.89	2.92	2.95	2.96
1.89	0.00	0.00	0.00	0.99	1.81	2.28	2.47	2.57	2.64	2.69	2.72	2.77	2.83	2.85	2.88	2.90
1.90	0.00	0.00	0.00	0.93	1.75	2.21	2.40	2.51	2.57	2.62	2.65	2.70	2.76	2.79	2.82	2.83
1.91	0.00	0.00	0.00	0.87	1.68	2.14	2.34	2.44	2.51	2.56	2.59	2.63	2.69	2.72	2.75	2.77
1.92	0.00	0.00	0.00	0.81	1.62	2.08	2.27	2.38	2.45	2.49	2.52	2.57	2.63	2.66	2.69	2.70

Q_L 或 Q_U	样本大小															
	3	4	5	7	10	15	20	25	30	35	40	50	75	100	150	200
1.93	0.00	0.00	0.00	0.76	1.56	2.02	2.21	2.32	2.38	2.43	2.46	2.51	2.57	2.60	2.62	2.64
1.94	0.00	0.00	0.00	0.70	1.50	1.96	2.15	2.25	2.32	2.37	2.40	2.45	2.51	2.54	2.56	2.58
1.95	0.00	0.00	0.00	0.65	1.44	1.90	2.09	2.19	2.26	2.31	2.34	2.39	2.45	2.48	2.50	2.52
1.96	0.00	0.00	0.00	0.60	1.38	1.84	2.03	2.14	2.20	2.25	2.28	2.33	2.39	2.42	2.44	2.46
1.97	0.00	0.00	0.00	0.56	1.33	1.78	1.97	2.08	2.14	2.19	2.22	2.27	2.33	2.36	2.39	2.40
1.98	0.00	0.00	0.00	0.51	1.27	1.73	1.92	2.02	2.09	2.13	2.17	2.21	2.27	2.30	2.33	2.34
1.99	0.00	0.00	0.00	0.47	1.22	1.67	1.86	1.97	2.03	2.08	2.11	2.16	2.22	2.25	2.27	2.29
2.00	0.00	0.00	0.00	0.43	1.17	1.62	1.81	1.91	1.98	2.03	2.06	2.10	2.16	2.19	2.22	2.23
2.01	0.00	0.00	0.00	0.39	1.12	1.57	1.76	1.86	1.93	1.97	2.01	2.05	2.11	2.14	2.17	2.18
2.02	0.00	0.00	0.00	0.36	1.07	1.52	1.71	1.81	1.87	1.92	1.95	2.00	2.06	2.09	2.11	2.13
2.03	0.00	0.00	0.00	0.32	1.03	1.47	1.66	1.76	1.82	1.87	1.90	1.95	2.01	2.04	2.06	2.08
2.04	0.00	0.00	0.00	0.29	0.98	1.42	1.61	1.71	1.77	1.82	1.85	1.90	1.96	1.99	2.01	2.03
2.05	0.00	0.00	0.00	0.26	0.94	1.37	1.56	1.66	1.73	1.77	1.80	1.85	1.91	1.94	1.96	1.98
2.06	0.00	0.00	0.00	0.23	0.90	1.33	1.51	1.61	1.68	1.72	1.76	1.80	1.86	1.89	1.92	1.93
2.07	0.00	0.00	0.00	0.21	0.86	1.28	1.47	1.57	1.63	1.68	1.71	1.76	1.81	1.84	1.87	1.88
2.08	0.00	0.00	0.00	0.18	0.82	1.24	1.42	1.52	1.59	1.63	1.66	1.71	1.77	1.79	1.82	1.84
2.09	0.00	0.00	0.00	0.16	0.78	1.20	1.38	1.48	1.54	1.59	1.62	1.66	1.72	1.75	1.78	1.79
2.10	0.00	0.00	0.00	0.14	0.74	1.16	1.34	1.44	1.50	1.54	1.58	1.62	1.68	1.71	1.73	1.75
2.11	0.00	0.00	0.00	0.12	0.71	1.12	1.30	1.39	1.46	1.50	1.53	1.58	1.63	1.66	1.69	1.70
2.12	0.00	0.00	0.00	0.10	0.67	1.08	1.26	1.35	1.42	1.46	1.49	1.54	1.59	1.62	1.65	1.66
2.13	0.00	0.00	0.00	0.08	0.64	1.04	1.22	1.31	1.38	1.42	1.45	1.50	1.55	1.58	1.61	1.62
2.14	0.00	0.00	0.00	0.07	0.61	1.00	1.18	1.28	1.34	1.38	1.41	1.46	1.51	1.54	1.57	1.58
2.15	0.00	0.00	0.00	0.06	0.58	0.97	1.14	1.24	1.30	1.34	1.37	1.42	1.47	1.50	1.53	1.54
2.16	0.00	0.00	0.00	0.05	0.55	0.93	1.10	1.20	1.26	1.30	1.34	1.38	1.43	1.46	1.49	1.50
2.17	0.00	0.00	0.00	0.04	0.52	0.90	1.07	1.16	1.22	1.27	1.30	1.34	1.40	1.42	1.45	1.46
2.18	0.00	0.00	0.00	0.03	0.49	0.87	1.03	1.13	1.19	1.23	1.26	1.30	1.36	1.39	1.41	1.42
2.19	0.00	0.00	0.00	0.02	0.46	0.83	1.00	1.09	1.15	1.20	1.23	1.27	1.32	1.35	1.38	1.39
2.20	0.00	0.00	0.00	0.015	0.437	0.803	0.968	1.061	1.120	1.161	1.192	1.233	1.287	1.314	1.340	1.352
2.21	0.00	0.00	0.00	0.010	0.413	0.772	0.936	1.028	1.087	1.128	1.158	1.199	1.253	1.279	1.305	1.318
2.22	0.00	0.00	0.00	0.006	0.389	0.743	0.905	0.996	1.054	1.095	1.125	1.166	1.219	1.245	1.271	1.283
2.23	0.00	0.00	0.00	0.003	0.366	0.715	0.875	0.965	1.023	1.063	1.093	1.134	1.186	1.212	1.238	1.250
2.24	0.00	0.00	0.00	0.002	0.345	0.687	0.845	0.935	0.992	1.032	1.061	1.102	1.154	1.180	1.205	1.218
2.25	0.00	0.00	0.00	0.001	0.324	0.660	0.816	0.905	0.962	1.002	1.031	1.071	1.123	1.148	1.173	1.186
2.26	0.00	0.00	0.00	0.00	0.304	0.634	0.789	0.876	0.933	0.972	1.001	1.041	1.092	1.117	1.142	1.155
2.27	0.00	0.00	0.00	0.00	0.285	0.609	0.762	0.848	0.904	0.943	0.972	1.011	1.062	1.087	1.112	1.124
2.28	0.00	0.00	0.00	0.00	0.267	0.585	0.735	0.821	0.876	0.915	0.943	0.982	1.033	1.058	1.082	1.094
2.29	0.00	0.00	0.00	0.00	0.250	0.561	0.710	0.794	0.849	0.887	0.915	0.954	1.004	1.029	1.053	1.065

注：表中数值是以百分率表示。

范例 14-8

某公司进料验收一批个数为 12000 颗的电阻，该公司采用 MIL-STD-414 抽样计划，已知 AQL = 3.0%，采检验水准 I，正常检验，变异数未知标准差法，单边规格形式 2，试求样本大小与 M 值。

解答：

1. 依据表 14-11，决定 AQL 值→AQL = 4.00%。

2. 选择检验水准→检验水准 I。

3. 依据批量及检验水准，依据表 14-12 决定样本代字→批量 12000，检验水准 I，查表 14-12 得样本代字 H。

4. 决定采用正常、加严或减量检验→采正常检验。

5. 判定品质特性的变异为已知或未知→品质特性的变异为未知，采变异数未知标准差法。

6. 判定品质特性为单边规格形式 2。

7. 查表 14-15 决定样本大小与 M 值→样本大小为 20，M 值为 8.92。

范例 14-9

续范例 14-8，已知电阻的规格为 $12^{+0.6}$ 欧姆，试问下列情形下送验批是否应允收？

1. 20 个样本的平均值为 11.80 欧姆，标准差为 0.40 欧姆。

2. 20 个样本的平均值 12.20 欧姆，标准差为 0.50 欧姆。

解答：

1. $Q_U = \dfrac{U - \bar{x}}{s} = \dfrac{12.60 - 11.80}{0.40} = 2.0$，查表 14-17 换算成不合格率 $p_U = 1.81 \leqslant M = 8.92$，送验批应允收。

2. $Q_U = \dfrac{U - \bar{x}}{s} = \dfrac{12.60 - 12.20}{0.50} = 0.8$，查表 14-17 换算成不合格率 $p_U = 21.33 > M = 8.92$，送验批应拒收。

范例 14-10

某公司进料验收一批个数为 6000 颗的电阻，该公司采用 MIL-STD-414 抽样计划，已知 AQL = 2.0%，采检验水准Ⅲ，正常检验，变异数未知标准差法，双边规格，试求样本大小与 M 值。

解答：

1. 依据表 14-11，决定 AQL 值→AQL = 2.50%。

2. 选择检验水准→检验水准Ⅲ。

3. 依据批量及检验水准，依据表 14-12 决定样本代字→批量 6000，检验水准Ⅲ，查表 14-12 得样本代字 L。

4. 决定采用正常、加严或减量检验→采正常检验。

5. 判定品质特性的变异为已知或未知→品质特性的变异为未知，采变异数未知标准差法。

6. 判定品质特性为双边规格。

7. 查表 14-15 决定样本大小与 M 值→样本大小为 40，M 值为 5.58。

范例 14-11

续范例 14-10，已知电阻的规格为 $20^{+0.6}_{-0.4}$ 欧姆，试问下列情形下送验批是否应允收？

1. 40 个样本的平均值为 20.32 欧姆，标准差为 0.40 欧姆。

2. 40 个样本的平均值为 20.20 欧姆，标准差为 0.30 欧姆。

解答：

1. $Q_L = \dfrac{\bar{x} - L}{s} = \dfrac{20.32 - 19.6}{0.40} = 1.8$，查表 14-17 换算成不合格率 $p_L = 3.38$。

$Q_U = \dfrac{U - \bar{x}}{s} = \dfrac{20.60 - 20.32}{0.40} = 0.7$，查表 14-17 换算成不合格率 $p_U = 24.28$。

由于 $AQL_L = AQL_U$，计算 $p = p_L + p_U = 27.66 > M$，故送验批应拒收。

2. $Q_L = \dfrac{\bar{x} - L}{s} = \dfrac{20.32 - 19.6}{0.30} = 2.0$，查表 14-17 换算成不合格

率 $p_L = 2.06$。

$Q_U = \dfrac{U - \bar{x}}{s} = \dfrac{20.6 - 20.20}{0.30} = 1.3$，查表 14-17 换算成不合格率

$p_U = 9.58$。

由于 $AQL_L = AQL_U$，计算 $p = p_L + p_U = 2.06 + 9.58 = 11.64 > M$，故
送验批应拒收。

范例 14-12

某公司进料验收一批个数为 50000 颗的电阻，该公司采用 MIL-STD-414 抽样计划，已知 $AQL_L = 3.0\%$，$AQL_U = 2.0\%$，采检验水准 Ⅱ，正常检验，变异数未知标准差法，双边规格，试求样本大小与 M 值。

解答：

1. 依据表 14-11，决定 AQL 值→$AQL_L = 4.0\%$，$AQL_U = 2.5\%$。

2. 选择检验水准→检验水准 Ⅱ。

3. 依据批量及检验水准，依据 14-12 决定样本代字→批量 50000，检验水准 Ⅱ，查表 14-12 得样本代字 K。

4. 决定采用正常、加严或减量检验→采正常检验。

5. 判定品质特性的变异为已知或未知→品质特性的变异为未知，采变异数未知标准差法。

6. 判定品质特性为双边规格。

7. 查表 14-15 决定样本大小与 M 值→样本大小为 35，$M_L = 8.10$，$M_U = 5.57$。

范例 14-13

续范例 14-12，已知电阻的规格为 $24^{+0.5}_{-0.4}$ 欧姆，问下列情形下送验批是否应允收？

1. 35 个样本的平均值为 24.10 欧姆，标准差为 0.25 欧姆。

2. 35 个样本的平均值为 23.90 欧姆，标准差为 0.20 欧姆。

解答：

1. $Q_L = \dfrac{\bar{x} - L}{s} = \dfrac{24.10 - 23.6}{0.25} = 2.0$，查表 14-17 换算成不合格率 $p_L = 2.03$。

$Q_U = \dfrac{U - \bar{x}}{s} = \dfrac{24.5 - 24.10}{0.25} = 1.6$，，查表 14-17 换算成不合格率 $p_U = 5.27$。

由于 $AQL_L \neq AQL_U$，计算 $p = p_L + p_U = 2.03 + 5.27 = 7.30$

$p_L = 2.03 \leqslant M_L = 8.10$

$p_U = 5.27 \leqslant M_U = 5.57$

$p = 7.30 \leqslant \max(M_L, M_U) = 8.10$

故送验批应允收。

2. $Q_L = \dfrac{\bar{x} - L}{s} = \dfrac{23.90 - 23.6}{0.20} = 1.5$，查表 14-17 换算成不合格率 $p_L = 6.50$。

$Q_U = \dfrac{U - \bar{x}}{s} = \dfrac{24.5 - 23.90}{0.20} = 3.0$，查表 14-17 换算成不合格率 $p_U = 0.065$。

由于 $AQL_L \neq AQL_U$，计算 $p = p_L + p_U = 6.50 + 0.065 = 6.565$

$p_L = 6.50 \leqslant M_L = 8.10$

$p_U = 0.065 \leqslant M_U = 5.57$

$p = 6.565 \leqslant \max(M_L, M_U) = 8.10$

故送验批应允收。

第七节　MIL-STD-1916 抽样计划简介

MIL-STD-105 与 MIL-STD-414 都起源自 20 世纪 50 年代，虽然在过去半世纪中此两标准历经改版，允收抽样计划逐渐完备，但毕竟时代的品质观已与过去完全不同。为强调制程品质与持续改善的重要性，美军于 1996 年推出了新版的抽样标准 MIL-STD-1916，以取代并废止过去长期采用的 MIL-STD-105E 与 MIL-STD-414 抽样计划标准，其目的在鼓励供货商逐渐扬弃建立在以 AQL 为基础之上的美军于 1996 年推出了新版的抽样标准 MIL-STD-1916，以取代并废止过去长期采用的 MIL-STD-105E 与 MIL-STD-414 抽样计划标准，其目的在鼓励供应商逐渐扬弃建立在以 AQL 为基础之上的对最终产品的抽检，而改以建立品质系统与使用制程管制等强调预防的现代化观念，来提升品质水准。

对最终产品的抽检，而改以建立品质系统与使用制程管制等强调预防的现代化观念，来提升品质水准。美军在 1999 年另外又颁布了 MIL-HDBK-1916 以解释 MIL-STD-1916。

一、MIL-STD-1916 的特色

MIL-STD-1916 具有与 MIL-STD-105E/MIL-STD-414 不同的特色如下：

（1）强调抽样检验并不能管制与改善品质，建立持续改善的品质系统与善用品质改善工具是执行抽样检验的先决条件。

（2）强调供货商应建立顾客可接受的品质保证方法，例如 ISO9000、SPC 或其他经认可的品质系统，以预防代替检验，且应在制程中执行统计制程管制。

（3）如供货商能证明其在严重品质特性的 $C_{pk} \geq 2$、主要品质特性的 $C_{pk} \geq 1.33$、次要品质特性的 $C_{pk} \geq 1$，则在经顾客同意后，可按约定的接收方式办理验收，而不一定需采用 MIL-STD-1916。

（4）MIL-STD-1916 同时包含了计数值与计量值两种抽样计划。

（5）MIL-STD-1916 只有单次抽样，而没有双次与多次抽样。

（6）MIL-STD-1916 抽样以"0 收 1 退"当作判定标准，强调不允许不合格品的存在，只要在样本中发现出不合格品，就应进行矫正预防措施。

二、MIL-STD-1916 的抽样步骤

MIL-STD-1916 的抽样步骤如下：

（1）根据品质要求指定不同等级的验证水准（Verified Level，VL）。

MIL-STD-1916 的验证水准共有 7 个等级，Ⅰ~Ⅶ，其对消费者的保障依次递增。

（2）选定抽样的形式。MIL-STD-1916 提供计量值、计数值与连续型抽样三种抽样形式，本书中我们仅对前两者加以介绍。

（3）根据批量大小与 VL 决定样本代字。根据批量大小与 VL 查表 14-18 获得样本代字，MIL-STD-1916 的样本代字包含 A、B、C、D 与 E 五种。

（4）决定采取正常、加严或减量检验。除非另有其他规定或转

换，VL 值以 IV 为起始。

（5）决定样本大小。以 VL 与样本代字决定样本大小，计数值查表 14-19，计量值 查表 14-20。加严检验的验证水准为原验证水准向左移一字段，减量检验的验证水准为原验证水准向右移一字段。

（6）计数值抽样计划允收判定样本经检验若无不合格品，则该批允收。

（7）计量值抽样计划允收判定。MIL-STD-1916 计量值抽样必须假设数据是独立且符合常态分配。

表 14-18　MIL-STD-1916 样本代字对照表

批量	验证水准（VL）						
	Ⅶ	Ⅵ	Ⅴ	Ⅳ	Ⅲ	Ⅱ	Ⅰ
2 ~ 170	A	A	A	A	A	A	A
171 ~ 288	A	A	A	A	A	A	B
289 ~ 544	A	A	A	A	A	B	C
545 ~ 960	A	A	A	A	B	C	D
961 ~ 1632	A	A	A	B	C	D	E
1633 ~ 3072	A	A	B	C	D	E	E
3073 ~ 5440	A	B	C	D	E	E	E
5441 ~ 9216	B	C	D	E	E	E	E
9217 ~ 17408	C	D	E	E	E	E	E
17409 ~ 30720	D	E	E	E	E	E	E
≥30721	E	E	E	E	E	E	E

表 14-19　MIL-STD-1916 计数值抽样计划

样本代字	T	验证水准（VL）							R
		Ⅶ	Ⅵ	Ⅴ	Ⅳ	Ⅲ	Ⅱ	Ⅰ	
		样本大小							
A	3072	1280	512	192	80	32	12	5	3
B	4096	1536	640	256	96	40	16	6	3
C	5120	2048	768	320	128	48	20	8	3
D	6144	2560	1024	384	160	64	24	10	4
E	8192	3072	1280	512	192	80	32	12	5

注：①当批量比样本数小则 100%检验。
②加严检验的验证水准为原验证水准向左移一个字段，减量检验的验证水准为原验证水准向右移一个字段。

表 14-20 MIL-STD-1916 计量值抽样计划

样本代字	T	验证水准（VL）							R
		Ⅶ	Ⅵ	Ⅴ	Ⅳ	Ⅲ	Ⅱ	Ⅰ	
		样本大小							
A	113	87	64	44	29	18	9	4	2
B	122	92	69	49	32	20	11	5	2
C	129	100	74	54	37	23	13	7	2
D	136	107	81	58	41	26	15	8	3
E	145	113	87	64	44	29	18	9	4
		k 法（适用于单边或双边规格）							
A	3.15	3.27	3.00	2.69	2.40	2.05	1.64	1.21	1.20
B	3.58	3.32	3.07	2.79	2.46	2.14	1.77	1.33	1.20
C	3.64	3.40	3.12	2.86	2.56	2.21	1.86	1.45	1.20
D	3.69	3.46	3.21	2.91	2.63	2.32	1.93	1.56	1.20
E	3.76	3.51	3.27	3.00	2.69	2.40	2.05	1.64	1.21
		F 法（适用于双边规格）							
A	0.136	0.145	0.157	0.174	0.193	0.222	0.271	0.370	0.707
B	0.134	0.143	0.154	0.168	0.188	0.214	0.253	0.333	0.707
C	0.132	0.140	0.152	0.165	0.182	0.208	0.242	0.301	0.707
D	0.130	0.138	0.148	0.162	0.177	0.199	0.233	0.283	0.435
E	0.128	0.136	0.145	0.157	0.174	0.193	0.222	0.271	0.370

注：①当批量比样本数小则 100% 检验。
②加严检验的验证水准为原验证水准向左移一个字段，减量检验的验证水准为原验证水准向右移一个字段。

若所有样本均在规格内，且同时符合表 14-20 的 k 法（不合格率的估计）与 F 法（制程变异量占允差的百分比）的判定准则，则该送验批允收，否则应拒收。

1）k 法：适用于单边规格与双边规格。单边规格者：

若 $\dfrac{U-\bar{x}}{s}$（或 $\dfrac{\bar{x}-L}{s}$）$\geq k$，则允收。

双边规格者：

若 $\dfrac{U-\bar{x}}{s} \geq k$ 且 $\dfrac{\bar{x}-L}{s} \geq k$，则允收。

2）F 法：适用于双边规格。

若 $\dfrac{s}{U-L} \leq F$，则产品允收。

式中，$\bar{x}$ 为样本平均数，s 为样本标准差，L 代表规格下限，U 代表规格上限。

（8）转换法则。有关正常检验、加严检验或减量检验间的转换
与 MIL-STD-105E 相同。

范例 14-14

若合约对品质的要求指定采 MIL-STD-1916 计数值抽样计划，
且验证水准为Ⅳ，今有连续 10 送验批检验结果如表 14-21 所示，请
填写表 14-21 的空白处并判定各批是否该允收。

表 14-21　MIL-STD-1916 计数值抽样检验例

批号	批量	抽样等级	验证水准	样本代字	样本大小	不合格数	品质判定
1	5000					2	
2	900					0	
3	3000					1	
4	1000					0	
5	1000					0	
6	900					0	
7	2000					0	
8	2500					0	
9	3000					0	
10	5000					0	

解答：

查表 14-18 与表 14-19 得表 14-22。

表 14-22　范例 14-14 的解答

批号	批量	抽样等级	验证水准	样本代字	样本大小	不合格数	品质判定	备注
1	5000	正常	Ⅳ	D	160	2	拒收	开始为正常检验
2	900	正常	Ⅳ	A	80	0	允收	
3	3000	正常	Ⅳ	C	128	1	拒收	最近 2~5 批中有 2 批不合格，下一批采加严检验
4	1000	加严	Ⅳ	B	256	0	允收	采用Ⅳ左边Ⅴ的样本大小
5	1000	加严	Ⅳ	B	256	0	允收	
6	900	加严	Ⅳ	A	192	0	允收	
7	2000	加严	Ⅳ	C	320	0	允收	
8	2500	加严	Ⅳ	C	320	0	允收	连续 5 批均允收，下一批采正常检验
9	3000	正常	Ⅳ	C	128	0	允收	回复Ⅳ的样本大小
10	5000	正常	Ⅳ	D	160	0	允收	

范例 14-15

若合约对品质的要求指定采 MIL-STD-1916 抽样计划表，且验证水准为 I，检验项目为操作温度，规格下限为 180℉，规格上限为 209℉。今有一送验批批量为 40，从表 14-18 的验证水准及批量查到样本代字为 A，从表 14-20 的验证水准及样本代字查到样本大小为 4。假设此 4 件样本的测量值为 197、188、184 及 205，试问该送验批是否应允收？

解答：

$\bar{x} = 193.5$，$s = 9.399$，$L = 180$，$U = 209$

$$\frac{U - \bar{x}}{s} = 1.649, \quad \frac{\bar{x} - L}{s} = 1.436, \quad \frac{s}{U - L} = 0.324$$

k 法：由表 14-20 的验证水准 I 及样本代字（A）查出 k = 1.21，计算结果 1.649 与 1.436 都大于等于 1.21。

F 法：由表 14-20 的验证水准 I 及样本代字（A）查出 F = 0.370，计算结果 0.324 小于等于 0.370。

由于所有样本均在规格内，且以 k 法及 F 法验证均符合，故该批产品应判定允收。

第八节 结论

MIL-STD-105E 与 MIL-STD-414 分别是目前应用最为广泛的计数值与计量值抽样计划，MIL-STD-1916 则是最新颁布的计数值与计量值抽样计划。可想见的，未来数年之内，MIL-STD-1916 将会逐渐取代 MIL-STD-105E 与 MIL-STD-414，而成为抽样计划的主流。

个案研究

抽样计划软件的应用

品管实务界最常采用的软件——MINITAB，第 15 版终于提供了允收抽样的功能。对于计数值允收抽样而言，使用者只需将 AQL、LTPD、Producer's Risk（Alpha）、Consumer's Risk（Beta）以及批量输入，MINITAB 就能规划出抽样计划中的样本数与允收数，并提供该抽样计划所对应的 OC 曲线、AOQ、AOQL 与 ATI 供参考。例如，AQL = 0.01、LTPD = 0.05、Producer's Risk（Alpha）= 0.05、Consumer's Risk（Beta）= 0.1、批量 = 500，MINITAB 提供的抽样计划为 n = 132，Ac = 3，其结果如下所示：

Acceptance Sampling by Attributes

Measurement type: Go/no go

Lot quality in proportion defective

Lot size: 500

Use binomial distribution to calculate probability of acceptance

Acceptable Quality Level（AQL）	0.01
Producer's Risk（Alpha）	0.05
Rejectable Quality Level（RQL or LTPD）	0.05
Consumer's Risk（Beta）	0.1

Generated Plan（s）

Sample Size   132

Acceptance Number   3

Accept lot if defective items in 132 sampled <=3; Otherwise reject.

Proportion Defective	Probability Accepting	Probability Rejecting	AOQ	ATI
0.01	0.956	0.044	0.00703	148.3
0.05	0.099	0.901	0.00365	463.5

Average Outgoing Quality Limit（AOQL）= 0.01083 at 0.02220 proportion defective.

Graphs–Acceptance Sampling by Attributes

对于计量值允收抽样而言，MINITAB 提供 k 法与 M 法两种选择，以 k 法为例，使用者将 AQL、LTPD、Producer's Risk（Alpha）、Consumer's Risk（Beta）以及批量输入，MINITAB 就能规划出抽样计划中的样本数与允收数，并提供该抽样计划所对应的 OC 曲线、AOQ、AOQL 与 ATI 供参考。例如，AQL = 0.01、LTPD = 0.05、Producer's Risk（Alpha）= 0.05、Consumer's Risk（Beta）= 0.1、批量 = 500，MINITAB 提供的抽样计划为 n = 19，k = 1.94393。如果使用者再将检测结果输入，MINITAB 更能计算 Q_L 与 Q_U 值，并做出是否该允收的判断。其结果如下所示：

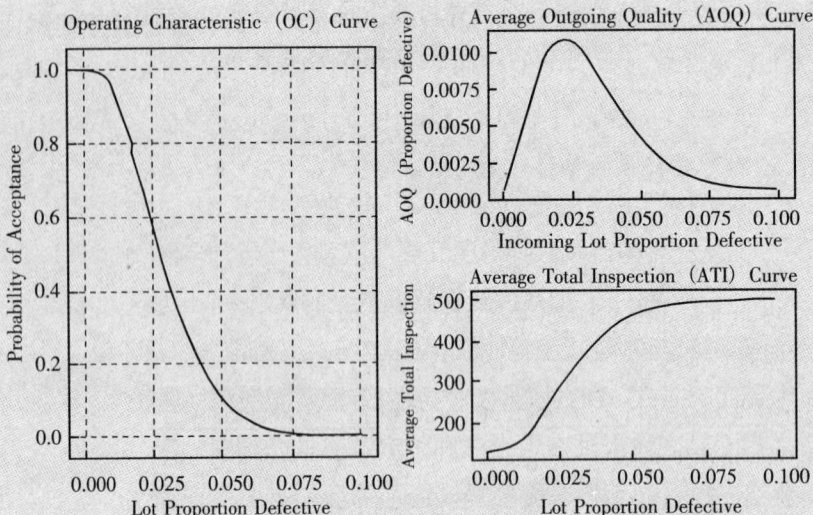

Sample Size 132, Acceptance Number 3

Acceptance Sampling by Variables-Create/Compare

Lot quality in proportion defective	
Lower Specification Limit (LSL)	100
Upper Specification Limit (USL)	110
Historical Standard Deviation	1
Lot Size	500
Acceptable Quality Level (AQL)	0.01
Producer's Risk (Alpha)	0.05
Rejectable Quality Level (RQL or LTPD)	0.05
Consumer's Risk (Beta)	0.1
Generated Plan (s)	
Sample Size	19
Critical Distance (k Value)	1.94393

Z.LSL = (mean-lower spec)/historical standard deviation

Z.USL = (upper spec-mean)/historical standard deviation

Accept lot if Z.LSL >= k and Z.USL >= k; otherwise reject.

Proportion   Probability   Probability

Defective	Accepting	Rejecting	AOQ	ATI
0.01	0.952	0.048	0.00916	42.0
0.05	0.096	0.904	0.00463	453.7

Average Outgoing Quality Limit (AOQL) = 0.01317 at 0.02069 proportion defective.

Graphs-Acceptance Sampling by Variables

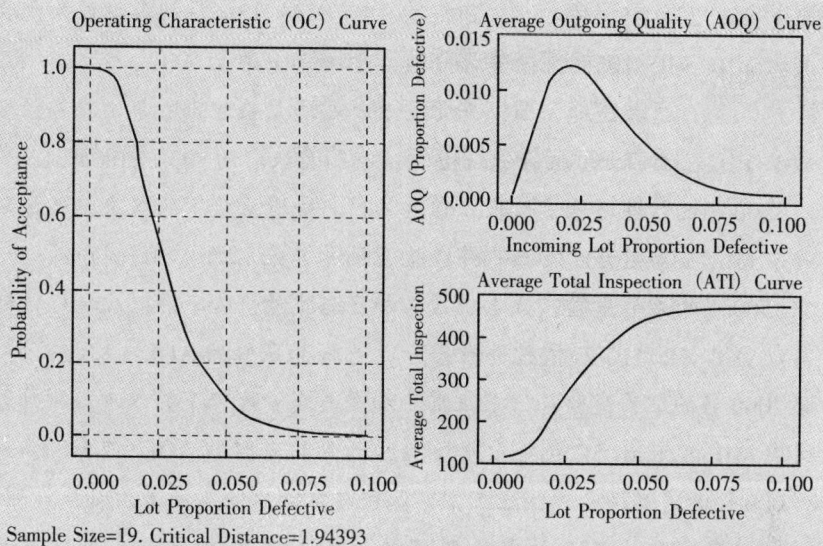

Operating Characteristic (OC) Curve
Sample Size=19. Critical Distance=1.94393

Average Outgoing Quality (AOQ) Curve

Average Total Inspection (ATI) Curve

问题讨论

以上对于 AQL = 0.01、LTPD = 0.05、Producer's Risk (Alpha) = 0.05、Consumer's Risk (Beta) = 0.1、批量 = 500 的状况而言，MINITAB 提供的计数值抽样计划为 n = 132，但计量值抽样计划却是 n = 19。请问针对同一个问题，为何计量值抽样计划所需的样本数会小于计数值抽样计划所需的样本数？

习题

1. 为何 MIL-STD-105E 将生产者风险（α）固定在 0.01~0.10，而不将 α 定为 0.05？

2. MIL-STD-105E 的样本代字如何决定？

3. 为何 MIL-STD-105E 检验水准的决定可视为一种在样本大小与对消费者保障间求取平衡的过程？

4. 正常检验、加严检验与减量检验的适用时机为何？

5. 试叙述正常检验、加严检验或减量检验间的转换规则。

6. 某公司以 MIL-STD-105E 执行进料检验，已知其采取的 AQL = 0.65%、一般检验水准 Ⅱ，今有一批 7000 颗的零件送验，试求正常、加严与减量检验下的单次抽样计划。

7. 续第 6 题，现有 15 批皆为 7000 颗零件的送验批依序到达，且各批的不合格数为 3、4、2、2、2、3、3、1、3、1、3、2、1、4、2，试问各批该为允收或拒收？

8. 某公司以 MIL-STD-105E 执行进料检验，已知其采取的 AQL = 1.5% 、一般检验水准 Ⅲ，今有一批 50000 颗的零件送验，试求正常、加严与减量检验下的单次抽样计划。

9. 续第 8 题，现有 15 批皆为 50000 颗零件的送验批依序到达，且各批的不合格数为 13、

20、21、22、23、23、23、25、13、21、23、22、17、14、12，试问各批该为允收或拒收？

10. 某公司以 MIL-STD-105E 执行进料检验，已知其采取的 AQL = 2.5%、特殊检验水准 S-4，今有一批 2500 颗的零件送验，试求正常、加严与减量检验下的单次抽样计划。

11. 某公司以 MIL-STD-105E 执行进料检验，已知其采取的 AQL = 0.65%、一般检验水准 Ⅲ，今有一批 13500 颗的零件送验，试求正常、加严与减量检验下的双次抽样计划。

12. 某公司以 MIL-STD-105E 执行进料检验，已知其采取的 AQL = 4.0%、一般检验水准 Ⅰ，今有一批 13500 颗的零件送验，试求正常、加严与减量检验下的双次抽样计划。

13. 某公司以 MIL-STD-105E 执行进料检验，已知其采取的 AQL = 1.0%、特殊检验水准 S-3，今有一批 2000 颗的零件送验，试求正常、加严与减量检验下的双次抽样计划。

14. 某公司以 MIL-STD-105E 执行出货检验，已知其采取的 AQL = 2.5%、一般检验水准 Ⅱ，今有一批 2000 件的产品送验，试求正常、加严与减量检验下的多次抽样计划。

15. 某公司以 MIL-STD-105E 执行进料检验，已知其采取严重不合格项目的 AQL 为 0.25%，主要不合格项目的 AQL 为 1.0%，次要不合格项目的 AQL 为 4.0%，并使用一般检验水准 Ⅱ，今有一批 5500 颗的零件送验，试求正常检验单次抽样计划。

16. 续第 15 题，假设检验结果为严重不合格数等于 0，主要不合格数等于 4，次要不合格数等于 16，该送验批是否应予允收？

17. 续第 15 题，但该公司与顾客协议以品质评分系统将严重不合格项目的权数定为 3，主要不合格项目的权数定为 2，次要不合格项目的权数定为 1，AQL = 4.0%，并使用一般检验水准 Ⅱ，今同样有一批 5500 颗的零件送验，试求正常检验单次抽样计划。

18. 续第 15 题，假设检验结果为严重不合格数等于 1，主要不合格数等于 3，次要不合格数等于 10，该送验批是否应予允收？

19. 某公司进料验收一批个数为 52000 颗的电阻，该公司采用 MIL-STD-414 抽样计划，已知 AQL = 1.0%，采检验水准 Ⅱ，正常检验，变异数未知标准差法，单边规格形式 1，试求样本大小与 k 值。

20. 续第 19 题，已知电阻的规格为 $5^{+0.5}$ 欧姆，试问样本的平均值为 5.0 欧姆，标准差为 0.10 欧姆，送验批是否应允收？

21. 续第 19 题，已知电阻之规格为 $5_{-0.4}$ 欧姆，试问样本的平均值为 5.3 欧姆，标准差为 0.40 欧姆，送验批是否应允收？

22. 某公司进料验收一批个数为 2000 颗的电阻，该公司采用 MIL-STD-414 抽样计划，已知 AQL = 4.0%，采检验水准 Ⅱ，正常检验，变异数未知标准差法，单边规格形式 2，试求样本大小与 M 值。

23. 续第 22 题，已知电阻的规格为 $15^{+0.5}$ 欧姆，试问样本的平均值为 15.10 欧姆、标准差为 0.25 欧姆情形下送验批是否应允收？

24. 续第22题，已知电阻的规格为 $15_{-1.0}$ 欧姆，试问样本的平均值为 14.80 欧姆，标准差为 0.36 欧姆情形下送验批是否应允收？

25. 某公司进料验收一批个数为 1000 颗的电阻，该公司采用 MIL-STD-414 抽样计划，已知 AQL = 2.5%，采检验水准Ⅲ，正常检验，变异数未知标准差法，双边规格，试求样本大小与 M 值。

26. 续第25题，已知电阻的规格为 $20^{+0.8}_{-1.0}$ 欧姆，试问样本的平均值为 20.10 欧姆、标准差为 0.30 欧姆情形下送验批是否应允收？

27. 某公司进料验收一批个数为 30000 颗的电阻，该公司采用 MIL-STD-414 抽样计划，已知 AQL_L = 2.5%，AQL_U = 1.5%，采检验水准Ⅲ，正常检验，变异数未知标准差法，双边规格，试求样本大小与 M 值。

28. 已知电阻的规格为 $20^{+0.9}_{-1.2}$ 欧姆，试问样本的平均值为 19.6 欧姆、标准差为 0.60 欧姆情形下送验批是否应允收？

29. 试述 MIL-STD-1916 的特色。

30. MIL-STD-1916 计数值抽样计划，验证水准为Ⅳ，今有连续十送验批，检验结果如下表所示，请填写空白处并判定各批是否该允收。

批号	批量	抽样等级	验证水准	样本代字	样本大小	不合格数	品质判定
1	4000					1	
2	2000					0	
3	3500					0	
4	3800					0	
5	8000					0	
6	9000					0	
7	2400					1	
8	5200					1	
9	3400					1	
10	6000					0	

31. MIL-STD-1916 计数值抽样计划，验证水准为Ⅴ，今有连续十送验批，检验结果如下表所示，请填写空白处并判定各批是否该允收。

批号	批量	抽样等级	验证水准	样本代字	样本大小	不合格数	品质判定
1	2000					0	
2	6000					0	
3	3000					0	
4	4800					1	
5	3000					1	
6	5000					0	

批号	批量	抽样等级	验证水准	样本代字	样本大小	不合格数	品质判定
7	6000					0	
8	7800					0	
9	6700					0	
10	3800					0	

32. MIL-STD-1916 计数值抽样计划，验证水准为Ⅵ，今有连续十送验批，检验结果如下表所示，请填写空白处并判定各批是否该允收。

批号	批量	抽样等级	验证水准	样本代字	样本大小	不合格数	品质判定
1	7000					1	
2	9000					1	
3	8500					0	
4	8000					0	
5	8000					0	
6	9000					0	
7	6000					1	
8	4500					0	
9	6800					0	
10	8700					0	

33. MIL-STD-1916 抽样计划表，且验证水准为Ⅲ。今有一送验批，批量为4000，试决定样本大小。

34. 续第33题，检验结果如下表。已知产品规格下限为200，规格上限为220，请以 k 法判定该送验批是否应允收。

211	215	213	210	210	212
210	212	208	207	209	210
211	210	208	207	210	210
210	215	214	207	208	209
210	211	208	209	213	

35. 续第33题，请以 F 法判定该送验批是否应允收。

36. MIL-STD-1916 抽样计划表，且验证水准为 V。今有一送验批，批量为1500，试决定样本大小。

37. 续第 33 题，检验结果如下表。已知产品规格下限为 200，规格上限为 220，请以 k 法判定该送验批是否应允收。

211	215	213	210	210	212
208	209	212	205	207	216
214	215	207	206	213	212
210	212	208	207	209	210
212	212	213	206	207	208
210	215	213	212	210	209
211	210	208	207	210	210
213	213				

38. 续第 33 题，请以 F 法判定该送验批是否应允收。

第十五章　品质改善

学习重点 在学习本章后，你将能够：

1. 了解何为品质管理七个工具。

2. 学习品质管理七个新工具的运用方法。

3. 懂得品管圈活动的运作方式。

4. 了解提案制度的意义。

5. 说明标杆学习的意义与分类。

6. 说明标杆学习与持续改善的差异。

7. 解释何为企业流程再造。

8. 明了企业流程再造的七项准则。

9. 说明六标准差的意义与由来。

10. 解释六标准差活动中的主要角色与五大行动步骤。

品管现场实录

　　在客户的认同下，尊爵终于采用 MIL–STD–1916 抽样标准，以简化其允收抽样作业。过去借由各种检验活动以确保品质的观念也已改变，尊爵现在要挑战的是六标准差。回忆过去一整年的朝夕相处、耳提面命，持续改善的精神已深入人心，成为了尊爵所有员工工作的一部分，所创造出来的品质奇迹，更让同业争相走告。王顾问在结案时仍不改其顾问本色，神情较当初第一步踏入尊爵时更为严肃，"兄弟们，更大的挑战、更艰巨的任务就在眼前，让我们张开双手迎接六标准差吧！"尊爵的所有干部起立向这位带领他们走过艰辛，一年中满头黑发已有半白的品质导师鼓掌致敬，久久不能停歇。

本章为全书的最后一章。在本章，我们将本书前十四章中尚未提及的其他各种品质改善方法加以介绍，它们包括品质管理七个工具、品管圈活动、提案制度、标杆学习、企业流程再造与六标准差活动。

第一节 品质管理七个工具

任何问题的陈述与分析皆需借助文字、表格或图形的协助方能表示。一般而言，图形的分析解释能力优于表格，而表格的分析解释能力又优于文字，故品质改善活动常以适当的表格与图形作问题分析与解决的工具。

在过去信息工具尚未十分普及的时代，一般人对图形与表格的制作常能力有限。但在今日，任何稍具信息基本概念的人，都大致能够运用手边唾手可得的信息工具，制作出精美的图形与表格，其中尤以 Excel 提供了许多常用的图形，是现代人进行品质改善时的最佳帮手。

品质管理七个工具（QC 7 Tools）是日本科学技术联盟所整理出的对现场改善最简易的七个工具，也有人称其为品管七工具或品管七大手法，它包含散布图、管制图、直方图、柏拉图、流程图、特性要因图与检核表，其内容如表 15–1 所示。日本科学技术联盟除整理开发出品质管理七个工具外，另外也整理开发出品质管理七个新工具（New QC 7 Tools）。

品管七工具或品管七大手法包含散布图、管制图、直方图、柏拉图、流程图、特性要因图与检核表。

表 15–1 品质管理七个工具

手法名称	意义与使用时机
散布图	借由绘制两个变数在二维空间中的图形，以判定此两变数间的相关程度
管制图	对品质特性加以测量、计算与绘图，借由图形的变化侦测出制程中的非机遇变异，以进行改善
直方图	将不同组别的资料出现频率绘成图形，以推测品质特性的集中趋势与离中趋势
柏拉图	将各种状况的频率从高到低排列，以掌握主要状况进行重点改善
流程图	将流程以视觉方式表现出来，以协助研究人员从流程中找出重点问题发生处
特性要因图	分析形成某种结果的原因为何的系统性方法，常搭配脑力激荡法合并使用
检核表	作为工作备忘之用，或有系统地收集和记录，以方便进行资料的整理

1. 散布图

当我们想知道两个变量间的关联程度时，例如体重与身高间的关系，就可使用散布图（Scatter Diagram）。两变数间的关联程度又可分为正相关（如图 15-1 所示）、负相关（如图 15-2 所示）与无关（如图 15-3 所示）。散布图若以时间为横轴，并将观察值以线段依序连接起来，又可称为推移图，如图 15-4 所示。

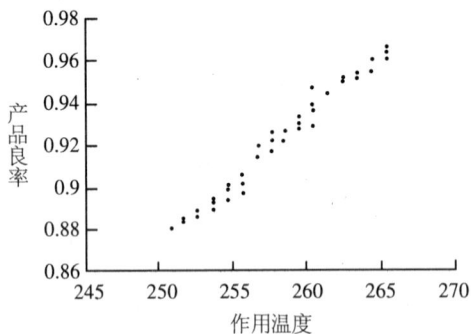

图 15-1 散布图（正相关）

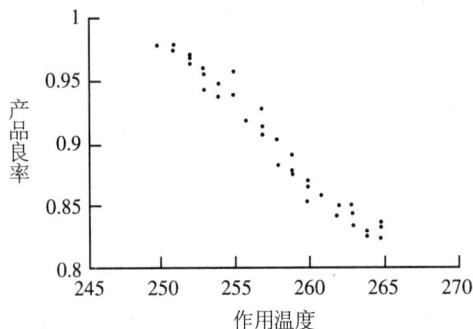

图 15-2 散布图（负相关）

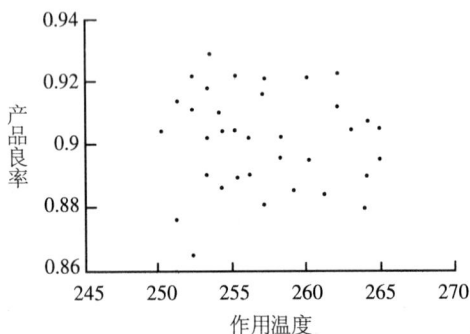

图 15-3 散布图（无关）

2. 管制图

管制图的原理与绘制方法已于本书中的前几章中加以叙述，如图 15-5 所示，在此不多赘述。

3. 直方图

当我们想了解某一品质特性的分配状态时，直方图（Histogram）

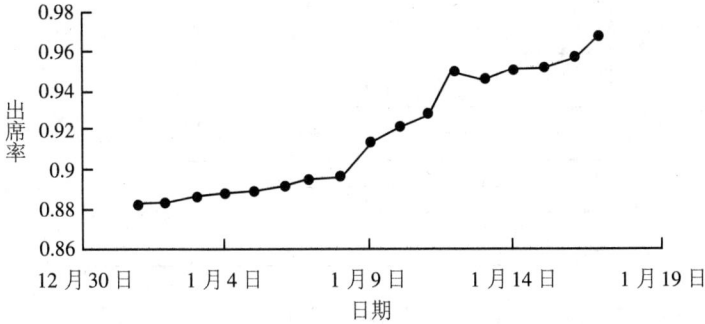

图 15-4 推移图

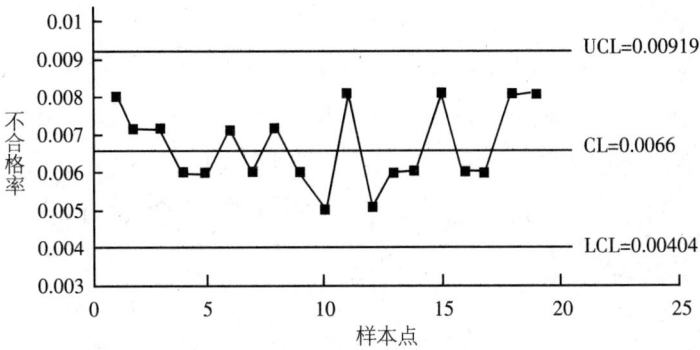

图 15-5 管制图

是最简单快速的方法，直方图最常见的为直式直方图，如图 15-6 所示，但在某些情形下也有人会采用横式直方图，如图 15-7 所示。

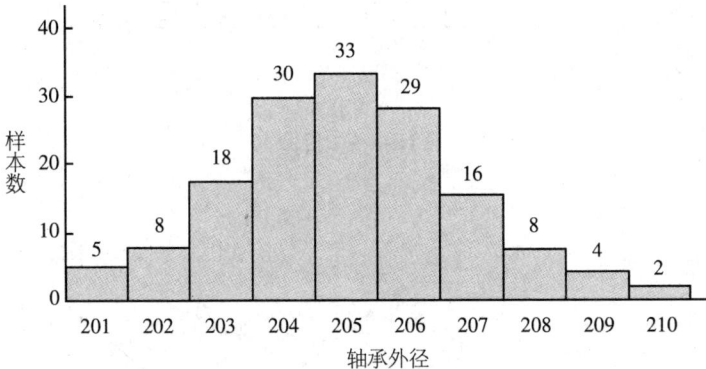

图 15-6 直式直方图

受过基本统计训练的人员常会以平均数与标准差作为评判一组数据的集中趋势量数与离中趋势量数，但对于未受过统计训练的绝大部分第一线人员而言，直方图可作为初步判定观察值集中趋势与离中趋势的简易工具。将产品品质特性直方图与规格界限绘在同一张图上，更能增进我们对品质状况的了解。

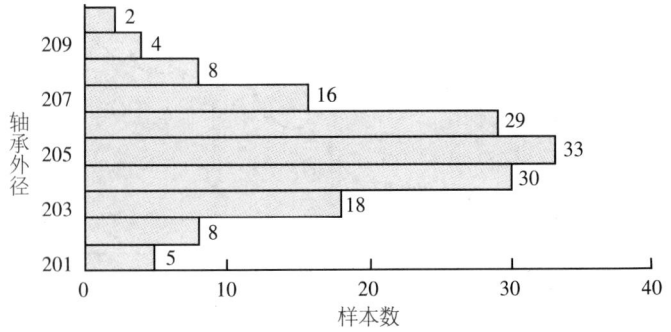

图 15-7　横式直方图

4. 柏拉图

柏拉图 (Pareto Chart) 将问题发生的频率依大小顺序排列（如图 15-8 所示），常能协助我们更清楚地掌握"重要的少数"，以优先解决具有决定性的关键问题。许多其他的图形也能提供类似柏拉图的功能，例如饼图（如图 15-9 所示）与雷达图（如图 15-10 所示）。

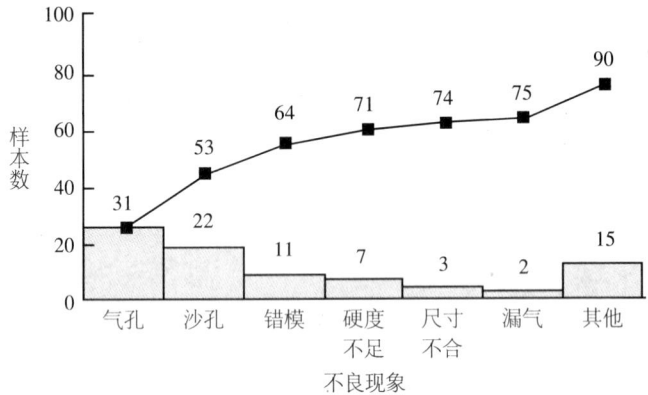

图 15-8　柏拉图

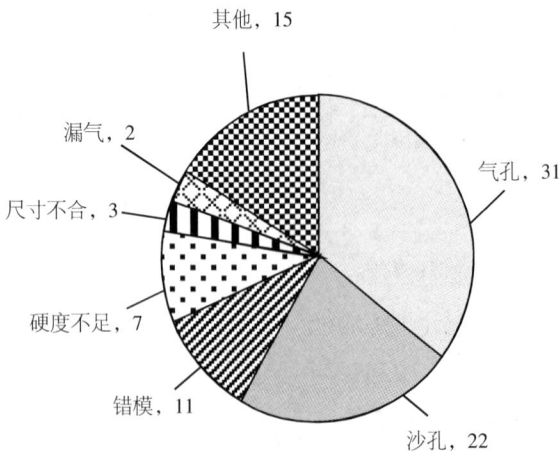

图 15-9　饼形图

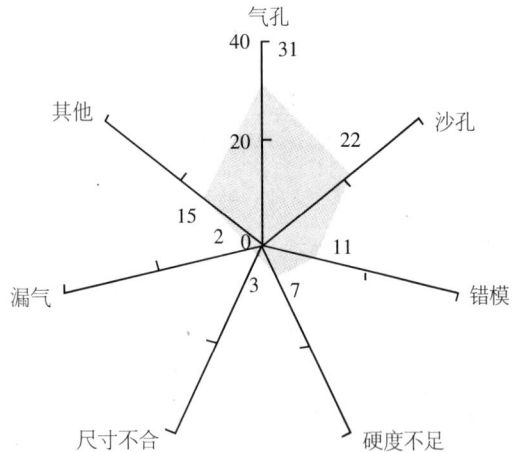

图 15-10　雷达图

5. 流程图

流程图（Flow Chart）是一种叙述工作步骤的图形，如图 15-11 所示。以流程图将工作分解后，对于每一步骤常从下列四个角度来分析该步骤是否具有改善的空间，以达到精简流程的目的：

（1）剔除。剔除（Elimination）代表消除不必要的动作。

（2）合并。合并（Combination）代表将两种或多种动作合为一种，以节省多余不必要的动作。

（3）简化。简化（Simplification）代表用最简单的方法及设备来完成该动作。

（4）重组。重组（Rearrangement）代表重新排列动作以得到最佳的顺序。

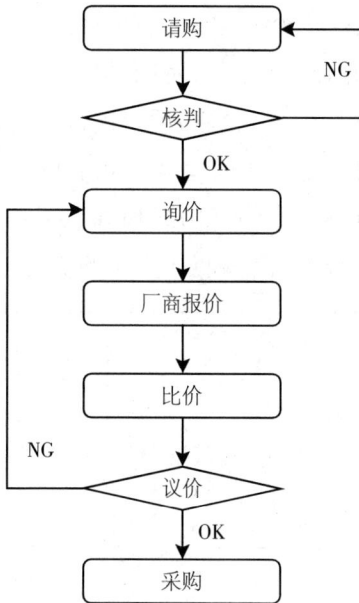

图 15-11　流程图

6. 特性要因图

特性要因图（Cause-and-Effect Diagram）又可称为鱼骨图（Fish-Bone Diagram）、石川馨图或因果图，如图 15-12 所示，它是石川馨博士所创造并大力推荐的工具。该图常与脑力激荡法（Brainstorming）并用，是分析问题成因最常用的基本工具。特性要因图的绘制需先将成因大分类后小分类，大分类的方式常从人、机、料、法（Man、Machine、Material and Method，4M）四方面着手，小分类则需视实际状况进行成因探讨。

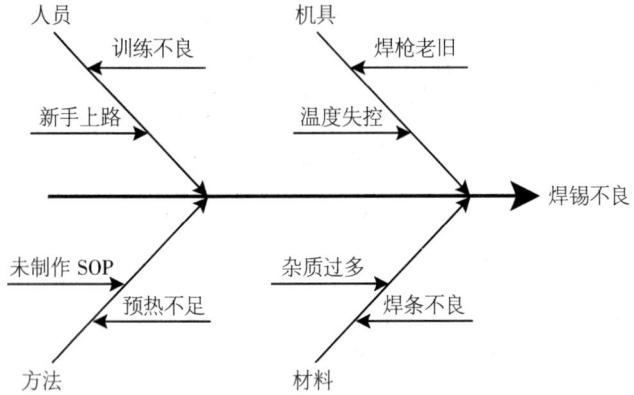

图 15-12　特性要因图

7. 检核表

检核表（Check Sheet）能协助工作者作为备忘之用，如图 15-13 所示，我们称其为备忘用检核表；或有系统地搜集和记录以方便进行资料的整理，如图 15-14 所示，我们称其为记录用检核表。备忘用检核表若项目过多时，应对检核项目进行分类，以使检核时条理分明；记录用检核表在设计时应考虑是否有助于未来进行资料分析时的层别（Stratification），例如图 15-14 中将品质异常分为早班、中班与晚班各别统计的设计，就有助于未来的资料分析。

ISO9001 内部品质稽核——文件管制稽核要项	是	否	不适用
是否建立包括品质手册、程序文件及其他必要的文件及品质记录	√		
文件发行前是否加以审核	√		
文件修订前是否加以审核	√		
文件变更及版本状况是否能识别	√		
使用场所是否拥有必要文件		√	
文件是否清楚易读容易识别	√		
外来原始文件是否能识别并管制分发			√
过时文件仍需使用时是否能予标识	√		
品质记录是否妥善管制	√		

图 15-13　备忘用检核表

产品品质检查表				
	早班	中班	晚班	小计
重量不足	/	///	//	6
外径尺寸太小	/	///	//	6
外径尺寸太大	///	///	///	9
内径尺寸太小	//	‖Ⅲ	////	11
内径尺寸太大	//	////	‖Ⅲ //	13
外观不良	////	‖Ⅲ	///	12
合计	13	23	21	57

图 15-14　记录用检核表

第二节 品质管理七个新工具

品质管理七个新工具，又称为品管新七工具或品管新七大手法，同样是日本科学技术联盟所整理出来的改善工具，它包含关联图、亲和图、系统图、矩阵图、过程决定计划图、箭头图与矩阵资料解析，其内容如表15-2所示。一般认为，品管七工具比较简单，现场或基层人员经简单训练后即可轻松上手，故适合全面普及推动；品管新七工具的难度比较高，白领阶层或管理者较适合受训或使用，可视为是品管七工具的进阶。

品质管理七个新工具，又称为品管新七工具或品管新七大手法，它包含关联图、亲和图、系统图、矩阵图、过程决定计划图、箭头图与矩阵资料解析。

表 15-2 品质管理七个新工具

手法名称	意义与使用时机
关联图	用箭头将所有的原因与原因间的关联，以及原因与结果间的关联绘制出来，以利找出复杂问题的症结
亲和图	将亲和性高的事件用框框归为一类，给予命名，如此就能将复杂的事件逐步理出头绪
系统图	将一问题由上而下、由模糊而清晰、由粗略而明确，进行系统化的分解，以便于订定问题解决方案
矩阵图	在关系矩阵的左方与上方各放置一个因素，关系矩阵中则填入两因素间关系的强弱度，以分析两因素间的影响关联度
过程决定计划图	反复地提问"该如何做"与"会遭遇到什么问题"，在问题可以解决时就继续分析下去直到目标达成
箭头图	将某一专案中的各项活动的先后关系以箭头加以连接的图形，一般常作为日程分析与安排的工具
矩阵资料解析	当所搜集到的资料是一组矩阵数据时，许多统计分析的方法，就适合用来作为分析工具

1. 关联图

许多复杂的问题，原因与原因之间常会纠结不清，甚或形成另一种因果关系，这时候我们可以用箭头将所有的原因与原因间的关联，以及原因与结果间的关联绘制出来，以利找出复杂问题的症结，这种图形，我们称为关联图（Interrelationship Digraph）。例如图15-15，即为分析某一企业人力不足问题的关联图。

2. 亲和图

亲和图（Affinity Diagram）为川喜田二郎（Kawakita Jirou）所创，又称为KJ法。亲和图是将一堆事件由下而上进行归纳，以整理出系统性的分类，它先将亲和性高的事件集中放在图形中较近的地

445

方，用框框归为一类，给予命名；再将前述所获得的亲和性高的类别集中放在图形中较近的地方，用更大的框框归再为一类，以此类推直到不能再归类为止，如此就能将复杂的事件逐步理出头绪。例如图 15-16，即为分析某一产品品质问题的亲和图。

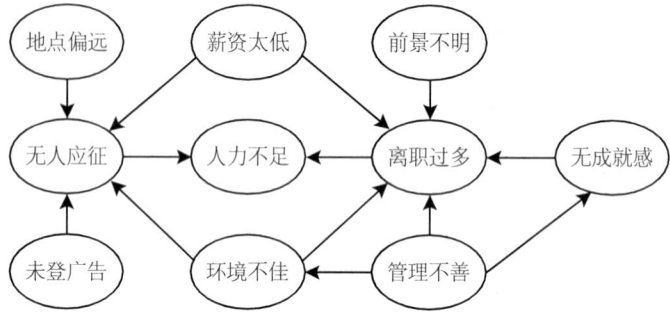

图 15-15 关联

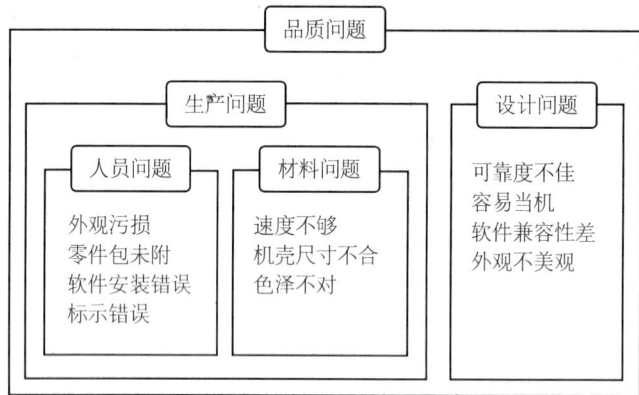

图 15-16 亲和

3. 系统图

系统图（System Diagram）又称为树状图（Tree Diagram），是将一问题由上而下、由模糊而清晰、由粗略而明确，进行系统化的分解，以便于订定问题解决方案。例如图 15-17，即为分析某一产品焊锡不良原因的系统图。

4. 矩阵图

矩阵图（Matrix Diagram）的核心是关系矩阵，在关系矩阵的左方放置某一个因素，关系矩阵的上方放置另一个因素，关系矩阵中则填入两因素间关系的强弱程度，借以分析两因素间的影响关联度。品质机能展开所用的工具——品质屋，就是矩阵图的一种。例如图

15-18，即为顾客需求与新产品设计间的矩阵图。

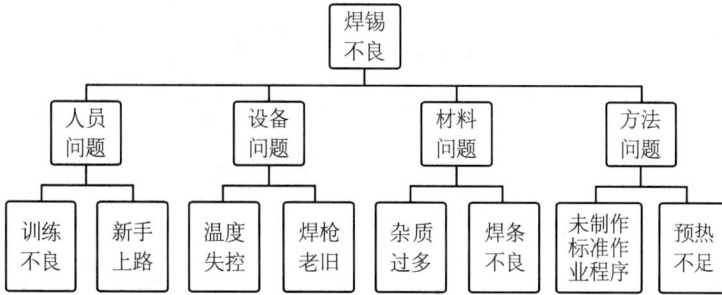

图 15-17　系统图

		新产品设计方向			
		4G 行动上网	采用 Android 作业系统	四寸触控屏幕	LED LCD
顾客需求	能上网	◎	○		
	输入简便		○	◎	
	省电				◎
	应用软体要多	△	◎		

图 15-18　矩阵图

5. 过程决策计划图

过程决策计划图（Process Decision Program Chart，PDPC）是一种连续性与动态性的分析工具，它反复地提问"该如何做"与"会遭遇到什么问题"，在问题可以解决时就继续分析下去直到目标达成，在问题无法解决时，就停止并改走其他的路。例如图 15-19，即为分析该如何扩大产能的过程决策计划图。

6. 箭头图

箭头图（Activity Network Diagram）是将某一项目中的各项活动的先后关系以箭头加以连接的图形，图中箭头的起点连接的是前行活动，箭头的终点连接的是后续活动。箭头图一般常作为日程分析与安排的工具，例如项目管理所使用的计划评核术（Project Evaluate and Review Technique，PERT）与关键路径法（Critical Path Method，CPM）（请参考图 15-20）就都是箭头图的一种。

7. 矩阵资料解析

当所搜集到的资料是一组矩阵数据时，许多统计分析的方法，像相关分析、回归分析与多变量分析等，就适合用来作为分析工具，日本科学技术联盟统称这些分析方法为矩阵资料解析（Matrix Data

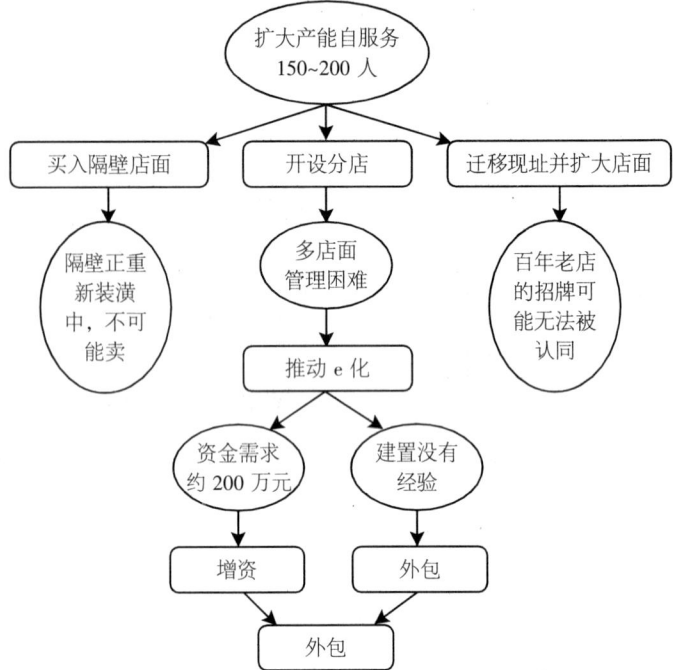

图 15-19 过程决策计划

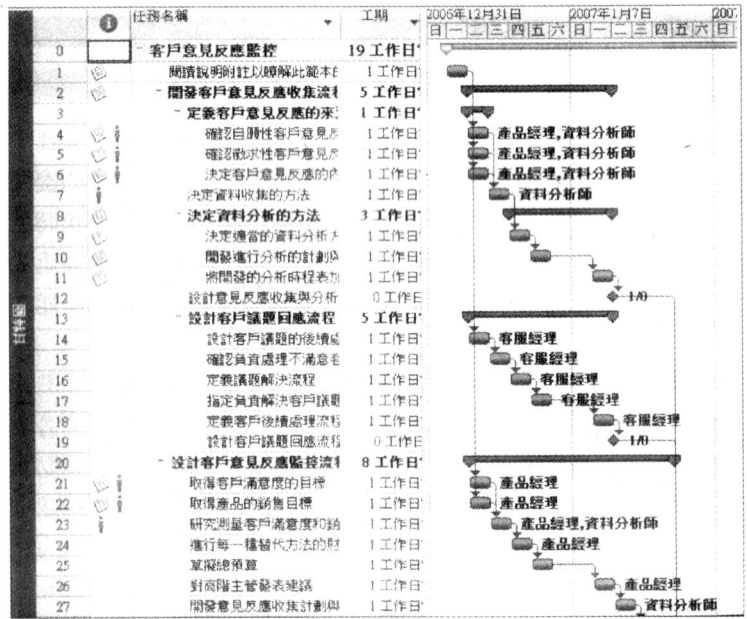

图 15-20 箭头图

Analysis）。表 15-3 是矩阵资料解析的资料表的一例，至于要采用哪一种统计方法来做解析，则需视研究的目的而定。

表 15-3 矩阵资料解析

学期成绩							
学号	国文	英文	数学	自然	社会	公民	体育
65001	90	85	84	81	75	65	74
65002	88	75	65	67	95	74	85
65003	85	71	87	81	91	78	86
65004	67	65	74	74	88	81	84
65005	88	77	77	81	92	79	81
...	...						

第三节 品管圈活动与提案制度

　　品管圈是在现场工作的员工持续地进行产品、服务与工作等与品质有关的管理与改善的"小团体"。这些小团体是推行全公司品质管制活动最重要的基石，它能实行自我启发和相互启发，并活用品管技巧以推行工作现场的改善。

　　在石川馨大力提倡之下，品管圈已是日本家喻户晓的活动，并成为其他国家企业学习的榜样。也因为品管圈活动的成功，使得戴明、朱兰、费根堡与克罗斯比等人的品质理念得以发扬光大。

一、品管圈活动的组成

　　品管圈活动的组成重点如下：

　　1. 圈长

　　圈长是品管圈团体活动的领导者，他必须事先接受训练，在吸收有关品管圈的方法和技巧后，才能领导和推展品管圈的活动。

　　2. 人数

　　品管圈中每圈的人数一般以 6~12 人为宜。

　　3. 开会方法

　　品管圈的开会方法是利用脑力激荡法，会中绝对禁止批评，以使大家能畅所欲言、互相启发。

　　4. 统计方法

　　品管圈采取简单而有效的统计方法（例如品质管理七个工具

等），针对问题作有系统的分析与讨论，并集中大家的智能定出对策、采取行动和评价其成果。

5. 自动自发的活动

品管圈活动是出于自愿而非强迫的，换言之，整个品管圈的一切事务都应由现场人员自己计划、执行、检讨及矫正。

二、品管圈活动的推行步骤

品管圈活动的推行步骤大致如下：

1. 实行前的各种训练

品管圈实行前应先完成一些必要的教育训练，这些训练包括各种品质改善手法的运用、品质基本观念的灌输与圈会如何运作等。

2. 圈的组成

品管圈活动应全员参与，其做法是将全公司的所有同人组成各品管圈，并由各圈自行命名。

3. 圈的集会

在品管圈的集会中，应鼓励圈员相互沟通与发言。

4. 选定主题

品管圈活动需选定品质改善主题，主题选定后一般随之拟订活动计划预定表。

5. 发觉问题

圈员应运用脑力激荡法及特性要因图来发觉问题。

6. 现状确认

为对现状有一明确的了解，可利用检核表来搜集现状的相关数据。

7. 目标设定

现状确认后，可运用柏拉图来选择影响品质的重要因素及设定目标。

8. 思考改善对策

针对影响品质的重要因素，利用脑力激荡法来思考各种改善对策。

9. 寻求最佳方案

评估各种改善对策的可能成本与效益，寻求并拟订最佳方案的具体计划。

10. 对策实施

将最佳方案付诸实施并管制其进度。

11. 确认效果

将最佳方案的实施成效绘制成改善前后比较图表并计算目标达成度，以确认效果。

12. 标准化

将改善后的程序制定成标准作业程序，以作为日后作业的依据。

13. 自我评价

各圈自我检讨活动进行过程中的优缺点并拟定下期品管圈活动主题。

14. 发表与讲评

举办全公司品管圈发表会与竞赛，请公司当局讲评并提供优胜者奖品。

三、提案制度

提案制度（Suggestion System）也是一种激发员工创造力，鼓励员工针对企业内各项作业、流程、设备等提出改善方案或新创意的做法。改善建议案经审查采用与实施后，组织一般都会给予提案者适当的奖励。

提案制度在 19 世纪末起源于美国，它与品管圈最大的不同，在于改善方案的提出者大多是个人而非小团队；提案制度一般都属志愿性质，组织并不会强迫员工每年需有多少提案件数；提案的时机一般也不会设限，员工在任何时间只要有发现就可以提案；提案者有时不限于组织内的员工，顾客、供货商甚或与组织不相干的外界人士也常拥有提案权；此外，提案者也不需要在公开场合发表或参与竞赛。基于以上几点，故提案制度常能与品管圈活动产生互补的功效。

提案制度也是一种激发员工创造力，鼓励员工针对企业内各项作业、流程、设备等提出改善方案或新创意的做法。

第四节　标杆学习

所谓的标杆（Benchmark），最早指的是地理研究中用来测量相对距离前所必须先决定的某个参考点。在品质改善中，标杆指的是同侪中最好（Best-in-Class）的成就，而这种成就足以作为其他拥有类似作业流程的组织参考学习。

标杆学习起源于美国全录（Xerox）公司在 20 世纪 80 年代因为市场占有率与获利率大幅衰退，而展开向日本全录公司学习 TQC，最后反败为胜的成功经验。

美国生产力与品质中心将标杆学习（Benchmarking）定义为"标杆学习是一个系统性与持续性的过程，组织通过此过程不断地将其作业活动与世界上居领导地位的其他企业相比较，以获得改善营运绩效的信息"。

依企业所选择的标杆类型来作区分，标杆学习可分为内部标杆、外部标杆与功能标杆三类。

1. 内部标杆

在同一企业内，由具有类似功能或业务的各个部门中，挑选出其中绩效表现最好的部门，当作本部门比较与学习的对象，此称为内部标杆。

2. 外部标杆

在相同的产业中，从具有类似功能或业务的同业，挑选出绩效表现最好的公司，当作本公司比较与学习的对象，此称为外部标杆或是竞争标杆。

3. 功能标杆

打破产业界限，由具有类似功能或业务的其他公司中，挑选出其中绩效表现最好的公司，当作本公司比较与学习的对象，此称为功能标杆、最佳实务标杆或是流程标杆。

以上所述的三种杆杆学习都具有不同的内容及重点，而在实施上也都有其优缺点，如表 15-4 所示。

表 15-4　不同种类标杆的实施优劣比较

标杆种类	特色	优点	缺点
内部标杆	在企业组织内部找寻适合的学习对象	①资讯的取得较为容易 ②学习对象较无安全上的顾虑，常乐于经验交流，故易易实施	①学习对象很难真正值得学习 ②小型企业较不易实施 ③学习成效较低
外部标杆	在企业组织外部找寻适合的学习对象	①学习范围较广泛，故较易获得改善成效 ②因是相同的产业，故资料较容易理解	学习对象因为是企业的竞争对手，所以在资料的取得上比较困难
功能标杆	以功能特性为学习的对象	学习范围最广，故改善效益常最大	①在资讯的取得上较不容易 ②因为产业的不同，有时经验难以移植

标杆最早指的是地理研究中用来测量相对距离前所必须先决定的某个参考点。

标杆学习是一个系统性与持续性的过程，组织通过此过程不断地将其作业活动与世界上居领导地位的其他企业相比较，以获得改善营运绩效的信息。

标杆学习可分为内部标杆、外部标杆与功能标杆三类。

第五节 企业流程再造

自亚当·斯密提出分工理论后，政府组织与企业组织在过去200年中大都依循功能别的方式来作设计，如图15-21所示。当组织结构设计完成后，各项作业流程即据以规划并付诸实施。

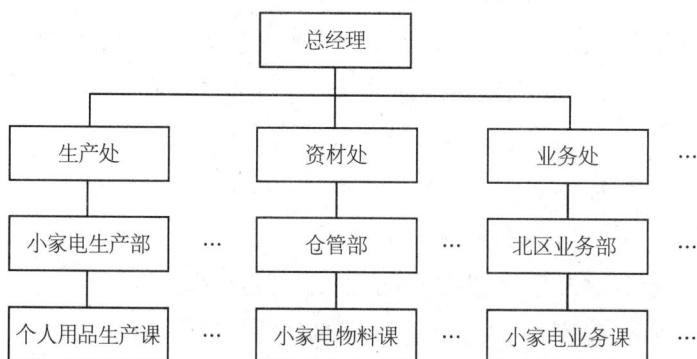

图 15-21　功能别式组织设计

但在企业规模日益庞大，组织结构日益复杂，作业项目与内容日益烦琐的今天，依功能别设计组织，然后再依组织结构设计流程的做法却会产生许多缺点，例如：①因专业分工造成组织层级过多；②因沟通不良形成本位主义；③因组织层级过多与本位主义，组织易失去理想与目标；④因流程冗长而丧失弹性与速度等竞争优势。

麦克·哈默（Michael Hammer）有鉴于此，乃提出企业流程再造（Business Process Reengineering，BPR）的观念以作为企业革新的理论与工具。他认为，在竞争激烈的现代社会中，多数企业所运用改善组织的方法（如合理化或自动化等）皆无法彻底地革新企业。许多企业花费金钱改善或是引进新的信息科技，但是却变成强化旧有错误工作流程的工具，因而造成组织成本不断增加，但改善的绩效却微乎其微。

麦克·哈默对于企业流程再造的定义为"根本的重新思考，彻底的翻新作业流程，以便在现今衡量企业的关键绩效上，如成本、品质、服务和速度上，获得戏剧性的改善"。

有关企业流程再造的同义词很多，例如 Reengineering 、 Busi-

> 企业流程再造的定义为"根本的重新思考，彻底的翻新作业流程，以便在现今衡量企业的关键绩效上，如成本、品质、服务和速度上，获得戏剧性的改善"。

ness Process Reengineering 与 Process Innovation 等，中文名称则也有改造、企业再造与企业再生工程等。这些名称虽不相同，但其意义则大同小异，都是强调以流程导向式的组织取代传统功能别专业分工的金字塔形阶层组织。

麦克·哈默提出组织进行流程设计或再造时的七项准则如下：

1. 依结果来规划一项工作而非依功能

组织存在的目的是为了达成任务，故组织结构的设计应以结果为导向，原本依功能别切割，然后交给不同人员来作处理的工作，应尽量整合成单一工作，由个案处理者或个案处理团队来执行，免除不必要的换手，以获得较快的速度、生产力及更佳的客户反应，并可提供顾客清楚的业务接洽窗口。例如图 15-21 中的小家电相关业务就可重新加以整合，设立一个一级单位"小家电事业处"以负责所有与小家电有关的工作。

2. 让使用程序所产生结果的人来执行这个程序

执行程序者若无法了解该程序的意义并享受该程序的结果，则该程序的执行成效常会大打折扣，另外执行程序者与程序结果的使用者之间也因需要沟通协调，常会增加许多不必要的困扰。让使用程序所产生结果的人来执行这个程序将能提升程序效果，且因执行者就是使用者，许多不必要的协调亦能避免。例如授权员工在一定范围内可以自行采购而不用透过采购部门、顾客可以自己填写单据或供货商可以自行管理存货等，都能获得精简流程的成效。

3. 将资讯处理的工作融入产生资讯的工作

当信息产生后应立即加以处理，不应有无谓的等待或换手，以避免日后不必要的调阅、查询、确认与重复输入资料等，这除了能节省时间外，更有助于避免错误的发生。例如业务人员在接受顾客传真订单要求出货后，就应立即确认订单的正确性、输入电脑、开立出货通知单转仓管部门安排出货事宜；要求财务部门开立发票寄发顾客等，而不应将以上这些工作拆成数个段落来执行。

4. 将地理上分散的资源视为集中

将资源分散，不论是人员、设备或存货，都能提供给使用他们的人更好的服务与响应，但这也会造成更多的成本与过长的流程，且也丧失了达成经济规模的机会。信息科技能将地理上分散的资源集中管理，结合了集权与分权管理的优点，组织能以较低的成本与较短的流程提供顾客更好的服务与回应。例如 7-Eleven 以 POS 建立集中式的数据库，就可以让公司与各店面相连接，除能维持快速补货避免缺货外，也能因大批量采购降低成本。

5. 将平行的作业结合起来，而不只是将结果加以整合

要在并行的作业间实行连接，并且在活动进行中就进行各种必要的立即调整，而不是在个别的活动完成后才进行整合，因为万一整合失败，组织将会面临非常大的成本与时间损失。通过通信网路、分享的数据库与视讯会议等，可以让许多独立的群体并行作业并随时进行各种调整。例如宏碁科技近年来力行再造，该企业的九人决策小组定期在视讯会议上做出各种决策并付诸实施，就创造了惊人的绩效。

6. 将决策点放在工作执行点，并将控制建立在流程上

执行工作的人应同时具备自行决策的能力与权力，而流程本身亦应具有自我控制的机制。当工作者变得较能自我管理与控制，阶级制度以及官僚作风就会消失，金字塔的管理层级就可压缩，而组织结构也会更为扁平。现今的信息科技已能够协助工作者查核其作业的正确性，而专家系统与知识管理系统更可大量供应员工所需的知识，导入这些工具有利于员工自行决策理想的实现。

7. 于资料产生点一次完成资料的撷取

信息的搜集与撷取，应由信息系统在资料产生时立即完成，以避免时效延误与错误的数据输入，并降低重新登录的成本。例如自动化生产设备在生产出每一件产品时，若也能够同时进行自动化检测，并将资料立即输入系统中，那么当制程不稳定时就能在第一时间察觉，以避免大量不合格品的出现、降低数据输入错误率与作业成本。

由以上所列举的企业流程再造原则，读者当能发现信息科技在其中扮演着不可或缺的角色。然而，推动企业流程再造也不应寄望信息科技能为企业解决一切问题，在许多推动企业流程再造失败的案例中显示，建立最高管理者的正确心态以及如何妥善处理员工在变革过程中的抗拒，往往才真正是企业流程再造是否能够成功的关键。

再造与持续改善常引起混淆，在表 15-5 中，我们比较此两者间的差异。读者由此表中可得知，再造对企业变革的影响程度比持续改善大，因此再造的风险与投资也较大，而成功率则较小。

表 15–5　再造与持续改善的比较

	再造	持续改善
变革的层次	根本的	渐增的
起始点	从头开始	现有的流程
参与	由上而下	由下而上
范围	广、跨功能别	窄、单一功能内
风险	高	适中
主要的成功因素	资讯科技	统计品质管制
变革的形式	文化上与结构上	文化上

第六节　六标准差活动

六标准差（6σ）是 1987 年由摩托罗拉（Motorola）公司所发展出来的管理手法，1995 年通用电子（GE）执行长杰克威尔许（Jack Welch）采行六标准差作为企业的指导策略，在短短的三年内彻底改善了该公司的品质，因此造就了六标准差的流行。

品质园地

让日产汽车起死回生的秘密武器

跨功能小组一词最早出现在 TQM 中，目前也是 QS-9000 这类标准中建议采用的管理手法。

让日本日产汽车起死回生的卡洛斯·戈森，他在不到一年的时间内，让日产汽车转亏为盈，所使用的方法其中最脍炙人口的就是九个跨功能小组。

在 1999 年之前，日产汽车已经为长达八年的亏损所苦，虽然日产汽车曾寻求戴姆勒—克莱斯勒的协助，但戴姆勒—克莱斯勒当时却认为挽救日产汽车无异是将 50 亿美元放进货柜再扔入大海，故日产汽车转向法国雷诺汽车寻求协助。雷诺汽车在 1999 年末派遣卡洛斯·戈森赴日拯救当年亏损达 57 亿美元的日产公司。

卡洛斯·戈森在进入日产后的一个月就开始建立包含业务开发、制造与物流、研发等九个跨功能小组，而其中又以研发跨功能小组最受重视。

卡洛斯·戈森认为，一般公司的主管往往不敢轻越雷池，工程师更喜欢和其他工程师一起解决问题，业务人员亦同。问题是，在同一职能或同一部门工作的成员，大多不会给自己出难题。相反的，在跨功能团队中一起工作，有助于管理人员形成新思维，挑战既有的习惯做法，同时能让员工了解实施变革的必要性，加强公司的信息交流。

在卡洛斯·戈森的改革下，日产汽车在 2001 年的营业毛利是 29 亿美元，净利是 28 亿美元，负债降为 62.5 亿美元，产能利用率由 53% 提升到 74.1%。

资料来源：苏学恭. 让日产汽车起死回生的秘密武器–CFT–比 6 Sigma 管理更具威力和效果的新工具 [J]. 品质月刊，2003（5）.

一、 六标准差的意义

摩托罗拉对六标准差的意义解释为"在流程操作当中，每 100 万次的操作机会，只可以容许 3.4 次的失误（3.4PPM）"。有关此意义的说明如下：

1. 六标准差强调的是流程操作的失误率，而非产品的不合格率

标准差是统计学中的名词，传统有关标准差在品管上的运用大多是针对产品品质，但六标准差活动并非仅止于此，任何作业流程其实也都可应用六标准差的概念进行衡量与改善。例如组织中一些与时间有关的作业流程像是交货时间、新产品设计开发时间、收款时间、设备维护保养时间、售后服务时间、公文传递时间与文件核准时间等，都可以六标准差进行衡量与改善，此时我们只需要定出执行该作业所需时间的上限规格值，就能够如同衡量产品不合格率般地去衡量作业流程的失误率。其实六标准差对于作业流程的品质反而远比对产品品质更为重视，所以六标准差的三大策略都是以流程为导向，此三大策略为流程改进、流程设计与再设计，以及流程管理。

2. 六标准差强调的是百万分之失误率，而非百分比不合格率

传统观念认为产品规格界限与品质特性平均数间若能保持三倍标准差的距离，此时的合格率约为 99.73%（如图 15–22 所示），则该产品品质应算是不错的了。

现代产品的复杂度远胜于过去，许多产品是由千百项的零组件所构成，假设某一件产品是由 100 项合格率都是 0.9973 的零组件所组成，那么该产品的合格率将是：

$$0.9973 \times 0.9973 \times \cdots \times 0.9973 = (0.9973)^{100} = 0.7631$$

也就是说，该产品的不合格率约为 23.69%，这样的产品品质当然是不能接受的，因此传统上以三倍标准作为衡量产品品质的依据

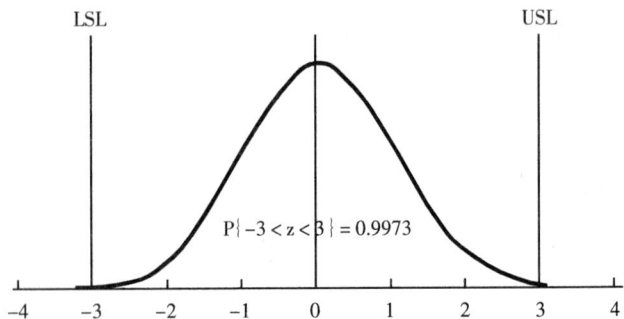

图 15-22　产品规格界限与品质特性平均数间距离三倍标准差

在现代已不适用。尤其是高科技产品所使用的零组件动辄上千，例如一部汽车约需 200000 个零件，一架飞机更需要数百万个零件，若产品品质未能降至百万分之（Parts Per Million，PPM）不合格率，则该产品将很快地从市场上消失。

在六标准差的品质水准下，产品规格界限与品质特性平均数间被要求保持六倍标准差的距离，此时的合格率约为 99.9999998%（如图 15-23 所示）。若一项产品是由 100 项这样品质水准的零组件所组成时，该产品就仍然能够达到 99.99998% 合格率的品质水准。

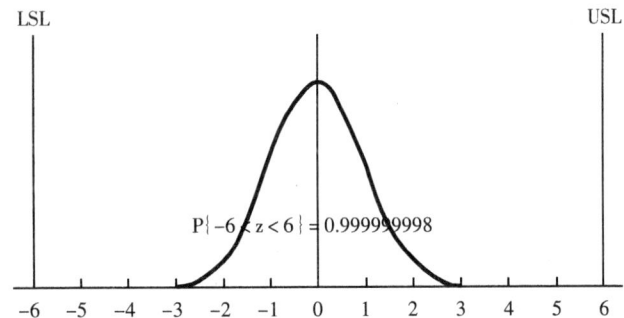

图 15-23　产品规格界限与品质特性平均数之间距离六倍标准差

在六标准差的品质水准下，假设品质特性平均数已经偏离目标值 1.5 倍标准差，此时产品规格界限与品质特性平均数间至少仍会有 4.5 倍标准差的距离，此时的合格率约为 99.99966%（如图 15-24 所示），即不合格率为 3.4PPM。若一项产品是由 100 项这样品质水准的零组件所组成时，该产品的合格率也能够达到 99.96% 的水准。

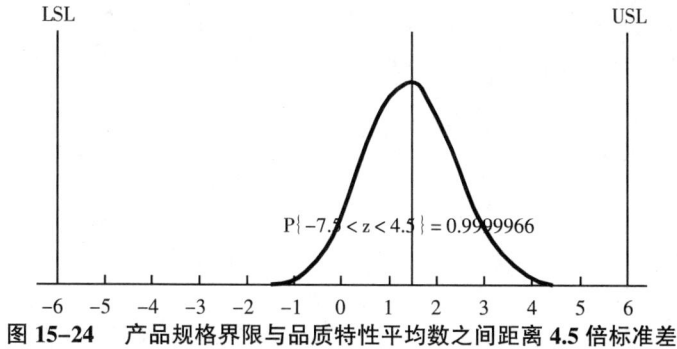

P|−7.5 < z < 4.5| = 0.9999966

图 15−24 产品规格界限与品质特性平均数之间距离 4.5 倍标准差

3. 六标准差强调降低品质变异

要达到产品规格界限与品质特性平均数间至少有 4.5 倍标准差的距离的目标，并不是靠放宽规格界线，而是要靠降低产品品质变异。因此本书中所介绍过的许多有关如何降低品质变异的技巧，都是组织在推行六标准差活动时必备的工具。

六标准差 3.4PPM 的理论基础来自于容许品质特性平均数偏离目标值 1.5 倍标准差的假设，有若干学者对于此一假设并不认同，他们认为当品质特性平均数已经偏离目标值 1.5 倍标准差时，该制程基本上已属"不稳定"或"在管制外"，此时该制程也有可能偏离目标值超过 1.5 倍标准差，故 3.4PPM 并不值得信赖。虽然这些学者对于六标准差的统计理论基础提出质疑，但他们并不否认六标准差活动对改善品质确实具有极大的功效。

二、六标准差的推动

（一）推动六标准差的理由

六标准差活动在摩托罗拉与通用电子的倡导下，近些年来已经成为改善品质的显学，特别是对于半导体工业与电子工业，其理由如下：

（1）六标准差是一个符合现代需要的品质绩效衡量指标。

（2）六标准差提供了一个比较组织与竞争者间品质差距的客观标准。

（3）六标准差能策动组织迈向无缺点。

（4）六标准能提供各部门一个明确的目标。

（二）六标准差的六大主旨

组织推动六标准差活动时，首应灌输全体员工秉持以下的六大主旨。由于此六大主旨在本书相关章节中大致都已陈述，所以在此处我们只列出条列如下而不对此作说明：

（1）真心以顾客为尊。

（2）依据资料和事实更新管理。

（3）管理和改进流程。

（4）枳极主动。

（5）协同合作。

（6）追逐完美容忍失败。

（三）六标准差的主要角色

组织在推行六标准差活动时，具有四种不同身份的人扮演着成败的关键性角色，他们分别是盟主、黑带大师、黑带与绿带。

1. 盟主

盟主（Champion）是六标准差活动中定义品质改善项目和领导项目的资深经理人，他们负责批准项目、资助专案，并且协助同人解决项目改善过程中面临的关键性问题。盟主不一定需要将所有时间都投入在六标准差活动中，但他们应该尽可能地拨出足够的时间以确保六标准差活动能够成功。

2. 黑带大师

黑带大师（Master Black Belt）是六标准差活动中全职的指导员，有一身的技术和教学领导能力，他们必须领导和督导至少十位黑带通过认证。

3. 黑带

黑带（Black Belt）是六标准差活动中全职的品质管理者，他们负责领导各式各样的品质改善团队，针对影响顾客满意度或生产力的关键流程进行衡量、分析、改善和控制等作业，并向盟主回报成果。

4. 绿带

绿带（Green Belt）是兼职参与品质改善项目的人员，他们除了负担与黑带相同的责任外，还必须在自己的日常工作岗位上持续应用各种六标准差的工具。

员工在六标准差活动中所扮演的角色与其未来在组织中的升迁有很大的关联，但这些角色却不是正常体制中的一个层级。

（四）六标准差的五大行动步骤

要完成六标准差目标的企业必须实施定义、衡量、分析、改善与管制（Define，Measure，Analyze，Improve and Control，DMAIC）五大行动步骤。

要完成六标准差目标的企业必须实施定义、衡量、分析、改善与管制五大行动步骤。

1. 定义

借由和顾客不断地进行沟通，明白顾客的需求，以定义改善项目。

2. 衡量

针对已定义的项目进行资料搜集，衡量组织目前在该项目下的品质水准。

3. 分析

搜集并分析相关数据以探究影响品质的原因，决定要改善的先后顺序，并订定改善目标。

4. 改善

拟定问题的改善方案并且加以执行，针对各项未达期望的品质持续改善，并且不断地测试与实验。

5. 管制

管制新的作业流程以确保改善成果能够维持，并且随时监督是否有新的影响变量出现。

DMAIC 是六标准差运作的核心，它是针对现况进行改善的步骤。但若组织是要针对全新的产品或流程进行设计，则就应采用另外一个名词 —— 定义、衡量、分析、设计与验证（Define, Measure, Analyze, Design and Verify，DMADV）。DMADV 与 DMAIC 的不同在于最后两个英文 D 与 V，其意义在此说明如下：

1. 设计

设计新的产品或是流程，以改善现有问题。

2. 验证

验证所设计的产品或是流程是否能满足顾客需求。

（五）六标准差的绩效评估

六标准差活动以五项评量标准追踪各种改善项目的绩效与进度，此五项评量标准如下：

（1）顾客满意度。

（2）品质不佳的代价。

（3）供货商的品质。

（4）内部表现。

（5）制造能力。

三、精实六标准差

精实六标准差（Lean 6σ）是精实生产（Lean Production）与六标准差的合并运用。要介绍精实六标准差要先从刚好及时讲起。

（一）精实生产与刚好及时系统

"准时"（On Time）指的是在预定时间之前到达或完成工作，这是一般传统管理者的要求；"及时"（In Time）的要求比准时更为严格，它指的是在预定时间的当下，到达或完成工作。准时的作业虽能避免缺料，但往往会产生过高的存货；及时的作业除能提供所需的物料外，也能避免不必要的存货，因此虽然其难度较高，但仍然成为许多企业追求的目标。

刚好及时（Just in Time，JIT）系统可定义为及时生产顾客所需的产品，及时把零组件装配成产品，及时将零组件制造出来，且及时采购所需的货品。由此定义可知 JIT 追求的是适时、适质与适量的生产产品或提供服务，以满足顾客的需求。

20 世纪 60 年代，日本因受第二次世界大战战败的影响，产品出口竞争不易，当时丰田汽车公司的社长丰田喜一郎要求全公司以三年的时间赶上美国，以建立日本的汽车工业。丰田汽车当时认为要打开产品市场，必须以价格为竞争条件，而只有努力降低成本、消除浪费，才有可能达成此一远大的目标。在推动该计划中扮演着非常重要的角色，且日后被尊称为 JIT 之父的丰田汽车加工厂厂长大野耐一，当时思索着如何能够在不增加生产成本的情况下增加汽车的生产种类。自亨利福特创办福特汽车以后，一直到丰田汽车成功地建立起 JIT 以前，制造业流行的观念一直都认为大量生产种类较少的产品，作业会较为顺畅稳定，生产力较高，存货与成本会较低。但当市场供给超过需求时，产品生产得出来却未必卖得出去，此时多量少样的生产就必须转变为少量多样式生产。在少量多样式的生产下，若缺乏一套有效的管理方式，则存货与成本可能较高，品质可能较差，交期可能较不准确，故其对作业管理的挑战性远大于亨利福特的时代。

丰田汽车在经过一连串长期的尝试努力后，终于逐步地建立起其独有的竞争优势——JIT。1973年第一次石油危机时，丰田汽车因JIT而渡过难关。能源危机之后，丰田汽车的盈余越来越大，引起了世界各地企业的注目与学习JIT已从最初的一种减少浪费的方法，发展成一种内涵丰富，包括特定知识、原则、技术与方法的管理哲学。20世纪90年代，欧美专家以JIT为基础，并结合时代管理趋势，将JIT进一步延伸为精实生产的新概念。虽然目前许多学者专家并不太去区别刚好及时系统与精实生产，但仍有人为显现精实生产来自于刚好及时系统但又与其有所差异，就将精实生产称为Big JIT，而将传统的刚好及时系统称为Little JIT。

精实生产除继承JIT的管理特色外，更将JIT在生产现场消除浪费的精神，发扬光大至企业的所有作业活动，例如组织设计、工作流程设计、人际关系、供货商关系与科技的应用等。

（二）七大浪费

远在亨利福特时代，"浪费"的问题就已获得重视，福特汽车并以移动式装配线与大量单一车种的生产来避免浪费。丰田汽车则更进一步地认为任何以较多的设备、材料、动作、时间、空间及人员，来生产相同附加价值的产品都是浪费。因此，除了少数生产上绝对需要的资源外，若存在其他非绝对必要的资源皆为浪费，而应予以彻底消除。丰田汽车精研"浪费"，他们确信"没有附加价值就是浪费"，并归纳出最常见的七大浪费为：

（1）过量生产。

（2）等候时间。

（3）不必要的运送。

（4）不良的制程。

（5）存货。

（6）无效率的工作方法。

（7）产品品质不良。

此七大浪费的主要原因及所应采取的对策，丰田汽车归纳为如表15-6所示。

将表15-6中七大浪费的对策加以重新整理，并将其归为产品设计、制程设计、人事组织设计以及制造规划与设计四大类后，我们可以图15-25展示刚好及时系统的逻辑架构。

表 15-6　七大浪费的原因及消除对策

种类	说明	原因	结果	对策
过量生产	生产出不必要的产品	①人员及设备过剩 ②大批量生产 ③使用大型高速机器 ④缺乏计划，放任生产	①阻碍物品流动 ②存货增加 ③不良品发生 ④资金周转率降低	①快速换模 ②看板管理 ③平准化生产
等候时间	不必要的等候、宽放或监视	①不周全的生产计划 ②产能不平衡 ③上游设备故障 ④设施布置不当 ⑤大批量生产	①人员、机器与时间的浪费 ②存货增加	①平准化生产 ②自动化 ③除错防呆装置 ④快速换模 ⑤群组布置
不必要的运送	不必要的二次运送	①设施布置不当 ②大批量生产 ③单能工 ④坐式作业	①空间浪费 ②生产力降低 ③搬运工时增加 ④搬运设备增加	①U 型布置 ②群组布置 ③多能工 ④立式作业
不良的制程	不必要的加工或错误的制程	①制程选择不当 ②工作设计不当 ③治具设计不佳 ④标准化不彻底 ⑤材料的检讨不足	①多余制程及作业 ②人员及工时的增加 ③效率降低 ④不良品发生	①重新检讨制程 ②重新检讨工作内容 ③改善治具 ④标准化
存货	仓库及制程间材料的停滞现象	①传统存货观念 ②设施布置不当 ③大批量生产 ④不周全的生产计划 ⑤过早生产 ⑥缺乏计划，放任生产	①交货期延长 ②迷失改善方向 ③空间浪费 ④搬运、检验的增加 ⑤资金周转率降低 ⑥管理成本的增加	①革新存货意识 ②U 型布置 ③快速换模 ④平准化生产 ⑤重视计划 ⑥看板管理
无效率的工作方法	不必要的动作、不产生附加价值的动作以及过快或过慢的动作	①老师傅风气 ②设施布置不当 ③教育训练不足	①人员、工时的增加 ②技术的私有化 ③不安定的作业	①流程式生产 ②标准化 ③ U 型布置 ④动作经济原则
产品品质不良	材料或加工不良的重工、修理、检验与抱怨处理	①过度依赖品质检验 ②检验基准与方法不当 ③标准化不彻底	①材料费用的增加 ②生产力降低 ③人员增加 ④不良品与客户抱怨增加	①自动化 ②标准化 ③除错防呆装置 ④全数检验 ⑤品保制度

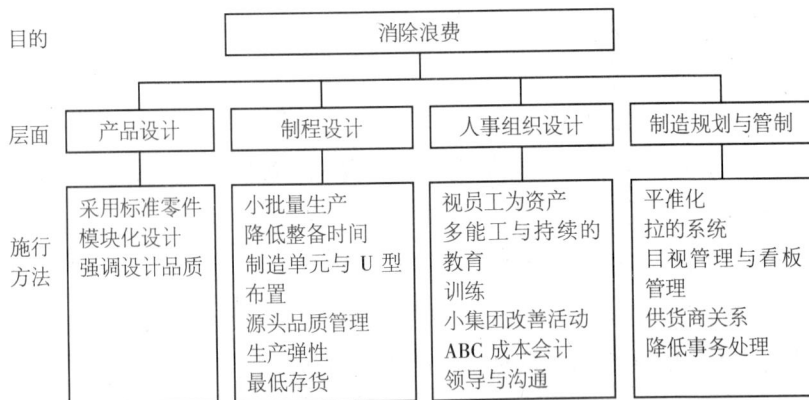

图 15-25　刚好及时系统的逻辑架构

（三）对精实六标准差的不同看法

21 世纪初，一群品质专家们提出提升品质的同时，也应该消除浪费，这种观念或做法被称为精实六标准差。他们认为过去提升品质大多是以统计方法为核心，而消除浪费则是以工业工程或生产管理的方法为核心，致力于品质工作者必须同时修习这两种方法，方能提供组织实质效益的贡献。

精实六标准差的概念虽受到许多企业的普遍欢迎，但也有若干学者认为，过去的品质活动本来就未将消除浪费排除在外，事实上，只要是改善，无论是以生产力的改善、整理整顿的改善或是组织制度的改善为名，都被算作品质改善活动的一种，精实六标准差充其量只是将过去已经在做的活动，赋予一个新的头衔而已。

品质园地

狩野纪昭看六标准差

当我读到一些翻译成日文的六标准差相关书籍时，我发现他们很残酷地将 TQM 批评得一无是处，认为 TQM 只不过是个老掉牙的东西罢了。阅读这些书籍对我而言很痛苦，因为我深受 TQM 的洗礼已相当多年。这些书对 TQM 如此严厉的批评，想必六标准差一定有其独到之处。于是我询问我美国的朋友，但他们的答案却有天壤之别，有的说六标准差只不过是 TQM 的重新命名，而有些则认为这两者是全然不同的。为了了解真相，我花了三个礼拜远赴美国，展开了对六标准差的学习之旅。

我得到的结论是六标准差具有下列特点：

（1）在高阶领导者的强力支持下，挑选出与公司获利直接关联的主题，并在短时间内改善它。

（2）由全职的黑带领导项目团队，此团队独立于现有的组织。

（3）黑带的训练与项目同步进行。在训练期间，黑带除了项目以外，没有其他任务在身。

六标准差成功的原因在于它能创造财务面的绩效，至于它之所以能达成这样的绩效，最主要的原因是因为它结合了 TQM 与 BPR。另外，服务业的广泛采行六标准差活动，也是它流行的原因之一。

虽然六标准差也强调顾客满意，不过就我所观察到的案例显示，六标准差主要还是针对减少浪费，其对于改善顾客满意度的案例则并不多。此外，六标准差活动对于日常管理与品管圈活动也不那么强调，在六标准差中并没有全员参与的观念。

TQM 是 TQC 的翻版，BPR 事实上也不过是在 20 世纪 60 年代就已经强调过的"管理的突破"观念。美国的品管界会为了让某些过时的东西看起来更有活力，而给予一个新名称来包装既有的方法，即使事情的本质并没有改变。在美国文化中，改变名称是为了期盼新的事物有好的开始。这让我心中浮起了两个疑问：六标准差还能持续多久？以及继六标准差之后而起的会是什么？关于第一个问题，我从很多人的回答所获得的答案是短则两年，而最长则是五年。至于第二个答案，多数人的回答是"只有天知道"。

资料来源：陈丽妃译. 六标准差的独到之处与 TQM 的比较 [J]. 品质月刊，2003（11）.

品质园地

六标准差的特点

六标准差的特点如下：

（1）DMAIC 与 DMADV 的运作步骤。

（2）结构化的角色设计——盟主、黑带大师、黑带与绿带。

（3）将项目与公司的策略结合在一起。

（4）项目效果以财务绩效来衡量。

（5）高阶经理人和盟主直接对六标准差项目负责。

（6）奖金与六标准差项目的执行绩效有关。

（7）项目的执行成效会影响员工升迁。

（8）项目着重在关键流程上，并以顾客声音为驱动力。

（9）使用许多高深的统计工具。

（10）高倍速的改善及短时间完成项目。

（11）第一线作业成效的要求与完成。

资料来源：杨锦洲. GE-6σ 可强化 TQM 之功能 [J]. 品质月刊，2003（4）.

第七节 结论

品质管理七个工具、品管圈活动、提案制度、标杆学习、企业流程再造与六标准差活动，是除了本书前十四章所介绍的各种品质改善工具外，最常被使用的改善手法，事实上这些方法中的任何一种都足以以专书详加叙述。读者若在阅读本书后已稍开启了对品质管理此一主题的认识与兴趣，建议您应再修习更多的相关课程，以充实自我。

远东杜邦公司以六标准差五大行动步骤，大幅度超越客户要求水准

远东杜邦公司以杜邦总公司最新开发之高速纺丝技术平台，成功地量产高科技尼龙66纤维，它的原料取自于美国杜邦厂，为一种改质后新世代聚合物，其柔韧丝质及复合多根纤维可提供优异的保护及覆盖性，同时赋予布料优质触感，特性大幅优于一般尼龙产品。此一系列产品中的Tactel，自1997年成功量产后主要应用于经编织物，它与少许弹性纤维交织后，经过染色及整理加工，可应用于一般成衣、内衣、运动服以及泳装服饰，其轻盈的特性及舒适的手感广为顾客所喜爱。

由于运用于泳装服饰的布料染色均匀度要求甚高，且泳装经常浸泡于海水及游泳池中，较其他布种更需要优异的耐水坚牢度，因此一般多采用分子团相当大的"不均染型酸性染料"，其染整程序的要求相当严苛，由原丝制造、织布到染色制程均需严格控管，以保证成品色布的品质。

远东杜邦公司经汇整主要客户使用状况后，了解到泳装布料的染色均匀性为一重要的品质指标，因此远东杜邦公司成立了跨部门项目小组，在客户之全力配合下，采用六标准差DMAIC的品质管理手法，分析卓越染色均匀性的贡献因子，运用实验设计法来改善上下游制程的操作条件，并协助客户提升后加工技术，落实研究结果于生产制程中，最后不仅协助客户提升成品良率，大幅增加产品订单，更提高了领导品牌的形象及整体的营运能力。

泳装布的制造程序如图15-26所示。

D：此项目乃针对自Tactel®产品生产的纺丝程序至成品色布目视检验步骤，作为探讨范围。

M：为量化改善前后染色品质的状态，本项目采用国际公认的染色均匀度目视评级法AATCCTest Method 178-1992作为色布染色均匀度的评量依据，测量出染色均匀度的优劣。

A：项目小组基于专业知识，依据染色瑕疵发生概率和影响程度，运用因果图分析如图15-27所示。

I：项目小组采用实验设计法，针对上述变量执行--系列实验以便得到最适化条件。数据资料经统计分析后，经AATCC评级方法可得到染色均匀度6.4的评级。

C：为持续生产出品质优异的Tactel产品，最重要的是落实改善的结果并加以控管。

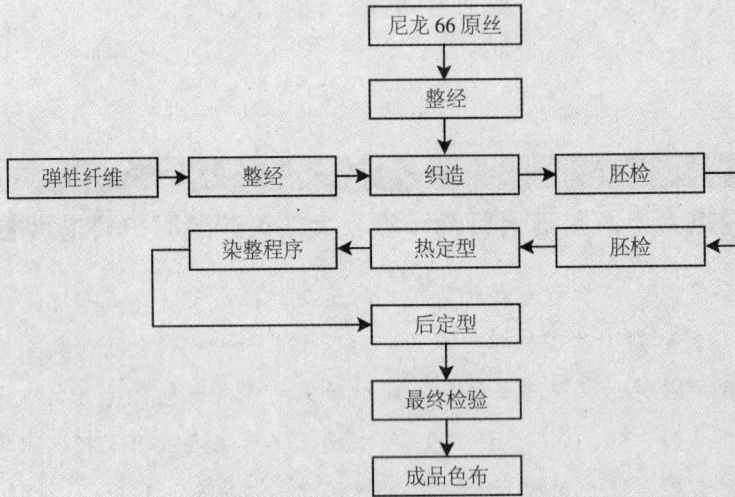

图 15-26　泳装布的制造程序

项目小组为能够维持品质改善的成果，针对各主要流程条件予以变更并加以标准化。

改善成效如下：

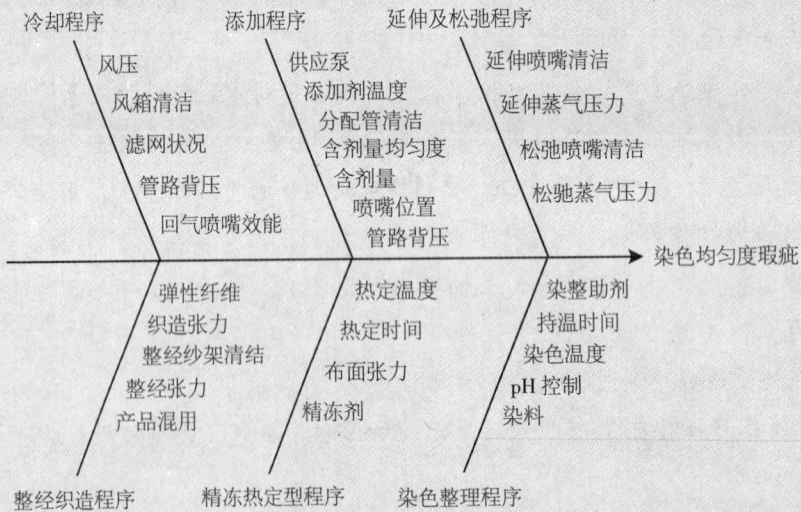

图 15-27　因果图分析

（1）提升的 Tactel 产品品质大幅度超越客户要求水准，客户成品布染色均匀度的异常比例由原先 16.7% 大幅降低至 3.7%，PPM 由 1.67×10^5 减低至 3.70×10^4。

未来仍将持续运用六标准差手法改善泳装布染色均匀度，以达到 6σ 的水准。

（2）提升后的 Tactel R 产品，建立了客户对产品的信心，即使在 3~5 月泳装淡季时，产品的销售仍明显成长。

（3）经由实验设计法，得到最佳化的原丝制程条件及下游染整流程，除改善内部制程外，进一步提升客户的染整能力，强化了公司与客户间的互动及信赖。

（4）改善过程所获得的宝贵技术、经验，已纳入标准生产流程中，并完成操作人员的相关训练。

（5）相关的改善技术已同时运用于另一主力产品 Microtouch 的染色均匀度的提升，且获得一致的优异成效，亦获得客户进一步的肯定。

问题讨论

本个案以六标准差五大行动步骤为基础，结合多种品质改善技巧，您是否能明了在品质改善的过程中需要充分学习并掌握足够的品质知识与技能？

资料来源：中国台湾地区经济部工业局品质优良案例奖案例介绍，http://proj.moeaidb. gov.tw/nqpp，远东杜邦股份有限公司科技纤维竞争优势。

习题

1. 试述何为品质管理七个工具。

2. 请解释散布图与推移图间的关系。

3. 直方图可作为初步判定观察值哪些最基本的统计量的工具？

4. 哪些图形能协助我们掌握"重要的少数"，以优先解决具有决定性的关键问题？

5. 以流程图将工作分解后，对于每一步骤常从哪四个角度来分析该步骤是否具有改善的空间？

6. 特性要因图常与哪一方法并用？

7. 何为 4M？

8. 检核表又可分为哪两类？

9. 试述何为品质管理七个新工具。

10. 试述关联图。

11. 试解释何为亲和图。

12. 试解释何为系统图。

13. 试解释何为矩阵图。

14. 试解释何为过程决策计划图。

15. 试解释何为箭头图。

16. 试解释何为矩阵数据解析。

17. 试述品管圈活动的组成重点。

18. 试述品管圈活动的推行步骤。

19. 试简述提案制度与品管圈活动的不同点为何？

20. 何为标杆?

21. 依企业所选择的标杆类型来区分，标杆学习可分为哪三类?

22. 试说明不同种类标杆的实施优劣点。

23. 试述传统流程设计的缺点为何。

24. 试说明流程设计或再造时的七项准则。

25. 试比较企业流程再造与持续改善。

26. 请解释为何在六标准差的品质水准下，产品不合格率为 3.4PPM。

27. 试说明六标准差活动的六大主旨。

28. 请说明六标准差活动中盟主、黑带大师、黑带与绿带所扮演的角色为何。

29. 何为六标准差中的五大行动步骤?

30. 六标准差活动以什么标准来评估绩效?

31. 试解释何为精实六标准差。

附录 A　统计方法概述

一、何谓统计学

统计学（Statistics）是一门针对不确定情形下，探讨如何搜集、整理、分析与解释资料，并进行估计或假设检定的学问。

统计学包含两大部分，即叙述统计（Descriptive Statistics）与推论统计（Inferential Statistics）。叙述统计包含资料的搜集、整理、分析与解释，推论统计则包含估计与假设检定。

统计学中最基本的几个名词如下所述：

（1）群体（Population）：代表所欲研究的对象全体所成的集合。如果群体个数有限，此群体称为有限群体（Finite Population），如果群体个数无限，此群体称为无限群体（Infinite Population）。

（2）样本（Sample）：代表群体的部分集合。当群体个数过大，研究者限于资源有限，无法对群体进行全面的调查时，研究者就会以抽样方法自群体抽出一组样本进行观察。

（3）参数（Parameter）：参数用来描述群体资料特性的数值，例如群体平均数、群体变异数与群体标准差等。

（4）样本统计量（Statistic）：样本统计量用来描述样本数据特性的数值，例如样本平均数、样本变异数与样本标准差等。

二、集中趋势量数与离中趋势量数

叙述统计中最重要的两种描述资料特性的方法为集中趋势量数（Measures of Location）与离中趋势量数（Measures of Dispersion）。

（一）集中趋势量数

集中趋势量数是衡量资料的中心位置或趋势的量数，一般最常使用的有平均数（Mean）、中位数（Median）与众数（Mode）。

（1）平均数。统计学中的平均数指的是算术平均数。如果资料来源为一群体，其平均数称为群体平均数（Population Mean），一般以 μ 表示之，其公式如（A-1）所示；如果资料来源为一样本，其平均数称为样本平均数（Sample Mean），一般以 $\bar{x}$ 表示，其公式如（A-2）

所示。

$$\mu = \frac{\sum\limits_{i=1}^{N} x_i}{N} \tag{A-1}$$

式中，x_i = 各观察值；　N =群体大小。

$$\bar{x} = \frac{\sum\limits_{i=1}^{n} x_i}{n} \tag{A-2}$$

式中，x_i = 各观察值；　n =样本大小。

（2）中位数。中位数指的是一组排序后资料的最中间数值，一般以 $\tilde{x}$ 表示之；大于中位数的资料个数与小于中位数的资料个数必定相等。因此，如果资料个数为 n，n 若为奇数，则第 $(n+1)/2$ 个资料数值即为中位数；n 若为偶数，则第 $n/2$ 个与第 $n/2+1$ 个数据的平均数即为中位数。中位数可表示成公式（A-3）。

$$\tilde{x} = x_{\left(\frac{n+1}{2}\right)}，\text{若 } n \text{ 为奇数：}$$

$$\tilde{x} = \frac{x_{\left(\frac{n}{2}\right)} + x_{\left(\frac{n}{2}+1\right)}}{2}，\text{若 } n \text{ 为偶数：} \tag{A-3}$$

式中，$x_{(\cdot)}$ = 顺序第·个观察值。

（3）众数。众数是指一组资料中出现次数最多的数值，所以众数有时会不止一个。如果一组资料的每一个数值都只出现一次，这组资料就没有众数存在。

（二）离中趋势量数

离中趋势量数是衡量资料的分散程度或变异的量数，一般最常使用的有全距（Range）、变异数（Variance）与标准差（Standard Deviation）。

（1）全距。全距是指资料中最大值与最小值之差，一般以 R 表示之，如公式（A-4）所示。

$$R = x_{max} - x_{min} \tag{A-4}$$

其中，x_{max} = 最大的观察值；　x_{min} = 最小的观察值。

（2）变异数。变异数是衡量一组资料分散程度最常用的量数之一。如果资料来源为一群体，其变异数称为群体变异数（Population Variance），一般以 σ^2 表示之，其公式如（A-5）所示；如果资料来源为一样本，其变异数称为样本变异数（Sample Variance），一般以 s^2 表示之，其公式如（A-6）所示。样本变异数的分母之所以 是 $n-1$，而不是 n，是因为其分母为 $n-1$ 时，样本变异数的期望值才会等于群体变异数。

$$\sigma^2 = \frac{\sum\limits_{i=1}^{N} (x_i - \mu)^2}{N} \tag{A-5}$$

$$S^2 = \frac{\sum_{i=1}^{N}(x_i - \bar{x})^2}{n-1} \qquad (A-6)$$

（3）标准差。标准差也是衡量一组资料分散程度最常用的量数之一。如果资料来源为一群体，其标准差称为群体标准差（Population Standard Deviation），一般以 σ 表示，其公式如（A-7）所示；如果资料来源为一样本，其标准差称为样本标准差（Sample Standard Deviation），一般以 s 表示，其公式如（A-8）所示。须特别注意的是，样本标准差的期望值并不等于群体标准差。

$$\sigma = \sqrt{\sigma^2} = \sqrt{\frac{\sum_{i=1}^{N}(x_i - \mu)^2}{N}} \qquad (A-7)$$

$$s = \sqrt{s^2} = \sqrt{\frac{\sum_{i=1}^{n}(x_i - \bar{x})^2}{n-1}} \qquad (A-8)$$

范例 A-1

自生产线上抽样得一组样本的重量如表 A-1 所示，试求该组样本的平均数、中位数、众数、全距、变异数与标准差。

表 A-1 样本重量

28	28	29	29	30	29
27	28	29	29	28	30
29	30	29	29	31	29
31	29	30	29	29	31
30	28	29	29	29	31

解答：

将表 A-1 重新排序后得表 A-2。

表 A-2 排序后样本重量

27	28	28	28	28	28
29	29	29	29	29	29
29	29	29	29	29	29
29	29	29	30	30	30
30	30	31	31	31	31

$$\bar{x} = \frac{\sum_{i=1}^{n} x_i}{n} = \frac{27 + 28 + 28 + \cdots + 31}{30} = 29.2$$

$$\tilde{x} = \frac{x_{(\frac{n}{2})} + x_{(\frac{n}{2}+1)}}{2} = \frac{29 + 29}{2} = 29$$

众数 = 29(出现 15 次)

$$R = x_{max} - x_{min} = 31 - 27 = 4$$

$$s^2 = \frac{\sum_{i=1}^{n} (x_i - \bar{x})^2}{n-1} = \frac{(27 - 29.2)^2 + (28 - 29.2)^2 + \cdots + (31 - 29.2)^2}{30 - 1} = 0.993$$

$$s = \sqrt{s^2} = \sqrt{0.993} = 0.997$$

三、间断型概率分配

统计学是探讨不确定情形下的问题，由于结果不确定，所以结果不是唯一，而是各种结果会以不同的概率出现。统计学者习惯将这些可能出现的结果以数字方式表示。例如投掷硬币就是一种不确定的问题，投掷的结果会是正面或反面，正面或反面出现的概率各为 50%。如果我们将投掷结果正面以 0 表示，反面以 1 表示（当然，我们也可以采取任何可以区别正反面的其他数字，例如正面以 1 表示，反面以 −1 表示），这时投掷结果不是 0，就是 1，投掷结果就成了一个随机变动的数值，我们称其为随机变量（Random Variable），一般以大写英文字母表示。群体平均数与变异数可以用随机变量的方式表达，如公式（A–9）与公式（A–10）所示。

$$\mu = E(X) \tag{A–9}$$

$$\sigma^2 = E(X^2) - [E(X)^2] \tag{A–10}$$

随机变数可能是间断的，例如 X = 0，1，2，⋯，n 也可能是连续的，例如 Y = 100.00~150.00。如果随机变量是间断的，我们称其为间断型随机变量（Discrete Random Variable）；如果随机变量是连续的，我们称其为连续型随机变量（Continuous Random Variable）。

随机变量在不同情形下的概率称为机率分配（Probability Distribution）。间断型随机变量的概率分配称为间断型概率分配（Discrete Probability Distribution），连续型随机变数的概率分配称为连续型概率分配（Continuous Probability Distribution）。大部分的概率分配并非毫无规律可言，而是以某种特殊形态出现。

描述间断型概率分配的函数，称为概率函数（Probability Function）。对于间断型概率分配而言，较常见到的概率函数有二项分配（Binomial Distribution）、超几何分配（Hypergeometric Distribution）与卜瓦松分配（Poisson Distribution）。

(一) 二项分配

若将王建民的好球数视为是一随机变量，已知王建民过去的好球率为 0.7，那么要预估王建民连投 10 球中的好球数的概率，就可依赖二项分配来做计算。

二项分配的概率函数为 $B(x, n, p) = C_x^n p^x (1-p)^{n-x}$，其中 $x = 0, 1, 2, \cdots, n$，n = 重复试验次数，p = 试验成功的概率。

若一随机变量 X 服从二项分配，则其平均数与变异数如公式 (A-11) 与公式 (A-12) 所示。

$$\mu = np \tag{A-11}$$
$$\sigma^2 = np(1-p) \tag{A-12}$$

范例 A-2

已知某产品的不合格率为 0.1，今随机抽取 10 个样本作检查，请问：

1. 其中恰有 3 个不合格品的概率为何？

2. 其中有 2~6 个不合格品的概率为何？

3. 所抽出的不合格品个数的期望值与变异数为何？

解答：

令随机变量 X 代表不合格品的个数，则 X 服从二项分配，故：

1. 其中恰有 3 个不合格品的概率为：

$$P(X = 3) = B(3, 10, 0.1) = C_3^{10} 0.1^3 (1-0.1)^{10-3} = 0.057$$

2. 其中有 2~6 个不合格品的概率为：

$$
\begin{aligned}
P(2 \leq X \leq 6) &= B(2, 10, 0.1) + B(3, 10, 0.1) + B(4, 10, 0.1) + B(5, 10, 0.1) \\
&\quad + B(6, 10, 0.1) \\
&= C_2^{10} 0.1^2 (1-0.1)^{10-2} + C_3^{10} 0.1^3 (1-0.1)^{10-3} \\
&\quad + C_4^{10} 0.1^4 (1-0.1)^{10-4} + C_5^{10} 0.1^5 (1-0.1)^{10-5} \\
&\quad + C_6^{10} 0.1^6 (1-0.1)^{10-6} \\
&= 0.264
\end{aligned}
$$

3. 不合格品个数的期望值与变异数为：

$$\mu = np = 10 \times 0.1 = 1$$
$$\sigma^2 = np(1-p) = 10 \times 0.1 \times 0.9 = 0.9$$

(二) 超几何分配

假设超级星光大道入围 30 强的实力皆相同，其中包含 20 男 10 女，现在要预估进入最后六强为男 3 女 3 的概率为多少，就须依赖超几何分配。

超几何分配的概率函数为 $H(x, n, c, N) = \dfrac{C_x^c \cdot C_{n-x}^{N-c}}{C_n^N}$，其中，$x = 0, 1, 2, \cdots, n$，$n =$ 样本大小，$c =$ 某一有兴趣类组的大小。$N =$ 群体大小，$C_b^a = \dfrac{a!}{b!(a-b)!}$。

若一随机变数 X 服从超几何分配，则其平均数与变异数如公式（A-13）与公式（A-14）所示。

$$\mu = n\frac{c}{N} \tag{A-13}$$

$$\sigma^2 = n\frac{c}{N}\left(1 - \frac{c}{N}\right)\left(\frac{N-n}{n-1}\right) \tag{A-14}$$

范例 A-3

某箱中装有 50 个产品，已知其中 45 个为合格品，5 个为不合格品，今随机自其中抽取 5 个样本作检查，抽出后不放回，请问：

1. 发现不合格品的概率为何？
2. 所抽出的不合格品个数的期望值与变异数为何？

解答：

令随机变量 X 代表不合格品的个数，则 X 服从超几何分配，故：

1. 发现不合格品的概率为：

$$P(X = 1, 2, 3, \cdots, n) = 1 - P(X = 0) = 1 - H(0, 5, 5, 50) = 1 - \frac{C_0^5 \cdot C_0^{45}}{C_5^{50}} = 0.423$$

2. 所抽出的不合格品个数的期望值与变异数为：

$$\mu = n\frac{c}{N} = 5 \times \frac{5}{50} = 0.5$$

$$\sigma^2 = n\frac{c}{N}\left(1 - \frac{c}{N}\right)\left(\frac{N-n}{n-1}\right) = 5 \times \frac{5}{50} \times \left(1 - \frac{5}{50}\right)\left(\frac{50-5}{5-1}\right) = 5.06$$

（三）卜瓦松分配

阿花去 KTV 唱歌，平均一首歌唱错两个地方，要问阿花连唱三首歌而不出错的概率，这属于卜瓦松分配的问题。

卜瓦松分配的概率函数为 $P(x, \lambda) = \dfrac{e^{-\lambda}\lambda^x}{x!}$，式中 $x = 0, 1, 2, \cdots, n$，$\lambda =$ 事件发生平均次数。

若一随机变量 X 服从卜瓦松分配，则其平均数与变异数如公式（A–15）与公式（A–16）所示。

$$\mu = \lambda \tag{A--15}$$
$$\sigma^2 = \lambda \tag{A--16}$$

范例 A–4

某书籍平均每页出现两处错误，今随机自书该抽取两页作检查，请问：

1. 只发现一处错误的概率为何？
2. 错误的期望值与变异数为何？

解答：

令随机变量 X 代表错误的个数，则 X 服从卜瓦松分配。已知平均每页出现两处错误，两页应有平均四个错误，故：

1. 只发现一处错误的概率为：

$$P(X = 1) = P(1,\ 4) = \frac{e^{-4}\lambda^1}{1!} = 0.074$$

2. 错误的期望值与变异数为：

$$\mu = \lambda = 4$$
$$\sigma^2 = \lambda = 4$$

四、连续型概率分配

对任何一个间断型概率分配而言，当随机变量被固定为 x，代入概率函数 P（X = x）都可得到一概率值。但对连续型概率分配而言，P（X = x）= 0。也就是说，求取任何概率值都必须先指定随机变量的区间才有意义，即 P(a ≤ X ≤ b)，此时 P(X = x) 不能再代表概率值了，它反而比较像是在求取物品质量时的密度的意义，而 a ≤ X ≤ b 比较像是体积的意义，因此统计学者们对连续型概率分配不再使用概率函数这个字眼，而改用概率密度函数（Probability Density Function）。要求连续型随机变量介于某一区间的概率，必须要求其概率密度函数在该区间的积分值。

对于连续型概率分配而言，较常见到的概率密度函数有均一分配（Uniform Distribution）、常态分配（Normal Distribution）与指数分配（Exponential Distribution）。

（一）均一分配

脚踏车轮胎爆胎爆在某一区间的概率为多少，这是均一分配的问题。

均一分配的机率密度函数为 $U(x, a, b) = \dfrac{1}{b-a}$，$a \leqslant x \leqslant b$，其图形如图 A-1 所示。

若一随机变量 X 服从均一分配，则其平均数与变异数如公式（A-17）与公式（A-18）所示。

$$\mu = \frac{b+a}{2} \tag{A-17}$$

$$\sigma^2 = \frac{(b-a)^2}{12} \tag{A-18}$$

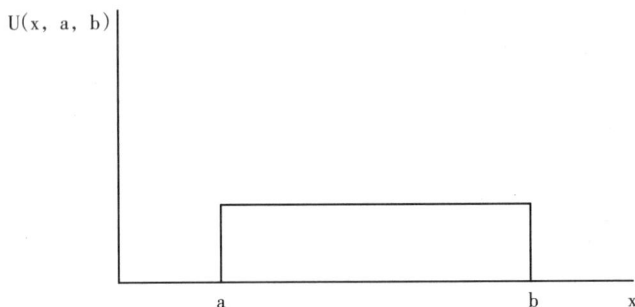

图 A-1　均一分配

范例 A-5

某脚踏车车轮圆周长度为 67cm，请问爆胎位于气门嘴前后各 5cm 的概率为多少？

解答：

令随机变量 X 代表爆胎位置，则 X 服从均一分配，其概率密度函数为 $U(x, 0, 67) = \dfrac{1}{67}$，$0 \leqslant x \leqslant 67$，如图 A-2 所示。由图 A-2，可得概率为 10 / 67 。

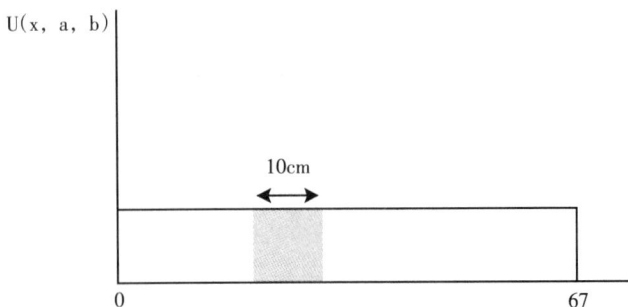

图 A-2　范例 A-5 均一分配

（二）常态分配

在我们生活的周遭，许多事物都自然地呈现出中间隆起且左右对称的钟形分配，由于这种分配是几乎是一种常态，所以被称为常态分配。

常态分配的概率密度函数为 $N(x, \mu, \sigma^2) = \dfrac{1}{\sqrt{2\pi}\,\sigma} e^{-\frac{1}{2}(\frac{x-\mu}{\sigma})^2}$，$-\infty \leqslant x \leqslant \infty$，其图形如图 A–3 所示。

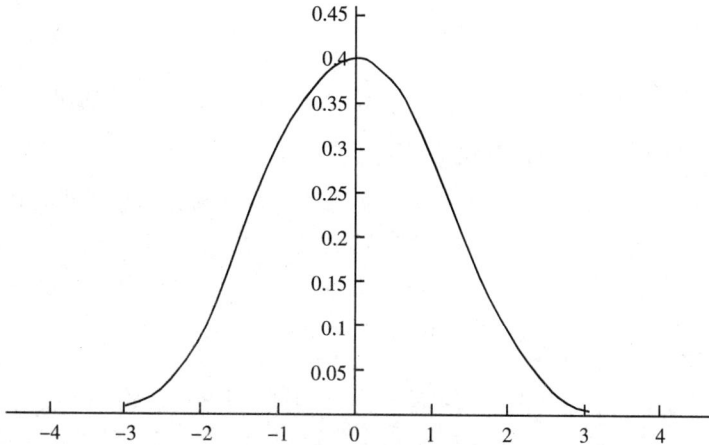

图 A–3　常态分配

若一随机变量 X 服从常态分配，则其平均数与变异数分别为 μ 与 σ^2。

若令 $\mu = 0$，$\sigma^2 = 1$，此时常态分配的概率密度函数为 $N(z, 0, 1) = \dfrac{1}{\sqrt{2\pi}} e^{-\frac{1}{2}z^2}$，$-\infty \leqslant z \leqslant \infty$，称为标准常态分配（Standard Normal Distribution）。

任何常态分配都可经由标准化（Standardization），即 $Z = \dfrac{X-\mu}{\sigma}$，转化成标准常态分配，并借由标准常态分配表查得某一段区间的概率值。

最常使用的标准常态分配概率值如图 A–4 与表 A–3 所示，这些概率值对于修习统计的同学而言，最好能谨记在心。

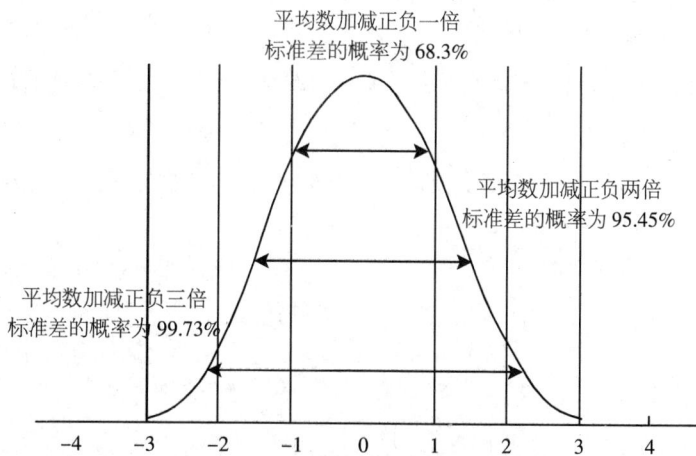

图 A–4　常用标准常态分配概率值

表 A-3　常用标准常态分配概率值

$P(-\infty < Z < a) = 0.99 \quad a = 1.96$	$P(-a < Z < a) = 0.99 \quad a = 2.58$
$P(-\infty < Z < a) = 0.95 \quad a = 1.645$	$P(-a < Z < a) = 0.95 \quad a = 2.33$

范例 A-6

某产品重量呈平均数为 100g，标准差为 3g 的常态分配，今随机抽样一产品。

1. 请问其重量介于 94 ~ 106g 的概率为何？

2. 以平均数为中心，在 0.95 的概率下，请问该样本重量会介于多少之间？

解答：

令随机变量 X 代表产品重量。

1. 重量介于 94 ~ 106g 的概率为：

$$P(94 \leq X \leq 106) = P(\frac{94 - 100}{3} \leq \frac{X - \mu}{\sigma} \leq \frac{106 - 100}{3}) = P(-2.0 \leq Z \leq 2.0) = 95.45\%$$

故产品重量介于 94~106g 的概率为 95.45%。

2. 以平均数为中心，0.95 的概率所涵盖的范围表示为 $P(-a \leq Z \leq a) = 0.95$，此时 a = 2.33，即：

$$P(-2.33 \leq Z \leq 2.33) = 0.95$$

$$P(-2.33 \times 3 + 100 \leq Z \times \sigma + \mu \leq 2.33 \times 3 + 100) = 0.95$$

$$P(93.01 \leq X \leq 106.99) = 0.95$$

故以平均数为中心，在 0.95 的概率下，该样本重量会介于 93.01~106.99g。

（三）指数分配

凡以时间为随机变量的概率分配，其概率密度函数多呈指数分配。例如，等候线到达时间与离开时间、产品故障时间等皆是。

指数分配的概率密度函数为 $E(t, \lambda) = \lambda e^{-\lambda t}$，其中 t > 0 且 λ = 单位时间内事件发生的平均次数。

若一随机变量 X 服从指数分配，则其平均数与变异数如公式（A-19）与公式（A-20）所示。

$$\mu = \lambda \tag{A-19}$$

$$\sigma^2 = \frac{1}{\lambda^2} \tag{A-20}$$

范例 A-7

某银行顾客到达时间呈指数分配，过去经验显示平均每 5 分钟有一位顾客到达，请问顾客到达超过 10 分钟的概率为何？

解答：

令随机变量 T 代表顾客到达时间，$\lambda = 1/5 = 0.2$

$$P(t > 10) = \int_{10}^{\infty} 0.2 \times e^{-0.2t} dt = e^{-2} = 0.1353$$

五、抽样分配

样本统计量的概率分配称为抽样分配（Sampling Distribution）。抽样分配中最常用的分配为卡方分配（Chi-square Distribution）、t 分配（t Distribution）与 F 分配（F Distribution）。

（一）卡方分配

若随机样本 X_1, X_2, X_3, $\cdots$, X_n 来自于 N（x, μ, σ^2），则随机变数 $x^2 = \dfrac{(n-1)S^2}{\sigma^2}$ 成为一自由度 n - 1 的卡方分配。

（二）t 分配

若随机样本 X_1, X_2, X_3, $\cdots$, X_n 来自于 N(x, μ, σ^2)，则随机变数 $T = \dfrac{\overline{X} - \mu}{\sigma/\sqrt{n}}$ 成为一自由度 n - 1 的 t 分配。

（三）F 分配

若两组随机样本分别来自于 N（x, μ_1, σ_1^2）与 N（x, μ_2, σ_2^2），且其样本大小为 n 与 m，则随机变数 $F = \dfrac{s_1^2/\sigma_1^2}{s_2^2/\sigma_2^2}$ 成为一自由度（n - 1, m - 1）的 F 分配。

附录 B

表 B-1　常态曲线下的面积

$\dfrac{X_i - \mu}{\sigma}$	0.09	0.08	0.07	0.06	0.05	0.04	0.03	0.02	0.01	0.00
−3.5	0.000165	0.000172	0.000179	0.000185	0.000193	0.000200	0.000208	0.000216	0.000224	0.000233
−3.4	0.000242	0.000251	0.000260	0.000270	0.000280	0.000291	0.000302	0.000313	0.000325	0.000337
−3.3	0.000350	0.000362	0.000376	0.000390	0.000404	0.000419	0.000434	0.000450	0.000467	0.000483
−3.2	0.000501	0.000519	0.000538	0.000557	0.000577	0.000598	0.000619	0.000641	0.000664	0.000687
−3.1	0.000711	0.000736	0.000762	0.000789	0.000816	0.000845	0.000874	0.000904	0.000936	0.000968
−3.0	0.00100	0.00104	0.00107	0.00111	0.00114	0.00118	0.00122	0.00126	0.00131	0.00135
−2.9	0.00139	0.00144	0.00149	0.00154	0.00159	0.00164	0.00169	0.00175	0.00181	0.00187
−2.8	0.00193	0.00199	0.00205	0.00212	0.00219	0.00226	0.00233	0.00240	0.00248	0.00256
−2.7	0.00264	0.00272	0.00280	0.00289	0.00298	0.00307	0.00317	0.00326	0.00336	0.00347
−2.6	0.00357	0.00368	0.00379	0.00391	0.00402	0.00415	0.00427	0.00440	0.00453	0.00466
−2.5	0.0048	0.0049	0.0051	0.0052	0.0054	0.0055	0.0057	0.0059	0.0060	0.0062
−2.4	0.0064	0.0066	0.0068	0.0069	0.0071	0.0073	0.0075	0.0078	0.0080	0.0082
−2.3	0.0084	0.0087	0.0089	0.0091	0.0094	0.0096	0.0099	0.0102	0.0104	0.0107
−2.2	0.0110	0.0113	0.0116	0.0119	0.0122	0.0125	0.0129	0.0132	0.0136	0.0139
−2.1	0.0143	0.0146	0.0150	0.0154	0.0158	0.0162	0.0166	0.0170	0.0174	0.0179
−2.0	0.0183	0.0188	0.0192	0.0197	0.0202	0.0207	0.0212	0.0217	0.0222	0.0228
−1.9	0.0233	0.0239	0.0244	0.0250	0.0256	0.0262	0.0268	0.0274	0.0281	0.0287
−1.8	0.0294	0.0301	0.0307	0.0314	0.0322	0.0329	0.0336	0.0344	0.0351	0.0359
−1.7	0.0367	0.0375	0.0384	0.0392	0.0401	0.0409	0.0418	0.0427	0.0436	0.0446
−1.6	0.0455	0.0465	0.0475	0.0485	0.0495	0.0505	0.0516	0.0526	0.0537	0.0548
−1.5	0.0559	0.0571	0.0582	0.0594	0.0606	0.0618	0.0630	0.0643	0.0655	0.0668
−1.4	0.0681	0.0694	0.0708	0.0721	0.0735	0.0749	0.0764	0.7778	0.0793	0.0808
−1.3	0.0823	0.0838	0.0853	0.0869	0.0885	0.0901	0.0918	0.0934	0.0951	0.0968
−1.2	0.0985	0.1003	0.1020	0.1038	0.1056	0.1075	0.1093	0.1112	0.1131	0.1151
−1.1	0.1170	0.1190	0.1210	0.1230	0.1251	0.1271	0.1292	0.1314	0.1335	0.1357
−1.0	0.1379	0.1401	0.1423	0.1446	0.1469	0.1492	0.1515	0.1539	0.1562	0.1587
−0.9	0.1611	0.1635	0.1660	0.1685	0.1711	0.1736	0.1762	0.1788	0.1814	0.1841
−0.8	0.1867	0.1894	0.1921	0.1949	0.1977	0.2005	0.2033	0.2061	0.2090	0.2199
−0.7	0.2148	0.2177	0.2206	0.2236	0.2266	0.2296	0.2327	0.2358	0.2389	0.2420
−0.6	0.2451	0.2483	0.2514	0.2546	0.2578	0.2611	0.2643	0.2676	0.2709	0.2743
−0.5	0.2776	0.2810	0.2843	0.2877	0.2912	0.2946	0.2981	0.3015	0.3050	0.3085
−0.4	0.3121	0.3156	0.3192	0.3228	0.3264	0.3300	0.3336	0.3372	0.3409	0.3446
−0.3	0.3483	0.3520	0.3557	0.3594	0.3632	0.3669	0.3707	0.3745	0.3783	0.3821
−0.2	0.3859	0.3897	0.3936	0.3974	0.4013	0.4052	0.4090	0.4129	0.4168	0.4207
−0.1	0.4247	0.4286	0.4325	0.4364	0.4404	0.4443	0.4483	0.4522	0.4562	0.4602
−0.0	0.4641	0.4681	0.4721	0.4761	0.4801	0.4840	0.4880	0.4920	0.4960	0.5000

$\frac{X_i-\mu}{\sigma}$	0.00	0.01	0.02	0.03	0.04	0.05	0.06	0.07	0.08	0.09
+0.0	0.5000	0.5040	0.5080	0.5120	0.5160	0.5199	0.5239	0.5279	0.5319	0.5359
+0.1	0.5398	0.5438	0.5478	0.5517	0.5557	0.5596	0.5636	0.5675	0.5714	0.5753
+0.2	0.5793	0.5832	0.5871	0.5910	0.5948	0.5987	0.6026	0.6064	0.6103	0.6141
+0.3	0.6179	0.6217	0.6255	0.6293	0.6331	0.6368	0.6406	0.6443	0.6480	0.6517
+0.4	0.6554	0.6591	0.6628	0.6664	0.6700	0.6763	0.6772	0.6808	0.6844	0.6879
+0.5	0.6915	0.6950	0.6985	0.7019	0.7054	0.7088	0.7123	0.7157	0.7190	0.7224
+0.6	0.7257	0.7291	0.7324	0.7357	0.7389	0.7422	0.7454	0.7486	0.7517	0.7549
+0.7	0.7580	0.7611	0.7642	0.7673	0.7704	0.7734	0.7764	0.7794	0.7823	0.7852
+0.8	0.7881	0.7910	0.7939	0.7967	0.7995	0.8023	0.8051	0.8079	0.8106	0.8133
+0.9	0.8159	0.8186	0.8212	0.8238	0.8264	0.8289	0.8315	0.8340	0.8365	0.8389
+1.0	0.8413	0.8438	0.8461	0.8485	0.8508	0.8531	0.8554	0.8577	0.8599	0.8621
+1.1	0.8643	0.8665	0.8686	0.8708	0.8729	0.8749	0.8770	0.8790	0.8810	0.8830
+1.2	0.8849	0.8869	0.8888	0.8907	0.8925	0.8944	0.8962	0.8980	0.8997	0.9015
+1.3	0.9032	0.9094	0.9066	0.9082	0.9099	0.9115	0.9131	0.9147	0.9162	0.9177
+1.4	0.9192	0.9207	0.9222	0.9236	0.9251	0.9265	0.9279	0.9292	0.9306	0.9319
+1.5	0.9332	0.9345	0.9357	0.9370	0.9382	0.9394	0.9406	0.9418	0.9429	0.9441
+1.6	0.9452	0.9463	0.9474	0.9484	0.9495	0.9505	0.9515	0.9525	0.9535	0.9545
+1.7	0.9554	0.9564	0.9573	0.9582	0.9591	0.9599	0.9608	0.9616	0.9625	0.9633
+1.8	0.9641	0.9649	0.9656	0.9664	0.9671	0.9678	0.9686	0.9693	0.9699	0.9706
+1.9	0.9713	0.9719	0.9726	0.9732	0.9738	0.9744	0.9750	0.9756	0.9761	0.9767
+2.0	0.9772	0.9778	0.9783	0.9788	0.9793	0.9798	0.9803	0.9808	0.9812	0.9817
+2.1	0.9821	0.9826	0.9830	0.9834	0.9838	0.9842	0.9846	0.9850	0.9854	0.9857
+2.2	0.9861	0.9864	0.9868	0.9871	0.9875	0.9878	0.9881	0.9884	0.9887	0.9890
+2.3	0.9893	0.9896	0.9898	0.9901	0.9904	0.9906	0.9909	0.9911	0.9913	0.9916
+2.4	0.9918	0.9920	0.9922	0.9925	0.9927	0.9929	0.9931	0.9932	0.9934	0.9936
+2.5	0.9938	0.9940	0.9941	0.9943	0.9945	0.9946	0.9948	0.9949	0.9951	0.9952
+2.6	0.99534	0.99547	0.99560	0.99573	0.99585	0.99598	0.99609	0.99621	0.99632	0.99643
+2.7	0.99653	0.99664	0.99674	0.99683	0.99693	0.99702	0.99711	0.99720	0.99728	0.99736
+2.8	0.99744	0.99752	0.99760	0.99797	0.99774	0.99781	0.99788	0.99795	0.99801	0.99807
+2.9	0.99813	0.99819	0.99825	0.99831	0.99836	0.99841	0.99846	0.99851	0.99856	0.99861
+3.0	0.99865	0.99869	0.99874	0.99878	0.99882	0.99886	0.99889	0.99893	0.99896	0.99900
+3.1	0.999032	0.999064	0.999096	0.999126	0.999155	0.999184	0.999211	0.999238	0.999264	0.999289
+3.2	0.999313	0.999336	0.999359	0.999381	0.999402	0.999423	0.999443	0.999462	0.999481	0.999499
+3.3	0.999517	0.999533	0.999550	0.999566	0.999581	0.999596	0.999610	0.999624	0.999638	0.999650
+3.4	0.999663	0.999675	0.999687	0.999698	0.999709	0.999720	0.999730	0.999740	0.999749	0.999758
+3.5	0.999767	0.999776	0.999784	0.999792	0.999800	0.999807	0.999815	0.999821	0.999828	0.999835

注：在曲线下的面积占总面积的比率是曲线从 $-\infty$ 到 $(X_i-\mu)/\sigma$ 所占的比率，X_i 代表变数 X 的任何期望数值。

表 B-2 计算 3σ 管制界限因子

样本数 n	平均数管制图			标准差管制图					全距管制图						中位数管制图			个别值管制图	最大值与最小值管制图
	管制界限			中线	管制界限				中线		管制界限				管制界限			管制界限	管制界限
n	A	A_2	A_3	c_4	B_3	B_4	B_5	B_6	d_2	d_3	D_1	D_2	D_3	D_4	m_3A_2	m_3	m_3A	E_2	A_9
2	2.121	1.880	2.659	0.7979	0	3.267	0	2.606	1.128	0.8525	0	3.686	0	3.267	1.880	1.000	2.121	2.660	2.695
3	1.732	1.023	1.954	0.8862	0	2.568	0	2.276	1.693	0.8884	0	4.358	0	2.574	1.187	1.160	2.009	1.772	1.826
4	1.500	0.729	1.628	0.9213	0	2.266	0	2.088	2.059	0.8798	0	4.698	0	2.282	0.796	1.092	1.638	1.457	1.522
5	1.342	0.577	1.427	0.9400	0	2.089	0	1.964	2.326	0.8641	0	4.918	0	2.114	0.691	1.198	1.608	1.290	1.363
6	1.225	0.483	1.287	0.9515	0.030	1.970	0.029	1.874	2.534	0.8480	0	5.078	0	2.004	0.548	1.135	1.390	1.184	1.263
7	1.134	0.419	1.182	0.9594	0.118	1.882	0.113	1.806	2.704	0.8332	0.204	5.204	0.076	1.924	0.509	1.214	1.377	1.109	1.194
8	1.061	0.373	1.099	0.9650	0.185	1.815	0.179	1.751	2.847	0.8198	0.388	5.306	0.136	1.864	0.433	1.160	1.231	1.054	1.143
9	1.000	0.337	1.032	0.9693	0.239	1.761	0.232	1.707	2.970	0.8078	0.547	5.393	0.184	1.816	0.412	1.223	1.223	1.010	1.104
10	0.949	0.308	0.975	0.9727	0.284	1.716	0.276	1.669	3.078	0.7971	0.687	5.469	0.223	1.777	0.362	1.176	1.116	0.975	1.072
11	0.905	0.285	0.927	0.9754	0.321	1.679	0.313	1.637	3.173	0.7873	0.811	5.535	0.256	1.744				0.946	
12	0.866	0.266	0.886	0.9776	0.354	1.646	0.346	1.610	3.258	0.7785	0.922	5.594	0.283	1.717				0.921	
13	0.832	0.249	0.850	0.9794	0.382	1.618	0.374	1.585	3.336	0.7704	1.025	5.647	0.307	1.693				0.899	
14	0.802	0.235	0.817	0.9810	0.406	1.594	0.399	1.563	3.407	0.7630	1.118	5.696	0.328	1.672				0.881	
15	0.775	0.223	0.789	0.9823	0.428	1.572	0.421	1.544	3.472	0.7562	1.203	5.741	0.347	1.653				0.864	
16	0.750	0.212	0.763	0.9835	0.448	1.552	0.440	1.526	3.532	0.7499	1.282	5.782	0.363	1.637				0.849	
17	0.728	0.203	0.739	0.9845	0.466	1.534	0.458	1.511	3.588	0.7441	1.356	5.820	0.378	1.622				0.836	
18	0.707	0.194	0.718	0.9854	0.482	1.518	0.475	1.496	3.640	0.7386	1.424	5.856	0.391	1.608				0.824	
19	0.688	0.187	0.698	0.9862	0.497	1.503	0.490	1.483	3.689	0.7335	1.487	5.891	0.403	1.597				0.813	
20	0.671	0.180	0.680	0.9869	0.510	1.490	0.504	1.470	3.735	0.7287	1.549	5.921	0.415	1.585				0.803	
21	0.655	0.173	0.663	0.9876	0.523	1.477	0.516	1.459	3.778	0.7242	1.605	5.951	0.425	1.575				0.794	
22	0.640	0.167	0.647	0.9882	0.534	1.466	0.528	1.448	3.819	0.7199	1.659	5.979	0.434	1.566				0.785	
23	0.626	0.162	0.633	0.9887	0.545	1.455	0.539	1.438	3.858	0.7159	1.710	6.006	0.443	1.557				0.778	
24	0.612	0.157	0.619	0.9892	0.555	1.445	0.549	1.429	3.895	0.7121	1.759	6.031	0.451	1.548				0.770	
25	0.600	0.153	0.606	0.9896	0.565	1.435	0.559	1.420	3.931	0.7084	1.806	6.056	0.459	1.541				0.763	

当 n≥25

$$A=\frac{3}{\sqrt{n}},\quad A_2=\frac{3}{d_2\sqrt{n}},\quad A_3=\frac{3}{c_4\sqrt{n}},\quad E_2=\frac{3}{d_2},$$

$$B_3=1-\frac{3}{c_4}\sqrt{1-c_4^2},\quad B_4=1+\frac{3}{c_4}\sqrt{1-c_4^2},$$

$$B_5=c_4-3\sqrt{1-c_4^2},\quad B_6=c_4+3\sqrt{1-c_4^2},$$

$$c_4=\frac{\Gamma\left(\frac{n}{2}\right)}{\Gamma\left(\frac{n-1}{2}\right)}\times\sqrt{\frac{2}{n-1}}=\frac{[(n-2)/2]!}{[(n-3)/2]!}\times\sqrt{\frac{2}{n-1}}\cong\sqrt{\frac{4(n-1)}{4n-3}}$$

$$D_3=1-\frac{3d_3}{d_2},\quad D_4=1+\frac{3d_3}{d_2}$$

$$D_1=d_2-3d_3,\quad D_2=d_2+3d_3$$

参考文献

［1］American National Standards Institute Website：http：//www.ansi.org/.

［2］American Society for Quality Website：http：//asq.org/.

［3］American Customer Satisfaction Index Website：http：//www.theacsi.org/.

［4］Baldrige National Quality Award Website：http：//www.nist.gov/baldridge.

［5］European Foundation for Quality Management Website：http：//www.efqm.org/.

［6］European Organization for Quality Website：http：//www.eoq.org/.

［7］International Organization for Standardization Website：http：//www.iso.ch/.

［8］Japanese Society for Quality Website：http：//www.jsqc.org/.

［9］Japanese Union of Scientist and Engineers Website：http：//www.juse.org/.

［10］Besterfield，D. H.. Quality Control ［J］. Prentice-Hall，NY，2007（8）.

［11］Besterfield，D. H.. Total Quality Management ［J］. Prentice-Hall，NY，2008（4）.

［12］Evans，J. R. and W. M. Lindsay. The Management and Control of Quality ［J］. South-Eastern Pub.，2008（5）.

［13］Goetsch，D. L. and S. B. Davis. Quality Management：Introduction to Total Quality Management for Production，Processing，and Services ［J］. Prentice Hall，NY，2009.

［14］Mitra. Fundamentals of Quality Control and Improvement ［J］. Cengage Learning，NY，2011（1）.

［15］Oakland，J. S.，and L. Porter. Total Quality Management：Text and Cases ［J］. Butterworth Heinemann，London，2009（5）.

［16］Montgomery，D. C.. Introduction to Statistical Quality Control ［J］. John Wiley and Sons，Inc.，NY，2008（6）.

［17］中国台湾品质学会网站：http：//www.csq.org.tw/.

［18］中国台湾财团法人认证基金会网站：http：//service.taftw.org.tw/.

［19］中国台湾品质奖网站：http：//project3.moea.org.tw/.

［20］李友铮. 作业管理：创造竞争优势（第三版）［M］. 台湾前程文化，2007.

［21］李友铮，贺力行. 品质管理：整合性思维（第二版）［M］. 台湾前程文化，2008.

索　引

英文部分